別冊 受験ジャーナル
6年度

国立大学法人等
採用試験攻略

JN017286

CONTENTS

［表紙デザイン］アルビレオ
［表紙イラスト］ユア（yua）

Academic Staff Interview ①

医学部図書館の研究支援業務を担当。専門性を活かしながら成長できる仕事です！

北海道大学

附属図書館研究支援課
医系グループ
医学系図書担当

姉帯 梨々花さん（あねたい りりか）
【2020年4月採用】

──初めに，北海道大学附属図書館の概要について教えてください。

北海道大学には，メインの図書館である本館と北図書館に加えて，21の部局図書室・図書館があります。附属図書館事務部は，資料の購入や整理を行う「管理課」，利用者への資料提供や学習支援を行う「利用支援課」，リポジトリ構築や分野ごとの研究支援を行う「研究支援課」の3つの課で構成されています。図書系だけで約90人の職員が在籍し，図書館業務を行っています。

──姉帯さんは本館勤務の後，現在の部署に異動されたそうですね。

2020年4月に図書系として入職し，利用支援課で2年間本館の利用者サービスの担当を務めました。その後，研究支援課医学系図書担当に異動となり，現在は医学部図書館に勤務しています。

──現在のご担当業務は？

交替制のカウンター業務や，図書の購入，ILL（図書館間相互利用）業務の一部のほか，主に担当しているのは研究支援業務です。

──研究支援業務とは？

医学系の学生や教職員，大学病院の医師・看護師・職員の方の研究をサポートするための業務です。医系グループとして，医学部と保健学科，歯学部の各図書室の担当者計5人で連携して研究支援業務に当たっています。具体的には，大きく分けて次の2つを行います。

1つ目は講習会の実施です。「医中誌Web」や「PubMed」等の医学系論文を検索するためのデータベースや，「EndNote」や「Mendeley」といった文献管理用のツール等について，基本の使い方や活用方法を説明します。大小2種類の講習会があり，「30分講習会」という小さめの講習会では，「文献検索編」「文献入手編」などの各30分のメニューを複数用意しており，希望するメニューを1人から気軽に受講可能です。

そのほかに，教員からの依頼により行う「オーダーメイド講習会」という規模が大きめの講習会があります。主にゼミや医局の勉強会等で1～3時間ほどまとまった時間をとり実施します。こちらの内容はゼミや勉強会の目的に応じてカスタマイズします。昨年度，医系グループ全体で30分講習会

が13回，オーダーメイド講習会が9回行われました。

2つ目は「文献検索相談・代行サービス」です。こちらも講習会の実施と並んで，非常に重要な研究支援業務の一つです。

──「文献検索相談・代行サービス」とは？

研究を行う際，研究者は自身の研究テーマにおいて何がどこまで解明されているかをあらかじめ把握しなければいけません。そのためにPubMedなどの文献データベースを使い検索をするのですが，慣れていないと難しい場合があります。そこで図書館スタッフの持つテクニックを活かして検索を代行するのが，このサービスです。

サービスの流れとしては，初めに依頼者と打合せをして，研究テーマについての知識を共有してもらいます。その情報をもとに図書館側で検索式を作成し，案として提出します。検索式とは，検索ワードと検索項目を指定し，それらを論理演算子により組み合わせたものです。重要な論文を取りこぼさないために注意しながら作成します。

たとえば検索ワードの選定で，病気のがんについての論文を探す場合，「がん」や「癌」といった表記の違いのほかにも「腫瘍」「悪性新生物」のような同義語を検索式に含

書庫内の雑誌の所在を確認

めることでより網羅性が担保されます。図書館側で気づいた点を依頼者に確認しながら案をブラッシュアップし，検索式を確定します。

最終的に1つの研究テーマにつき数百件から数千件ほどの検索結果が得られ，それらを文献管理ツールで共有するところまでお手伝いします。

――医学系というと難しそうに感じます。

私も配属当初は不安でしたが，講習会実施の際には同期や先輩職員が親身にサポートしてくれて，毎回緊張感はありつつも楽しく取り組んでいます。文献検索相談・代行サービスでは，依頼があるたびに必要な知識を勉強しています。図書館なので資料がそろっていますし，専門的な知識は依頼者の方が快く教えてくれるので心配ありません。

――仕事のおもしろさは？

図書館スタッフとしての専門性を活かせるという点はもちろん，チームで協力して取り組む点におもしろさを感じます。

たとえば文献検索相談・代行サービスは，単独で行うとアイデアの限界や，誤解したまま進めるリスクがあるため，必ず2人以上がチームを組んで担当します。各人が検索式の案を組み立て，それを持ち寄ってチャットやウェブ会議システム上で比較検討しながら，最適な検索式を模索します。

このときにチーム内で自分の考えを伝えるのも，自分とは違った考え方を受け取るのも，どちらも刺激があって楽しいです。また，チームで取り組んでいることを実感でき，心強さもあります。

――講習会でハプニングもあったそうですね。

オーダーメイド講習会を行った際，扱うツールの一つに不具合が生じ，受講生全員のPC上で機

W.S.クラーク像

札幌キャンパスのメインストリート

緑に囲まれた医学部図書館入口

事務室や会議室のある医学部管理棟

能しないことがありました。その場で解決できず，演習部分を省略して講師画面のみでの説明になってしまいました。直後は落ち込みましたが，後日判明した解決方法を受講生に共有したところ，追加の質問を受け，そこから派生して研究に関する相談を受けました。トラブルの後のフォローをきっかけに，結果としてより具体的な研究支援につながったことがうれしかったです。十分に準備したつもりでも，急なトラブルが起きたり，うまく対応できないことがあります。その際にあいまいな対応で場を乗り切るのではなく，わからないことやできないことはきちんと認めたうえで，迅速で確実なフォローをすることの大切さを実感する出来事でした。

――今後の抱負をお願いします。

北海道大学には図書系だけでも数多くの部署が存在しており，今後も数年ごとの異動によりさまざまな図書館業務に従事します。得意な業務もあればそうでない業務もあるかもしれませんが，いずれにしても楽しみです。臆せずにいろいろな経験を重ねて，柔軟に大学を支えられる職員になりたいです。

――読者に一言お願いします。

継続的に図書館業務に携わり，専門性を高められる点は，図書系として入職することの大きな魅力です。さまざまな視点や得意分野を持った職員が協力しながら働いています。学んできた分野にかかわらず，少しでも心引かれる方はぜひ受験を考えていただければと思います。

⏰ ある1日のスケジュール

8:30	開館準備
9:00	ILL業務 学生や教員が必要とする文献の複写物送付を他大学に依頼
10:00	カウンター業務 図書の貸出・返却手続のほか，資料の探し方などの問合せに対応
12:15	昼休み
13:00	講習会の事前練習 他の職員立ち会いのもと，より良い講習ができるよう内容や時間配分を確認
16:00	図書の選定・購入 医学書のカタログや新刊情報をもとに，図書館に所蔵する本を選定・購入
17:00	退勤

学生支援係

学生一人一人に寄り添い，誰もが過ごしやすい環境を保つ

独立行政法人
国立高等専門学校機構
福島工業高等専門学校

学生課 学生支援係

松本 千穂さん
まつもと　ちほ
【2018年9月採用】

——福島高専で「働きたい」と思った 理由はなんですか？

もともと公務員志望で，「地元（福島県いわき市）で働きたい」という思いがありました。志望先を検討している中で，国立大学法人・東北地区の採用パンフレットをたまたま見かけ，興味を持ちました。特に先輩職員のインタビューのページにあった，ある大学の学生課職員のお話が印象的でした。私は短大から4年制大学に編入しているのですが，単位のことなど編入先の大学の職員の方に多方面で助けていただいたことで，私も「学生と直接かかわりながらサポートできる仕事に就きたい」と考えるようになりました。

——その後，2018年度に採用。最初の配属先はどこだったのでしょう？

総務課総務企画係です。校長先生のスケジュール管理や来客対応，会議資料の準備など秘書的な業務がメインでしたが，採用前に思い描いていた学生支援のイメージとはかけ離れた仕事だったので，最初はびっくりしました（笑）。具体的な業務は，校長先生と毎日打合せをし，外部での説明会や会議などで使う資料の作成を手伝うなど，さまざまです。2022年に担当した創立60周年の式典の運営は，100人以上の来賓の方への対応など，それまで経験したことのない大変さがありましたが，そのぶん，やり遂げたときの達成感は大きかったです。

2023年3月，校長先生の退職を機に，私は学生課・学生支援係に異動することになりましたが，総務企画係での在任期間は4年半。比較的長めの在籍となったのは，「校長先生に信頼されていたからだよ」と，人事担当の方に教えていただいたときはうれしさがこみ上げてきました。

——現在所属の学生課・学生支援係はどんな部署ですか？

福島高専では，職員の平均年齢が30代半ばくらいで，近年は女性職員の採用や管理職登用に積極的と聞いていますが，その傾向は学生課にも当てはまります。課員15人のうち8人が女性職員で，学生課の課長と，私の直属の上司でもある学生支援係の係長も女性です。また，これも本校全体にいえることではありますが，職員どうしの距離が近く，コミュニケーションも活発なので，"報・連・相"がスムーズで働きやすい環境だと感じています。

——学生支援係では，どのような業務を担当されているのですか？

学生の奨学金や，入学金・授業料の免除関係の手続から，課外活動の支援業務，学校生活でのトラブルや事故に関する対応，就職に関することまで業務は多岐にわたります。

2023年4月に配属となってまだ半年ですが，現在は課外活動に関する業務をメインに担当しています。各部活の入出金の管理や対外試合の際の書類の手続，各競技の大会結果の取りまとめなどを年間を通じて行いますが，6～8月にかけて忙しくなるのが高専体育大会の関連業務です。東北地区大会では地区内の7高専が参加，今年，本校からは11競技に200人程度の学生が出場しました。まず，大会に向けて各部活の顧問からエントリー書類を集め，課内で決裁を取って各競技の主管校に提出します。次に，各競技会場は7高専に振り分けられ，試合参加には遠距離移動と宿泊が伴うので，旅行会社に依頼して貸切バスと宿泊先を手配し，学生や引率教員の旅先でのケガに備えて保険関係の手続をします。7月に東北大会が閉幕すれば，翌月から全国大会が始まります。こ

「職員も先生方も優しい方が多く，働きやすい点が本校の魅力です」

の時期は繁忙期となりますが，今年は本校から8競技で全国大会出場を果たしました。事務職員が試合に同行することはありませんが，旅先から吉報が届くと，やっぱりうれしくなりますね。

——ほかにはどのような業務を？

ごくまれに学内で発生するトラブルや事故に対応する業務もあります。たとえば，SNS上でのトラブルが発生した場合，ケースによっては本校の教員と一部の学生課職員で構成する学生委員会で会議が開かれ，情報共有が図られます。その際のスケジュール調整や各教員への連絡など事務的なことを担うのが係の職員。学生の誰もが安心して過ごせる教育環境を維持するための，大切な仕事です。

また，主担当ではありませんが，就職関連の業務にも携わりました。例年，本校の卒業生の進路は進学と就職がおよそ半々。就職には，学生個人が志望企業の採用試験を受ける一般応募と，各担任の推薦状がつく学校推薦の2種類がありますが，私たちが業務にかかわるのは主に学校推薦のほうです。たとえば，ある企業から本校の機械科の学生を採用したいとの要望があれば，その学科の担任の教員に取り次ぎ，面談へとつなげます。

その後，推薦を受けた学生が作成する履歴書などの提出書類は，教員の確認を経て学生課に回ってきますので，書面に不備がないかを最終チェックし，企業へと郵送します。

——仕事をしていてうれしくなるような瞬間はありますか？

月並みではありますが，学生から「ありがとう」と感謝されるとうれしいです。今，11月の文化祭に向けて準備を進めていますが，今回は一般の方にも開放する5年ぶりの来場制限のない通常開催と

「休日は映画やドラマを観てリフレッシュしています」

広々とした正面玄関

2011年「ロボコン」で全国準優勝となった福島高専生の作品

あって，学生の意気込みも強いです。文化祭は，学生中心の実行委員会が主体となって作り上げていくものですが，模擬店の出店にかかわる業者とのやり取りや，保健所への営業申請，学生が製作した広報物（ポスターやパンフレットなど）の印刷会社への発注など，学生の立場ではできない仕事をサポートするのが私たちの役目です。打合せなどで学生と接する機会が非常に多いのですが，一つの目標に向かって学生と協同できていること自体が楽しいですし，彼らからもらう「ありがとう」の一言が仕事のエネルギーになっています。文化祭のフィナーレでどんな感動が待っているか，今からとても楽しみにしています。

——学生支援の仕事に難しさを感じることはありますか？

高専には中学を卒業したばかりの子どもたちが入学してきます。そこが大学とは異なる点ですね。これは，昨年度までいた総務課で目上の方と接する機会が多かったからこそ感じることかもしれませんが，まだ高校生の年代の彼らに，社会人どうしの言葉は通じにくい部分があります。何かをお願いしたり，何かを説明するときには，いつ，どこで，何を，どうやって……といった"5W1H"を極力，明確にしてあげながら，一人一人丁寧に対応していく心遣いと言葉遣いが大切だと感じています。

もともと，採用パンフレットに掲載されていた先輩職員の記事を読んで興味を持った学生支援の仕事。私も，後輩の"お手本"になるような職員になりたいと思っています。

ある1年のスケジュール

4〜6月	・奨学金関係の手続。各種の奨学金の案内，申請する学生への個別対応，申請書類のチェックなどを行う ・学生の健康診断に関する業務
7〜9月	・高専体育大会（東北地区大会＆全国大会）の関連業務。書類の取りまとめや提出，貸切りバスや宿泊先の手配，遠征先でのケガや病気に備える保険の手続など ・中学生向けの学校見学や体験授業の対応（8月上旬），「SNSの使い方講座」など，学生向けの各種講座の事務作業 ・校内の体育大会の運営
10〜12月	・ロボットコンテストの東北大会（10月頃），全国大会（11月）に出場する学生や引率教員へのサポート業務 ・文化祭の運営 ・12月に学内で開催する企業懇談会（※合同企業説明会）の準備
1〜3月	・学生課入試係が主管する入学試験の関連業務のサポート ・来年度開催の高専体育大会の準備など

"科博"の研究者を支えながら 科学のおもしろさを世に 伝える仕事です

独立行政法人 国立科学博物館

経営管理部研究推進・管理課
総務担当　主任

大橋 紘樹さん
（おおはし ひろき）
【2014年10月採用】

—— 国立科学博物館とは？

国立科学博物館（通称：科博）は、1877年に創立された日本で最も歴史のある博物館の一つで、自然史・科学技術史に関する国立で唯一の総合科学博物館です。上野本館（東京・台東区）と附属自然園（東京・港区）、研究施設や筑波実験植物園棟がある筑波地区（茨城・つくば市）の3か所で、「調査・研究」、「標本・資料の収集・保管・活用」、「展示・学習支援」という主要な3つの活動を行っています。

科博では、動物、植物、岩石・鉱物、古生物、人類、科学技術史、理化学等を専門とする研究員62人が5つの研究部および3つの研究センターに所属し、「調査・研究」活動をしています。日々の調査・研究活動で収集した「標本・資料」は動物・植物・鉱物・化石・科学史資料など合わせて計500万点以上が登録されています。これらの貴重なコレクションや研究成果は、「展示・学習支援」活動として、常設展示や企画展示、また様々な学習支援事業を通じて来館者に還元し、一般の方々に自然や科学技術を身近に感じてもらう機会を提供しています。

—— 科博に所属する事務職員はどのような業務を行っているのですか？

事務職員の配属先は、経営管理部、事業推進部、科学系博物館イノベーションセンターのいずれかになるケースが多く、経営管理部には、総務や人事、財務、情報セキュリティ、施設管理などの業務があります。いずれも表からは見えづらいですが、館全体を下支えする重要な仕事です。一方、事業推進部や科学系博物館イノベーションセンターでは、研究員や外部組織と連携・協力して企画展示の対応や、幅広い年齢層に向けた学習支援事業を考えたりと、博物館の学芸員に似た業務を担当します。

採用後すぐに事業推進部や科学系博物館イノベーションセンターで活躍する職員もいますが、私の場合は経営管理部に長く在籍し、総務、人事、法規労務、計画・評価等の業務を担当してきました。博物館の展示にかかわりたいという気持ちもありますが、まずは管理系の部署で経験を積み、博物館運営の全体像をしっかりと把握することが必要なステップと考えています。

—— 現在はどのような業務を？

主に筑波地区内の総務・人事・労務関係の業務を中心に担当しています。勤怠管理に関することでは、研究員の出退勤時間を管理したり、休暇申請があればその処理をしたり、月の初めには前月の出退勤の情報を取りまとめて給与計算システムに反映させるといった作業を行っています。労働基準法や関係規程に則した働き方になっているかどうかを確認し、過度に超過勤務が発生しないように心掛けています。また、研究員が研究業務で出張する場合には行程確認のほか、出張後に提出された報告書の内容のとおり、出張先で適切に業務を遂行したかどうかの確認を行ったりします。その他、研究に係る外部機関への申請も私の担当です。たとえば、研究員がフィールドワークなどで国立公園などの行動が制限される調査地に行き動植物の採取を行う場合に、関係する省庁や地方公共団体・施設を管理している法人などに許可申請を行います。最近の事例では水晶岳（富山県・飛騨山脈の山岳）を頻繁に訪れる研究員がいるので、その研究員が調査に行く際に申請書類を作成し、

職場でのリフレッシュ策のひとつが卓球。「科博には卓球部があって、昼休みにはみんなで和気あいあいと球を打ちあってます(笑)」

管轄の自治体に提出するといった事務作業を行っています。ほかにも，研究員が他の組織の事業に参画する際の兼業の手続きや，筑波地区の非常勤職員採用の際の公募から面接対応，採用手続などを担当しています。
—— 研究活動をサポートする仕事にもいろいろとあるんですね。

　総務担当はいわば，"なんでも屋"という側面があり，研究員が困ったときに助けを求めてくる"相談窓口"でもあります。ずいぶん前の話ですが，研究員から電話で「明日，調査で使う車がパンクしているからどうにかしてほしい」と言われ，総務担当の数名で手分けしてタイヤ交換をしたこともあります。書類を作成したり，研究員の困りごとを解決したりと地道な仕事が多い部署ではありますが，普段から研究員とかかわることが多いぶん，日々の業務をスムーズかつ丁寧にこなすことで研究活動の一助になっていると実感できる場面も少なくありません。

　私は大学時代，生物学を学び，学会などに出席した際に科博の研究者の話を聞く機会が何度かありました。その経験もあって，事務職員という立場から研究活動を支える仕事に関心を持つようになりました。その意味では，もともとやりたかった仕事に携わることができているという実感があります。
—— これまで担当された仕事の中でうれしかったことはありますか？

　自分で企画した事業を形にできたときはうれしかったです。2022年の話になりますが，やりたい企画展を思いつき，企画書を当時の上司に提出したら了承してもらえたんです。その企画展で，科学を題材とした人気アニメとコラボして，そのアニメに登場する自然物や科学的な現象を，科博が所蔵する標本や

大橋さんに「最も"映える"のはココ」と案内してもらった標本室にて。室内にはトラ，ヒグマ，ライオン，トナカイなどの剥製標本がズラリ
※一般公開はしていません。

国立科学博物館（筑波地区）の正門

国立科学博物館・総合研究棟

資料を通してわかりやすく解説するというものです。企画が通ると館内でプロジェクトチームを組み，アニメ会社に相談し，作品に沿った企画展の作成やキャラクターの声優さんに展示の音声ガイドの収録をお願いしたり，解説パネルを制作したりと構想から開催まで1年がかり（製作期間は2か月半）で準備を進めました。この企画展は2022年6月下旬から9月初旬にかけて上野本館で開催したのですが，若者を中心に数多くの来館があり，反響も大きく，SNSへの書き込みや来館者アンケートでは好意的な意見が大半でした。調整に時間を要するなど大変でしたが，それを見たときは心底，苦労が報われたと思いました。

　この企画展のアイデアは，コラボしたアニメを家で見ていたときにひらめきました。科学に興味がなかったたはずの家族がおもしろがって見ている姿を目にして，科学の魅力を一般の人に伝える手法として，アニメと連携するのは効果的なのではないかと感じたのです。アニメの作中に科博で所蔵する標本や資料が複数登場していたことも，このアイデアを後押ししてくれました。
—— 最後に，今後の抱負を。

　コラボ企画を通じて感じたのは，科博には若手職員のアイデアを取り入れてくれる土壌と，それが事業化した際には多方面からサポートしてくれる体制があるということです。それと，展示作りにかかわる現場の仕事はやっぱり楽しいと感じました。自然や科学の魅力やおもしろさを広く伝えるため，今後も新しいことにどんどん挑戦していきたいと思っています。

🕐 ある1か月のスケジュール

第1週	・研究部の職員について，前月の出退勤の状況を確認し，給与のシステムに反映させる。
第2週	・筑波地区で新規採用する非常勤職員の採用面接をセッティング。 ・研究部職員の出張の行程確認や，出張後の報告書確認を行う。
第3週	・衛生管理者として，産業医と共に衛生管理業務を実施。労働環境として問題がないかどうかを確認するために法令にのっとり職場を巡視したり，健康相談を希望する職員がいればその対応を行い，職場環境改善に取り組む。
第4週	・月に一度の研究部連絡会にて，研究部職員に向けて事務手続のレクリエーションを行い，筑波地区全体の業務効率の改善に取り組む。 ・研究員が調査研究業務で国立公園等の特別保護地区へ調査に行く際，関係各所へ提出する申請書類を作成する。

東海国立大学機構 名古屋大学

名古屋大学教学事務部門
教育推進部　国際連携課
国際連携係

吉田 拓哉さん
【2017年4月採用】

国際コンソーシアムへの対応で 海外大学との学術交流を後押し

——まず，国際連携課の概要を教えてください。

当課は，名古屋大学全体の国際化や国際戦略にかかわる業務を担当する部署で，主に5つの業務をチームに分かれて担当しています。

①国際系プログラム：文部科学省（以下，文科省）の「スーパーグローバル大学創成支援事業」や「大学の世界展開力強化事業」などの国際系プログラムにかかわる企画・運営，本学の戦略的パートナー大学との関係構築

②海外拠点運営：本学が構える海外拠点の整備・運営

③海外大学との協定の締結・更新

④海外からの来訪対応：海外大学や国際機関から本学への来客時や，本学役員の海外出張時の対応

⑤国際コンソーシアム関連：本学が加盟する海外大学とのコンソーシアム（大学どうしが学術交流を行うためのネットワーク）に関する対応

このうち私は，⑤の国際コンソー

大学のシンボルである豊田講堂。入学式・卒業式のほか，国際会議なども開かれる

シアム関連の仕事を主に担当しています。

——コンソーシアム関連のお仕事とは，具体的にどのようなことを？

本学は環太平洋大学協会（APRU），日本・スウェーデン国際学術コンソーシアム（MIRAI），大学附置高等研究院連合（UBIAS）の3団体に加盟しています。これらのうちAPRUとMIRAIをもう1人の職員と分担して担当しています。コンソーシアムでは頻繁にワークショップやセミナーが開催されるので，開催校に細かい条件を確認し，必要な場合は上長に本学から参加者を出すか相談したうえで，各研究科の事務部門にメールで情報を流します。そして参加者の情報などを集約して開催校に連絡するほか，必要に応じて参加者の出張関連の事務処理も行います。

また，国際会議などの年次イベントには総長や副総長といった役員が出席するので，フライトや宿泊などを手配するとともに，私自身も役員随行で出張します。会議で役員の発表や発言がある場合は資料作成をすることも。6月のAPRU学長会議では，パネルセッションに総長が登壇した際のスライドを作成しました。

——MIRAIでは名古屋大学が日本側のコーディネーターを務めているそうですね。

MIRAIには日本の9大学，スウェーデンの11大学が参加しており，本学とスウェーデンのヨーテボリ大学がコーディネーター校を務めています。現在は，11月にスウェーデンで開催される研究者交流イベント「Research & Innovation Week」（R&Iウィーク）関連の対応が中心になります。R&Iウィークでは，「AI」「サステナビリティ」など5つの分科会ごとに研究発表や討論を行うので，これらの内容やタイムテーブルから，大使館など外部機関の招待まで，さまざまなことを決める必要があります。そのため，スウェーデン側の担当者とは毎日メールでやり取りするほか，週1回オンラインミーティングを行っています。ここで決まった内容は，学内や日本側の加盟大学に連絡・共有します。

また，MIRAIは第2期の「MIRAI2.0」が2023年に終了するため，現在，第3期の活動内容やコンソーシアムの進め方についてスウェーデン側とも議論しているところです。

——海外の大学職員とやり取りする中で，何か感じることはありますか？

一つは意思決定プロセスの違いです。日本の大学では数年ごとに担当が変わり，組織としての意見が重視される傾向があります。一

APRU学長会議のパネルディスカッションでは，名古屋大学の総長が登壇

方，スウェーデンや，私が研修で滞在したアメリカでは，定期異動がなく，1人の担当者が同じ業務に長年携わることが少なくありません。そのためか，各職員の裁量が大きいと感じます。

あとはバケーションの習慣ですね。MIRAIのスウェーデン側担当者が「夏に1か月半休暇を取る」と言うので，「仕事が滞るのでは？」と心配だったんです。「休暇中も何日かに1回はメールをチェックする」とのことだったので，日本側だけで進められる仕事に集中し，急ぎの要件はメールで連絡をして対応しました。担当者は休暇明けからバリバリ仕事をこなしていて，改めて「海外ではメリハリのある働き方で，日本とずいぶん違うな」と思うとともに，こうした違いやお互いの状況を踏まえて仕事をするのはおもしろいと感じています。

—— "アメリカでの研修"とは？

文 科省の国際教育交流担当職員長期研修プログラム（LEAP）です。私は入職したときから国際系の業務を志望していました。最初の所属だった本部の人事課で先輩からLEAPのことを聞き，「ぜひ参加したい」と考えていたところ，2021〜22年度に参加する機会を得ました。

最初の1年間は国際業務研修生として，文科省の大臣官房国際課で日本型教育の海外展開事業「EDU-Port」関連の業務に携わりました。シンポジウム開催に際しての連絡・調整や，業務を委託している企業の担当者とのやり取りといったことが主でした。

翌年はアメリカに渡り，最初の2か月間はほかの参加者9人と一緒にモンタナ州立大学で語学やアメリカの大学制度，オフィスカルチャーなどの事前研修を受けた後，それぞれの研修先に赴きました。

LEAPでは各自研究テーマを決めて研修に臨むことになっていて，私は「留学生に対するメンタルヘルス支援」をテーマに，ペンシルベニア州立大学で8か月間を過ごしました。同大学では国際部門での業務のかたわら，学内の心理カウンセラーにインタビューをしたり，留学生支援担当者の仕事を見学したりして，留学生や海外からの研究者のストレスケアについての実態を学びました。研修の成果は3月の帰国までに英文レポートにまとめたのですが，これが大変で……。「帰国する前に〇〇に行こう」などと誘われることも多く，レポート執筆と誘惑のせめぎ合いでした（苦笑）。

—— LEAPを経験して現在の仕事に活きていると感じることは？

一 番大きいのは，物おじせずに英語でコミュニケーションをする自信がついたことですね。また，日本では大学職員は一つの大学で働き，その組織のことしか知らない，ということに陥りがちです。そうした中，LEAPに参加し，外から客観的に大学を見ることができたのは貴重な経験でした。

—— 最後に今後の抱負と，読者へのメッセージをお願いします。

近 年，大学発ベンチャー企業の増加や留学プログラムの多様化など，大学を巡る環境は大きく変化しています。私もLEAP研修や業務で身につけた経験を活かすとともに，知識をアップデートして，大学の国際化に貢献していきたいです。

大学職員は民間企業とも公務員とも違う，少し特殊な仕事です。「なぜ大学職員になりたいのか」「大学職員になって何がしたいのか」をしっかり考えておくと，入職後のギャップが少なくなり，皆さんにとっても良い職場になると思います。

🕐 ある1日のスケジュール

8:30	出勤，メールチェック
9:00	チーム内ミーティング，その日のタスクを確認
9:30	メール対応，事務処理
12:00	昼休み
13:00	メール対応，事務処理
14:00	国際担当副総長とミーティング
15:00	ミーティング準備
16:00	スウェーデンの担当者とオンラインミーティング
17:15	退勤

PART 1「これが私の仕事です」

Academic Staff
Interview ❺

大型プロジェクトの運営を担当
国際交流業務にも携わり
研究活動に深くかかわります!

国際日本文化
研究センター

国際研究推進部研究協力課
国際研究推進係

土屋 雅巳さん（つちや まさみ）
【2018年4月採用】

――国際日本文化研究センターについて教えてください。

国の交付金で運営される大学共同利用機関法人に属しています。国内にこの法人は4つあり，うち人間文化研究機構に設置されている6機関の中の一つが当センターです。日本文化を国際的な視野で，学際的かつ総合的に研究していく機関として京都市に，1987年に設置されました。

――現在の所属部署と，土屋さんの担当業務について教えてください。

国際研究推進部は，教員組織の国際研究企画室と事務組織の研究協力課で構成され，研究協力課には共同研究等を担う研究支援係，国際交流等を担う国際研究推進係，市民向けイベント等を担う事業係があります。

私の所属する国際研究推進係ではセンターの国際研究と海外交流を一元的に担い，大型研究プロジェクトの運営に関する業務と国際交流業務を行っています。その中で私が主に担当しているのは，大型プロジェクトである機関拠点型基幹研究プロジェクトの運営に関する業務です。このプロジェクトは，①「国際日本研究」コンソーシアムの海外展開，②「国際日本研究」の推進，③成果発信体制の整備を3つの柱としており，私は特に②と③にかかわる業務を担当しています。

――機関拠点型基幹研究プロジェクトとは？

国立大学や大学共同利用機関では，中期目標期間として6年間を1セットにして計画を立て，研究を行っています。当センターでは，第3期（2016～2021年度）は「大衆文化の通時的・国際的研究による新しい日本像の創出」に取り組み，現在は第4期（2022～2027年度）のプロジェクト，「「国際日本研究」コンソーシアムのグローバルな新展開―「国際日本研究」の先導と開拓―」をテーマにして，事業を順次進めているところです。

――プロジェクトの運営業務について具体的に教えてください。

プロジェクトは毎年度，事業計画を立てて実施します。担当教員と相談・調整をしながら，その年度の事業計画や予算計画を検討し，計画書を作成。計画に沿って各事業が進むように計画や予算，スケジュール等を管理し，年度末に実績の取りまとめを行います。また，それぞれの事業を所掌する会議運営や各事業（シンポジウム，成果出版，データベース構築等）の実施，予算執行（旅費，謝金，物品購入，業務委託）なども行っています。

こうした1年間の事業実績を検証する外部の評価委員会に向けて，実績をまとめた後，報告書を作成します。このような形で毎年度のサイクルが円滑に回るようにサポートしています。

――国際交流業務にも携わっているそうですね。

直接の担当ではありませんが，同じ係として部分的に従事しています。プロジェクトでも海外の研究者をシンポジウムに招いたり，一定期間の研究活動に招へいしたりすることがありますが，それとは別に，海外の研究者と共同研究を進めることも当センターの大きなミッションの一つです。そこで，外国人研究員や外来研究員など海外からの研究者の受入れに関する業務，生活面を含めた滞在中の対応等に当たっています。

――仕事のおもしろさや，やりがいを教えてください。

私は採用時から研究協力課で，2023年度で6年目となります。当課の仕事のおもしろさは，な

和風のコモンルームで教員との打合せ中

んといっても個性豊かな研究や研究者に最も近いところで働けることに尽きると思います。

また，規模の大きい大学では細分化された業務の一部を担当することもあると思います。しかし，当センターのような小さい組織では，事務職員一人一人の立案や貢献がセンターの方針決定や事業推進に直接結びつくため，自分がセンターの事業を前に進めているという実感が得られ，やりがいを感じます。特に当課は，センターの中心的な事業である研究活動に深くかかわることができる花形的な部署ともいえます。

——特に印象に残っているお仕事は？

一つは，2年目に配属されていた研究支援係で，故・坂本龍一氏を招いた研究会を運営したことです。当時，「マスメディアの中の芸術家像」という共同研究を進めており，YMO（イエロー・マジック・オーケストラ）以後の活動についていろいろお話を伺いました。ユニークでおもしろかったですね。

ほかに，2019年度末にコロナ禍に入り，オンラインを活用した研究会運営方針を立案したこと，先述した第3期プロジェクト「大衆文化」の最終成果である叢書シリーズを大手出版社から刊行したこと，2023年度には新規プロジェクトの評価方針を立案したことなどが印象に残っています。

——大変だったことはありますか？

新プロジェクトに入る際，改めて実施体制や制度等の立案，設計，構築などを行います。担当教員と検討を重ね，より良い形に落とし込んでいきますが，制度設計等は未経験でしたので，特に大変でした。上司にも相談しながら進めましたが，やりがいもありました。

——職場の雰囲気はいかがですか。

円形の閲覧室が特徴的な図書館

最大約500人が収容可能な講堂

中庭にて

桜の季節の正面玄関

小さい組織で職員数も少ないめ（2023年10月1日現在，常勤40人，非常勤55人），風通しがよく，課や職位を越えて相談しやすい雰囲気があります。他機関や大学等から出向・転籍してくる職員もいるので，いい意味で刺激がある職場です。また，教員とも距離が近く，教職員一丸となって事業を進めています。

——今，遅出出勤制度を利用されているそうですね。

育児休業制度の中に早出・遅出出勤制度があり，私は子どもを保育園に送るため，1時間の遅出を利用しています。共働きなので本当に助かっています。

実は私は転職経験があり，以前は，好きな分野でしたが「ワーク」一辺倒のような会社で働いていました。今はワークライフバランスも充実し，とても満足しています。こう

した働き方ができる点も魅力ですね。

——今後の抱負をお願いします。

これまでは研究を支える業務に携わってきましたが，大学職員の仕事は広範にわたり，研究協力の仕事はその一端にすぎません。今後は異なる分野の業務にも挑戦し，大学職員として幅広いスキルを身につけていきたいと思います。

——読者に向けて一言お願いします。

大学職員は，専門に特化したスペシャリストをめざすことも，幅広い業務知識を身につけたジェネラリストをめざすこともできます。事務職員は毎日デスクワークの繰り返しという印象があるかもしれませんが，さまざまな経験を積みながら自分に合った仕事を見つけたり，新しい仕事に挑戦できたりと，刺激的な仕事だと思います。興味のある方はぜひ挑戦してみてください。

🕐 1年間の主な業務スケジュール

4〜6月
前年度プロジェクト実績の取りまとめ
今年度事業の実施に向けた打合せ・事前調整

7〜9月
前年度実績に対する外部評価の実施
今年度事業に係る連絡調整（海外からの招へい手続など）

10〜1月
主要事業（シンポジウム・ワークショップなど）の実施
次年度以降に受け入れる外国人研究者の審査・連絡調整

2〜3月
次年度事業計画・予算編成案の作成

先生たちの授業をサポートし，高専の発展を支援する

米子工業高等専門学校

総務課 契約係

太田 まなみ さん
（おおた）
【2022年4月採用】

米子高専の学習・教育目標

本校は，「ものづくりの基盤技術を支える創造性に富んだ技術者」を養成するため，学生が以下の能力を身につけることを「学習・教育目標」とする。

A. 技術者としての**基礎力**
B. 持てる知識を使う**応用力**
C. 社会と自らを高める**発展力**
D. 地球の一員としての**倫理力**
E. 社会とかかわるための**コミュニケーション力**

—— 初めに，総務課の概要を教えてください。

本校には事務に関する部署が学生課と総務課の2つあります。学生課は学生に対応する業務を，総務課はその他の学内的な業務を担当しています。

総務課は総務担当と財務担当の2つに分かれており，財務担当は財務係，契約係，施設係の3つの係があります。私が所属している契約係は何かの契約をするときの窓口になる部署です。また，先生方が物品を購入したときに必要となる，支出関連の書類も作成します。財務係は，契約係で作った書類を元に，支出の書類作成や，予算や決算などを担当。また，建物の管理もしており，外部に部屋を貸し出す手続や，職員の入居，退去に関することも行っています。施設係は学校の建物の管理や設計，契約，電気・ガス・水道・電話などの維持管理に関することを担っています。

—— 太田さんの担当業務を教えてください。

私が主に担当しているのは，先生方が授業などで使用する物品の調達と，それに関する支出関連書類の作成です。

本校は，2021年4月に，従来の5学科を1学科・5コース制に再編しました。さまざまなコンテストに挑戦したり，研究に取り組んだりと，活気あふれる学校です。研究が活発なぶん，それに必要な物品が増えるので，事務の面で皆さんの研究や学びを支えたいと思っています。

支出関連書類も作成します。これは，学校から業者にお金を支払うときの伝票です。契約係で作る書類には，見積書を元に作る書類と実際に請求書が届いてから作る書類の2種類があります。それを作成したら財務係に渡して，手続が進んでいくので，私が支出関連書類作成のトップバッターをということになります。

さらに，契約係はいくつか統計調査を実施しているので，その一部を担当しています。そのほかにも，清掃や学生，職員の健康診断に関する業務もしています。予算やスケジュールを立てたり，実際に運営したりすることで，学生や職員の皆さんの健康面や環境面を整えています。毎日やることが多いので忙しいですね。今，契約係は5人おり，それぞれが担当を持っているのですが，幅広く業務の知識を得ようという雰囲気の部署なので，自分がメインの担当ではない仕事のことも勉強しています。大学の契約係は，扱う金額によって担当部署が違うと聞いたこともあるのですが，高等専門学校は契約の金額にかかわらず同じ窓口なので，幅広い仕事を経験できていると思います。

—— この仕事を志望したのはなぜですか。

大学時代に学習塾でアルバイトをしたことをきっかけに，教育に関する仕事に就きたいと考えるようになりました。国立大学法人の職員を選んだのは，私も学生のときに大学職員にお世話になることが多かったからです。私は，よさこいサークルと大学祭の実行委員会をかけもちしていたのですが，特に大学祭のときは，出店する食品の衛生管理や物品の調達についての相談など，何かあったら学生支援課の職員の皆さんに相談していました。その経験から，今度は私が学生をサポートしたいと思うようになりました。

また，島根大学に進学しましたが，実は米子市出身で，地元で仕事がしたいと思っていたので，本校を選びました。

——大学時代に経験しておいてよかったことを教えてください。

いろいろな方とコミュニケーションを取ったことです。よさこいサークルでは，県外のイベントに参加することもあり，その土地の方や幅広い年齢層の方と交流する機会がたびたびありました。そうした方々と積極的に会話をすることで，コミュニケーション力がついたと思います。

よりよい仕事をするためには人とのコミュニケーションが大切です。学生時代にその経験ができたのは良かったと思います。

——印象に残っているエピソードはありますか。

2022年にオープンキャンパスをしたときに，いろいろな先生の研究や授業を拝見しました。なかでも，液体窒素を用いたものが人気で，カラーボールを液体窒素につけるとどうなるかという実験だったのですが，そこで使用されていた物品は，私が調達を担当したものでした。見ている人たちが歓声をあげて驚いている様子を見て，自分の仕事が，こんなふうにイベントを盛り上げる一助になっていると思うと，やりがいを感じましたね。出張授業などに同行することもあるので，そのときも同じようにうれしく感じています。

——採用されて2年目ですね。職場には慣れてきましたか。

最初は，先生方に頼まれた物品の名前も用途もわからず，機械の性能も知らなかったので，一つ一つ調べながら進めていきました。物品を買うときは先生から依頼書が送られてくるので，それを見て，わ

からないことがあれば自分で調べて知識を習得してきました。最近では慣れてきたので，「この先生はこれ」「化学の先生はこういうものをよく頼まれる」「電子部門の先生は以前もこれを頼まれたな」などとわかるようになり，仕事をスムーズに進めることができています。

——職場の雰囲気を教えてください。

職員は優しい方ばかりです。会計のことや書類作成についても最初は全然わからなかったのですが，皆さん，丁寧に教えてくれますし，疑問に思ったことやわからないことは上司や先輩がわかりやすく説明してくれます。なんでも聞けるので，もっとできるようになりたいという意欲も湧きます。伸び伸び仕事ができる環境で，恵まれていると思います。

——今後の抱負を。

今,Webなどで簿記の勉強を始めているので，それを仕事に活かしていきたいですね。契約や会計についての知識を深め，もっと業務にもっと慣れていきたいです。

——読者に向けて一言お願いします。

今回，少しでも学生の皆さんのお役に立てたらと思い，インタビューを受けました。私の経験を少しでも参考にしていただければうれしいです。

米子高等専門学校は，教職員と学生の距離が近く，皆が積極的に研究や学びに取り組んでいる学校です。笑顔があふれる本校で，一緒に仕事をしませんか。

🕐 ある1週間のスケジュール
（設備調達契約に係る入札関連業務がある場合）

月曜日	設備調達契約に係る予定価格調書の作成
火曜日	物品発注に関する業務
水曜日	支出関連書類の作成
木曜日	支出関連書類の作成
金曜日	設備調達契約に係る開札への立会い
ある1日の様子	・メールの確認 ・取引業者への物品発注等の連絡 ・設備調達契約に係る仕様策定委員会へ立会い 〜昼休憩〜 ・上記の仕様策定委員会の議事録まとめ ・支払関連書類の作成

安心して学べる環境づくりを施設面からサポート
カーボンニュートラルの実施に向けた取組みも

九州大学

施設部施設管理課
環境マネジメント係

中村 伸一さん
（なかむら しんいち）
【2015年4月採用】

―― 初めに，所属部署について教えてください。

施 設部では，施設整備に関する計画作成に始まり，予算要求，設計，発注，施工管理，完成後の維持管理，建物の取り壊しまでの業務を一貫して行っています。九州大学の主要な教育・研究施設は伊都・馬出・筑紫・大橋・別府・箱崎の6か所ですが，その他の小規模なものを含めると，全国に87の団地があり，合計で100万㎡を超える膨大な施設があります。これらの膨大な施設を限られた予算で維持管理する必要があり，安全・安心で，教育研究活動を支える良好なキャンパス環境を確保するため，各建物のライフサイクルを検討し，80年先を見越した計画を作成しています。加えて，施設部では，施設の有効活用やカーボンニュートラルに向けた取組み，エネルギー管理に関する業務等も行っております。

私が所属する施設管理課では，主に，4つの業務①施設の有効活用にかかわる業務②個別施設計画の策定③カーボンニュートラルに向けた取組み④エネルギー管理があります。

―― 中村さんの担当業務は。

私 は先の4つの仕事の中で，「カーボンニュートラルに向けた取組み」と「エネルギー管理」を担当しています。

前者のカーボンニュートラルとは，エネルギーをつくる際に発生する二酸化炭素等の温室効果ガスの「排出量」から，森林管理などによる温室効果ガスの「吸収量」を差し引いて，合計を実質的にゼロとすることです。

2020年10月に，日本政府が2050年までのカーボンニュートラルを宣言したことを受け，九州大学としても具体的な目標や取組みについて検討を進めています。

施設部としては，照明器具のLED化や高効率な空調設備の導入等，建物に関する部分が主な担当となりますが，大学全体としての目標・計画を検討していますので，関係する事務の方，エネルギー関連の研究を行う先生方等，多くの方との打合せ調整を行っています。関係者が多く，調整に苦慮することも多々ありますが，多くの意見を頂くことで，より改善していく過程が，おもしろく感じます。また，打ち合わせや調整を円滑に進めるためにも，相手の立場に立つことや感謝の気持ちを伝えることが大切だと業務を行う中で学ぶことができました。

また，「エネルギー管理」の業務では，大学全体の電気・ガス・重油等のエネルギー使用量や，太陽光や風力による発電量を整理したり，国に提出する定期報告書や，学内のエネルギー使用実績を報告する委員会資料の作成を行っています。わかりやすい資料にするために，グラフを使用する等，表現を工夫したり，また，学内関係者が省エネ活動を実施する気持ちになるためには，どのような内容にしたらよいか考えて資料を作成しています。

その他にも，九州地区の電力がひっ迫したタイミングで，大学の発電機を作動させ，本学の使用電力を下げることで，エネルギー平準化に貢献する，デマンドレスポンスの対応も担当しています。社会貢献に繋がり，取り組みがいのある業務です。

九州大学伊都キャンパス

—— ところで，この仕事を志望した
のはなぜですか。

私は，九州工業大学で情報工学
を専門に学んでいました。そ
の後，情報関係の会社に就職し，
28歳のときに転職して今の仕事に
就いたんです。転職の理由は，地元
で働きたいと思うようになったこと
と，これまでのスキルを活かして，
研究機関である大学で学生や教員の
皆さんを支える仕事ができたらと考
えたからです。

—— これまでの経験で，仕事に役立
ったことを教えてください。

パソコンのスキルでしょうか。
これまでに培ったスキルとし
て，ワードを使った文書作成だけで
なく，エクセルを使ったデータ集計
やマクロ作成ができます。エネルギ
ー管理を行ううえで，エクセルが使
えると特に便利ですし，システム業
者とのやり取りの中で，専門用語が
わかると話をスムーズに進められる
ので助かっています。

前職とはまったく異なる業界への
転職でしたが，「挑戦」だと思って
採用試験を受けたので，新しいこと
にチャレンジする大切さを学びまし
た。異なる業界への転職に，当時は
不安もありましたが，新しいことを
数多く学べたため，転職してよかっ
たと思います。

—— このお仕事のやりがいはなんで
すか。

自己成長がやりがいです。九州
大学は組織が大きいため，数
多くの人々に相談しながら，仕事を
進めます。相談をとおして他人の意
見を聞くことにより視野が広がりま
す。自分一人では思いつかなかった
考えや解決策を得ることができま
す。自分の考えや意見，情報を伝え
る能力も向上します。

また，九州大学では約2〜3年の
周期で部署異動があります。部署異

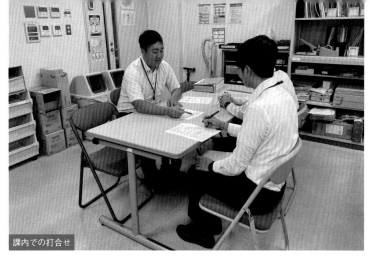
課内での打合せ

動のたびに，業務の内容が大幅に変
更となり，苦慮することになります
が，新しい知識を学ぶチャンスとな
ります。また，部署異動により，新
たな人と出会えることも魅力・やり
がいだと思います。

—— 職場の雰囲気を教えてくださ
い。

上司も同僚も相談しやすい方ば
かりなので，わからないこと
を聞きやすい雰囲気です。今の仕事
は専門的な内容を含むので，自分だ
けで解決できない場合は，上司や先
輩に教えてもらいながら進めるよう
にしています。

—— 今後の抱負をお願いします。

まずは，2023年度内に，カー
ボンニュートラルに向けての

計画について，学内の合意を得るこ
とです。いろいろな方との調整が
必要になってくるので，皆が気持
ち良く仕事ができるように，感謝の
気持ちを忘れず，取り組んでいきた
いですね。

—— 読者に向けて一言お願いしま
す。

九州大学には，いろいろな組織
があり，部署異動によってさ
まざまな仕事を経験することができ
ます。私自身も日々，学びながら成
長しているのを実感しています。幅
広い知識やスキルを身につけたい人
には最適な職場だと思います。新卒
の方も，既卒の方も，やってみよう
かなと思う方は，ぜひ，チャレンジ
してみてください！

⏰ ある1日のスケジュール

9:00	出勤
9:00 〜	メールチェック
9:30 〜	課内ミーティング
10:00 〜	教員とwebで打合せ（カーボンニュートラルに向けた取組み）
11:00 〜	議事録作成
12:00 〜	昼食，キャンパスの散歩
13:00 〜	上司に相談（議事録の確認と今後の対応）
13:30 〜	デスクワーク（書類作成，電話対応，メール対応など）
17:45	退勤

受験ジャーナル

6年度試験対応 定期号のお知らせ

毎号の特集は，タイムリーで読み応えのある記事が満載。最新年度の問題と解説，各試験の出題傾向と対策，面接対策などを交えて，ボリュームたっぷりでお届けします。連載コーナーも充実。現役職員へのインタビュー，先輩たちの合格体験記，教養・専門の力試しができる基礎力チェック問題など，合格に欠かせない内容が毎号盛りだくさん。定期号は年間6号の刊行です。

発売日	Vol.	主な特集内容
好評発売中	Vol.1	特集1：第一志望に受かる！　タイプ別学習プラン 特集2：判断推理の合格戦略 徹底分析：国家総合職，東京都，特別区
好評発売中	Vol.2	巻頭企画：1年目職員座談会 特集1：数的推理の合格戦略 特集2：国家総合職教養区分にチャレンジ！ 地方上級データバンク①：東日本 徹底分析：国家一般職
令和6年1月1日	Vol.3	特集1：残り5か月　絶対やることチェック！ 特集2：早めの面接対策 地方上級データバンク②：西日本 徹底分析：国家専門職，裁判所
令和6年2月1日	Vol.4	特集：地方上級　最新出題研究 短期連載：また出る過去問 暗記科目の直前チェックカード：教養
令和6年3月1日	Vol.5	特集1：時事予想問題 特集2：論文は構成メモで書く！ 短期連載：また出る過去問 暗記科目のチェックカード：専門
令和6年4月1日	Vol.6	巻頭企画：直前期のスペシャル強化策 特集1：市役所上級　最新出題研究 特集2：市役所事務系早見表 短期連載：また出る過去問

発売日，特集内容は都合により変更することがあります。

毎号の連載内容

- ◆めざせ！　エース公務員
- ◆公務員の仕事 FILE
- ◆誌上インターンシップで学ぶ　公務員の仕事
- ◆知られざる霞が関の日常
- ◆資格ハンター庄田の　チャレンジ公務員人生
- ◆合格体験記
- ◆教養・論文・面接の時事
- ◆YouTuber おいなりさんと学ぶ　SPI&SCOA
- ◆基礎力チェック問題
- ◆チャレンジ！　論文道場

その他の詳しい試験情報などは web でご確認ください。

受験ジャーナル 特別企画

特別企画1　6年度試験対応 **学習スタートブック** 好評発売中	特別企画2　6年度試験対応 **公務員の仕事入門ブック** 好評発売中	特別企画3　6年度 **直前対策ブック** 令和6年2月中旬発売予定	特別企画4　6年度 **面接完全攻略ブック** 令和6年3月中旬発売予定	特別企画5　6年度 **直前予想問題** 令和6年3月下旬発売予定
合格体験記から学ぼう 公務員試験 Q&A 学習プラン&体験記 教養・専門 合格勉強法&オススメ本 論文&面接試験の基礎知識 国家公務員試験ガイダンス 地方公務員試験ガイダンス	見たい！知りたい！公務員の仕事場訪問 国家公務員の仕事ガイド 地方公務員の仕事ガイド スペシャリストの仕事ガイド	直前期の攻略ポイント 丸ごと覚える最重要定番データ 最新白書 早わかり解説&要点チェック 新法・改正法 法律時事ニュース 教養試験の「出る文」チェック 専門試験の「出る文」チェック　等	個別面接シミュレーション 面接対策直前講義 面接カードのまとめ方 合格者の面接再現&体験記 個別面接データバンク 集団討論・グループワーク 官庁訪問 [書き込み式] 定番質問回答シート	地方上級 教養試験 予想問題 市役所 教養試験 予想問題 地方上級 専門試験 予想問題 市役所 専門試験 予想問題

実務教育出版

お求めはこちらから

　国立大学は，平成16年４月から法人化し，文部科学省が設置する国の機関から，各大学が独立した法人格を持つ「国立大学法人」へと生まれ変わりました。国立大学法人は，国が財政的に責任を持つ独立行政法人の枠組みをもとに，自主・自律という大学の特性を加えた新しい法人制度です。性格の似たものに，高度な学術研究の拠点となる国立天文台などの大学共同利用機関法人や，国立高等専門学校機構，国立青少年教育振興機構などの独立行政法人があります。

　なお，国立大学法人等職員の身分は，「非公務員型」の法人職員であり，国家公務員ではありません。

国立大学法人の組織の例

機関により組織の名称や仕事の分担が異なるので，この図は一つの例です。

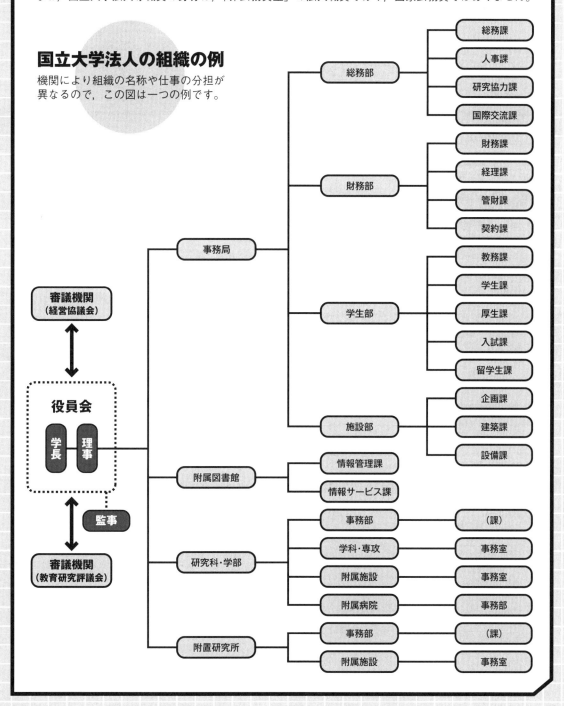

［コラム］ 多岐にわたる職員の仕事

　国立大学法人等職員の仕事といえば，学生への対応業務を思い浮かべる人が多いかもしれませんが，実際の職員の業務は多岐にわたります。

　ここでは，業務内容を大きく8つの系列に分けて，それぞれの仕事を簡単に紹介します。

　なお，職員採用試験で受験した試験区分により，主な勤務先と業務内容は，おおむね下の表のようになります。

試験区分	主な勤務先	主な業務内容
［事務系］事務，図書	大学・高専等の事務局（部），図書館，学部，研究所，附属病院等	総務・人事系，財務系，教務・学生系，研究協力・国際交流系，医療事務系，図書系
［技術系］電気，機械，土木，建築，化学，物理，電子・情報，資源工学，農学，林学，生物・生命科学	大学・高専等の施設関係部門，技術部門等	施設系技術，教育・研究支援系（教室系）技術

総務・人事系
大学等の経営や組織の運営を円滑に進めるとともに，教職員の仕事や生活をサポートする業務です。

▶総務，庶務関係
・事務の総括，連絡調整
・役員会，教育研究評議会，経営協議会，教授会等の各種会議の運営
・入学式，学位授与式その他の各種行事の運営
・学内規則，規程等の制定・改廃
・大学の運営，組織改革等にかかわる事項の企画，立案
・中期目標，中期計画の企画・立案および点検，評価
・渉外事務

▶人事関係
・職員の採用，異動，退職等の人事管理
・職員の給与，諸手当の決定
・職員の研修の企画，立案，実施
・職員の健康管理，災害補償
・職員の福利厚生，労働時間・休暇の管理
・職員の服務，労使協定に関する業務

▶企画渉外関係
・広報活動の企画，立案，実施
・広報刊行物の編集，発行
・情報公開に関する業務　等

財務系
法令や規定等に基づき，組織運営を財務面から支える業務です。

▶財務関係
・予算の立案，要求，配分，管理
・決算および財務諸表の作成
・会計に関する監査，統計調査
・会計諸規定に関する業務

▶資金管理関係
・余剰金，積立金，借入金，債権等の管理
・運営費交付金，授業料，入学料，検定料等の収入業務
・職員の給与，出張旅費等の計算および支給
・購入物品等の代金の支払い
・寄附金や補助金の受入れ・支出
・消費税の申告

▶資産管理関係
・土地・建物，構築物等の固定資産の管理
・職員宿舎の貸与および維持保全
・学内の防災・警備
・教育・研究のための寄附金，補助金等の経理

▶契約関係
・物品の購入，借入，請負その他の契約，調達
・役務の調達
・物品等の管理　等

教務・学生系
学生の入学から卒業まで，学業および生活面をサポートする業務です。

▶入試関係
・学生募集，入試広報
・大学入学共通テストの実施
・個別学力試験の実施
・入試調査統計，入試改善
▶教務，学務関係
・学生の入退学，留学，卒業等の手続きおよび学籍の管理
・カリキュラムの編成，履修手続きおよび修学指導
・試験の実施および学業成績の管理
・教育実習，教育職員免許の手続き
・研究生，科目等履修生，聴講生等の受入手続きおよび修学指導
・他大学との単位交換に関する業務
・授業評価，教育方法等の改善・充実
・学位に関する業務（審査）

▶学生支援関係
・学生の生活指導および学生相談
・奨学金および入学料・授業料免除の手続き
・学生の課外活動の支援および課外活動施設の管理
・学生寮の管理運営
・学生の教育研究災害傷害保険，旅客運賃割引証に関する業務
・学生の健康管理および福利厚生，環境衛生に関する業務
・アルバイトの紹介
▶就職支援関係
・就職情報の収集，提供
・学生の就職活動の指導，相談およびインターンシップに関する業務
・就職ガイダンス，就職セミナー等の企画，実施
・就職に関する各種統計調査　等

研究協力・国際交流系
学術研究の振興助成，海外との学術交流，留学生交流を推進する業務です。

▶研究協力関係
・学術研究の推進に関する企画，立案および調査
・科学研究費補助金や各種研究助成金の申請，報告
・放射線同位元素等の使用や組換えDNA実験の申請，届出
・公開講座等の企画，実施
▶産学連携関係
・民間機関等との共同研究
・受託研究の受入れ，報告
・寄附講座，寄附研究部門の設置，運営
・知的財産の創出，保護，活用
・内地研究員，在外研究員に関する業務

▶国際交流，留学生関係
・国際交流の企画，立案
・外国の大学等との学術交流
・外国人研究員等の受入れ，研究者の海外派遣
・国際シンポジウム等の開催
・外国人留学生の受入れおよび修学・生活指導，生活支援
・外国人留学生の奨学金，宿舎等に関する業務
・入国管理手続き
・地域における留学生支援
・学生の海外留学派遣　等

医療事務系
主に大学病院で，医療や看護などの仕事がスムーズに進むようサポートする業務です。

▶医事関係
・外来患者の受付
・入院患者の入院，退院の手続き
・診療費用・入院費の計算，収納，領収書の発行
・社会保険等への診療報酬の請求
・各種診療関係証明書の発行
・医療安全，医療事故対策
・医療相談，医療訴訟に関する業務
・地域医療支援業務
・公費負担医療に関する業務

▶医療情報関係
・医療に関する情報収集，調査，統計
・医療情報システムの管理，運用
・医療情報システムの将来設計の企画，立案
・病院管理会計システムの管理，運営
・各種医療情報データの集積，提供
・病歴情報等の管理，保管，情報公開
・医療に関する各種統計調査　等

図書系

学術情報サービスについてのさまざまなニーズに応え，教育・研究をサポートする業務です。

▶ **情報サービス関係**
- 図書館資料の閲覧，貸出，返却
- 図書館資料の保存，配架，点検
- 図書館資料の参考調査，情報検索
- 閲覧室，書庫の管理，整理整頓
- 図書館の利用案内，広報
- 図書館資料の他機関との相互利用，文献複写
- 電子図書館の構築，運営
- 電子ジャーナル等の刊行情報の調査，利用指導

▶ **情報管理関係**
- 図書館情報システムの企画，立案，管理，運用
- 図書館資料の目録情報データベースの作成，管理
- 図書館資料の選定，発注，契約，受入れ
- 図書費の予算管理
- 図書に関する調査統計，諸報告
- 図書館事務の連絡調整　等

施設系技術

大学等の施設について，整備計画，施工監理，維持保全まで，すべてをマネージメントします。

▶ **施設整備関係**
- 施設整備に関する企画，調査
- 施設の中・長期整備計画の策定
- 施設の整備等に関する工事の契約，監督
- 施設の整備等に関する工事の計画，設計，積算，施工監理，検査
- 施設の整備等に関する図面の整理，保存

▶ **施設保全関係**
- 建物，電気，水道，ガス設備，外構等の維持管理
- 施設の維持保全にかかわる点検，保守，衛生管理，運転監視および警備
- 安全衛生管理にかかわる計画，点検，指導，助言
- エネルギーの使用の管理および合理化　等

教育・研究支援系（教室系）技術

多岐にわたる教育・研究活動を円滑に進めるため，それぞれの専門知識を活かし，技術面から支援します。

▶ **技術支援関係**
- 各種実験データの測定，処理および分析，提供
- 教育・研究の技術支援
- 学生の実験・実習の企画，立案および準備
- 学生の実験・実習の技術指導および助言
- 研究・実験用の機械・機器・装置等の開発，設計・製作，維持，管理・運用
- 研究・実験用各種資料の採取，保存および標本作成
- 機器操作方法等の技術指導
- 安全作業指導

▶ **維持管理関係**
- 機械，機器，装置等の整備
- 適切な作業環境の保持　等

PART 2

こんな試験が行われる！

国立大学法人等職員採用試験（統一試験）は，申込みから一次試験合格発表までは全国統一で行われるが，業務説明会は各地区独自に行われ，二次試験については各採用機関別に実施される。本PARTをよく読んで，国立大学法人等職員採用試験のシステムを理解しよう。

採用までのプロセス

国立大学法人等職員（非公務員）の採用については「国立大学法人等職員統一採用試験」として，全国7地区（北海道，東北，関東甲信越，東海・北陸，近畿，中国・四国，九州）の各実施委員会で行われている。

この試験からは，国立大学法人のほか，独立行政法人国立高等専門学校機構および放送大学といった機関や，大学共同利用機関法人（研究機構・研究所），独立行政法人である国立博物館・美術館，教育施設などの機関の職員の採用も行われる。

試験区分には，事務系として「事務」「図書」の2区分，技術系として「電気」「機械」「土木」「建築」「化学」「物理」「電子・情報」「資源工学」「農学」「林学」「生物・生命科学」の11区分がある。ただし，地区内の機関で採用予定のない区分については試験を実施しない。実施の有無については各地区の実施委員会のホームページで確認してほしい。

統一試験における採用までの流れ（令和5年度試験の場合）は23ページの図にまとめた。以下では，5年度試験に基づいて試験の内容と採用までのプロセスを解説しよう。

①申込受付

日程は全国統一である。試験案内等もホームページ上で公表され，申込みはインターネットで受け付ける。その際，「国立大学法人等グループ会員サービス」に登録し，マイページを開設することが必要となっている。受験票はマイページあてに送信される。一次試験の際には，自分で印刷した受験票を持参する（顔写真データの事前アップロードが必要）。

②一次試験

全国統一で実施され，他地区との併願はできない。すべての区分について，五肢択一式の教養試験（120分，40問）が課される。

内容は社会，人文，自然に関する一般知識（20問）および文章理解，判断推理，数的推理，資料解釈に関する一般知能（20問）で，大学卒業程度の一般の公務員試験に準じている（詳しくは27ページの「教養試験の概要」を参照）。

③一次試験合格発表

一次合格者は，一次試験実施の約半月後に発表される。一次合格者は各地区の実施委員会が作成する「第一次試験合格者名簿」に登録される。各機関はこの名簿に基づき面接考査等の二次試験を行い，採用内定者を決めるというシステムになっている。

名簿は一次試験合格発表日から原則1年間保管され，各機関で欠員が生じた場合には，その都度，この名簿に基づき二次試験が実施される。

④採用説明会・機関訪問の開催

地区ごとに，おおむね一次試験合格発表後に採用予定のある機関が参加する合同の採用説明会や機関（職場）訪問などが開催される。ただし，一次試験の直後から機関訪問を受け付けたり，合同の採用説明会の前に独自の説明会を行う機関もあるので，志望先の情報を確認しよう。

💬独自に行われる試験💬

国立大学法人等職員の採用ルートは統一試験だけではない。例年，東北大学，東京大学，京都大学，大阪大学などは，統一試験のほかにも，独自に職員の募集を行っている。また，統一試験からの採用はせずに，独自試験で採用を行う機関もある。

66～69ページには，小社が行ったアンケートにおいて，令和5年度に独自採用を行ったと回答した機関について，採用実績や選考過程についての一覧表を掲載している。

独自試験の実施の時期は，機関によってまちまちなので，各機関のホームページをこまめにチェックしたり，電話で問い合わせるなどして，積極的にアプローチしてほしい。

申込みから採用まで（令和5年度統一試験の場合）

①受験資格

平成5（1993）年4月2日以降に生まれた者。

②試験区分

機関によって異なるが，事務系2区分のほか，技術系の11区分を募集する（下図参照）。

③採用までの流れ

申込み〜一次試験合格発表までの日程は全国共通で，一次試験では，全地区，全区分共通の教養試験が課される。二次試験は各機関で実施される面接等の考査となるが，図書については全地区共通の専門試験も課される。二次試験の結果，内定が提示される。

一次試験合格発表後のプロセスは地区によって若干異なる。詳しくは各地区の実施委員会のホームページで確認してほしい。

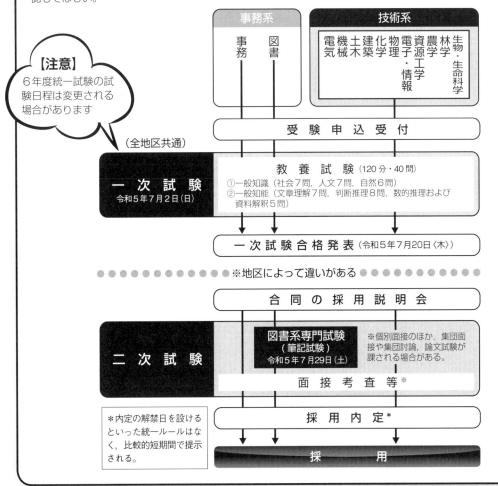

【注意】
6年度統一試験の試験日程は変更される場合があります

（全地区共通）

事務系
事務　図書

技術系
電気　機械　土木　建築　化学　物理　電子・情報　資源・工学　農学　林学　生物・生命科学

受 験 申 込 受 付

一 次 試 験
令和5年7月2日（日）

教 養 試 験（120分・40問）
①一般知識（社会7問，人文7問，自然6問）
②一般知能（文章理解7問，判断推理8問，数的推理および資料解釈5問）

一 次 試 験 合 格 発 表（令和5年7月20日〈木〉）

●●●●●●●●●●●●●●●●●※地区によって違いがある●●●●●●●●●●●●●●●●●

合 同 の 採 用 説 明 会

二 次 試 験

図書系専門試験（筆記試験）
令和5年7月29日（土）

※個別面接のほか，集団面接や集団討論，論文試験が課される場合がある。

面 接 考 査 等※

採 用 内 定＊

＊内定の解禁日を設けるといった統一ルールはなく，比較的短期間で提示される。

採 用

説明会や機関訪問への参加は絶対不可欠なものではないが，各機関の業務内容や職場の雰囲気を知る絶好の機会であるため，積極的に参加しよう。

日程等の詳細は各地区の実施委員会や各機関のホームページで確認できる。事前予約が必要な機関もあるので，注意しよう。

⑤二次試験

各機関が独自に行う。日程は機関により異なるので，複数の機関の試験を受けることが可能である。合同の採用説明会の際に予約できるほか，採用予定のある機関に連絡を取り，二次試験の受験を申し出ることもできる。

内容は面接考査が主で，個別面接のほか，集団面接や集団討論が行われたり，論文試験や適

性検査が課されることもある。また，エントリーシート審査（書類選考）を行う機関もある。機関ごとの詳細は60〜65ページに掲載した「令和5年度試験の採用実績，業務説明会・二次試験（面接考査）等一覧」を参照してほしい。面接は複数回設けられている場合が多く，クリアした人が次のステップに進むようになっている。

なお，図書区分は，図書系二次専門試験（筆記試験）を実施した後，機関別に面接考査を行う（受験に当たって，司書資格は必要でない）。

また，技術系については，必要に応じて考査が行われる（機関によって異なる）。

⑥採用内定

内定の解禁日を設けるといった統一ルールはなく，比較的短期間で内定が提示される。

内定の受諾は1機関のみ可能で，同時並行で別の機関の面接を受けている場合は，速やかにその旨を伝えて辞退すること。また，受諾した場合，試験実施委員会に「第二次試験合格届」を提出する。

⑦採用

採用予定時期はおおむね試験の翌年の4月1日だが，既卒者の場合は，機関の欠員状況によっては4月を待たずに採用になることもある。

※　　　　※　　　　※

38〜59ページには受験者から寄せられた機関別の二次試験情報をまとめた。質問項目だけでなく，面接での雰囲気や内定が出るまでの流れなどもレポートされている。それぞれの機関のカラーの違いをじっくり研究して，有効な対策を立てよう。

勤務条件・福利厚生

■勤務時間

原則として8：30〜17：15の1日7時間45分（週38時間45分）である。

■休日

土曜日，日曜日（完全週休2日制）と祝日および年末年始（12/29〜1/3）。

※勤務時間，休暇は職種や勤務場所によって異なる場合がある。

■休暇等

年次有給休暇は年間20日（ただし，4月採用の場合，その年は15日）で，20日を限度として翌年に繰り越すことができる。ほかに特別休暇（夏季，結婚，産前・産後，忌引等）や病気休暇，育児休業，介護休業などがある。

■給与・手当

初任給は，機関により異なるが，約180,000円〜約220,000円（学歴や採用前の職歴等により個別に決定）で，これに加えて，通勤手当，住居手当，扶養手当，期末・勤勉手当（毎年6月，12月に支給），超過勤務手当，地域手当（物価の高い都市に勤務する職員を対象とするもの）などが支給される。

■研修

新規採用職員研修をはじめ，階層別研修（中堅職員研修，主任研修，係長研修，課長補佐研修等）のほか，目的別研修（担当している業務の実務研修，語学研修，海外派遣研修，民間派遣研修，図書系職員研修，技術職員研修）などがある。

■昇進

各職員の能力や勤務成績などに基づいて上位のポストに昇進していく。一般事務職員の場合，係員→主任→係長・専門職員→課長補佐・専門員→課長・事務長→部長→理事・局長といったパターンになる（ポストの職名は各機関によって異なる）。

■人事異動・人事交流

異動は本人の適性や職務経験などを総合的に勘案しながら，おおむね2〜3年ごとに行う。

また，職員の資質の向上のため，同地区の他の機関との人事交流（一定期間の勤務）も行われており，若手職員が文部科学省に研修生として勤務する制度も設けられている。

■福利厚生

文部科学省共済組合等に加入し，国家公務員と同様に病気やけが，出産，死亡または災害の際などの給付や退職，障害，死亡に対する年金などの給付を受けたり，全国の国家公務員共済組合連合会の宿泊・保養施設を割安で利用できる。また，積立貯金制度もある。

さらに，体育館，グラウンド，テニスコート，プール等の体育施設を昼休みや勤務時間終了後に利用したり，附属図書館を利用することもできる。

採用プロセス Q&A

Q1 一次試験は全国共通ということですが，どの地区で受験してもよいのでしょうか？
また，複数地区の併願は可能でしょうか？

A 一次試験は採用希望地区にかかわらず，受験に便利な地区で受験できます。

また，複数地区の併願はできません。ただし，図書および技術系区分については，採用予定数が限られているため，一次試験合格者の採用機会の増加を図る観点により，他地区での採用を希望することもできます。他地区採用希望を届け出ると，他地区の採用試験実施委員会へ「第一次試験合格者名簿」が提供され，その結果，当初希望地区以外の機関から二次試験の実施についての連絡が来る場合もあります。

Q2 具体的な志望先はいつ頃までに決めればよいでしょうか？
また，どのように情報を収集すればよいか教えてください。

A 二次試験（面接考査等）は一次試験合格発表からほどなくして始まります。地区によって違いはありますが，採用説明会や機関訪問はおおむね一次試験合格発表の前後に行われています。志望先の決定は早ければ早いほどよいでしょう。遅くとも一次試験の前までには決定しておかないと出遅れてしまいます。本書のPART 1や各機関の

ホームページの情報をチェックするとともに，地区によっては秋〜春に受験予定者を対象とする説明会が開催されていますので，そういった機会を有効に活用することも大切です。

なお，各機関では年間を通じていつでも問合せには応じてくれますので，個別に情報の提供を求めたり，実際に訪問して説明を聞くことをお勧めします。早い段階である程度志望先を固めておくことで，時間に限りのある採用説明会や機関訪問をスムーズに進めることができます。

Q3 合格発表後の説明会に参加するに当たって，どのようなことに注意すればよいでしょうか？

A 合格発表後の説明会については，一次合格発表の直前頃から実施委員会や各採用機関のホームページで公表されます。事前予約が必要な場合もありますので，こまめにチェックしておきましょう。

また，合同の採用説明会が開かれる場合，その場で二次試験の予約を受け付けているケースもあるので，どの機関の説明会に参加するかはあらかじめ決めておき，効率的に回るようにしましょう。なお，その場で面接が行われることはありませんが，きちんとした服装で行くのは当然のマナーです。

Q4 複数の機関の二次試験を受験予定ですが，第一志望でない機関から先に内定が出た場合，

どうすればいいでしょうか？

A 二次試験は，日程が重ならない限り，複数の機関を受験できますが，内定は1つしか受けられません。ある機関から内定を提示されたが，別の機関からの連絡を待っているという場合は，その旨をきちんと伝えましょう。機関によっては返事を保留してくれることがあります。

複数の機関からの内定に応じることは各機関の採用予定や他の受験者の活動にも大きな影響を及ぼします。安易に受諾して，後で辞退することがないよう，慎重に行動してください。誠意を持った対応を心掛けましょう。

Q5 いくつかの機関の二次試験を受験したものの，希望どおりの結果が出ていません。採用の機会はいつまであるのでしょうか？

A 内定が得られず，引き続き採用を希望する場合は，採用試験事務室に希望届（意向届）を提出します。提出期限が定められており，提出がなかった場合は採用希望者として取り扱われないので，注意が必要です。

欠員が生じた機関は追加募集を行い，採用希望者名簿に基づいて二次試験を実施します。どうしても特定の機関の職員をめざすなら次年度に再受験するしかありませんが，それまでに追加募集が行われる可能性もありますので，情報には注意しましょう。

令和5年度　国立大学法人等職員採用試験　一次試験実施結果

試験区分	地区	北海道	東　北	関東甲信越	東海・北陸	近　畿	中国・四国	九　州	合　計
事　務	申込	747 (365)	1,284 (647)	6,655 (3,465)	2,171 (1,149)	2,456 (1,401)	1,930 (1,006)	3,272 (1,663)	18,515 (9,696)
	一受	539 (265)	1,010 (522)	4,390 (2,317)	1,583 (853)	1,502 (865)	1,438 (766)	2,394 (1,191)	12,856 (6,779)
	一合	381 (177)	525 (258)	1,930 (920)	894 (452)	790 (408)	860 (420)	1,068 (509)	6,448 (3,144)
	競争	1.4	1.9	2.3	1.8	1.9	1.7	2.2	2.0
図　書	申込	25 (19)	17 (8)	131 (85)	—	59 (43)	27 (15)	44 (33)	303 (203)
	一受	18 (14)	13 (7)	96 (61)	—	44 (34)	24 (14)	31 (21)	226 (151)
	一合	11 (7)	3 (1)	43 (23)	—	27 (18)	13 (5)	18 (9)	115 (64)
	競争	1.6	4.3	2.2	—	1.6	1.8	1.7	2.0
電　気	申込	0 (0)	7 (3)	17 (4)	4 (0)	7 (2)	3 (0)	11 (0)	49 (9)
	一受	0 (0)	6 (3)	12 (0)	4 (0)	2 (0)	3 (0)	6 (0)	33 (3)
	一合	0 (0)	5 (3)	10 (0)	4 (0)	1 (0)	2 (0)	6 (0)	28 (3)
	競争	—	1.2	1.2	1.0	2.0	1.5	1.0	1.2
機　械	申込	5 (0)	8 (2)	19 (2)	13 (2)	17 (2)	3 (0)	20 (0)	85 (7)
	一受	4 (0)	7 (1)	11 (1)	7 (2)	12 (1)	2 (0)	18 (0)	61 (4)
	一合	3 (0)	6 (1)	7 (0)	5 (1)	10 (0)	2 (0)	11 (0)	44 (2)
	競争	1.3	1.2	1.6	1.4	1.2	1.0	1.6	1.4
土　木	申込	—	—	5 (1)	9 (3)	6 (0)	—	12 (2)	32 (6)
	一受	—	—	3 (0)	4 (0)	2 (0)	—	5 (1)	14 (1)
	一合	—	—	3 (0)	4 (0)	2 (0)	—	4 (1)	13 (1)
	競争	—	—	1.0	1.0	1.0	—	1.3	1.1
建　築	申込	0 (0)	6 (3)	19 (6)	11 (4)	12 (5)	12 (2)	10 (4)	70 (24)
	一受	0 (0)	4 (2)	12 (5)	9 (3)	5 (1)	4 (1)	5 (2)	39 (14)
	一合	0 (0)	4 (2)	10 (5)	9 (3)	3 (1)	4 (1)	3 (0)	33 (12)
	競争	—	1.0	1.2	1.0	1.7	1.0	1.7	1.2
化　学	申込	5 (3)	4 (1)	11 (2)	15 (4)	4 (1)	—	20 (7)	59 (18)
	一受	3 (2)	3 (1)	7 (1)	10 (4)	2 (0)	—	14 (5)	39 (12)
	一合	2 (2)	2 (0)	6 (0)	10 (4)	2 (0)	—	12 (5)	34 (10)
	競争	1.5	1.5	1.2	1.0	1.0	—	1.2	1.1
物　理	申込	3 (0)	1 (0)	11 (3)	2 (1)	4 (0)	—	2 (0)	23 (4)
	一受	2 (0)	1 (0)	3 (1)	0 (0)	4 (0)	—	1 (0)	11 (1)
	一合	2 (0)	1 (0)	3 (1)	0 (0)	3 (0)	—	1 (0)	10 (1)
	競争	1.0	1.0	1.0	—	1.3	—	1.0	1.1
電子・情報	申込	4 (0)	9 (4)	16 (4)	2 (0)	6 (1)	8 (1)	13 (3)	58 (13)
	一受	4 (0)	9 (4)	11 (2)	1 (0)	6 (1)	6 (1)	11 (3)	48 (11)
	一合	2 (0)	9 (4)	9 (1)	1 (0)	5 (1)	6 (1)	10 (3)	42 (10)
	競争	2.0	1.0	1.2	1.0	1.2	1.0	1.1	1.1
資源工学	申込	—	—	—	—	0 (0)	—	0 (0)	0 (0)
	一受	—	—	—	—	0 (0)	—	0 (0)	0 (0)
	一合	—	—	—	—	0 (0)	—	0 (0)	0 (0)
	競争								
農　学	申込	—	4 (2)	20 (9)	12 (8)	9 (5)	19 (8)	37 (16)	101 (48)
	一受	—	4 (2)	7 (3)	9 (5)	5 (2)	11 (3)	23 (11)	59 (26)
	一合	—	4 (2)	6 (2)	9 (5)	2 (0)	7 (2)	23 (11)	51 (22)
	競争	—	1.0	1.2	1.0	2.5	1.6	1.0	1.2
林　学	申込	4 (2)	—	8 (2)	—	1 (0)	—	—	13 (4)
	一受	3 (2)	—	6 (1)	—	0 (0)	—	—	9 (3)
	一合	2 (1)	—	4 (1)	—	0 (0)	—	—	6 (2)
	競争	1.5	—	1.5	—	—	—	—	1.5
生物・生命科学	申込	2 (2)	7 (3)	10 (5)	7 (4)	8 (3)	4 (1)	14 (8)	54 (26)
	一受	2 (2)	5 (2)	7 (4)	7 (4)	4 (2)	1 (0)	12 (8)	38 (20)
	一合	2 (2)	5 (2)	3 (0)	7 (4)	3 (2)	1 (0)	12 (8)	33 (18)
	競争	1.0	1.0	2.3	1.0	1.3	1.0	1.0	
合　計	申込	795 (391)	1,347 (673)	6,921 (3,587)	2,249 (1,177)	2,589 (1,461)	2,006 (1,033)	3,455 (1,736)	19,362 (10,058)
	一受	575 (285)	1,062 (544)	4,565 (2,394)	1,634 (869)	1,588 (906)	1,489 (785)	2,520 (1,242)	13,433 (7,025)
	一合	405 (189)	564 (274)	2,034 (953)	943 (467)	848 (431)	895 (429)	1,168 (546)	6,857 (3,289)
	競争	1.4	1.9	2.2	1.7	1.9	1.7	2.2	2.0

※（　）内は女性の内数。
※申込＝申込者数，一受＝一次受験者数，一合＝一次合格者数，競争＝競争率（一次受験者数÷一次合格者数）。

教養試験の概要

教養試験は全区分共通のもので，科目構成や問題の内容は大卒程度の一般的な公務員試験に準じている。5年度試験においては，120分・40問必須解答（五肢択一式）である。平均点や合格最低点等は発表されていないため，確実な

ことはいえないが，公務員試験同様，満点の7割以上を得点できるよう準備を進めていこう。

教養試験の問題は，大きく一般知識分野と一般知能分野に分けられ，それぞれ20問出題されている（下の教養試験科目別出題数参照）。

一般知識分野

〈出題科目〉
- ●社会科学…政治，法律，経済，社会
- ●人文科学…地理，世界史，日本史，思想，文学・芸術
- ●自然科学…数学，物理，化学，生物，地学

1科目当たりの出題数は1～2問と少ないものの，出題範囲が広いため，すべての科目を満遍なく学習するのは難しい。そのため，出題数の少ない科目や苦手な科目を「捨て科目」にする人が多いが，科目を絞りすぎると，準備をした科目で難問が多かった場合，7割の得点が確保できなくなるおそれがある。28～33ページの「科目別傾向＆対策」を参照し，苦手な科目についても，頻出テーマだけは押さえておくこと

をお勧めする。

なお，社会科学の経済や社会では，例年，時事問題も出題されており，政治でも時事に関連した内容の出題が見られるので，日頃から社会の動きに注意を払う必要がある。

●教養試験科目別出題数

分野・科目		出題数
一般知識分野	社会科学 政治	1
	社会科学 法律	2
	社会科学 経済	2
	社会科学 社会	2
	人文科学 地理	2
	人文科学 世界史	2
	人文科学 日本史	2
	人文科学 思想	1[※1]
	人文科学 文学・芸術	
	自然科学 数学	1
	自然科学 物理	1
	自然科学 化学	1
	自然科学 生物	1
	自然科学 地学	1
一般知能分野	文章理解 現代文	3
	文章理解 古文	0[※2]
	文章理解 英文	4[※2]
	判断推理	8
	数的推理	4
	資料解釈	1
計		40

※1 「思想」「文学・芸術」は，いずれか1問出題
※2 平成30年度までは古文1問，英文3問の出題

一般知能分野

〈出題科目〉
- ●文章理解（現代文，英文）
- ●判断推理（空間把握含む）
- ●数的推理
- ●資料解釈

文章理解は，与えられた長文の読解力を問う問題，**判断推理・数的推理**は，与えられた条件を整理して状況を把握するとともに結論を導く推理力が求められる問題，**資料解釈**は与えられた数表や図表（グラフ）を読み取る問題である。いずれも，特別な知識を必要とするものではなく，その場で与えられた条件から考えて解く問題である。

とはいえ，限られた時間内で解くためには，「解法」のマスターが不可欠だ。本誌のPART3に掲載している過去問やPART4の予想問題をはじめ，地方上級公務員試験向けの問題集なども利用して問題演習を積み重ね，得点源に

できるよう準備をしてほしい。ただし，なかには，どうしても解けない苦手なタイプの問題や，解くのに時間がかかる難問もある。本試験でそのような問題が出た場合は，いたずらに時間をかけず，確実に解ける問題に注力するよう切り替えるべきだ。問題のタイプを見極める目を養うためにも，さまざまな問題に触れておく必要があるだろう。

科目別 傾向&対策

一般知識分野

【政治】

✔ ここにチェック！

- ・日本と各国の政治制度
- ・日本と各国の選挙
- ・国際情勢・安全保障
- ・国際連合・国際機関
- ・政治思想とその変遷

　過去の出題傾向を概観すると，基本的な問題が中心であるものの，近年の政治情勢，各国の政治制度，政治思想などに関して，やや細かい知識を前提とした出題が見られる。近年では，アメリカの大統領制，安全保障を巡る知識を問う問題，各国の選挙制度や選挙結果，国連についての知識や理解を前提とした問題などが出題された。今後も，各国の政治の制度や動き，安全保障，政治思想などの出題が予想される。

　以上を踏まえ，対策として重要なことは，各国の政治や国際機関に関する制度と最近の情勢を連動させながら知識を整理し，理解を深めることである。そのために，模擬試験の問題や過去問を実際に解き，解説をよく読み，理解すること，『公務員試験　速攻の時事』（実務教育出版）などの教材を用いて効率的に学習を進めることなどである。その際，近年のニュース，特に，判例や法改正，安全保障や国際機関の動向などについては，特に注意し，細部まで確認しておこう。

【法律】

✔ ここにチェック！

- ・信教の自由
- ・生存権
- ・内閣
- ・裁判所
- ・地方自治

　憲法からの出題がほぼすべてである。ただし，日本国憲法の条文や最高裁判所の判例だけでなく，その周辺の民法・刑法などの関連知識

や時事的な政治の知識も，選択肢の一部で問われることがある。また，出題形式の特徴として，学説上の論点を問う論理問題が26年度まではときどき出題されており，重要な論点の通説的見解には念のため注意が必要である。

　学習に当たっては，出題の中心となる憲法に最優先に取り組むべきである。まず，頻出テーマは，条文だけでなく判例の内容も含めて，基礎知識を正確に押さえておく必要がある。その際には，教養科目の法律だけでなく，専門試験の憲法（基礎レベル）の過去問も演習しておくことが非常に効果的である。さらに，出題が予想される，信教の自由の那覇孔子廟事件や，最高裁判所裁判官の国民審査などの新判例にも注意しておくとよい。時事問題の対策は，生活の中で，新聞などの報道に注意しておけば足りる。あくまでも憲法の基礎知識の修得に努めるべきである。

【経済】

✔ ここにチェック！

- ・市場均衡（需要曲線と供給曲線）
- ・令和5年度予算
- ・国民所得概念
- ・日本銀行の金融政策
- ・物価と為替レート

　平成29年度以降，時事が重視されている。それまで，ほぼミクロおよびマクロ経済理論が1問ずつの出題であったが，1問は時事系の出題，少なくとも時事的要素を含む選択肢が配された出題が定着した。ただし，政策的・時事的出題であっても，経済理論の知識，もしくは財政・金融制度の知識が基盤として必要である（4，5年度と連続してこのパターンの問題が出題されている）。

　時事重視とはいえ，理論的・制度的背景の理解が必要となる傾向であるから，理論も対策しておくことが望ましい。予想問題はこの点も重視して理論問題を取り上げたが，より幅広い内容を身につけておきたい場合，『新スーパー過去問ゼミ7　社会科学』（実務教育出版）1冊

で，基本から応用までカバーできる。上記の「ここにチェック！」の内容を中心に学習しよう。

また，時事については『速攻の時事』の，特に日本経済，経済政策および財政の３つの章の内容でほとんどの出題に対応できる。加えて，日頃から経済系，特に出題の多い財政・金融政策は当然，物価水準，GDP，為替レートなどに関するニュースにも目配りする習慣を持っていれば，『速攻の時事』の内容が頭に入りやすくなる。

【社会】

ニュースやデータなどを踏まえた細かい知識が問われていることもあり，難易度については少し高めの問題が多い。近年出題された内容は，ヨーロッパ情勢，第４次産業革命，国際的レベルでの解決を求められる環境問題をはじめとした諸問題，食料自給率の動向，社会保障や労働問題，エネルギーなど，多岐にわたる。一方で，重要なニュースの内容を整理し，『速攻の時事』などをしっかり読み，理解しておけば，得点できるものがほとんどである。ただし，その際，代表的な統計データの動向などについても把握しておく必要がある。

今後出題が予想されるテーマは，科学技術，環境問題，人口問題，食料・資源・エネルギー問題，医療，年金，介護，少子・高齢化，雇用・労働などが挙げられる。さらに，各地の地域紛争，民族問題，国際会議や首脳会談についても注目しておきたい。全体として，日本と世界の社会問題の動向をつかむことがポイントだ。

【地理】

自然環境が頻出で，特に地形と気候がほぼ交互に出題されている。地形では，大地形・プレートや小地形（扇状地，三角州，自然堤防，海岸地形等）の土地利用および自然災害と関連づけて問うものが目立つ。気候ではケッペンの気候区の特徴やハイサーグラフ等から気候区を判断する問題が頻出している。次いで世界地誌分野からの出題が多い。世界地誌では，東南アジア諸国（旧宗主国，農業・鉱工業，貿易等）やオセアニア等からの出題が多いが，南北アメリカ，ヨーロッパ，アフリカなどを含め，白地図を利用してまとめておきたい。世界の農林水産業では，最新の統計や分布図をもとにまとめておくことが大切である。出題が目立ち始めた日本では，地形・気候と主要国との貿易等を理解しておきたい。エネルギー・鉱産資源では，石油，天然ガス等のほか，レアメタルの用途・生産国に注目。難問・奇問は少ないので，過去問を中心に対策しておこう。

【世界史】

５年度は，1930年代に時代を限定して各国の状況を問うという問題が出題された。そもそも世界史の出題範囲は絶対主義国家の成立以後に限られているので，このような問題形式はこれからも多くなるであろう。対策としては，帝国主義の時代（1880年代），ヴェルサイユ体制の時代（1920年代），世界恐慌の時代（1930年代）というように，時代を区切って，同時代の欧米各国の動向，あるいはイスラーム世界，アジアの国々の動向をまとめるという同時代史の学習法をおすすめしたい。なお，2001年の同時多発テロ以後も出題されることに注意したい。

中国王朝史について，よく各王朝の政治制度・土地制度・税制などを問う出題があるが，時間対効果を考えると，思い切って制度史は宋以後に限定して，そのぶんを中国近代史の始まりであるアヘン戦争から現代，できるなら改革開放までの通史に充てたほうが賢明である。

【日本史】

✓ ここにチェック！
- ・古代から近世までの政治
- ・戦後日本の政治と経済
- ・第二次世界大戦後の国際関係
- ・戦前昭和史
- ・室町時代

　5年度の近・現代史では，戦後の日米関係で自衛隊の海外出兵に関する問題が出題されたことが印象的である。現代史では21世紀も出題範囲だと前々から促してきたが，自衛隊の海外派兵がテーマに取り上げられたのは意外だった。いずれにしても戦後史，なかでも高度経済成長期―低成長期―バブル経済―平成不況までの政治・経済・社会に関する出題頻度は高い。

　前近代ではテーマ別通史の出題のウエートが大きい。テーマとして，古代から江戸時代までの政治や土地制度（租税）・公武関係・貨幣史（金属）・仏教史が取り上げられることが多いが，それはどれだけ日本史に対する一般常識を持っているかどうかを測っているのである。したがって，一番効率的な勉強方法は，なんといっても過去問に当たってみることである。間違っている部分は1か所ではない。また，部分的に正しい記述はあるので，解説をよく読んで問題の正文を作り，歴史的常識を身につけることである。

【思想】

✓ ここにチェック！
- ・歴史学習に登場する有名思想家たち
- ・世界の宗教
- ・古代日本の思想と風土

　思想と文学・芸術は毎年どちらか一方のみの出題である。出方に規則性はないが，過去8回中4回が思想なので，ほぼ半々の割合となる。

　ほかの公務員試験で定番の有名思想家についての正誤問題は4回のうち1回のみなので，それに備えれば有効というわけでもない。有名思想家や三大宗教等について，歴史学習のついでに押さえるようにし，公務員試験対策用問題集を使用するなど省エネ学習を心掛けたい。

【文学・芸術】

✓ ここにチェック！
- ・日本の各時代の文化
- ・西洋美術
- ・西洋音楽

　過去5回のうち文学の出題が3回なので，文学が出やすいとはいえる。

　しかし，文学・芸術も思想と同じく，そもそも出題の確率が5割ほどであるうえに，範囲は膨大である。文学・芸術のための準備時間をとることは避け，日本史・世界史の学習の中で各時代の文化を押さえておけば，文学・美術・音楽等あらゆるジャンルに応用が利く。公務員試験対策用問題集等の利用も効率的だ。

【数学】

✓ ここにチェック！
- ・二次関数とそのグラフ
- ・図形と方程式，領域
- ・指数・対数関数
- ・軌跡

　関数，図形と方程式が頻出である。過去には，三角関数が2・26年度，二次関数が4・30・28年度，対数関数が元年度，領域が29年度，軌跡が25年度に出題されている。5年度も絶対値を含む一次関数のグラフの問題であった。出題傾向に偏りが大きいので，6年度以降も頻出分野は押さえておく必要がある。

　対策は，関数，図形と方程式の演習から行う。まず，高校数学Ⅰ・Ⅱの教科書等を利用し，基本公式を見直す。教科書の例題レベルで十分なので，基本的な問題を繰り返し解いておきたい。数学が苦手な人も，例題の多い問題集で，解き方を覚えてしまえば対応できるはずである。余力があれば，指数・対数や，不等式・絶対値などの基本的な式の計算も演習しておきたい。

【物理】

✓ ここにチェック！
- ・直流回路
- ・波の性質
- ・運動方程式，等加速度運動
- ・力のつり合い

力学中心だが，過去には，24年度に熱力学，29・26年度に波動，2・27年度に電磁気からの出題があり，他分野もバランスよく出題されている。中学理科の出題も多く，求め方が示されることも多い。5年度は力学からの力のモーメントのつり合いの出題で，基本例題の理解があれば楽に正答できる問題であった。

対策は，中高の教科書で基本公式を見直すことから始める。求め方が示されることも多いので，暗記よりも，理解に重点を置くべきである。3年度が波動，4・5年度が力学からの出題なので，6年度は電磁気の可能性が高い。特に，直流回路（オームの法則）と中学レベルの磁界の分野は必ず押さえよう。次に，力学（特に力のつり合いと運動方程式）・波動・熱力学に進む。時間がなければ，教科書の例題を読むだけでもよい。

【化学】

✔ ここにチェック！
- ・化学反応の量的関係
- ・溶液の性質
- ・物質の構造
- ・気体の性質と製法

理論化学と無機化学からの出題が中心である。理論は酸と塩基・中和，化学反応，原子構造など，幅広く出題されている。重要分野を素直に問う問題が多い。5年度は主な気体の性質を問うものであった。過去には有機の出題もあるが，日常的な内容で特に対策の必要がない問題であった。

対策は，理論化学の基礎演習からである。理論は例題の演習をすることが効率がよい。軽く済ませるなら解法を読むだけでもよい。頻出分野の金属，気体の性質や製法，有機化学の知識

問題なども簡単に見直しておく必要がある。

【生物】

✔ ここにチェック！
- ・恒常性
- ・同化・異化
- ・生物の集団
- ・遺伝子
- ・発生・生殖

恒常性が一番の頻出テーマである。体内環境の維持と各器官のかかわりや，神経とホルモンによる調節，体液の循環など，分野どうしのつながりも含めてしっかりと理解しておきたい。恒常性以外には，同化・異化，生物の集団，遺伝子，発生・生殖など，幅広い範囲から満遍なく出題されている。5年度は近年の環境問題について出題されたことから，新聞やニュースなどを通じて，生物に関する最近の話題や用語の意味について理解しておくことが望ましい。また，出題形式は，5つの選択肢の中から適切なものを選ぶ形式だけでなく，正しい記述の組合せを選ぶ問題も多く出題されており，問題文の内容をすべて理解できなくても，選択肢を絞り込めば正答を導くことができる可能性がある。過去問や問題集で練習しておくとよいだろう。

【地学】

✔ ここにチェック！
- ・地球の構成物質
- ・大気
- ・天体
- ・化石

23年度以降，地球の構成物質・大気・天体のいずれかのテーマからの出題が繰り返されている。出題間隔から考えると，6年度は地球の構

PART 2 そんな試験が行われる！

オススメ教材と学習法

●一般知識科目

　手元に大学入試（センター試験）用の教材や高校の教科書があればそれを利用しよう。公務員試験を併願するなら，本文でも紹介している「新スーパー過去問ゼミ」シリーズ（実務教育出版）を使うとよい。新

過去問 上・中級公務員試験
ダイレクトナビ
政治・経済
選択肢中の誤りを赤字で修正済み！
「正文化」問題集
実務教育出版

たに購入するのなら，公務員試験の過去問を「正文化」した「過去問ダイレクトナビ」シリーズ（実務教育出版）が手軽で使いやすい。

　時事問題対策としては，本文でも紹介しているとおり，『速攻の時事』（実務教育出版）がオススメである。

成物質と大気に注意が必要である。ただし，過去には似たテーマから2年連続出題された例もあるので，天体についても押さえておきたい。4年度にはグラフから読み取る問題が出題され，5年度には近年の天体ニュースに関する問題が出題された。いずれも教科書の丸暗記では対応しにくい問題だが，問題の難易度は高くないので，教科書レベルの内容を理解したうえで，消去法を使いながら落ち着いて取り組めば，正答を導くことができる。

一般知能分野

【文章理解】

現代文の難易度はやや高い。要旨把握が中心だが，元年度は内容把握，2年度は空欄補充が出題された。テーマは人文科学（哲学，思想，芸術など）が頻出で，年度によっては社会科学，自然科学からも出題されている。問題演習が必須で，国家一般職などの過去問も利用して，出題形式や幅広い分野の文章に慣れておこう。

古文は元年度以降出題がなく，今後の出題の可能性は低い。

英文は要旨把握が最頻出。2年度以降出題のなかった内容把握が5年度には出題されたので，今後も注意が必要である。1問にかけられる時間が限られているので，選択肢の日本語をヒントにし，文章を速く読み要旨をつかむ練習が必要である。ほかの公務員試験の過去問も使い，出題パターンに慣れておこう。時間を計りながら問題を解くと効果的である。時事問題，自然科学・社会科学のエッセイが多いので，内容がわかっている英文記事の多読を勧める。

【判断推理】

出題数は8問程度であり，その内訳は，文章理論系から4問，図形から4問というのが，例年の出題傾向となっている。文章理論系は命題，対応関係，位置関係が超頻出テーマとなっており，特に対応関係は例年複数題での出題となっていることが多い。5年度は，順序関係が出題されたが，これまでの傾向を踏まえると，3〜4年に1回のペースで順序関係が出題される程度なので，6年度は位置関係が出題される確率が高いと予測できる。命題はここ3年ほど，基本的な問題が出題されているが，過去に

●判断推理の頻出テーマ●

出題箇所		頻出度
論理		◎
文章条件からの推理	対応関係	◎
	位置関係	◎
	試合の勝敗	△
	発言推理	△
数量条件からの推理	数量相互の関係	○
	操作の手順	○
平面図形	平面図形の構成と分割	○
	回転・軌跡	◎
	折り紙	△
	経路	△
空間図形	立体図形の構成と分割	○
	正多面体	○
	サイコロ	△
	展開図	◎
	投影図	△
	立体の切断	◎

はベン図を用いた応用問題も出題されているので，しっかりと押さえておこう。対応関係の問題は1対1対応の問題，位置関係では平面の問題が多く，基礎レベルの問題が多く出題されている。いかに基礎的な問題に数多く触れたかが，点数に直結する。

その他の頻出テーマとしては，数量相互の関係，操作の手順が挙げられる。数量相互の関係は場合分けを緻密に行うこと，条件をしっかりとメモをし，書かれていない条件を推測することが重要である。5年度も，与えられた条件のみでは表が確定せず，難易度は高かったが，場合分けを行えば解けた問題が出題された。数量相互の関係はどれだけ類題を解いたか，当日どれだけ手を動かしたかが重要になる。操作の手順に関しては，公式頼りの問題は出題されておらず，その場で規則性などを読み取る問題が出題されている。

図形に関しては，例年，平面と立体それぞれから出題されている。平面に関しては，回転・軌跡，平面構成が頻出テーマとなっている。軌跡に関しては，円の内部を移動する多角形の問題や，多角形の周りを移動する多角形の問題などが出題されていることから，難易度の高い問題を解いておく必要がある。2年連続して出題されている平面図形に関しては，しっかりと類題を解き対策しておこう。立体に関しては，立体図形の切断，展開図が頻出テーマとなっている。基本的な理論をしっかりと押さえておき，

複雑な立体図形の切断や展開図も解けるようにしておこう。近年，図形問題に関しては難化傾向が続いており，この傾向は6年度の試験も続くと考えられるので，十分に対策を講じておこう。

【数的推理】

出題数は4問程度であり，整数問題，方程式（数量問題），速さはほぼ毎年出題されている。整数問題は難易度がそこまで高いものは出題されておらず，素因数分解，約数・倍数，商と余りなどを押さえておけば解くことのできる問題が出題されている。方程式に関しては，5年度は人数が追加された際の平均の変動が出題された。方程式の中では難しい類の問題であり，4年度頃から，方程式・不等式の難化が見受けられる。年齢算や平均算などもしっかりとマスターしておこう。速さに関しては，5年度は比較的簡単な問題が出題された。こちらは基礎の徹底で対策は十分であるといえる。

残りの数題は，比と割合，仕事算が頻出テーマである。5年度は覆面算が出題されたが，ここ8年で初の出題だったので，イレギュラーだったといえる。一方で数年に一度出題されるテーマとして，比と割合の問題は基礎的な濃度の問題や比の問題が出題されているので得点源となる。仕事算に関しては，4年度，2年度に出題されているので6年度の試験に出題されることは十分に考えられる。内容は単純な問題が多

●数的推理の頻出テーマ●

出題箇所		頻出度
数と式の計算	約数・倍数	○
	整数問題	◎
	数の計算	△
	素因数分解	○
方程式と不等式	方程式	○
	不等式	○
	年齢算	△
	速さ・距離・時間	◎
	比・割合，濃度	◎
	仕事算	○
平面図形		△
場合の数		△
確率		○

く，基礎の徹底やニュートン算の公式に当てはめるだけの問題などが出題されている。

【資料解釈】

出題数は1問で固定されている。その内容は，単に実数の計算だけの問題ではなく，構成比や増加率のグラフを用いた問題が頻出である。問題の特徴としては，①選択肢の計算は比較的簡単，②グラフの読み取りがやや難しい，が挙げられる。

対策としては，問題演習を通して対前年度増加率の計算や指数，平均の計算などが身についてきたら，積極的に複雑なグラフの問題を解きすすめよう。特に構成比の問題に注目だ。

オススメ教材と学習法

●文章理解

苦手な人は実務教育出版の『文章理解 すぐ解ける〈直感ルール〉ブック［改訂版］』や『無敵の文章理解メソッド』など，基本的な解法が学べる教材を活用しよう。

苦手意識のない人は，最初から公務員試験の過去問集を使って演習を進めよう。問題数が多く，解説もわかりやすい『新スーパー過去問ゼミ7 文章理解・資料解釈』が定番だが，ヘビーすぎると感じる場合は『集中講義！ 文章理解の過去問』がオススメ（いずれも実務教育出版）。

●判断推理・数的推理

まずは，『判断推理がわかる！ 新・解法の玉手

箱』『数的推理がわかる！ 新・解法の玉手箱』（いずれも実務教育出版）などを使って，基本の解法パターンを身につけることが大切だ。その後は過去問（本誌PART 3）を繰り返し解き，解法の勘を養おう。公務員試験の過去問にも手を伸ばしてほしい。

●資料解釈

『新スーパー過去問ゼミ7 文章理解・資料解釈』で，資料の特徴や出題パターンを研究しよう。苦手な人には，資料の読み方や計算方法が詳しく解説されている『集中講義！ 資料解釈の過去問』がオススメだ。

九州大学に内定

K・Yさん［九州大学文学部人文学科　令和6年卒　採用時の年齢：22歳］

学習期間：のべ9か月

1週間の平均学習時間：40時間

得意科目　社会科学

不得意科目　数的推理，判断推理

●併願状況●

大分大学 ➡ 最終試験後辞退

佐賀大学 ➡ 最終試験不合格

私は，将来の人材や将来をより良くする研究を支援することができる点，働きやすい労働環境に魅力を感じ，本格的に国立大学法人の業務研究を始めました。また，課題解決に向けて，型にとらわれない試行錯誤をしている点も，他の職業と比較し，私の気質に合っていると考えました。併願先は同じく国立大学法人の中で2校，ほかにはスポーツの大会運営を行う法人を受けていました。いずれも，「社会貢献」と「自身とのマッチ度」を重視して検討しました。

一次試験対策
実戦問題のレベルを確認して効率アップ！

対策において主に使用したのは，『国立大学法人等職員採用試験攻略ブック』です。方針として「実戦レベルの問題を解きながら，分野ごとに自身の得手不得手を確認」していこうと考えました。理由は，得手不得手や出題されるレベルを把握することにより，私なりの計画，時間の使い方を決めたかったからです。まず大事なことは，実際の試験レベルに触れてみて，対策の優先順位を決めることだと思います。

≪判断推理，数的推理≫

一番不得手な分野でした。数をこなすより，まず形式や解法を覚えていくことで，似た問題が出たときに対応できるようにしました。特に図や表を用いて解く問題に関しては，いくつかの形式があるので，それらの解法や考え方を覚えていき，3か月間，時間をかけて網羅しました。慣れている形式の問題の正答率は高かったので，焦らずに，問題に慣れていくと良いと思います。この分野に関しては，4月頃から『地方初級教養試験過去問350』も利用し，経験値を上げました。

≪社会科学，人文科学≫

暗記の中でも政治や法律は，数字や年代が絡むことで特に難しかったです。内容を網羅するために，対策期間の前半はこれらの分野に多くの時間を使い，後半は単語帳を使いながら振り返りをメインにして知識を定着させました。勉強してもどうしてもわからない問題や選択肢は存在するので，試験直前の6月は制限時間を意識して早く回答する練習をしました。

≪自然科学≫

得意な問題が多い分野でした。ただし，地震や電流といった個人的にややこしいと思う分野は，直前の対策で時間を使いました。

学習スケジュール

	科目	1月	2月	3月	4月	5月	6月	7月	8月	9月
教養試験	一般知能分野	判断推理，数的推理を1周		3周	過去問を解く（1日2時間程度）					
	一般知識分野	参考書を読み込む。苦手分野や解けなかった問題にメモや付せんを付け，復習	苦手分野を中心に復習。社会科学を重視		人文科学の割合を増やす	自然科学の割合を増やす	社会科学を中心に，制限時間を意識して練習			
面接試験								ES作成と，話す内容の整理	実践練習。情報収集。録画して修正	実践練習

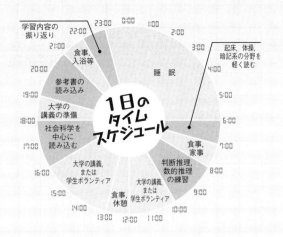

≪文章理解，資料解釈≫

私は速読が苦手なのですが，明確な対策を準備できませんでした。他の分野を早めに切り上げて，この分野に時間を割いていました。

工夫した点

全体的に工夫した点は解説を読み込んだことです。誤答の解説や関連分野の解説まで参考書を読み，マーカーや付せん等を使い，振り返りました。振り返る目安は30分後，3時間後，勉強した日の17時頃，3日後，週末でした。分野によってはさらに複数回読みました。また，解説の考え方や解法を自分なりの言葉で文字に起こしたり，口に出したりすると，より自分が引き出しやすい形で考えを整理できると思います。私は，塾の生徒が聞いている場面を想像して，声に出して解説するようにしていました。

二次試験対策
エントリーシート(ES)対策，情報収集，実践練習で万全に！

ポイントは「エントリーシート(ES)対策」「情報収集」「実践練習」の3点です。

まずES対策ですが，複数の大学や他の公務員試験を受験する際に気をつけるべきこととして，業務説明会やESの締切りの時期が被り，忙しい点があります。特に7月下旬〜8月上旬は非常に忙しかったです。また，試験を振り返ってみて，ESに基づいた質問が多かったという実感がありますので，時間がない中ですが，面接で言いたいことを逆算してESに書きましょう。

2点目に，情報収集です。私は大学のSNSをフォローし，大学HPは毎日のぞくようにしていました。気軽に大学の取組みや情報を集めることができます。工夫点として，志望している大学以外の大学のSNSもフォローし，比較して特徴を探した点です。この情報収集のおかげで，研究成果や大学の魅力を問われた実際の質問において，うまく回答できました。

最後に実践練習です。気をつけたことは，簡潔に話すことです。私は友人や在籍大学の進路アドバイザーとの面接練習に加え，スマホで自身の面接練習の撮影を行い，後から映像を確認しました。撮影を始めた頃は，自分が想像以上に早口で，難しい言葉を使って話していることに驚きました。テレビのアナウンサーが話す速度で，わかりやすい言葉を使うことを心掛けました。特に，わかりやすい言葉や内容理解のためのキーワードに関しては，事前にメモにまとめていました。ただ，内容の丸暗記は避けたほうがいいと思います。なぜなら，内容を一部忘れた際に，伝わりやすさがガタ落ちする点と，（実体験なのですが）「1分以内で」「一文で」「一言で」というように，話せる量を制限する質問を受けた際に，対応が難しいからです。公務員の面接は時間が短いことが多いので，簡潔に話せる能力を鍛えるほうが，丸暗記より近道だと思っています。

最後に

受験時期が遅いため，周りの人が内定をもらっていく中，合格の見通しが立ちづらく，緊張感のある対策期間を過ごしました。特に，夜中に難しい問題に苦戦すると，試験が不安になって眠りづらいときもありました。大事にしたのは，1日の終わりに，その日に解けるようになった問題を振り返り，成長を確認することです。記憶を定着させながら，自信を得ることで睡眠の質を確保しました。面接に関しても，うまくいった面接練習の映像を見て，成長できていることを確認しました。できるだけポジティブな姿勢を保ち，練習し続け，成長できる者ほど，合格の可能性は高まると信じています。最後になりますが，受験する皆さんのご健闘をお祈りいたします！

東京学芸大学に内定

M・Sさん
東京学芸大学教育学部教育支援課程教育支援専攻
令和5年卒業　採用時の年齢：24歳

学習期間：のべ11か月

1週間の平均学習時間：35時間

得意科目　日本史，憲法

不得意科目　判断推理，数的推理

●併願状況●
所沢市 ➡ 最終合格

東京学芸大学を志望した理由は，教育にかかわる多様な人材育成に携わりたいからです。私は貧困や不登校で苦しむ子どもを支援するボランティア活動を行っており，この活動にはスクールソーシャルワーカーなど多様な教育関係者が参加しています。このように，現在では教育の場が学校のみならず学校外やオンラインなど多岐にわたっており，東京学芸大学では多様な教育現場で活躍できる人材を包括的に育成していることから，私も職員となって貢献したいと思い，志望しました。

また，大学は高校までと比べて自由度が高いぶん，さまざまなことを学生自身が決めなければならず，多くの悩みが生まれます。そこで学生に寄り添って一緒に考えるのが職員の役割だと思います。私自身，東京学芸大学に通学する中で，学生の立場に寄り添い丁寧な応対をしてくださるキャリア支援課の職員に出会いました。この出会いをきっかけに，私も多様な悩みを抱える学生を支えたいと思うようになりました。

なお，私は所沢市を併願し，最終的には東京学芸大学の内定を辞退して所沢市の内定を承諾しました。

一次試験対策
暗記ノートで隙間時間を有効活用した！

予備校の公務員講座を利用して学習を進め，教材も予備校のテキストを中心に使用しました。本格的に筆記試験対策を始めたのは大学3年の10月からでした。9月までは教育実習などがあり，時間的な余裕がなかったためです。10月以降は予備校のスケジュールに添って学習を進めつつ，予習，復習を行いました。また，私は受験先とその試験内容を調べる中で，教養科目に絞って対策することが望ましいという結論に至りました。こうした方法により，結果的には余裕を持って学習を進めることができたと思います。

より具体的な学習方法としては，まず基礎固めを徹底的に行いました。受講できる授業はできるだけ詰めて受講し，隙間時間に何度もテキストを読んで，内容の定着を図りました。予備校の問題集には3周以上取り組み，問題の傾向に慣れていきました。この方法は数的推理に関して特に効果的だったと思います。計算問題は手を動かして慣れていくことが必要だからです。また，公務員試験では似たような問題が繰り返し出題されるので，ほかの科目においても，問題集や過去問を繰り返し解

学習スケジュール

科目		10月	11月	12月	1月	2月	3月	4月	5月	6月	7月
一般知能		講義，テキスト復習，暗記ノート作成				問題演習，暗記ノート作成，過去問				問題演習，過去問	
一般知識	社会科学	講義，テキスト復習，暗記ノート作成			問題演習，暗記ノート作成		講義（時事），問題演習，暗記ノート作成			問題演習，過去問	
	人文科学					講義，テキスト復習，暗記ノート作成		問題演習，暗記ノート作成		問題演習，過去問	
	自然科学			講義，暗記ノート作成，テキスト復習						テキスト復習，過去問	
面接試験		公務員情報収集（ホームページなどを使用。また，大学での説明会などにも参加）					大学の講座，講師との面接練習（1対1）				

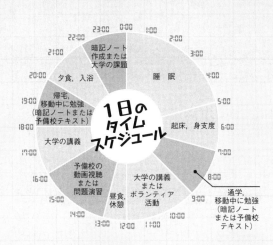

1日のタイムスケジュール

23:00 暗記ノート作成または大学の課題
2:00 睡眠
4:00 睡眠
6:00 起床，身支度
8:00 通学，移動中に勉強（暗記ノートまたは予備校テキスト）
9:00 大学の講義またはボランティア活動
12:00 昼食，休憩
15:00 予備校の動画視聴または問題演習
17:00 大学の講義
18:00 帰宅，移動中に勉強（暗記ノートまたは予備校テキスト）
20:00 夕食，入浴

一次試験関連

『国立大学法人等職員採用試験攻略ブック』 ▶実務教育出版

予備校のテキスト

二次試験関連

受験ジャーナル特別企画4
『面接完全攻略ブック』 ▶実務教育出版

PART 2 こんな試験が行われる！

くことは不可欠だと思います。

過去問を解く際には『国立大学法人等職員採用試験攻略ブック』を活用しました。数年分の過去問が掲載されているので，効率的に過去問に触れることができました。解説では「今年はこれが聞かれるだろう」といった予想がされているので，その点を確認して学習を補強しました。

また，私はミニサイズの「暗記ノート」を作成しました。自分がわからなかったことや難しかったこと，よく出題されることを1ページあるいは見開きでまとめておくことで，効率的に学習を進めることができます。電車などでもスペースを取らずに確認できるので，隙間時間の学習には最適だと思います。特に，直前期にはまとまった学習時間を確保できなくなる場合があるので，隙間時間活用のためにも「暗記ノート」は本当にオススメです。日本史，地学，生物，化学，社会，思想に関しては，暗記すべき内容を中心にまとめました。政治，法律，経済，地理は問題ごと書き写すこともありました。判断推理，数的推理は特に苦手だったので，頻出で間違いやすい問題に関しては問題と計算過程，答え，解説を書き写し，全体の流れを確認できるようにしました。

一方，勇気を持って「捨て科目」をつくることも必要だと思います。私は物理と化学を捨て科目にしまし

た。出題数と配点を考慮して学習の比重を変えることは大変重要です。

二次試験対策
受験先の強みや特徴と自分の強みを掛け合わせた！

二次試験対策は大学3年の3月頃から始めました。大学の講座を受講するとともに，講師と1対1で1時間の面接練習を15回以上行いました。

この過程で一番大事だと感じたことは，「受験先の強みや特徴と自分の強みを掛け合わせ，具体的な経験や方法を示しながら何ができるかをわかりやすく簡潔に説明すること」です。そもそも面接を行う理由は，その人を採用したらどんなメリットがあるのかを確かめることだと思います。私の場合，大学では教育学や産官学連携について学び，ボランティア活動では貧困や不登校で苦しむ子どもたちへの学習支援や相談受付けなどを行っていました。こうした学びや経験から「教育に対する知識」「傾聴力」という2つの強みを見出しました。この自分の強みと，東京学芸大学の特徴や強みを掛け合わせてPRすることで，面接官に興味を持っていただけたのだと思います。皆さんにもさまざまな経験があるはずです。アルバイトやサークルで学んだこと，オンライン授業でコミュニケーションが取りづらいとき

に気をつけていたことなど，大学生活で学んだことや経験したことを，自分の強みとして説明できるようにしておくことが求められます。

自分の強みをどう活かせるのかという点については，受験先の研究も不可欠です。その際，ただ漫然と調べるのではなく，自分の強みと近い分野に特化して調べておくとアピールしやすいでしょう。また，良い点だけではなく課題点についても明らかにしておくことをお勧めします。「自分だったらどうするか」ということをプレゼンする機会があるかもしれないので，あらかじめ準備しておく必要があります。

面接カードに書く内容は厳選しましょう。だらだらと書くと何を伝えたいのかが不明確となり，良い印象を与えません。伝えたいことを端的に述べ，スペースが余ったら肉づけして補うというようにメリハリのある文章にすると良いと思います。

また，面接はとにかく「慣れ」が肝心です。私はとても緊張しやすいのですが，何度も面接練習を行い，面接の具体的なイメージを体感することで，自分自身を客観的にとらえられるようになっていきました。アピールしたいことを「自分の言葉」で具体的に伝えることができるよう，講師や友人，親，先輩，後輩など，さまざまな人を相手に練習すると良いでしょう。

以下は，平成30〜令和5（2023）年度の受験者から寄せられた情報に基づいて作成した。
事前の準備の参考にしてほしい。
ただし，選考方法は変更されることがあり，受験区分によっても異なる可能性がある。

北 海 道 地 区

北海道大学・図書（3年度）

〈一次選考〉
●**個別面接**（20分：面接官5人）
《質問内容》会場（大学附属図書館）までの所要時間／志望動機／図書系職員の二次筆記試験の手ごたえ／（社会人のため）今はどんな仕事をしているか／周りからどのような人と思われているか。仕事とプライベート（友人）とでそれぞれエピソード／どんな仕事をしたいか／英会話とプログラミングのスキルはどれくらいか／コロナ対応で仕事は変わったか。対面業務とオンラインサービスの両立は可能か／正義感が強いとのことだが，逆にマナーが悪い人がいたらどう行動するか。それともしないか
※図書の専門試験の過去問は，北海道大学附属図書館HPにPDFで掲載されている。

〈二次選考〉
●**個別面接**（25分：面接官3人）
《質問内容》志望動機／職務経歴／現在勤めている職場の職員数は何人か／どんな仕事をしたいか／パソコンスキル（プログラミングができるか）／どんなスキルを伸ばしていきたいか／大学附属図書館を利用して，改善したいところはどこか／気分転換は何をしているか。その方法で本当に気分転換できているか
※アクリルのパーテーション越しにマスクを外して面接した。次の最終選考へ進める場合は電話が来るようになっていた。

北海道大学・機械（3年度）

〈一次選考〉
●**個別面接**（20分：面接官7人，進行役1人）
《質問内容》自己PRを含めて自己紹介をして

／志望動機／（転職経験が1回あるので）前職の転職理由／これまでのスキル／化学系の経歴が多いが，なぜ機械で受けたのか／スキルアップのためにしていること／趣味・特技／ほかの人からは何と言われるか／協調性はあるか
※面接カードの記入等はなかった。面接官1人につき1〜2個の質問で，最初から質問する内容と人が決められていたようだ。時間が短く，オーソドックスな質問のみだった。全員が履歴書のコピーとメモ用紙を用意していて，履歴書に書いた内容を間違いなく言葉でも説明できているか確認しているように感じた。スキル，趣味・特技に関する質問は深掘りされた。

北海道教育大学・図書（3年度）

〈一次選考〉
●**集団面接**（40〜70分：受験者4人，面接官3人）
《質問内容》自己紹介／学生生活のサークル活動／自分の長所・短所／自分の大学の図書館を利用してみた感想／電子ジャーナルの高騰化にどう対応していけばよいか
※40分の予定だったが2倍の時間がかかった。受験者は，現役生，大学院1年生，社会人1人（内1人は自分）だった。端の人から順に質問に答えて，一周したらまた逆から次の質問に答えた。電子ジャーナルについては，ほかの受験者は返答を準備していないようだった。

〈最終選考〉
●**個別面接**（30分：面接官4人）
《質問内容》志望動機について詳しく／パソコンスキル（プログラミング）／公立図書館と大学図書館の違い／図書館で行いたい業務，ポストコロナを見据えた業務／今までの人生で一番

思い出に残っている図書館はどこか／いつから勤務可能か

※面接の際にＡ４，１枚，様式自由の志望動機書の提出が求められ，面接はその資料と履歴書をもとに行われた。

室蘭工業大学・事務（3年度）

〈一次選考〉

●**個別面接**（15分：面接官２人）

《質問内容》趣味・特技／室蘭について知っていること／学生時代にやって学んだこと／４月以外の採用でも働けるか。10月や１月はどうか（現在，別のところで働いているため）／室蘭工業大学に関するニュースで知っていること／ストレス解消法

〈二次選考〉

●**集団面接**（35分：受験者３人，面接官３人，進行役１人）

《質問内容》今までで一番達成感を感じたこと／仕事をするうえでモチベーションを上げる方法。どのようなときにモチベーションが上がるか／上司や同僚とコミュニケーションを円滑に進めるうえで，最も大切なこと／あなたのモットー（→深掘り）／大学職員として働くうえで心掛けたいこと／今の仕事の経験を室蘭工業大学にどのように活かせるか／これだけは絶対にほかの人に負けないということ／２年目の職員になったと仮定して，上司がいろいろな理由をつけて休んでいる場合，あなたはどのような行動を取るか

〈最終選考〉

●**個別面接**（15分：面接官３人，進行役１人）

《質問内容》今までの決断の中で一番難しい決断はなんだったか／室蘭の人口は／志望動機（詳しく）／上司からの間違った指示に対してどのように対応してきたか／前職から現職に転職した理由／志望動機以外で転職する理由／今住んでいるところから離れることに抵抗はないか／教育に関する仕事（学生対応等）だけではないが問題ないか／今の職場の人は仕事を辞めるのを知っているか／大樹町に室蘭工業大学のサテライトスペースがあるのを知っているか／趣味（詳しく）

北海道国立大学機構・事務（3年度）
（小樽商科大学，帯広畜産大学，北見工業大学）

〈一次選考〉

●**集団面接**（30分：オンライン，受験者３人，面接官３人）

《質問内容》自己紹介を1分程度／趣味。得たもの／自分を有名人にたとえると誰か／これまでに最も苦労したこと。そこから学んだこと／大学職員になったらやりたいこと。心構え

※面接官３人は各大学１人だった。

〈二次選考〉

●**個別面接**（25分：面接官４人）

《質問内容》自己PRを３分で／長所と短所をそれぞれ。その理由／趣味と特技／地元（北海道外）からなぜ北海道なのか。東京（大学時代暮らした場所）からなぜ北海道なのか／なぜ前職から現職に転職したのか。国立大学法人はこれまで受験していなかったのか／併願先。第一志望はどこか／どのように国立大学法人の勉強をしてきたか（内容，勉強方法，使っている本，予備校等）／ずっと教育にかかわる仕事ができるわけではないがそれでもよいか／前職で不満に思っていたこと／転勤可能か

※面接官は各大学の課長１人と進行役だった。

〈三次選考〉

●**個別面接**（30分：面接官３人）

《質問内容》名前をフルネームで／今日は何で来たか。何分かかったか／履歴書の経歴の確認／志望動機／北海道国立大学機構の志望動機（個別の大学の志望動機を履歴書に記載したため）／３大学の志望順位。理由も／趣味のマラソンについて。走っているときは何を考えているか／今やっている業務。その業務で大変なこと／資格は前職で取得したのか。何か目標を持って資格取得をしたのか。今は何か勉強をしているか／大学時代の学部と専攻。学部と前職は関係がないようだが

※面接官は，各大学の事務局長だった。

　事前にオンラインで職場紹介があった（3大学合同）。参加して実際に働いている人の話を聞き，働きたいと改めて強く思った。質問されたらあまり時間をかけないで答えることを意識していた。

弘前大学・事務（3年度）

〈一次選考〉

●**適性検査**（35分：SPI〈Webテスト〉）

※各自，言語能力と非言語能力を受験した。

私は今までSPIを受けたことがなく，言語能力も非言語能力も試験時間内に終わらず，言語能力については半分くらい問題が解けなかった。でも合格したので，適性検査でかなりミスをしてもあきらめずに面接を受けてほしい。

●**性格検査**（30分）

※質問に対して「当てはまる」「どちらかと言うと当てはまる」「どちらかと言うと当てはまらない」「当てはまらない」から1つ選ぶ形式だった。

●**個別面接**（15分を3回：面接官3人）

《質問内容》自己PRに書いたアルバイトについて深掘り。なぜ続けようと思ったか。大変だったこと。現在の役割／部活について。役割。大変だったこと。コロナ禍で影響を受けたか。どのように乗り越えたか／資格について。なぜ取ろうと思ったか。活かせそうか／弘前大学に対する改善点。部活をやっているからこその不満／弘前大学の魅力／志望動機の深掘り。学生支援について，自身はどのような支援を受けたか。今後どういった支援をしていきたいか／志望動機以外でやってみたい仕事／福利厚生などすべてを無視したらどういった仕事をしてみたいか／併願状況／親は地元を離れることに賛成か／何か質問はあるか（2人から聞かれた）

※だいたい，面接カードに書いたことに添って質問された。面接官は3人とも優しい雰囲気で，会話に近い感じで話せた。

試験が終わった後，振り返ると，話し言葉になっていたかもしれないと不安になったが，無事受かっていた。学生言葉が出て幼い印象にならないように，和やかな雰囲気でも面接ということを忘れないようにするべきだと思う。笑顔で礼儀正しく話すのがベスト。

〈最終選考〉

●**個別面接**（20分：オンライン，面接官4人）

《質問内容》弘前大学の学生として感じた弘前大学の良い点と悪い点は何か／やってみたい仕事／趣味／ここ1〜2年で特に力を入れた活動／自己PRで書いていたアルバイトでの具体的な状況。その困難をどう乗り越えたか／資格について，どうして取ろうと思ったか。資格欄に書いていること以外で何か主体的に取り組んで得たものがあれば／併願状況／（併願していた）市役所と大学職員の違いは／地元を離れることになるが両親は反対してないか

※最終面接の面接官は役員で，私のときは優しい雰囲気でざっくばらんに話すことができた。オンライン面接だったこともあるかもしれないが，冷静に答えることができたと思う。

宮城教育大学・事務（5年度）

〈一次選考〉

●**集団討論**（60分：受験者7人，試験官3人）

《テーマ》災害の記憶を風化させないために，日々の生活の中でどのようなことに取り組んでいくべきか。

※発表なし。自身は特に役職（タイムキーパー等）に就かず討論したが選考通過したため，どれだけ調和のある議論ができたかを評価されたのではないかと推測する。結果は，合格者のみに電話にて連絡。

〈最終選考〉

●**個別面接**（20分：面接官3人）

《質問内容》書いてある以外の志望動機／大学で学んでいる内容／宮城教育大学の課題／併願状況（どうして宮城教育大学なのか）／サークルのことについて／希望している部署にならないときはどうするか／私の強み／職員になったらやりたいこと／趣味のこと／東北は好きか／宮城に就職になることを親はなんと言っているか／関心のある教育問題

※いたって普通の面接だった。ただ，面接官から複数の事象を一度に質問され，すべてに回答できなかった。結果は，面接の次の日から

合格者のみに電話で連絡がいくことになっていた。

福島大学・事務 （5年度）

〈一次選考〉
●集団面接 （30分：オンライン，受験者3人，面接官3人）

《質問内容》自己紹介と自己PRを手短に／卒業論文について。概要と予想される結論。なぜそのテーマを選択したのか／ストレス発散法／どうして福島大学を受けたのか，簡単に。そのきっかけ／逆質問

※オンライン形式であったため，笑顔ではっきり話すことを心掛けて臨んだことが好印象につながったと感じている。本学のOBということもあり，話が弾んだ。特に面接官の一人が，取り組んでいる卒論に関して興味を示してくれた。また，逆質問で本学OBならではの質問を投げることができた点も，差別化できたと感じている。結果は，合格者のみに電話にて連絡。

〈最終選考〉
●個別面接 （20分：面接官3人）

《質問内容》志望動機／自己紹介／（エントリーシートに記載していたため）福島大学ならではの魅力とは／併願状況／公務員試験は受験したか／アルバイトの具体的な業務／自分の希望部署ではなかったらどうするか／大学職員として求められる資質能力／上司と意見が食い違ったら／集団で信頼関係を作るためには

※いたって普通の面接だった。私は，文科省の資料まで読み込んで臨んだが，ほかの受験者と差別化できなかったように感じている。「大学職員に求められる能力」や「希望の部署ではない場合」といった質問に対し，自分としては根拠のある回答ができたと感じていたが，面接官には響いていないようだった。結果は合格者のみに電話にて連絡。

福島工業高等専門学校・事務 （5年度）

●職場見学会
※現地で開催されたので，参加した。後日，人事担当に尋ねたところ，職場見学会に参加した者は，ほかの受験者よりも加点されるらしい。

〈一次（最終）選考〉
●個別面接 （60分：面接官6人〈うち書記2人〉）

《質問内容》福島高専の魅力／志望動機／自己PRと，その深掘り／特技と，その深掘り／趣味と，その深掘り／併願状況／自治体等は志望しなかったのか／今回で面接は何回目か／最近気になるニュースと，その深掘り／大学のキャリア支援の状況。どのようなキャリア支援をしてもらったか／今何分くらい経ったと思うか／最後に伝えたいことはあるか

※選考が一度だけでいきなり最終面接だったため，非常に緊張した。試験情報が少なかったので，対策には苦労した。自身が行った対策としては，全国の国立大学法人等で聞かれた面接内容を片っ端から答えられるように練習した。また，福島高専の行っている取組みを学校要覧だけでなく，インターネットを活用し隅から隅まで調べ尽くした。後日聞いたところ，学生課長，人事課長，総務課長，事務局長が面接官だったらしい。時間も1時間程度と長丁場であり，ずっと緊張していた。面接内容は幅広く質問されたが，私はすべて回答できた。特に，業界の理解に関する質問は，要覧やインターネットの情報を隅から隅まで確認しておいたことが良かったと感じている。結果は，合否に関わらず電話にて連絡。

筑波大学・事務 （4年度）

〈一次選考〉

●集団面接 （30分：受験者3人，面接官2人）

《質問内容》名前／アイスブレイク（ほかの2人の受験者は「緊張していますか。筑波大に来るのは初めてですか」と聞かれていた。私は「筑波大出身で，非常勤事務補佐員として筑波大に勤務しているので，大学のことはもうよく知っていますよね」と聞かれた）／志望動機／（現在，筑波大で非常勤職員をしているため）現在の仕事内容／学生時代に力を入れたこと，それに取り組んだきっかけ／自己PR／継続して取り組んでいること

●個別面接 （20分：面接官3人）

《質問内容》名前，生年月日／志望動機／仕事で苦手な人がいたらどうするか／採用説明会に参加したか／前職の退職理由，転職理由／入職可能時期／やってみたい仕事／現在の仕事内容／学生時代に力を入れたこと，その中で一番大変だったこと／後輩からはどんな人といわれていたか／正職員として事務補佐員とは異なる立場で働く覚悟はあるか／（新卒時「就職＝民間」だと思い込んでいたという話をしたので）新卒のとき周囲に公務員になった人はいなかったのか／去年は受験したか／併願先と両方合格が出たらどうするか，併願先に行ったほうがよいのではないか／前職は人間関係のトラブルで退職したのではないか／せっかく就職したのに退職して親に反対されなかったのか／学長から係員まで幅広い地位があるが，どこまで昇進したいか

※一次選考は，9：30〜9：45の間に控え室に集合し，10：00頃からグループごと，もしくは個別に呼ばれ，職員の案内の下，面接会場の部屋へ向かうという流れだった。

集団面接は1番または3番の人から順に答える流れで，私は2番だったので，最初に答える機会はなかった。各質問について2〜3個深掘り（話したことに関する事実確認）の質問がされた。和やかな雰囲気だった。

〈ほかの受験者の感想〉

※一次選考の個別面接は1回の人と2回の人がいたが，周りで合格している人は1回しか受けていなかった。人柄よりは，聞かれた質問にどれだけ的確に答えられるかを見られている気がした。

〈最終選考〉

●個別面接 （20分：面接官3人）

《質問内容》名前，志望動機／前職の退職理由／今の部署での仕事／学生時代の学生自治団体の活動について／趣味，特技／実家に帰らなくてよいのか／やってみたい仕事／人と衝突した経験の有無，（ないと答えたので）それではストレスはたまらないか／大学の業務で改善したほうがよいと思うところ／併願先と両方合格が出たらどうするか／逆質問

※入室中のみマスクを外すよう指示があった。主に部長と副学長から質問された。ときおり笑いも起こり，和やかな面接だった。結果は次の月曜日までに合格者のみ電話連絡と言われた。

〈ほかの受験者の感想〉

※筑波大学のことよりも学生時代のことを深掘りされた。ただ，深掘りといっても会話のような感じで，雰囲気は良かった。志望度を何度も確認されたことが印象的だった。

筑波技術大学・事務 （30年度）

〈一次選考〉

●個別面接 （20分：面接官3人）

《質問内容》名前／志望動機／大学職員をめざしたきっかけ／あなたの趣味の魅力／聴覚障害者や視覚障害者と接したことはあるか／希望と違う部署に配属されてもよいか

課題「大学の知名度を上げるための企画を考え，上司（試験官）に提案してください」

※履歴書（所定のもの）の内容について質問される。最後に課題が出された。

〈二次選考〉

●個別面接 （20分：面接官4人）

《質問内容》名前／志望動機／大学職員をめざしたきっかけ／就職活動の状況，民間でほかに受けている業界／これまでの経験を職員として

どのように活かせるか／（TOEICの点数に言及し）英語の勉強は継続しているのか

群馬大学・事務 (2年度)

〈一次選考〉
●個別面接（オンライン，面接官4人）
《質問内容》大学職員として何がやりたいか／どのような職員になりたいか／働くうえで大切だと思うこと／併願状況／群馬大学から最終合格をもらったらどうするか／忙しいこともあるがどうやっていくか／群馬大学について知っていること／群馬大学の良いところ／最近一番楽しかったこと／（面接カードに書いた）関心を持っていることについて

〈最終選考〉
●個別面接（オンライン，面接官4人）
《質問内容》志望動機と自己PR／大学職員としてやりたい仕事／群馬大学の学部をすべて言えるか／自己PRについて／アルバイト経験／ストレス解消法／サークルでの役割／得意科目／大学時代，一番時間をかけて取り組んだこと／対立していることをまとめた経験は／新型コロナウイルス感染症の影響で大学の授業が変わっているが，あなたが考える「大学にしてほしいこと」は／合格をもらったらどうするか
※一次，最終ともにZoomを使った面接だった。一次選考は柔らかい雰囲気で，話をきちんと聞いてもらえたので，落ち着いて答えることができた。最終選考は役員面接だったが，難しい質問はなかった。

埼玉大学・事務 (30年度)

〈一次選考〉
●集団討論（30分：受験者4人，面接官2人）
※テーマは口外しないように言われた。同じ時間に集まった4人で行った。課題が書いてある紙と鉛筆が用意されており，デジタル式の時計が置かれている。その時計を基準として討論をした。
　埼玉大学の年間スケジュールや取組みを頭に入れて，自分なりにまとめておけば良かったと思う。結果は発表しなくてよいが，討論の終着点はチームとして出すべきだった。

●集団面接（60分：受験者4人，面接官3人）
《質問内容》どうして母校を選んだのか／既卒として空白期間に何をしていたのか／埼玉大学を志望した理由／やってみたい業務／自己PR／いつから働くことができるか／これまで（今年度）の併願状況／残業についてどう思うか
《ほかの人への質問内容》（職歴のある人に）どんな仕事をしているか。前職を含めた経歴。どうして辞めたのか／（大学院生に）どんな研究をしているか
※集団討論を行った4人が一緒に面接を受けた。

千葉大学・事務 (4年度)

〈一次選考〉
●個別面接（25分：オンライン，面接官2人）
〈二次選考〉
●個別面接（25分：オンライン，面接官3人）
〈最終選考〉
●適性検査（35分：オンライン）
●個別面接（25分：面接官4人）
《質問内容》志望動機／現在通っている大学，学部を選んだ理由／学生時代に注力したこと，そこから得た力やこれからの活かし方／サークル，アルバイト（内容や苦労したこと，工夫したこと）／説明会に参加した感想，印象に残っている話／やりたい業務，その理由／やりたい業務ができない場合どうするか／コミュニケーションを取るときに工夫していること，意見が伝わらないときにどうしているか／キャリアプラン，これからどう成長していきたいか／あなたはリーダータイプか，フォロワータイプか／採用されたらどこに住むか／併願状況，志望度／大学で学んでいる内容，最も印象的な授業／コロナ禍で大変だったこと／千葉大学にどのように貢献できるか／趣味／単調な仕事に飽きて辞める人も多いが，あなたは大丈夫か／学長の名前を知っているか
※面接は3回とも似た質問だったが，学長の名前は最終面接で聞かれた。また，最終面接では特に深掘りされ，どのような意味でこの言葉を使ったかなど，細かい質問もあった。回数を重ねるたびに面接官が増え，質問数も増えるため，エピソードはできるだけ多く用意

したほうがよい。3回とも，最後に意気込みや自己PRを述べるよう言われたので，しっかり準備しておくべきだと思う。

東京大学・電子・情報 （5年度）

〈一次選考〉
●**専門試験** （電子・情報）（45分，択一式）
※オンラインで実施。
〈二次選考〉
●**個別面接** （面接官5人）
《質問内容》志望動機（1分くらい）／現在行っている個人事業について／転職を考えた理由／大学院での研究内容／研究で使っていたサーバーやソフトウェアについて。サーバーの導入やインストールは自分でやったのか／集団で取り組んだこと。どのような役割だったのか／前職ではどのようなことをしていたのか／ITツールは使いこなせるのか／千葉のキャンパスの配属となったら，自宅から通うか，家を借りるか／逆質問
※面接官が5人と数に圧倒されてしまったが，Zoomでの面接だったので落ち着いて答えることができた。
〈最終選考〉
●**個別面接** （30分：面接官5人）
《質問内容》志望動機（1分くらい）／大学院での研究内容／集団で取り組んだこと。どのような役割だったのか／現在行っている個人事業について／転職を考えた理由／採用されたらどのようなことをしたいのか／自己PR
※最終面接は意思確認の感じだと聞いていたが，深掘りがそれなりにあり，時間もかかっていたので，油断しないで臨むといいかもしれない。未経験でも可能性はあるので，興味があれば電子・情報区分で受験してみるのもいいと思う。

東京医科歯科大学・事務 （4年度）

〈一次選考〉
●**適性検査** （オンライン）
※知能要素はなく，性格検査のみだった。
●**個別面接** （20分：オンライン，面接官2人）
《質問内容》東京医科歯科大学はいつどのように知ったか／学生時代に力を入れたこと／PCスキル／その他のスキルに書いた内容について／勤務上配慮してほしいこと／他機関の選考状況と志望度／併願先と東京医科歯科大学の比較
※Zoomでの面接。圧迫はなく，面談に近かった。志望動機は聞かれず，提出書類の内容を確認するような流れだった。

東京学芸大学・事務 （4年度）

〈一次選考〉
●**個別面接** （20分：面接官3人）
《質問内容》大学まで迷わなかったか／志望動機／ここ1か月でうれしかったことと嫌だったこと／10年後の姿／やりたい仕事／大学職員の仕事のイメージ／自分の特技や特性をどう活かせるか／ストレスを感じるとき／併願状況と軸／最後に聞きたいことはあるか／言い残したこと
※とても和やかな面接だったが，始まってすぐに，椅子に置いたカバンが落下してしまった。面接官が拾いに来てくれたが，ここで行動できなかったところがマイナス評価につながったのかもしれない。

東京農工大学・事務① （3年度）

〈一次選考〉
●**集団討論** （20分：受験者3人，試験官3人）
《テーマ》在宅勤務の職員と窓口対応を行う職員との間に生じる不公平感の解消方法
※発言は挙手制で，各受験者は一度だけ面接官に質問可能だった。
●**集団面接** （30分：受験者3人，面接官3人）
《質問内容》志望理由／失敗経験をどのように乗り越えたか／前職の退職理由／理系出身だが，技術職は検討したか／併願状況
※集団討論の後，そのまま集団面接へ移行した。受験者どうしで話し合って意見をまとめるよくある形式ではなく，面接官も含めた意見交換のような雰囲気だった。
〈最終選考〉
●**個別面接** （20分：面接官7人）
《質問内容》学長メッセージビデオを試聴した感想／農業や環境問題に対する問題意識／これから農学を学ぶ大学生へのメッセージ／前職の

退職理由／短所を克服するためにしていること／学生の要求にどのように対処するか／社会人としての経験の中で印象に残っていること

※私は農学系の出身のため，学長から農学分野に関する質問があった。学長や役員を含む面接官7人に囲まれ，緊張感はあった。最終面接前に学長メッセージビデオのYouTubeのリンクが送付されるので，必ず視聴して学長の考えや自分の感想をまとめておくとよい。

東京農工大学・事務② (3年度)

〈一次選考〉

●**集団面接**（50分：受験者6人，面接官3人）

《質問内容》学長ビジョンに基づいた大学運営における問題について，解決策を提案して（挙手制）／（個別に）履歴書に添った質問を1問（転職理由，志望動機等）／ほかの受験状況

※結果はメールで来た。面接では実現可能なことを言ったほうがよいと思う。「意見は前の人とできるだけかぶらないように」と言われたので，できるだけ早めに意見を言おう。

〈最終選考〉

●**個別面接**（20分：面接官8人）

《質問内容》志望動機／転職理由（かなり深く）／ほかの受験機関を見たうえで，どうしてそこを受験しているのか

※役員面接だった。かなりきつめの質問をされたが，目を見て誠実に伝えることが大切だと思う。結果は遅い時間に電話で来た。

東京工業大学・電子・情報 (5年度)

〈一次選考〉

●**個別面接**（試験官2人）

《質問内容》志望動機／現在行っている個人事業について／転職を考えた理由／大学院での研究内容。研究で使っていたサーバーやソフトウェアについて。業務用のサーバーを使った経験や，ネットワーク関係の業務経験／チームで成し遂げた経験。そのときの役割／自己PR／逆質問

※基本的なことがほとんどだったので，そこまで難しくはなかった。

〈最終選考〉

●**個別面接**（30分：試験官4人）

《質問内容》志望動機／自己PR／現在行っている個人事業について／転職を考えた理由／個人事業をチームでやろうとは思わなかったのか／周りからどんな人だと言われているか／短所／趣味は週にどのくらいやっているのか／併願状況／逆質問

※「合格体験記」には「形式的なものだ」とあったので，気楽に臨んだが，がっつりとした面接となり，答えづらい質問もいくつかあった。最終合格（内定）を取ることができたので，自信を持って臨むことが大切だと思う。

東京工業大学・事務 (30年度)

〈一次選考〉

●**個別面接**（20～30分：面接官3人）

《質問内容》志望理由／自己PR／どんな人と一緒に働きたいか／教職協働とはいうが，教員と同等な立場で仕事をしていけるのか／東京工業大学で活躍する先生の名前を知っているか／東京工業大学の強い研究分野は何か／どのような仕事をしたいか／希望の仕事以外になったらどうするか

※東京工業大学のことをよく知らないと答えにくい質問が多かった。

〈最終選考〉

●**個別面接**（20分：面接官3人）

《質問内容》志望理由／自己PR／どのような課外活動をしていたか／苦手な人とどのようにつきあっていくか／人間関係をどのように構築するか／希望する業務は何か／ほかの内定先ではなく，どうして東京工業大学なのか／質問したいことはあるか

※一次，最終ともに穏やかな雰囲気で進んだ。

東京海洋大学・事務 (30年度)

〈一次選考〉

●**適性検査**（20分）

※問題数が多いので急いだ。

●**集団面接**（25分：受験者3人，面接官3人）

《質問内容》最初に1分間で志望理由／頑張ったこと／苦労したこととそれを乗り越えたこと

／なぜボランティアサークルに入ったのか。学習支援ボランティアの対象学年。学習ボランティアで教えるときに心掛けたこと。悩みを聞くときに心掛けたこと／長所と短所／コミュニケーションを円滑にする際に大切なこと／苦手なタイプとその人への対処法／東京海洋大学の特徴を簡潔に／併願状況の確認／逆に何か質問はあるか

※当日の流れは，「面接カード記入（15分）→適性検査→集団面接」。基本は指名制で，逆質問のみ挙手制だった。事前に書いていた履歴書には「外国語能力の程度／パソコン技能の程度／その他業務上有用と思われる技能」の欄があったが，今回の面接では特に聞かれなかった。面接カードの内容は「志望理由／趣味特技とそのエピソード／大学の専攻とそのエピソード／最も力を入れたこととそのエピソード／自己PR／希望部署の有無。その部署名とやりたい仕事」だった。

〈二次選考〉
●**個別面接**（20分：面接官4人）
《質問内容》名前と志望動機を1～2分で／なぜ経営学部に進学したのか。大学で学んだこと／外国語能力について。なぜ英語が必要だと感じたのか／パソコン能力について／簿記検定をなぜ取ろうと思ったのか／頑張ったことについて。役割／入っているサークルは。どんなサークルか／併願について。国立大学法人は東京海洋大学だけか。なぜここだけなのか／東京海洋大学のイメージ。どのように働いていきたいか／やりたい仕事について。具体的にはどんなイメージか／頑張ったことや達成したことは何か。どんな人生観になったか／海とのかかわり／海についての気になるニュース，課題

※個別面接のみで，面接官4人のうち1人は進行役。一次選考のときよりも面接官の役職や年齢が高めで，雰囲気も少し硬めだった。前回の面接前に記入した面接カードの内容に添った質問と，あまり難しくはないがその場で考えるような質問があった。

お茶の水女子大学・事務 （4年度）

〈一次選考〉
●**集団面接**（20分：受験者4人，面接官3人）

《質問内容》志望動機／特技について／在校生ということで教員とは顔見知りだと思うが，やりにくくはないか。教員に依頼することになるが，大丈夫か／女性研究員を増やすには／女性職員として何をしたいか

※ある程度長めに話さないとアピールできないと感じた。

電気通信大学・事務 （3年度）

〈一次選考〉
●**個別面接**（15分：面接官3人）
《質問内容》志望動機／転職理由／自己PR，自己紹介／現職の仕事を辞めてしまうことに後ろめたさがあるか

※一次選考の前に機関訪問があり，そこで面接の予約をした（機関訪問に来た順に面接予約）。和やかな雰囲気だった。

〈最終選考〉
●**個別面接**（15分：面接官3人）
《質問内容》志望動機／転職理由／英語の実力について／ほかの受験機関を見てどうしてこの大学を受験したのか

※結果は実施最終日の夜に電話で伝えられた。

横浜国立大学・事務 （4年度）

〈一次選考〉
●**個別面接**（20～30分：面接官2人）
《質問内容》学生時代に勉学以外で励んだこと（ボランティアを2回行ったことを回答）／志望動機／ボランティアについて（動機，内容，役割，出会った困難と解決策）

〈二次選考〉
●**集団面接**（60分：受験者5人，面接官4～5人）
《質問内容》自己紹介（PR）と志望動機／横国大にどんなイメージを持っているか／横国大の職員について（他大学と比べてどのようなことが求められるか）／DXとは何か。また，その業務や大学への活かし方について／横国大の短所とライバル校はどこか／自分の長所・短所とその業務への活かし方，改善の仕方／ストレス解消法

〈三次選考〉
●**個別面接**（20～30分：面接官6～7人）
《質問内容》志望動機／横国大の短所／自分の性

格の長所と短所／（短所は完璧主義と答えたので）チームワークで他人の短所が気になるか／併願先との志望度／癖のある人や嫌な人とどのように付き合うか／人とコミュニケーションを取るうえでの最大の困難とその解決策／やりたい業務とやりたくない業務／第一志望で挙げた大学について，なぜその大学を志望するのか

※私は既卒なので，新卒とは別日程で面接が行われた。面接は非常に穏やかで明るい雰囲気だった。選考が進むにつれ，人柄と誠実さが見られていると感じた。また，時事問題の対策をしておいてよかったと思う。志望度で他大学と迷っていることを伝えたが，合格することができた。

山梨大学・事務（3年度）

〈一次選考〉
●**適性検査**（オンライン）
※エン・ジャパンの3E-IPというテストだった。
●**面接シート記入**（20分）
《内容》英語スキル（その他外国語スキル）を5段階評価で／パソコンのスキル／使ったことのあるソフト（Word, Excel等）／希望する部署と具体的にやりたい仕事／自分のワークライフバランスをどうしたいか／趣味と特技
●**個別面接**（20分：面接官3人）
《質問内容》住所は実家か。学歴等の確認／自己紹介と自己PR／パソコンスキルの確認（Excelはどの程度使えるか）／大学ではどのようなことを勉強してきたか／併願状況。併願先と両方受かったらどうするか（2～3回確認された）／今日はどうやって来たのか／趣味について／大学等で嫌なことがあったときの対処法／採用されたら実家から通うか／面接シートの希望部署について。山梨大学でなくてもよいのではないか／逆質問
※3人の面接官から順番に質問される形式だった。変わったことは聞かれず，無難な質問が多かった。穏やかな雰囲気だった。

放送大学学園・事務（3年度）

〈一次選考〉
●**集団面接**（30分：受験者2人，面接官3人）

《質問内容》志望動機／チームでの成功体験。そこでどのようなことを得たか／アルバイトの経験はあるか。アルバイトで問題があったときどのように対処したか／自己PR／人生で最も困難だったこと。またどのように乗り越えたか／趣味について
※時間が押していて待合室で15～20分ほど待った。オーソドックスで答えやすい質問ばかりだった。
〈二次選考〉
●**個別面接**（30分：面接官4人）
《質問内容》志望動機／自己PR／どうして放送大学は私立なのに国からの支援が手厚いのか／最近興味を持ったニュースは。どうしてそれが問題だと思うか。自分が考える解決策は／やりたい仕事は／放送大学における事務職員の役割は／学生と直接かかわる機会は少ないがどのような学生支援が考えられるか
※かなり答えづらい質問が多かった。受験先と時事の情報収集が大切だと思った。最終選考に呼ばれたが，事情により辞退した。

国立天文台・事務（元年度）

〈一次選考〉
●**集団面接**（30分：受験者2人，面接官3人）
《質問内容》どこから来たか／志望理由／チリやハワイ勤務になってもいいか／人事や経理という仕事担当になったとしたらどうするか／語学力はどの程度か／学生時代に力を入れたこと／逆質問
●**個別面接**（20分：面接官5人）
《質問内容》どうやって来たのか／前回の面接内容の確認／特技について／語学に自信はあるか／なぜ，併願先である○○も志望しているのか／併願先の進捗状況／併願先とうちと両方内定したらどうするか／内定が出てから4月までどうするか／アルバイト／学校やアルバイト以外の社会経験／ボランティア／人物試験の感想
※チリやハワイ勤務になる可能性もあるので，語学力については詳しく聞かれた。また，併願先についても詳しく聞かれたので，併願先の志望動機もしっかりと答えられるようにする必要がある。

高エネルギー加速器研究機構・事務 (2年度)

〈一次選考〉
●**個別面接**（20分：面接官4人）
《質問内容》志望動機と自己PRをそれぞれ1分程度で／自己PRについてさらに詳しく／部長の経験があると書いてあるが，その中で苦労したことは／高エネルギー加速器研究機構に来たことはあるか。どのような印象を持ったか／ボランティア活動の経験があれば教えて／短所は。その短所を克服するために努力していることはあるか／併願状況

大学入試センター・事務 (元年度)

〈一次選考〉
●**集団面接**（30分：受験者5人，面接官5人）
《質問内容》志望理由と自己PR／苦手なこと／人生で一番失敗したことと具体的なエピソード／周りからどんな人間だと言われるか／長期休暇の使い方／逆質問
●**個別面接**（20分：面接官5人）
《質問内容》志望理由／なぜ国家公務員を志望しなかったのか／学生時代の経験を入職後どう活かせるか／どの課で働きたいか／最近の気になるニュースとその理由，あなたの考え／自己PR／リーダーとして心掛けていること／逆質問
※面接前に若手職員との座談会があった。面接自体も比較的和やかだった。志望動機や具体的にどの課で働きたいかについて詳しく聞かれたので，事前に説明会に参加するとよい。また，休みが取りやすい環境なので，長い休みがあったらどうするかというユニークな質問もあった。

国立科学博物館・事務 (4年度)

〈一次選考〉
●**個別面接**（20分：オンライン，面接官2～3人）
《質問内容》志望動機／実際に携わりたい業務／親の職業／学生時代に力を入れたこと／大学で学んでいること／卒論の内容／大学近辺の博物館に行ったことがあるか／財務諸表や予算を

見たことがあるか／学部について

国立情報学研究所 (5年度)

〈一次選考〉
●**個別面接**（試験官5人）
《質問内容》自己PRと志望動機を5分以内で／現在行っている個人事業について／転職を考えた理由／チームで取り組んだ経験。どのような役割だったか／大学院での研究内容。研究で使っていたサーバーやソフトウェアについて。サーバーのOSは何を使っていたか。ソフトウェアの言語や使い方を簡単に／今やっている情報系の勉強や取組みはあるか／逆質問
※情報系の専門的な機関だったので，情報系学科出身ではなかったり，経験がないと厳しいかなと感じた。少なくとも，情報系の勉強や取組みをしているということを伝える必要があると思った。

国立高等専門学校機構・事務 (3年度)

〈一次選考〉
●**個別面接**（面接官2人）
《質問内容》志望動機／相談会に参加した感想／高等専門学校は知っていたか。高等専門学校と大学の違いは／学生時代に力を注いだこと／親しい人にどのような性格だと言われるか。その理由。それに対して自分はどう思うか／全国転勤は大丈夫か／英語はできるか／併願状況と順位／最後に質問は何かあるか
※面接官が2人で気軽な雰囲気の面接だった。
〈二次選考〉
●**個別面接**（30分：面接官4人）
《質問内容》志望動機／併願状況／自己PR／やりたい仕事の内容／アルバイト経験／敵対心むき出しの人とどう接するか／どのような職員になりたいか／転勤は全国あるが大丈夫か／学生時代の専攻について／オフィスソフトの習熟度について／語学力
※今まで受けた面接の中で一番答えづらかった。普段からしっかり面接の準備をすることと，本番でどれだけ焦っても内心では落ち着いて笑顔を忘れないことが大切だと思った。

東 海 ・ 北 陸 地 区

金沢大学・事務（5年度）

〈一次選考〉

●**論文**（40分，500字）

《テーマ》現在や未来の課題を探求，克服するための「未来知」を持つ人材を育成するためにどのような取組みをすべきか。

※面接前に行われた。後日ほかの日程の友人に話を聞いたところ，テーマは「ダイバーシティについて」だったので，日程によってテーマが違うようだ。

●**性格検査**（10分）

※Web inventory。なるべく早くやる。

●**集団面接**（15分：面接官3人，受験者4人）

《質問内容》趣味について／最近あったうれしいこと／運動はするか／大学でやってみたい仕事

※答える順はどちらかの端からで，面接官は30～40歳代。かなりラフな雰囲気で常に笑いが絶えないゆるりとした雰囲気だった。普段の素の姿を見ようとしているのが伝わった。用意しすぎないリラックスした自然な回答で良いが，口調や態度が砕けすぎないようには気をつけるべき。

●**個別面接**（15分：面接官4人）

《質問内容》あなたの住んでいる〇〇町について1分程度で紹介して／大学で力を入れたこと／希望の部局（学生支援課）で何ができると思うか／金沢大学で良かったと思うこと／挫折を乗り越えることができた要因は何か／論文テーマの「未来知」とは何か。あなた自身が「未来知」を持った人材になるために何をしようと思うか／併願状況を教えて／アルバイトはしているか／大学図書館と市立図書館の違い。大学図書館の嫌なところ

※集団面接の後に行われた。適度な緊張感だった。過去の体験談から，「小論文については必ず聞かれる」とあったので，その内容については待ち時間に振り返っておくとよい。「うん，うん」とうなずいたり「大変よくわかりました」と言ってくれたので，話しやすかった。

※エントリーシート，履歴書の分量が多い。細かく読まれている感じではなかったが，丁寧に書くべきだと思う。集団面接でも個別面接でも，面接官も全員の手元にiPadがあった。面接表や小論文の内容を見ながら話していると思われる。

東海国立大学機構・事務（3年度）
（岐阜大学，名古屋大学共通）

〈一次選考〉

●**個別面接**（35分：オンライン，面接官3人）

《質問内容》志望動機／自己PR／東海国立大学機構について思うこと／これまでの経験で苦労したこと／出身大学に進学した理由／大学時代の勉強内容／学生時代に力を入れたこととその深掘り／転職理由とその深掘り／経験したい業務／希望業務に携われなかった場合どうするか／名古屋大学と岐阜大学のどちらで働きたいか。その理由／趣味／ストレス解消法／志望順位／逆質問

※雰囲気はよく，和やかに進む。その日のうちにメールにて通過の連絡があった。

●**AI面接**（70～80分）

※SHaiNというアプリをスマホ等にダウンロードし，機械音に従って進行した。どんな内容を聞かれるかは，ネットで「SHaiN質問内容」と検索すると詳細がある。レビュー等を事前に読んでおくとイメージがつく。

同じような質問（苦労した経験や大変だったことなど）が何回も繰り返される。いずれの質問も1分以内の時間制限付きで，オーバーすると途中でも次の質問へ進む。機械音に添って行うため，感情が読み取りづらい。また，面接時間が長い。面接官の雰囲気を見て挑んでいる人や話す内容をその場で工夫する人は特に苦労するが，対人の面接が苦手な人は緊張もなく受験しやすいかもしれない。

〈最終選考〉

●**個別面接**（15分：オンライン）

《質問内容》志望動機／自己PR／出身大学に進学した理由／転職理由とその深掘り／これま

での経験で一番苦労したこと／前職での仕事内容／携わりたい業務について／希望勤務地／第一志望／併願状況について

※淡々と進んだ。転職理由以外の深掘りもなく，一次選考とは大きく雰囲気が異なった。AI面接と二次選考の個別面接が最終評価の対象であったように感じる。

静岡大学・事務 （3年度）

〈一次選考〉
●集団面接 （35分：受験者4人，面接官2人）
《質問内容》志望動機／自己PR／転職理由とその深掘り／どのような職員になりたいか／静岡大学についてのイメージ／居住地について／併願状況

※終始淡々と進んだ。面接官のうち1人が質問し，もう1人はひたすらメモを取る。1週間後にメールにて通過の連絡が来た。
　最終選考は，当初は現地での予定だったが，緊急事態宣言発令に伴いオンライン開催に変更となったようだ。

浜松医科大学・事務 （3年度）

〈一次選考〉
●集団面接 （20分：受験者4人，面接官3人）
《質問内容》志望動機と自己PRを簡潔に／これまでの経験で苦労したこと。そこから学んだこと／転職理由／趣味とストレスについて／自分を成長させる育成方法は何か／前職での経験をどう活かすか／浜松医科大学のイメージ／逆質問

※淡々と進んだ。浜松医科大学のイメージについて詳しく聞かれたため，大学の強みや取組みについて調べておく必要がある。ここで差がついたように感じる。
●集団討論 （35分：受験者4人，試験官3人）
《テーマ》国立大学法人の仕事を小中学生に理解してもらうためにはどう説明したらよいか。公務員との比較を交えて議論してください

※紙とペンを与えられ，それぞれがメモを取りつつ議論する。役割指定は自由だった。最終発表はない。難しいテーマだったが，論点をしっかり把握して，国立大学法人職員の仕事内容を把握しておけば，対策は可能である。数日後メールにて合否連絡があった。

〈二次選考〉
●個別面接 （40分：オンライン，面接官4人）
《質問内容》自己紹介と志望動機，自己PRを3分で／転職理由とその深掘り／エントリーシートに書いた内容についての深掘り／前職での職務内容／前職で得られた知識や経験をどう活かすか／浜松医科大学について思うこと／今後の医療業界についての自分の考え／志望順位

※対面での面接予定だったが，静岡県内の緊急事態宣言に伴いオンラインにて開催された。終始和やかな雰囲気での面接だった。今後の医療業界の質問は予想外だったが，前職での知識とニュースや日本の現状を踏まえて説明したところ，反応が良かった。面接練習も重要だが，大学がかかわる分野の話題について自分の意見や考えを持ってくことの大切さを再認識させられた。即日，電話にて合格通知を受けた。

名古屋工業大学・事務 （3年度）

〈一次選考〉
●集団面接 （20～30分：受験者3人，面接官3人）
《質問内容》生年月日と名前／面接シートに書いた趣味について／現在の仕事で印象に残っている出来事／これまでの経験でミスしたこと。解決策／希望の部署以外でも大丈夫か／英語力について／併願状況

※志望動機等は聞かれなかったので，その人の性格等を見ていたのではないかと思う。非常に温かい雰囲気で，自分の伝えたいことが伝

えられた。笑いもあったり，和やかな雰囲気だった。

〈二次選考〉

●**性格検査**（クレペリンテスト，40分）

●**個別面接**（面接官6人）

《質問内容》生年月日と名前／志望動機（答えた内容についてさらに深掘りされた）／なぜ転職をしたいと思ったのか／転職をすることを誰かに相談したか／自己PRと具体的なエピソードについて／留学について／今の企業ではなく名古屋工業大学の志望理由／どの部署でもやっていけるか／併願状況と志望順位／最後に伝えておきたいこと

※一次選考に比べ，かなり堅い雰囲気。答えた内容や面接カードについての深掘りが多かったので，自己分析や志望動機等をしっかり伝える必要があると感じた。また，名古屋工業大学を選んだ理由を明確にしたほうがよい。

豊橋技術科学大学・事務 （3年度）

〈一次選考〉

●**集団面接**（オンライン，受験者6人，面接官3人）

《質問内容》志望動機と大学職員をめざした理由について／これまで頑張ってきたこと／職場で困難に当たったこと。その解決方法／周りの人からどう思われているか／物事はじっくり考える派か，すぐに行動に移す派か／デジタルトランスフォーメーションが進んでいるが，どう貢献できるか

※Zoomでの面接だった。順番はランダムで，指名制。ほかの人がしゃべっているときは，画面は点けたままで，音声はオフだった。

最終選考は，個人面接（25分：オンライン）の予定。ほかの機関で内定をもらったため，私は辞退した。

三重大学・事務 （3年度）

〈一次選考〉

●**個別面接**（30分：面接官4人）

《質問内容》英語は得意か／パソコンスキルについて／5分間のプレゼンテーション／大学職員になろうとしたきっかけ／円満に退職できる

か／年下が先輩になることに抵抗はないか／さまざまな部署を経験することになるが覚悟はあるか／三重大学の魅力は／親友は何人くらいか。親友を1人思い浮かべて，その人の長所と短所は／悩んだときに誰に相談をするか／ストレス解消法と休日の過ごし方

※最初は提出した履歴書をもとに，質問された。プレゼンテーションは，事前にA4の用紙1枚に伝えたいことをまとめて，それをもとに5分間で行う。全体的に和やかな印象だった。

自然科学研究機構・事務 （3年度）

〈一次選考〉

●**個別面接**（30分：オンライン，面接官3人）

《質問内容》英語能力について／志望動機／自己PR／転職理由／携わりたい業務／前職での職務経験

※開始直後から英語能力についての質問が多かった。全体の半分は英語関連で，時間をかけて質問された。

豊田工業高等専門学校・事務 （3年度）

〈一次選考〉

●**適性検査**（マークシート形式）

●**作文**（120分）

※自己PRや志望動機等の作文だった。

●**個別面接**（30分：面接官3人）

《質問内容》志望動機／自己PR／これまでの経験で頑張ったこと／転職理由／前職での職務経験／これまでに一番後悔していること／趣味について／ストレス解消法について／携わりたい業務について／併願状況

※終始雰囲気はよかった。

〈二次選考〉

●**個別面接**（30分：面接官3人）

《質問内容》志望動機と自己PRを簡潔に／これまでの経験で頑張ったこと／転職理由／高等専門学校のイメージ／豊田高等専門学校に感じること／岐阜高等専門学校も近くにあるがどちらに行きたいか／受験している大学が全部合格しても高専を選ぶか／関東方面に行くこともあるが大丈夫か

近畿地区

滋賀大学・事務 （30年度）

〈一次選考〉

●集団面接（40分：受験者7人，面接官6人）

※試験官は事前に提出したカードを見ながら，メモを取っていた。

　質問は定番だった。受験者7人の答えもよく似た印象で，何を基準に選考されているのかわからなかった。

　私は「同じことでも自分の言葉を見つけて言う」「質問の内容から外れないようにする」「経験からものごとを言い，自分オリジナルの考えであると伝える」ことを心掛けた。

　試験官6人に見られて重圧を感じ，志望理由や自己PRなど何度も練習してきたのに，言葉に詰まってしまった。100点ではなく80点を確実にねらおうと思い，引きずらないようにした。

　質問には直接的な答えを一言で答えたので，試験官がメモしやすく，印象に残ったのではないかと思う。ほかの人の話をうなずいて聞いたり，大きな声で気持ちが伝わるように話すなどした。

滋賀医科大学・事務 （3年度）

〈一次選考〉

●書類選考

※メールでの提出も可だった。エントリーシートはしっかり作り込んで，ほかの人にアドバイスや添削を受けたほうがよいと感じた。私は締切当日の朝にメールで提出したが，それでも通過できたので，慌てて出すよりも納得できるまでしっかり考えたほうがよいと思う。また，機関訪問は必ず参加しなければならないわけではなかったが，イメージアップやエントリーシートの作り込みのためには，参加したほうがよい。

●個別面接（面接官3人）

《質問内容》なぜ滋賀医科大学なのか。何が魅力か／前職で困難だったこと。どう乗り越えたか／業務調整などで心掛けたことは／なぜそれだけ実績を積み，評価もされた職を辞めたのか／滋賀医科大学をなぜ選んだのか／なぜ前職を選んだのか。きっかけは／年下の後輩と仕事をするに当たって困ったことはないか／逆質問／もし併願先からも内定が出たらどうするか

※書類選考の通過者に，メールで日時の連絡がある。午前・午後それぞれ20人程度の枠が設定されている様子で，試験室へ呼ばれるまで控室で待機していた。

　私は転職者なので，前職の経験を中心に質問された。固い雰囲気ではなく，面接官も話がおもしろければ笑ってくれるような感じだった。質問は返答に困るようなものはあまりなく，自分の経歴や実績をしっかり見直していれば答えられる質問だった。仕事選びの基準（転職の場合はなぜ前職を選んだのか）と志望動機をリンクさせると，返答が組み立てやすいと感じた。

　集合時にクールビズの受験者が多かったが，特にクールビズの指示はなかったので，しっかりスーツ・ネクタイ着用で集合したほうが安心できると思う。

〈最終選考〉

●個別面接（面接官5人）

《質問内容》志望動機／病院勤務を希望しているのか／前職の退職理由／勤務開始可能日に本当に勤務できるのか，現職場との調整はできるのか／表に立って活躍する職種ではないが，理解しているか／エントリーシート記載の趣味以外で，スポーツなどはしているか／パソコンスキルはどの程度か／前職での役職での経験について／語学は得意か／得意だった（好きだった）教科は／逆質問

※二次選考時に伝えられた発表日に，メールで選考通過と最終面接の日時が通知された。1人ずつ別々の集合時間が通知されている様子で，私は集合時間10分前に到着したが，後の受験者がすでに控えていたので，民間企業のように早く行きすぎてはいけないということもないようだった。

　最終選考は役員面接で，一次面接のときよりも緊張感のある面接だった。エントリーシートと二次選考の内容をもとに，細かい部分や矛盾の出やすい部分を確認される印象だった。二次選考が終わったら質問と返答をメモにまとめて，自分がどのように答えたか確認できるようにするとよいと思う。転職の場合は退職理由をしっかり答え，その点でマイナス評価につながるようなことを言わないことと，それまでの経験を活かして貢献できることをアピールすることが重要と感じた。当日帰宅後に内定の電話連絡があった。

〈読者にメッセージ〉

　私は学歴的にも職歴的にも不利な点がありましたが，合格することができました。統一

どうして
教員に
ならないの？

試験に合格すれば，学歴や職歴は関係なく同じラインに立つことができるので，頑張ってほしいです。

　私はあまり面接が得意ではなく，スラスラと答えられませんでしたが，2回の面接とも面接官はしっかりと聞いてくれましたし，伝わり切っていない点も確認してもらえることが多かったので，自分の言葉で答えるようにするとよいと思います。

京都大学・事務（2年度）

〈一次選考〉

●個別面接（20分：オンライン，面接官2人）

《質問内容》再受験に至った理由／エントリーシートの記載内容（自由記述）について

※私は独自試験も受け，最終面接まで残ったため，この面接では主に，再受験に至る経緯や理由を中心に聞かれた。次回以降の面接に向けてのアドバイスもいただけた。

〈二次選考〉

●個別面接（30分：オンライン，面接官3人）

《質問内容》再受験に至った理由／自分を動物にたとえるなら何か／リーダーシップについて，みんなを引っ張るか，後ろから支援するか，どちらのタイプか

※遠隔地かつ独自試験で最終面接まで残ったため，特別にオンライン面接で対応していただいた。

〈最終選考〉

●個別面接（30分：面接官3人）

《質問内容》再受験に至った理由など

※面接というよりも雑談のような感じだった。

京都教育大学・事務（元年度）

〈一次選考〉

●集団面接（30分：受験者6人，面接官4人）

《質問内容》大学のことをどのように調べたか／学年スケジュールを見て気づいたこと／最近腹が立ったこと／ストレス解消法

※回答はすべて挙手制だった。志望動機や自己PRは聞かれず，どれだけ京都教育大学について調べてきたか，どの程度興味を持っているかについて見ているようだった。

京都工芸繊維大学・事務 (30年度)

〈最終選考〉
●**個別面接**（20分：面接官3人）
《質問内容》志望動機／自己PR（深掘り）
※集合場所は人事労務課で，扉に「ノックをしないで入り，時間と名前をお伝えください」と書かれていた。待合室は大広間で，10：00集合の人はほかには誰もいなかった。面接室は3部屋あった。誘導は，説明会で司会をしていた人事課の人だった。面接官の一人は事務方のトップで，履歴書に書いたことを主に質問された。部屋がとても狭く，緊張感があった。思わぬことを聞かれたり，深掘りを繰り返されたときは，簡潔に答えることを意識すべきだと思った。そうしないと，「こういうことですよね？」という確認の質問を増やしてしまい，本来もっとできたはずのアピールができない。今回の面接はほとんどが自己PRで，いかに自分を売り込めるかがカギだと思った。自己分析を怠らずにやってほしい。

神戸大学・事務 (2年度)

〈一次選考〉
●**性格検査**（100問程度）
※独自の形式だった。
●**集団面接**（受験者5人，面接官3人）
《質問内容》自己PR／趣味特技／今まで苦労したこと
※思いついた順番に挙手で回答。穏やかな雰囲気だった。
●**集団討論**（40分：受験者5人，試験官3人）
《テーマ》「いいチームとはどのようなものか」
※協調性を意識しつつ自分の意見もしっかり伝えるとよい。
〈最終選考〉
●**個別面接**（30分：面接官4人）
《質問内容》大学の印象／志望動機／職員の魅力／長所と短所／前職での失敗経験／前職の退職理由／取り組みたい業務内容3つ／併願状況
※しっかり話を聞いてもらえるので，落ち着いて話せばよい。

和歌山大学・事務 (30年度)

〈一次選考〉
●**集団面接**（30分：受験者3人，面接官3人）
《質問内容》志望動機／和歌山大学の魅力／予算を新たに確保する方法／最近おもしろかった話
※「志望動機」「和歌山大学の魅力」について特に深掘りされた。一次試験の合格通知書を持参するようにあらかじめ指示があり，面接の直前に提出を求められた。持参するのを忘れた人は，後で画像をメールで送信するように指示を受けていた。

国際日本文化研究センター・事務 (元年度)

〈一次選考〉
●**集団討論**（25分：受験者5人，試験官3人）
《テーマ》「長時間勤務の解消方法について」
※課題は試験官が口頭で発表したが，司会などの選出について特に指示はなかった。最後のまとめの発表も含めて時間は25分。後ろにホワイトボードがあり，発表のために自由に使ってよいと言われた。最初の5分間で各自意見を考えた後に，それぞれが発表。具体的な方法を挙げる人と「まず長時間勤務を生み出す原因を分析すべき」と主張する人とに分かれた。その後，両者を折衷する形で「原因を分析してから，具体的な方法を挙げていく」という流れとなった。最後の5分間でまとめの発表を行った。発表者については意見をまとめるうえで積極的にアイデアを出していたメンバーが立候補し，各自がメモしていた内容も付け加えながら発表した。その際，ホワイトボードは使用せず，口頭での発表だった。

　試験前に緊張を和らげようと，待合室では受験者どうしで少し雑談をしていた。そのおかげか，試験中も互いに名前で呼び合うなど，スムーズに討論が進行したと思う。まとめの発表時間を含めて25分なので，時間管理はシビアに行い，余計な議論をふっかけて足を引っ張り合わない心掛けが必要。この後，すぐに集団面接に入るので，頭の切替えをすばやく行う必要があった。

　　　　　　　　　　　　6年度 国立大学法人等職員採用試験攻略ブック

●**集団面接**（50分：受験者5人，面接官3人）
《質問内容》志望動機／これまでに最も力を入れて取り組んできたことと，その経験を業務にどう活かせるか／これまでに最も苦労したことと，それをどう乗り越えたか／苦手な人に対して，これまでどうつきあってきたか／集団作業で頑張ったことはあるか／公務員を併願している人が多いが，公務員の魅力はなんだと思うか
※奇をてらった質問はまったくなかった。エントリーシートで書いた内容を見直し，自己分析を怠らないようにするなど，基本的な面接対策を前もって行い，回答するときは短くまとめるように心掛ければ大丈夫だと思う。面接中，表情を崩さない面接官もいれば，受験者の回答に対してはっきりと反応を示す面接官もいた。集団討論から休む間もなくすぐに集団面接に移るので，集中力の持続が求められる。実際に受験者の中には質問に対して正しく回答できず，面接官から再質問される人もいた。私の場合，卒業論文について面接官の一人が興味津々に聞き，最後に再びそれについて質問した。エントリーシートで書ききれなかったことも内容次第で大きな自己PRポイントになりうるので，積極的に自己分析を行って臨んでほしい。

〈最終選考〉
●**個別面接**（30分：面接官4人）
《質問内容》志望動機／人文学に対する危機感を覚えたきっかけは何か／当センターの存在については前から知っていたか／大学院で研究を続けてみたいと思わなかったか／アルバイト経験について／人を教える仕事に興味はわかなかったか／留学先の国の魅力について／自分の性格を端的に言うと／コミュニケーションを取るうえで気をつけること／上司と意見が合わなかったらどうするか／ストレス解消法／深く思いつめることはないか／将来どのような職員になりたいか／併願先からも内定の連絡が来たらどちらを選ぶか／今の住所から通勤できるか
※採用枠が1人だけということもあり，前回の面接よりも緊張感が漂っていた。面接室では，会議で使うような大きな楕円型テーブルに試験官と対面していたため，面接官との距離が近く，大きなプレッシャーを感じた。笑顔を意識しつつ落ち着いて返答するようにしていたら，最初は硬かった面接官の表情も次第に和らいでいったように感じた。質問については，全体的に受験者の人柄や思考回路を重視していたように思う。

内定の連絡は，面接からちょうど1週間後に来た。すべての質問に対して素直かつ正直に答えるべきことと，志望先に対する熱意をしっかりと伝えるべきだと思う。採用予定人数が少なくても自信を失わずにトライしてほしい。

和歌山工業高等専門学校・事務（2年度）

〈一次選考〉
●**個別面接**（15〜20分：面接官5人）
《質問内容》最近の気になるニュース／なぜ高専なのか／なぜ和歌山高専なのか／残業が多いことに関してどう思うか／教員に信頼されるためにはどうすればよいか／定型的な仕事が多いことに関してどう思うか
※基本的にはエントリーシートの内容に添ったもの。「最近の気になるニュース」「なぜ高専なのか」「なぜ和歌山高専なのか」については深掘りされた。自己PRよりも，学校職員への適性や志望動機が問われた。圧迫面接ではないが，「併願先として受けよう」という気持ちでは通らないと思った。

自己PRをお願いします

英語はどのくらいできる？

志望動機は？

どうして大学職員なの？

中国・四国地区

鳥取大学・事務 （30年度）

●職場訪問
※2日間職場訪問が行われた。
〈一次選考〉
●適性検査 （クレペリン検査，60分）
●集団討論 （20分：受験者6人，試験官4～6人）
《テーマ》「理想の上司とはどのような上司か」
※討論開始前に3分間与えられ，「3つのうち1つだけテーマを選んで。どのテーマにするか，書記・司会・タイムキーパーなど，6人で決めて」と言われた。20分間で討論し，最後1分間で，1人が討論の内容を発表した。次に同じ部屋で集団面接が行われた。
●集団面接 （30分：受験者6人，面接官5人）
《質問内容》志望動機。いつから志望していたのか／自分のセールスポイント。それをどのように仕事に活かすか／もし希望と違う部署に配属されたらどうするか／鳥取大学に関する最近のニュースや取組みは何があるか／大学職員として働くうえで何を心掛けるか。その理由
※エントリーシートに添う質問が多かった。

島根大学・事務 （3年度）

〈一次選考〉
●集団討論 （20分：受験者4人，面接官2人）
《テーマ》地方大学の運営について
※テーマは事前に教えられる。その後に個別面接（5分）に移り，集団討論の反省点や改善点などが聞かれた。
　意見の内容よりもコミュニケーションの部

分やマナー，チームで働くうえでの人間性を見られていると感じた。

岡山大学・事務 （3年度）

〈一次選考〉
●書類選考
〈最終選考〉
●個別面接 （20分：オンライン，面接官3人）
《質問内容》集団の中でコミュニケーションを取るために必要なことは何か／志望動機（簡潔に）。なぜ学校の先生ではなく大学の職員なのか。学生支援以外に興味のある部署はあるか。大学生活の中で留学生と交流した経験はあるか／初対面の人とコミュニケーションを取るのは得意か／履歴書の志望動機にSDGsの目標を挙げたのはなぜか／ほかの大学の志願状況について／大学時代に行ったボランティアについて詳しく／アルバイトでどういうことを学んだか／もし職員として採用されなかった場合その後の進路はどのように考えているのか／最後に言い残したことがあれば
※面接官は最初に「緊張していると思いますがリラックスして臨んでください」と声を掛けてくれて，質問に答えているときもうなずきながら聞いてくれた。主に履歴書に書いたことから深掘りされて聞かれるという感じで，たまに想定外のことを聞かれることもあった。

山口大学・事務 （2年度）

〈一次選考〉
●集団討論 （受験者4～5人，試験官4人）
《テーマ》Aグループ「腕時計で時刻を確認することがあるが，スマートフォンや携帯電話で時刻を確認することについて」，Bグループ「スマートフォンや携帯電話で時刻を確認することもあるが，腕時計で時刻を確認することについて」
※5分で自分の意見を考え，20分討論し，2分以内で発表。発表後，相手のグループへの質問タイムがあった。
●集団面接 （受験者4～5人，面接官5人）

今までで一番つらかったことは？

《質問内容》（1分以内に以下の各質問に回答）あなたの考える大学職員のあり方。どのような職員になりたいか／学生時代に一番頑張ったことと，それを職員としてどう活かすか／これだけは他人に負けないこと／採用されたらやりたいこと
※クールビズだったが，終始マスク着用で，仕切りがあった。集団面接の回答順は質問ごとに異なった。

徳島大学・事務（3年度）

〈一次選考〉
●**集団討論**（20分：受験者4人，試験官6人）
《テーマ》AIに代用できない大学職員の仕事
※議題はランダムだった。事前に集団討論があることは知らされない。
●**集団面接**（10分：受験者4人，面接官6人）
《質問内容》徳島大学職員としてやってみたいこと／経験した困難と乗り越え方
※質問には簡潔に答えるほうがよい。部屋が少し広くソーシャルディスタンスもあるので，声が小さい人は注意してほしい。

鳴門教育大学・事務（元年度）

〈一次選考〉
●**集団面接**（40分：受験者5人，面接官4人）
《質問内容》志望動機／関心のあるニュース／自己PR／あなたが広報係なら，どのように大学を広報するか／あなたが学長になった場合，最初に何に取り組むか（実現可能性は考えない）／自分を動物にたとえると／自分を色にたとえると
※面接の前に，面接官がリラックスするように，と優しく話し掛けてくれた。クールビズ期間だったが，私以外は上着を着ていた。

香川大学・香川高等専門学校・事務（4年度）

〈一次選考〉
●**集団面接**（60分：オンライン，受験者4人，面接官3人）
《質問内容》志望理由／エントリーシートに記載の趣味・特技を行っていて感じる醍醐味や，趣味・特技を有効に使えたと思うエピソード／長

所，自身の能力を示すエピソード／短所とそれを克服するためにしていること／コロナ禍以前の生活に戻ることができたら何がしたいか／併願状況
※和やかな雰囲気だった。大学の取組みに関する質問はなく，人物重視の質問が多かった。面接官が相づちを打ってくれて，話を広げる質問をしてくれるので，話しやすかった。

愛媛大学・事務（3年度）

〈一次選考〉
●**個別面接**（10分：面接官2人）
《質問内容》志望動機と自己PR（1分以内で簡潔に）／興味があるといったもの以外でやってみたいこと／愛媛県のイメージ／前職の業務内容と難しかったこと／愛媛大学が取り組むべきだと思うこと
※他大学と比べて和やかな雰囲気だった。業務内容や大学のデータ等についてときどき追求されるが，わからないことは素直に「わからない」と答えても問題なさそうだった。

高知大学・事務（3年度）

〈一次選考〉
●**集団面接**（受験者3人，面接官6人）
《質問内容》志望動機（他機関と比較して）／職場のコミュニケーションで大切だと思うこと／周囲からどんな人といわれるか。それはネガティブにとらえると〜といえるが，それについてはどうか
※ほかの受験者が全員既卒の人だったので，既卒は既卒でまとめられていたと思う。
〈二次選考〉
●**個別面接**（20分：面接官6人）
《質問内容》TOEFLのスコアがあるが，外資系等をめざそうとは思わなかったのか／学生時代のサークル活動について／出身大学の学部について／最近笑ったエピソード／採用時期について／他機関の採用状況について／採用するメリット／採用されたらやってみたいこと（仕事でもプライベートのことでも）／学生時代に思い出に残っていること／留学経験について
※エントリーシートに添って質問されていると感じた。

九州地区

九州大学・事務 (5年度)

〈一次選考〉

●エントリーシート提出

《項目》志望動機（300字）／社会人として働くうえで大事だと思うことと，その理由（400字）／あなたの自慢を具体的なエピソードを含めて教えて（字数制限なし）

※図，写真，絵等の使用可だった。

試験案内（一次面接の合格連絡日）から締切りまで4日しかなかったため，注意。

●性格検査（20分，130問）

※質問に対し，どのくらい当てはまるかを5〜6段階で回答する形式だった。質問内容に難しいものはなく，日常生活に関するものが多かった。

〈二次選考〉

●個別面接（15分：面接官3人）

《質問内容》志望動機を一文で説明して／大変だったこと，乗り越えた取組み（簡単に）／やりたい業務について。やりたい業務以外の業務でどのように働くか／大学の取組みで良いと思うもの／大阪オフィス，東京オフィス等を利用したことはあるか／理想の上司とはどんな人だと思うか／自分の意見と異なる意見を上司が持っていた場合，異を唱えるか。どうするか／上司に対して要望はあるか。上司に何をしてほしいか／大学をどんな場所と思うか／逆質問

※中央の面接官は突っ込み役で，少し緊張感があった。短い回答を求められた点や，仕事に対する姿勢や上司についての質問が多かった点が印象的だった。

〈最終選考〉

●個別面接（15分：面接官3人，進行1人）

《質問内容》1分で自己PR／ボランティア活動（エントリーシート記載の活動）を振り返りは個人的に何点だと思うか。その理由／あなたはどんな人と思われているか／他の選考状況。どのような理由で志望しているのか／民間企業の選考に関して。人数の規模はどれくらいか／九州大学にどのような改善をしてほしいか／特

に九州大学で働く魅力はあるか

※試験までの待機時間は，人事部の人が2人いる部屋に通された。待機しているほかの受験者と共に，入職後に向けて人事部が質問に回答するという形で話をした。面接の質問の中では，ほかの選考状況について，予想以上に具体的に聞かれた。就活の軸と志望動機を重視している印象だった。

エントリーシートをしっかりと準備する，職員になった自分を想定しておく，大学の情報を熟知しておくことなどが，大事だと感じた。

佐賀大学・事務 (5年度)

〈一次選考〉

●エントリーシート提出

《項目》志望動機／専攻内容／課外活動等／趣味・娯楽／自己紹介／最近関心を持った事柄／ほかの選考状況

●集団面接（30分：オンライン，面接官5人，受験者5人）

《質問内容》志望動機／自己PR／やりたい仕事／苦手な人について／病院での勤務について。病院での仕事を知っているか

※受験者に同じ質問をしていた。当たる順番はランダムだった。受験者の一人が応答に非常に手間取ったというトラブルがあり，時間が押しているようで，質問数が想定より少なかった。もっと魅力をアピールしたかったという心残りはあった。時間も少ないので，基本的な質問にしっかりと答える練習をすべきだと感じた。

〈最終選考〉

●個別面接（10〜15分：面接官5人）

《質問内容》1分で自己アピール／やりたい仕事／学園祭に参加してくれるか。学園祭でどんな仕事をしてみたいか／体力に自信はあるか／英語はどの程度話せるか。英語を話すことに抵抗はないか／ほかの選考状況。なぜ佐賀大学で働きたいか／逆質問

※集合時間の15分前にもかかわらず，「前の面接が早く終わったため，面接開始時間を10

分早めてよいか」という相談があった。私は承諾して早めに面接を受けたのだが，イレギュラーだとは思った。遅くなることは想定していたが，早くなることもあるようだ。

　業務説明会はオンラインだが，参加必須。志望動機が非常に大切だと思った。また，大学病院の事務についての知識や理解もするべきだ。

長崎大学・事務（4年度）

〈一次選考〉
●個別面接（10分：オンライン，面接官3人）
《質問内容》自己紹介／転職理由／現職での失敗経験とそのときの対応／将来的にどのような社会人になりたいか／ストレス発散方法／最近あった楽しかったこと

〈最終選考〉
●個別面接（30分：面接官5人）
《質問内容》自己紹介／他の選考状況／志望動機／どのような業務に携わりたいか／就労可能日／逆質問

熊本大学・事務（3年度）

〈一次選考〉
●集団面接（30分：受験者6人，面接官3人）
《質問内容》熊本大学の志望動機／採用されたらどのような形で大学に貢献できるか／最近気になったニュース，時事について／日常生活を送るうえで心掛けていること／最近楽しかったこと

大分大学・事務（5年度）

〈一次選考〉
●エントリーシート提出
《項目》志望動機／長所・自己アピール／趣味・特技等
※おそらく，エントリーシートで人数を絞ってはいないと思う。
●性格検査（適性検査TAL）
※変わった試験だったが，深く考えずに回答した。悪印象にはならないように気をつけた。
●個別面接（15分：面接官2人）
《質問内容》自己PR／志望動機／やりがいについて。深堀り／大変だったことと乗り越えたこ

と／やりたい業務。やりたい業務以外に配属されたらどう考えるか。どんな仕事をしていきたいか／大学職員に最も必要な資質／最後に一言
※穏やかな雰囲気だった。ほめてくれる場面もあった。質問内容は基本的なものだった。
●集団討論（40分：受験者6人，試験官3人）
《テーマ》生成AIについて考えをまとめなさい
※個別面接の後に実施され，準備時間10分，討論30分だった。準備時間には議論の方向性や役割について話すように指示があった。討論30分の中で，3分間試験官に向けてまとめを発表するように指示があった。受験者6人にはそれぞれ番号が振られ，番号で呼び合った。討論中はマイクで会話した。

〈最終選考〉
●個別面接（15分：面接官3人，進行1人）
《質問内容》大学で学んだこと／大学で学んだことを大学でどう活かすか／なぜ大学職員になりたいのか／（課外活動のリーダーとして）一番大事にしていたものは何か／大分大学の研究で知っているものはあるか／（志望動機のやりがいに触れて）やりがいを重視しているのはなぜか／（特技欄のExcelに触れて）この特技はどのように鍛えられたのか／最後に一言
※質問内容は基本的な内容だった。一部知識を問う質問もあったため，情報収集は必須だと思う。少しだけ緊張感のある雰囲気だった。ほめられた際に「恐縮です」と謙遜の発言を挟み，気を抜かないようにした。

　面接は，エントリーシートを見て質問するため，面接で話すことを逆算してエントリーシートを書くべき。特に大分大学では，エントリーシートに関する深掘りが多く感じた。

鹿児島大学・事務（3年度）

〈一次選考〉
●集団面接（25分：オンライン，受験者4人，面接官3人）
《質問内容》鹿児島大学の志望動機について／学生時代に最も力を入れて取り組んだこと。それに対する自己評価／もし採用されたらどの部門でどんな仕事がしたいか／仕事中はチームワークが重要になるが，チームワークを発揮するために重要だと思うこと

令和5年度統一試験の採用実績，業務説明会・二次試験（面接考査）等一覧

令和5年度国立大学法人等職員採用試験に関する小社のアンケートについて，令和5年度の統一試験からの採用実績もしくは試験の実施があった国立大学法人等からの回答内容をまとめた結果が次表である（空欄は回答なし。予定のものも含む）。令和5年度の統一試験は，申込受付期間は5月10日～24日（インターネット受付のみ），一次試験は7月2日（日），一次合格者発表は7月20日（木）であった。

一覧表の見方

職種別採用人数，出身大学等…（　　）内は女性の内数，「―」は採用なし。

二次試験受験者数…令和5年度の二次試験（採用機関別の選考）の受験者数。

業務説明会等…「形式」の欄の「合同」は地区合同説明会に参加，「機関」は機関個別の説明会を実施（日付は実施した日程）。業務説明会を実施しない場合は，「×　電話で対応」などとしている。「業務説明以外の内容」の欄は業務説明会等で行ったこと(紹介：若手職員による仕事紹介，訪問：機関〈職場〉訪問，個別：個別面接・面談，集団：集団面接・面談)。

二次試験（面接考査）…選考の段階（日程を含む）および選考の種目。個別：個別面接，集団：集団面接，討論：集団討論・グループディスカッション，GW：グループワーク，プレゼン：プレゼンテーション。

（10月4日現在）

地区	採用先担当部署	事務	図書	その他の職種	出身大学等	受験者数	二次試験	形式	業務説明以外の内容	二次試験（面接考査）
北海道	北海道大学 総務企画部人事課	16(8)	3(2)	物理1，林学1(1)	非公表	216人		合同(7/24)	紹介，若手職員による個別質問受付（事務），訪問（図書・技術）	一次選考（8/1～8/3〈オンライン〉）：集団 二次選考（8/8～8/9〈オンライン〉）：個別 三次選考（8/23～8/25）：個別 **技術系**専門考査：8/上から採用部局ごとに個別面接
	北海道教育大学 総務企画部人事課	20(14)	―	―		104人		合同(7/24)		一次選考（7/31～8/1）：集団・40分 二次選考（8/23～8/24）：個別・20分
	室蘭工業大学 総務広報課人事企画係	2(1)	―	―	非公表	38人		合同(7/24)	紹介	一次選考（7/31～8/1）：個別・10分 二次選考（8/4～8/7）：集団・45分 三次選考（8/4～8/7）：個別・20分
	旭川医科大学 人事課	1(1)	―	―	非公表	22人		合同(7/24)	紹介	一次選考（7/26～7/28）：集団・30分×2，小論文 二次選考（8/4）：個別・25分，適性検査，実技試験
	北海道国立大学機構 総務課人事第一係	5(4)	―	―	非公表	83人		合同(7/24)	紹介	一次選考（8/8～8/10）：個別・30分 二次選考（8/23～8/24）：個別・30分
東北	弘前大学 総務部人事課	8(4)	―	―	非公表	57人		合同(7/29，7/30)	紹介	一次選考（8/24～8/25）：個別・45分 二次選考（9/6）：個別・20分
	岩手大学 法人運営部人事課	1(1)	―	―		25人		合同(7/29，7/30)(オンライン)	紹介	一次選考（9/4～9/5）：個別（課題レポートについてのプレゼン含む）・20分 二次選考（9/4～9/5）：個別・20分 **技術系**専門考査：口頭試問
	宮城教育大学 経営企画課人事係	4(3)	―	―	非公表	約80人		合同(7/29，7/30)	集団	一次選考（8/22～8/23）：討論 二次選考（8/28）：個別
	秋田大学 人事課	4(3)	―	―		35人		合同(7/29，7/30)	紹介，オンラインによる質疑応答	一次選考（8/22～8/24）：集団 二次選考（8/31～9/1）：個別
	山形大学 総務部人事課	5※1	―	―	非公表	53人		合同(7/29，7/30)	集団※2	一次選考（8/21～8/22）：討論 二次選考（9/5～9/6）：個別
	福島大学 人事課任用係	2(2)	―	―		約80人		合同(7/29，7/30)	質疑応答	一次選考（8/21～8/22）：集団・30分程度 二次選考（8/25～8/28）：個別・20分程度
	一関工業高等専門学校 総務課人事給与係	―	電子・情報1		非公表	3人		合同(7/29)	個別相談	8/23：個別・20分
	秋田工業高等専門学校 総務課人事係	―		電気，機械，建築のいずれかから1		2人		合同(7/29，7/30)(オンライン)	オンラインによる質疑応答	8/8：個別・40分 **技術系**専門考査：プレゼン

※1：実際の採用人数ではなく募集人数
※2：事前にYouTubeに業務説明の動画を掲載

6年度 国立大学法人等職員採用試験攻略ブック

PART
2
こんな試験が行われる!

地区	採用先担当部署	事務	図書	その他の職種	出身大学等	受験者数	形式	業務説明以外の内容	二次試験（面接考査）
関東甲信越	茨城大学 総務部人事労務課	選考中	—		非公表	46人	機関(8/17, 8/18)	紹介	一次選考（9/13～9/16）：個別・15分 二次選考（10/2～10/4）：個別・20分，適性検査
	筑波大学 総務部人事課（事務系任用）	29(22)	2(1)	機械1(0)，建築1(0)，農学1(0)	埼玉大院，茨城大，筑波大，群馬大，千葉大，東京外国語大，東京学芸大，電気通信大，学習院女子大，國學院大，上智大，成蹊大，中央大，東洋大，日本女子大，法政大，明治大，立教大，早稲田大	約300人	合同(7/22)※3		一次選考（7/25～7/28）：集団 二次選考（8/2～8/10）：個別 **技術系**専門考査：口頭試問
	筑波技術大学 総務課人事係	1(1)	—	—	非公表	約10人	合同(7/22)	紹介	8/21～8/23：個別・20分
	埼玉大学 総務部人事課	4(4)	—	—		90人	合同(7/22)	紹介	一次選考（8/2～8/3）：個別・15分，討論・30分 二次選考（8/7）：個別・25分
	千葉大学 総務部人事課 人材戦略係	18(14)	1(1)	電気0，機械0	非公表	約240人	合同(7/22)	紹介	事務 7/25～8/4：個別×3，適性検査 ※4 図書 8/3～8/8：個別 電気，機械 7/28：個別
	東京大学 本部人材育成課 職員採用チーム	15(10)	2(2)	電気1，建築2(1)，電子・情報は実施中	北海道大，東北大，茨城大，筑波大，埼玉大，千葉大，東京大，東京外国語大，東京学芸大，お茶の水女子大，一橋大，横浜国立大，長岡技術科学大，富山大，静岡大，京都大，大阪大，高知大，前橋工科大，東京都立大，静岡文化芸術大，京都府立大，大阪市立大，千葉工業大，青山学院大，桜美林大，学習院大，慶應義塾大，芝浦工業大，上智大，専修大，中央大，東海大，東京電機大，東洋大，法政大，武蔵野美術大，明治大，立教大，早稲田大，同志社大，ケイセンビジネス公務員カレッジ，富山高等専門学校 ※過去5年		合同(7/22)	質疑応答	事務 一次選考（7/28～8/3）：書類選考，適性テスト ※5 二次選考（8/19～8/20）：個別 三次選考（8/23～8/25）：個別 図書 一次選考（7/29）：筆記試験 二次選考（8/1～8/4）：個別 三次選考（8/9）：個別 電気，機械，建築 一次選考（7/31～8/1）：個別 二次選考（8/7～8/8）：個別 電子・情報，物理 一次選考（7/29）：オンライン試験 二次選考（7/31～8/2）：個別 三次選考（8/8）：個別
	東京医科歯科大学 総務部人事企画課 人材育成係	4(2)	—	—	お茶の水女子大，東洋大，文教大，早稲田大	118人	合同(7/22)	質疑応答	一次選考（7/28～8/2）：書類選考 二次選考（8/9）：個別・20分 三次選考（8/23～8/25）：個別・30分
	東京外国語大学 人事労務課 人事労務係	5(2)	—	—		42人	合同(7/22) 機関(7/24)		一次選考（8/1～8/3）：集団・45分 二次選考（8/22～8/23）：個別・30分
	東京学芸大学 総務部人事課	15(10)	1(0)	—	非公表	271人	合同(7/22)〈オンライン〉	紹介，訪問（7/31～8/4）〈図書系のみ〉	事務系 一次選考（7/27～7/31）：個別 二次選考（8/3～8/4）：個別 図書系 一次選考（8/21～8/22）：個別 二次選考（8/28）：個別
	東京農工大学 人事課任用係	11(7)	—	—	非公表	92人	合同(7/22) 機関(7/14)	紹介	一次選考（7/24～7/26）：集団・40分 二次選考（7/28, 7/31）：個別・20分 三次選考（8/2）：GW・80分
	東京工業大学 人事課	12(8)	—	電子・情報1		約130人	合同(7/22)	紹介，質疑応答，二次試験の案内	一次選考（7/26～7/28）：個別・約30分 二次選考（8/2～8/17）：個別・約30分 **技術系**専門考査：書類選考または口頭試問
	お茶の水女子大学 人事労務課 人事担当	2(2)	2(2)	—	非公表	約115人	合同(7/22) 機関(7/25, 7/27(図書のみ))	紹介，訪問（図書のみ）	事務 一次選考（7/26～7/28）：集団・30分 二次選考（8/1～8/2）：個別・30分 図書 一次選考（8/7～8/8）：集団・30分 二次選考（8/9）：個別・30分
	電気通信大学 人事労務課 人事企画係	5(3)	—	—	非公表	41人	合同(7/22) 機関(7/23, 7/24)	紹介，訪問，適性検査	一次選考（8/1～8/3）：集団・30分 二次選考（8/7～8/8）：個別・20分
	横浜国立大学 総務企画部 人事・労務課	11(4)	—	—	非公表	87人	合同(7/22) 機関(7/25)	紹介，訪問	一次選考（8/1）：個別・10分 二次選考（8/3）：集団・50分 三次選考（8/7～8/8）：個別・20～30分
	新潟大学 総務部人事企画課	3(2)	—	—	非公表	約70人	合同(7/22)		一次選考（7/27～8/4） 二次選考（8/23～8/30）
	長岡技術科学大学 総務課人事労務室 人事係	1(1)	—	—	非公表	約20人	合同(7/22)	チャットによる質疑応答	一次選考（8/10～8/18）： 個別・15分（オンライン） 二次選考（8/22）：個別・20分
	信州大学 総務部人事課 人事総務グループ	6(4)	—	—	非公表	52人	合同(7/22)		一次選考（7/31～8/7）：集団・60分 二次選考（8/25～9/6）：個別・30分

※3：一次試験実施から一次合格者発表日の期間に独自の説明会を開催
※4：適性検査は最終面接前に実施
※5：適性テストは書類選考合格者のみ

地区	採用先担当部署	事務	図書	その他の職種	出身大学等	受験者数	二次試験	形式	業務説明以外の内容	二次試験（面接考査）
関東甲信越	放送大学学園 総務部総務課 人事係	8 (4)	1 (1)	—	非公表	149人	合同 (7/22)	紹介	一次選考（7/26〜7/28）：集団・15分 二次選考（8/2〜8/3）：個別・20分 三次選考（8/4）：個別・20分 ※6
	人間文化研究機構 ※7	3 (1)	1	—	非公表	約35人	合同 (7/26〈事務〉, 8/25, 8/31〈図書〉)	紹介, 質疑応答	事務 一次選考（8/17） 二次選考（8/31） 図書 一次選考（9/15） 二次選考（9/21）
	自然科学研究機構 事務局 人事労務課 人事給与係	2 (2)	—	—	非公表	36人	合同 (7/22)	紹介	一次選考：書類選考（作文） 二次選考（8/9）：個別（オンライン） 三次選考（8/22）：個別
	国立天文台 総務課人事係	—	—	電子・情報1			合同 (7/22)		9/19：個別 技術系専門考査：プレゼンテーション
	高エネルギー加速器研究機構 人事労務課 人事第二係	2 (1)	—	—	非公表	30人	合同 (7/22)	紹介	事務系 一次選考（8/4〜8/8）：集団・15〜30分 二次選考（8/21〜8/22）：個別・20分 技術系 8/9：筆記試験・90分, 個別・20分
	情報・システム研究機構 事務局本部事務部 総務課人事・労務係	1 (1)	2 (1)	—		約90人	合同 (7/22)	紹介	事務 一次選考（8/23〜8/25）：集団・30分 二次選考（8/31〜9/1）：個別・20分 図書 一次選考（8/1〜8/4）：個別・30分 二次選考（8/31〜9/1）：個別・20分 技術系専門考査：口頭試問
	大学入試センター 総務部総務課 人事・人材係	2 (2)	—	—	非公表	40人	合同 (7/22)	紹介	一次選考（8/1〜8/3）：集団・25分 二次選考（8/9〜8/10）：個別・30分
	国立青少年教育振興機構 総務部人事課 人事企画係	7 (2)	—	—	非公表	31人	合同 (7/22)	紹介	一次選考（8/22）：集団・30分, 職員との懇談 二次選考（8/28）：個別・15分
	国立女性教育会館 総務課 人事・企画係	1 (1)	—	—	非公表	3人	合同 (7/22) 機関 (8/7, 8/9)	紹介, 訪問	一次選考（8/30）：個別・30分 二次選考（8/31〜9/6）：個別・30分, 小論文
	物質・材料研究機構 人材部門人事室	1 (0)	—	—	非公表	11人	合同 (7/22)	紹介	一次選考（7/25〜7/27）：個別・30分 二次選考（8/1）：個別・30分
	防災科学技術研究所 総務部総務課 ※8	1 (1)	—	—	非公表	34人	合同 (7/22)	紹介	一次選考（8/22）：個別・30分 二次選考（8/31）：個別・30分
	教職員支援機構 総務部総務企画課	3 (2)	—	—	非公表	57人	合同 (7/22)	紹介	一次選考（8/22〜8/24）：個別・20分 二次選考（9/5〜9/6）：個別・30分
	大学改革支援・学位授与機構 管理部総務課 人事第1係	7 (6)	—	—	非公表	約100人	合同 (7/22)	紹介	一次選考：書類選考 二次選考（8/26）：個別 三次選考（9/6）：個別
	国立高等専門学校機構本部 人事課人事係	4 (2)	—	土木1(0)	非公表	107人	合同 (7/22) 機関 (7/26, 7/28, 8/1)	紹介, 訪問, 集団	一次選考（8/2, 8/17, 8/23〜8/24）： 個別・20〜30分 二次選考（8/25, 8/30）：個別・25〜30分 技術系専門考査：口頭試問
	長野工業高等専門学校 総務課人事係	1 (0)	—	—	非公表	17人	合同 (7/22)	紹介	8/22〜8/23：個別・30分
東海・北陸	富山大学 総務部人事課	7 (4)	—	—	非公表	96人	電話で対応, HPに資料を掲載 ※9		一次選考（8/4）：適性検査・20分 二次選考（8/28〜8/30）：個別・20分 三次選考（9/12〜9/14）：個別・35分
	金沢大学 総務部人事課 人事総務係	3 (3)	—	—	非公表	81人	電話とメールで対応 ※10		一次選考（7/28〜8/3）： 個別・15分, 集団・15分, 小論文・30分程度 二次選考（8/24〜8/25）： 個別・15分, WEB適性検査 技術系専門考査：非公表
	福井大学 総務部人事労務課	2 (1)	—	—	非公表	43人	機関 (7/24, 7/25)	紹介	一次選考（8/10〜8/16）：適性検査 二次選考（8/29〜8/30）：個別 三次選考（9/13）：個別 技術系専門考査：口頭試問

※6：「事務区分」の日程。「図書区分」は別日程
※7：国際日本文化研究センター，総合地球環境学研究所，国立民族学博物館による合同実施
※8：第1回の募集内容。追加募集を実施中（9/22時点）
※9：4/21に独自の業務説明会（オンライン，若手職員による仕事紹介を伴う）を開催
※10：7/3に職員採用説明会および若手職員との懇談会開催

地区	採用先 担当部署	事務	図書	その他の職種	出身大学等	受験者数	業務説明会等 形式	業務説明会等 業務説明以外の内容	二次試験（面接考査）
東海・北陸	東海国立大学機構 総務部人事企画課	14(7)	—	化学1(1)，電子・情報1，生物・生命科学1	非公表	207人	機関(7/21)※11	紹介，先輩職員との懇談，福利厚生についての紹介	事務・施設　一次選考（7/31〜8/2）：書類選考　二次選考（8/6〜8/12）：AI面接　三次選考（9/6〜9/8）：個別・20分 技術　一次選考（8/1〜8/7）：書類選考　二次選考（8/29〜9/21）：個別・20〜30分，専門筆記試験・45分 ※12
	静岡大学 総務部人事課人事係	4(2)	—	建築1(0)，農学2(1)	非公表	約90人	機関(7/25〈事務・施設系〉7/28〈研究支援系〉)	紹介，訪問，個別	一次選考（7/28〜8/2）：書類選考　二次選考（7/28〜7/30〈既卒者〉，8/7〜8/13〈新卒者〉）：AI面接 ※13　三次選考（8/21〈既卒者〉，9/14，9/15〈新卒者〉）：個別 ※14
	浜松医科大学 人事課	3(2)	—	—	非公表	約25人	機関(7/25，7/31)	個別，若手職員によるパネルディスカッション	一次選考（8/9）：集団，討論　二次選考（8/30〜8/31）：個別
	愛知教育大学 総務・企画課人事労務課	選考中	—	—	非公表	約110人	機関(7/21，7/24)	紹介	一次選考（7/27〜7/30）：AI面接　二次選考（8/22〜8/23）：集団・60分　三次選考（8/31〜9/1）：個別・25分
	豊橋技術科学大学 人事課人事係	3(1)	—	—	非公表	約30人	機関(7/25)	紹介，訪問	一次選考（7/31）：集団　二次選考（8/7）：個別
	三重大学 企画総務部人事労務チーム	3(2)	—	—	非公表	約60人	機関(7/24)	紹介	一次選考（8/3〜8/8）：個別　二次選考（8/31〜9/1）：個別，SPI検査　技術系専門考査：口頭試問
	核融合科学研究所 管理部総務企画課人事係	1(1)	—	※15	非公表	13人	機関(7/27，7/28)	紹介	一次選考（8/4）：集団・40分　二次選考（8/23）：個別・25分
	自然科学研究機構（基礎生物学研究所・生理学研究所・分子科学研究所・岡崎統合事務センター）総務部総務課人事係	3(2)	—	電気1，化学1	非公表	約80人	機関(7/26)(オンライン)	紹介(オンライン)	岡崎統合事務センター　一次選考（8/6，8/8〜8/10）：個別・25〜35分　二次選考（8/24〜8/25）：個別・30分 生理学研究所　8/30：個別・25〜35分 技術系専門考査：口頭試問
	石川工業高等専門学校 総務課人事労務係	1(1)	—	—	非公表	10人	×	電話とメールで対応	9/14：個別・15分
	岐阜工業高等専門学校 総務課総務・人事係	1	—	—	非公表	19人	機関(8/4)	紹介，訪問，個別，キャンパスツアー	一次選考（7/21〜8/17）：書類選考，適性検査　二次選考（8/21）：討論・20分　三次選考（9/4）：個別・30分
	沼津工業高等専門学校 総務課人事係	—	—	機械1(0)		1人	機関(7/26)(オンライン)		8/23：個別・45分，適性検査　技術系専門考査：口頭試問
	豊田工業高等専門学校 総務課人事労務係	2 ※16	—	—		26人	機関(7/31，8/1，8/2)	紹介，訪問，集団	一次選考（8/16）：適性検査　二次選考（8/30）：個別・15分　三次選考（9/11）：個別・20分
近畿	滋賀大学 人事労務課	4(2)	—	—	非公表	約40人	×	電話とメールで対応，資料をHPに掲載	一次選考（8/3）：集団　二次選考（8/30〜8/31）：個別
	滋賀医科大学 人事課人事係	5(3)	—	—	非公表	42人	機関(7/27)	紹介，訪問	一次選考（8/10）：個別・25分　二次選考（8/17）：個別・25分　技術系専門考査：口頭試問
	京都教育大学 総務・企画課人事グループ	5(5)	—	—	非公表	約60人	×	電話で対応，HPに資料掲載	一次選考（8/17）：集団，適性検査　二次選考（8/30）：個別
	京都工芸繊維大学 人事労務課人事企画係	4(2)	—	—	非公表	約60人	機関(7/28)	紹介	一次選考（8/30〜9/1）：個別・30分　二次選考（9/11〜9/12）：個別・30分
	大阪大学 人事課人事計画係	非公表			非公表	非公表	×	電話，訪問（要事前連絡），メールで質問対応	一次選考（9/上）：討論　二次選考（9/下）：個別　三次選考（10/上）：個別　技術系専門考査：口頭試問

※11：東海国立大学機構，名古屋大学，岐阜大学による合同実施
※12：専門筆記試験は個別面接日に面接に先立って実施
※13：既卒者は一次選考と並行して実施
※14：技術系（施設系）は8/3，技術系（研究支援系）は8/9に個別面接を実施
※15：統一試験からの採用を予定していたが，面接試験の実施者なし
※16：試験を実施したが採用に至らず

地区	採用先担当部署	職種別採用人数 事務	図書	その他の職種	出身大学等	受験者数	二次試験 形式	業務説明会等 業務説明以外の内容	二次試験（面接考査）
近畿	大阪教育大学 総務部人事課 人事係	4(0)	—	—	非公表	81人	機関(7/26)	紹介, 集団	一次選考(8/4〜8/10)：個別・15分 二次選考(8/22〜8/23)：個別・20分
	神戸大学 総務部人事課	19(10)	1	電子・情報1, 農学1	非公表	約200人	機関(7/25)	紹介	一次選考(8/5〜8/8)：集団, 討論 二次選考(8/18〜8/21)：個別, 適性検査
	奈良国立大学機構（奈良教育大学・奈良女子大学）機構人事課 人事企画係	7(4)	—	—	非公表	82人	×	電話で対応 資料をHPに掲載	一次選考(8/20〜8/22)：個別・15分 二次選考(8/31)：個別・25分, 討論・45分
	和歌山大学 総務課人事係	5(3)	—	—	非公表	63人	機関(8/1)	紹介, 訪問	一次選考(8/29)：集団・30分 二次選考(9/6)：個別・20分, 小論文・20分
	舞鶴工業高等専門学校 総務課総務係	0	—	電子・情報1	非公表	16人	機関(8/8〈事務〉, 8/2〈技術員〉)	紹介, 訪問	事務 8/28：個別・25分 技術職員 9/13：個別・25分 技術系専門考査：口頭試問
	奈良工業高等専門学校 総務課人事係	2(1)	—	—	非公表	12人	機関(7/28)	訪問	8/25：個別・30分, 討論・50分
中国・四国	島根大学 総務部人事労務課	2(1)	—	—	非公表	45人	×	電話で対応	一次選考(8/7〜8/10)：個別・15分, 討論・30分 二次選考(8/21〜8/22)：個別・20分
	広島大学 財務・総務室人事部 人事グループ	0	—	—	非公表	42人	機関(7/26, 7/27)		エントリーシートによる選考 一次選考(8/7〜8/8)：個別・25分 二次選考(8/19)：個別・25分 三次選考(8/28)：個別・25分
	山口大学 総務企画部人事課 人事総務係	6(2)	—	—	非公表	41人	×	電話で対応	一次選考(8/3)：集団, 討論, 適性検査 二次選考(8/22〜8/24)：個別
	徳島大学 総務部人事課 人事係	15(10)	—	建築1		107人	機関(8/3, 8/4〈事務〉, 8/7〈技術系〉)	紹介, 訪問（事務のみ）	事務 一次選考(8/18〜8/21)：集団・40分 二次選考(8/30〜8/31)：個別・15分 技術系 8/7：個別 技術系専門考査：口頭試問
	鳴門教育大学 総務部総務課	3(2)	—	—	非公表	17人	×	電話で対応	一次選考(8/8)：討論・50分 二次選考(8/23)：個別・20分
	高知大学 人事課人事管理係	2(1)	—	—	高知大, 関西大	約45人	機関(7/25, 7/26)	紹介, 訪問, 集団	一次選考(8/1〜8/4)：集団・20分〜40分 二次選考(8/21)：個別・25分
	広島商船高等専門学校 総務課人事係 ※17	2(2)	—	—	非公表	6人	機関(7/27, 7/28, 7/31, 8/3, 8/4, 8/7)	訪問	8/28〜8/29：個別・30分
	呉工業高等専門学校 総務課人事係 ※17	1	—	—	非公表	10人	機関(8/9, 8/10)	紹介, 訪問	8/28〜8/29：個別・30分
	宇部工業高等専門学校 総務課人事係	1	—	—	非公表	4人	機関(8/4, 8/9)	紹介, 訪問	8/31：個別・30分
	香川高等専門学校 総務課人事労務係	6(3)	—	—	非公表	約200人	機関(8/1)	紹介, 訪問	一次選考(8/22〜8/25)：集団・45分 二次選考(9/4〜9/13)：個別・15分
	新居浜工業高等専門学校 総務課人事係					1人	機関(8/3, 8/4)	紹介, 訪問	8/24：個別・50分
九州	福岡教育大学 人事企画課	1(1)	—	—		約90人	×	電話とメールで対応	一次選考(8/2〜8/3)：集団・40分 二次選考(8/17)：集団・30分, 討論・35分, 適性検査 三次選考(8/18)：個別・35分
	九州大学 人事部人事企画課	15(7)	3(2)	電気1(0), 化学1(0), 農学1(0), 生物・生命科学1(0)	広島大院, 九州大院, 熊本大院, 九州大, 鹿児島大, 県立広島大, 立命館大, 西南学院大, 福岡大, 福岡工業大中退	約240人	×	メールで対応（事務区分のみ）※18	一次選考(7/26〜8/3)：書類選考 二次選考(8/22〜8/23)：個別・10〜15分 三次選考(9/6〜9/7)：個別・15分 技術系専門考査：口頭試問

※17：事務職員の採用試験は広島商船高等専門学校と呉工業高等専門学校による共同実施
※18：図書, 技術区分は採用部署によって独自で実施

地区	採用先担当部署	事務	図書	その他の職種	出身大学等	受験者数	二次試験 形式	業務説明以外の内容	二次試験（面接考査）
九州	佐賀大学 総務部人事課	19 (12)	—	生物・生命科学1(1)	非公表	約140人	機関 (7/28, 7/29) (オンライン)	紹介	事務　一次選考（8/8〜8/9）：集団・25分　二次選考（8/28〜8/29）：個別・15分　施設系（電気・機械・建築）　8/7：個別・15〜20分　研究系（生物・生命科学）　8/17：個別・15〜20分　技術系専門考査：口頭試問
	長崎大学 管理運営部人事課	24 (17)	—	—		約130人	機関 (7/27)	紹介	一次選考（8/3〜8/4）：個別・15分（オンライン）　二次選考（8/24〜8/25）：個別・15分
	熊本大学 総務部人事課	10 (4)	—	—	島根大院，熊本大，北九州市立大，熊本県立大，久留米大，福岡大，熊本学園大，大原スポーツ公務員専門学校	128人	※19		一次選考（8/2〜8/4）：集団・30分　二次選考（8/21〜8/23）：個別・20分
	大分大学 総務部人事課 人事管理グループ	8 (5)	1 (0)	—		約50人	機関 (7/31) ※20	紹介	一次選考（8/24〜8/25）：個別・15分，討論・30分　二次選考（9/13〜9/14）：個別・20分　技術系専門考査：実技試験
	宮崎大学 人事課人事係	10 (8)	—	—	非公表	約50人	機関 (7/31)	紹介	一次選考（8/28〜8/29）：集団・30分　二次選考（9/7〜9/8）：個別・20分　技術系専門考査：小論文，口頭面談 ※21
	鹿児島大学 総務部人事課	6 (5)	—	機械1(0)，化学1(1)，生物・生命科学1(1)	鹿児島大ほか	約100人	機関 (7/26〈事務以外〉，7/27〈事務〉)	紹介	一次選考（8/18〜8/22）：集団　二次選考（8/23〜8/29）：個別
	鹿屋体育大学 総務課人事係	1	—	—	非公表	12人	機関 (8/3)	紹介，訪問	8/23〜8/24：個別・20分
	琉球大学 人事企画課	11 (4)	—	農学2(2)	徳島大，琉球大，創価大，東洋大，沖縄大，沖縄国際大，沖縄女子短期大，沖縄県立農業大学校	103人	機関 (7/26，7/27)	紹介	事務　一次選考（7/20〜7/27）：書類選考，小論文，適性検査　二次選考（8/22〜8/25）：個別・20分，討論・30分，事務適性検査　技術系　一次選考（7/20〜7/27）：書類選考，小論文，適性検査　二次選考（8/31）：個別・15分，技術試験
	熊本高等専門学校 総務課人事労務係	2 (1)	—	—		23人	※22		8/29〜8/30：個別・20分
	都城工業高等専門学校 総務課人事係	1 (0)	—	機械1(0)	非公表	9人	機関 (7/27)	紹介	9/4〜9/5：個別・20分

※19：7/12に独自の業務説明会（オンライン）を開催
※20：技術系も併せて開催
※21：技術系専門考査の小論文，口頭面談の実施日は別途設定
※22：7/14に業務説明会（オンライン）を開催

●統一試験から採用のなかった国立大学法人等（二次試験を実施したが，採用者がいなかった法人等を含む）
北海道　釧路工業高等専門学校
東北　八戸工業高等専門学校
関東甲信越　東京藝術大学，上越教育大学，国立科学博物館，国立美術館，茨城工業高等専門学校，東京工業高等専門学校
東海・北陸　名古屋工業大学，鈴鹿工業高等専門学校
近畿　奈良先端科学技術大学院大学，京都国立近代美術館，明石工業高等専門学校，和歌山工業高等専門学校
中国・四国　松江工業高等専門学校，徳山工業高等専門学校，阿南工業高等専門学校，弓削商船高等専門学校
九州　久留米工業高等専門学校，有明工業高等専門学校，鹿児島工業高等専門学校

PART 2 こんな試験が行われる！

令和5年独自試験情報

令和5年度の独自試験に関する小社のアンケートについて，令和5年度に独自試験を実施した国立大学法人等からの回答内容をまとめた結果が次表である（空欄は回答なし。最終選考前のものも含む）。表の見方は60ページの「一覧表の見方」を参照のこと。「対象者」は，①：新卒者，②：既卒者，③：非常勤職員，である。

(10月4日現在)

採用先 担当部署	対象者	職種別採用人数 事務	職種別採用人数 その他 の職種	出身大学等	申込者数 （全職種 合計）	採用プロセス
北海道教育大学 人事課	②, ③	—	機械0, 建築0			書類審査
室蘭工業大学 総務広報課 人事企画係	①	1(0)	—	非公表	4人	書類審査, 適性検査（オンライン） 一次選考 (6/1)：個別・20分 二次選考 (6/7)：個別・20分
旭川医科大学 人事課	②, ③	1	—	非公表	35人	書類審査, 適性検査, 教養試験 一次選考 第1回 (6/22) 第2回 (8/25)： 集団・30分, 小論文 二次選考 第1回 (7/5) 第2回 (実施なし)： 個別・30分, 実技試験
釧路工業高等専門学校 総務課人事・給与係	①, ②, ③	1(1)	—	非公表	9人	書類審査, 教養試験, 事務能力試験, 適性検査, 小論文 6/6：個別・50分
弘前大学 総務部人事課	①, ②, ③	7(3)	—		141人	書類審査, 適性検査 一次選考 (7/20〜7/21)：個別・45分 二次選考 (8/3〜8/4)：個別・20分
秋田大学 人事課	①, ②, ③	3(2)	—		47人	書類審査 一次選考 (8/24〜8/29)：集団 二次選考 (9/5〜9/7)：個別
山形大学 総務部人事課	①, ②, ③	6 ※23	—	非公表	36人	書類審査 一次選考：集団 二次選考：個別
八戸工業高等専門学校 総務課職員係	①, ②, ③	2(1)	土木1(0)	専門学校	12人	**事務職員** 一次選考 (4/18)：書類選考 二次選考 (5/13)：教養試験, 適性検査, 小論文 三次選考 (5/26)：個別・20分 **技術職員（施設担当）** 一次選考 (8/2)：書類選考 二次選考 (8/24)：個別・20分, 専門試験（プレゼン）, WEB適性検査 ※24
茨城大学 総務部人事労務課	①, ②, ③	選考中		非公表		書類審査 一次選考 (10/26〜10/28)：個別・15分 二次選考 (11/13〜11/15)： 個別・20分, 適性検査
筑波大学 総務部人事課	②, ③	選考中			約230人	
埼玉大学 総務部人事課	②, ③	3(1)	—		約400人	書類審査 一次選考 (6/7〜6/8)：個別・25分 二次選考 (6/16)：個別・25分
千葉大学 総務部人事課 人材戦略係 ※25	①, ②, ③	未定	—	非公表	約150人 ※26	書類審査 **一般事務** 6/7〜6/21： 個別×複数回, 適性検査 ※27 **病院事務** 7/下〜8/上： 個別×複数回, 筆記試験, 小論文
	②	—	電気(未定), 機械(未定), 情報 1(0)			**技術系** 随時：個別, 書類選考
東京大学 本部人材育成課 職員採用チーム	①, ②			東北大, 筑波大, 群馬大, 千葉大, 東京大, 東京外国語大, 東京学芸大, 東京藝術大, 東京工業大, お茶の水女子大, 一橋大, 名古屋大, 京都大, 神戸大, 高知大, 九州大, 鹿児島大, 東京都立大, 大阪府立大, 獨協大, 青山学院大, 慶應義塾大, 国際基督教大, 上智大, 白百合女子大, 成蹊大, 専修大, 中央大, 津田塾大, 東洋大, 日本大, 日本女子大, 法政大, 明治大, 立教大, 早稲田大, 同志社大, 龍谷大, SOAS University of London, University of York, 西江大 ※過去5年		書類審査 一次選考 (6/3〜6/4)：個別 二次選考 (6/7〜6/19)：個別

※23：実際の採用人数ではなく募集人数
※24：WEB適性検査は二次選考までに実施
※25：その他，採用部署人事担当
※26：一般事務（社会人枠）6月実施の人数
※27：適性検査は最終面接前に実施

採用先担当部署	対象者	事　務	その他の職種	出身大学等	申込者数（全職種合計）	採用プロセス
東京医科歯科大学総務部人事企画課人材育成係	①、②、③	21(16)	—	東京学芸大，名古屋大，山口大，宮崎大，獨協大，上智大，清泉女子大，専修大，大東文化大，中央大，津田塾大，東京女子大，日本大，明治大，京都ノートルダム女子大	167人	適性テスト，メンタルテスト 一次選考（5/9～5/11）：書類選考 二次選考（5/17〈既卒〉）（6/6〈新卒〉）： 　　　　個別・20分 三次選考（5/24～5/30〈既卒〉） 　　　（6/14～6/16〈新卒〉）：個別・30分
東京外国語大学人事労務課人事労務係	①、② ※28	3 ※29	図書1 ※29		20人 ※30	書類審査 一次選考（4/30）（10/22〈予定〉）： 　　教養試験，適性試験 二次選考（5/15）（10/31，11/1〈予定〉）： 　　　　個別・30分 三次選考（5/24）（11/8〈予定〉）：個別・30分
東京工業大学人事課	①、②、③	18(11) ※31	化学1 ※31		約400人	書類審査，（職種により）総合適性検査 **事務系・情報系** 一次選考（5/29～6/7）：個別・約30分 二次選考（6/20～7/11）：個別・約30分
横浜国立大学総務企画部人事・労務課	①、②、③	2(1)	—		116人	書類審査 一次選考（5/29～6/1）：個別・30分 二次選考（6/7）：個別・20～30分
新潟大学総務部人事企画課	①、②、③	17(6)	—	非公表	約200人	書類審査，適性検査 一次選考（7/27～8/4） 二次選考（8/23～8/30）
長岡技術科学大学総務課人事労務室人事係	①、②	—	建築1(0)	非公表	1人	書類審査 9/13：個別・30分
上越教育大学総務課	①、②、③	3(1)	—		10人	一次選考（7/21～7/27）：書類選考 二次選考（8/8）：個別・30分
信州大学総務部人事課人事総務グループ	①、②、③	若干名 （予定）	若干名 （予定）			一次選考（11/上）：書類選考 二次選考（11/19）：筆記試験 三次選考（12/中～12/下）：個別・30分
放送大学学園総務部総務課人事係	①、②、③	1		非公表	37人	文部科学省文教団体職員採用試験 一次試験：筆記試験 一次選考（7/10～7/11）：個別・20分 二次選考（7/13）：個別・20分 三次選考（7/13）：個別・20分
高エネルギー加速器研究機構人事労務課人事第二係	②	—	電気，機械，化学，物理，電子・情報から3(1)		5人	書類審査 8/9：個別・20分
国立青少年教育振興機構総務部人事課人事企画係	①、②、③	16(9)		非公表	99人	書類審査，適性検査，レポート作成 一次選考（7/6～7/7）： 　　　　集団・30分，職員との懇談 二次選考（7/20～7/21）：個別・15分
国立科学博物館総務課人事・労務担当	②	数名程度			未定	書類審査 一次選考（10/18～10/23）： 　　　　個別・20分，プレゼン 二次選考（10/31）：個別・25分，プレゼン
物質・材料研究機構人材部門人事室	①、②、③	4(3)	—	非公表	約40人	書類審査 一次選考（6/13～6/16）：個別・30分 二次選考（6/30～7/5）：個別・30分
防災科学技術研究所総務部総務課	①、②		※32		72人	書類審査，適性検査 一次選考（6/15～6/16）：個別・30分 二次選考（6/26）：個別・30分
国立高等専門学校機構本部人事課人事係	①、②、③	2(2)	—	非公表	11人	書類審査，筆記試験，小論文 一次選考（6/28）：個別・30分 二次選考（7/10）：個別・45分
茨城工業高等専門学校総務課人事・労務係	①、②、③	2(1)	電気1，電子・情報1 ※33		40人	**事務**　一次選考：書類審査 　二次選考（6/3）：小論文，教養試験 　三次選考（6/22）：個別・30分 **技術職員（電子・情報）** 　一次選考：書類審査 　二次選考（7/5）：小論文，個別・30分 **技術職員（電気・建築）** 　一次選考：書類審査 　二次選考（6/26）：小論文，個別・30分
富山大学総務部人事課	①、②、③	7(2)	—	非公表	69人	書類審査 一次選考（8/4～8/6）： 　　個別・20分，適性試験・20分 二次選考（8/22，8/23）：個別・35分

※28：新卒者は図書採用のみ
※29：5月実施済みでは事務1人採用（うち女性0人），10月実施予定では事務2人，図書1人採用予定
※30：5月実施済みの回のみの数字
※31：選考中の試験あり。回答時点での採用予定人数
※32：実施したが採用者なし
※33：電子・情報は採用予定人数1人，選考の結果採用者なし

PART
2
こんな試験が行われる！

採用先 担当部署	対象者	職種別採用人数		出身大学等	申込者数（全職種合計）	採用プロセス
		事務	その他の職種			
金沢大学 総務部人事課 人事総務係	①. ②. ③	2	機械1	非公表	53人	書類審査 一次選考（6/5, 6/14, 8/21）： 個別・15分, 小論文・30分程度 二次選考（6/20, 7/5, 8/31）： 個別・20分, WEB適性検査
福井大学 総務部人事労務課	①. ②（卒業後3年以内）	4(4)	機械1(0)	非公表	95人	書類審査 一次選考（4/24～5/7）：適性検査 二次選考（6/2～6/7）：個別 三次選考（6/17～6/21）：個別
東海国立大学機構 総務部人事企画課	①. ②. ③	13(7)	建築2(1)	非公表	92人	一次選考（6/27～6/30）：書類選考 二次選考（7/1～7/5）：AI面接 三次選考（8/3～8/7）：個別・20分
静岡大学 総務部人事課 人事係	①. ②. ③	3(2)	―	非公表	約60人	一次選考（8/3～8/7）：書類選考 二次選考（8/9～8/11）：AI面接 最終選考（8/25, 9/15）：個別
名古屋工業大学 人事課	①. ②	7(5)		非公表	約160人	書類審査, 適性検査 一次選考（5/15～5/16）：集団 二次選考（6/5～6/6）：個別
沼津工業高等専門学校 総務課人事係	①. ②. ③	―	電子・情報1(0)		1人	書類審査, 小論文, 適性検査, 専門試験 4/25：個別・30分
豊田工業高等専門学校 総務課人事労務係	①. ②. ③	2(予定)	―		15人 ※34	6月試験で実施：書類審査, 教養試験, 適性検査, 小論文
滋賀大学 人事労務係	①. ②	5(3)		非公表	約40人	一次選考（8/1）：書類選考 二次選考（8/9）：個別 三次選考（8/30～8/31）：個別
滋賀医科大学 人事課人事係	②. ③	3(0)	―	非公表	57人	書類審査, 適性検査 ※35 一次選考（7/8）：討論・60分 二次選考（7/22）：個別・25分 三次選考（8/7）：個別・30分
京都工芸繊維大学 人事労務課 人事企画係	②	1(1)		非公表	約40人	書類審査, 筆記試験（大卒程度）, 事務適性検査, 職場適性検査 一次選考（8/2～8/3）：個別・30分 二次選考（8/21～8/22）：個別・40分
大阪大学 人事課人事計画係	①. ②. ③	非公表		非公表	非公表	書類審査, 適性検査 ※36 一次選考：討論 二次選考：個別 三次選考：個別
大阪教育大学 総務部人事課 人事係	①. ②	2(1)	―	非公表	227人	書類審査 一次選考（8/4～8/10）：個別・15分 二次選考（8/22～8/23）：個別・20分
神戸大学 総務部人事課	②. ③	5(2)		非公表	約40人	書類審査, 筆記試験 一次選考（5/13）：集団, 討論 二次選考（5/22）：個別, 適性検査
奈良先端科学技術大学院大学 人事課職員係	①. ②. ③	選考中				SPI適性検査 一次選考（11/15～11/21）：書類選考 二次選考（12/11～12/12）：個別・25分 三次選考（12/17）：個別・25分
京都国立近代美術館 国立美術館本部事務局 総務企画課人事担当係	①. ②. ③	1(0)				書類審査 一次選考：個別 二次選考：個別
舞鶴工業高等専門学校 総務課人事総務係	①. ②				12人	書類審査 6/27：個別・25分, 筆記試験
明石工業高等専門学校 総務課総務・人事チーム	①. ②. ③	1(1)	電気1(1)	非公表	31人	書類審査, 教養試験, 適性検査, 小論文 ※37 7/4：個別・30分
島根大学 総務部人事労務課	①. ②. ③	7(4)	―	非公表	46人	書類審査 一次選考（8/7～8/10）： 個別・15分, 討論・30分 二次選考（8/21～8/22）：個別・20分
広島大学 財務・総務室人事部 人事グループ	①. ②	5(2)		非公表	136人	書類審査, 適性検査 ※38 一次選考（6/1～6/3）：個別・25分 二次選考（6/14～6/17）：個別・25分 三次選考（6/26～6/27）：個別・25分
山口大学 総務企画部人事課 人事総務係	①. ②. ③	26(17)	―		98人	書類審査 一次選考（6/5～6/6）：集団, 討論, 適性検査 二次選考（6/20～6/23）：個別

※34：6月実施の人数。10月以降も実施予定
※35：一次選考通過者に適性検査を実施
※36：一次選考後から三次選考までの間のどこかで適性検査を実施
※37：教養試験, 適性検査, 小論文は最終面接前に実施
※38：適性検査は一次選考の後に, 一次選考合格者を対象に実施

採用先 担当部署	対象者	職種別採用人数		出身大学等	申込者数 (全職種 合計)	採用プロセス
		事　務	その他 の職種			
高知大学 人事課人事管理係	①. ②. ③	6(4)	—	岡山大，高知大，高知工科大，大妻女子大	約65人	書類審査 一次選考（6/21～6/23）：個別・30分 二次選考（7/5）：個別・30分
呉工業高等専門学校 総務課人事係	①. ②	1(1)	—	非公表	4人	一次選考（5/下）：書類選考 二次選考（6/3）：教養試験，小論文 三次選考（6/9）：個別・30分
宇部工業高等専門学校 総務課人事係	②	—	電気1	非公表	1人	書類審査，適性検査 6/21：個別・30分，筆記試験，小論文
新居浜工業高等専門学校 総務課人事係	①. ②. ③	1	—	非公表	約40人	一次選考（5/14）：教養試験，適性検査，小論文 二次選考（6/2）：個別・30分
弓削商船高等専門学校 総務課人事係	①. ②. ③	—	電気，機械のどちらかで1	※39		一次選考（10/16）：書類選考 二次選考（11/中〈予定〉）：小論文 三次選考（11/下〈予定〉）：個別
九州大学 人事部人事企画課	①. ②. ③	10(5)	機械1(0)，建築1(0)	筑波大，広島大，九州大，長崎大，立教大，同志社大，西南学院大，福岡大，福岡工業大，熊本保健科学大	約240人	一次選考（4/14～4/24）：書類選考 二次選考（5/28，6/1）：集団・45分 三次選考（6/12～6/14）：個別・15分
佐賀大学 総務部人事課	①. ②. ③	—	電気1(未定)，機械1(未定)，建築1(未定)		未定	書類審査 一次選考（未定）：個別
熊本大学 総務部人事課	①. ②	4(2)	—	九州大院，北九州市立大，熊本学園大	284人	書類審査 一次選考（5/17～5/18）：集団・30分 二次選考（5/26）：個別・20分
宮崎大学 人事課人事係	③ ※40	3(2)	—	非公表	6人	一次選考（6/3）：筆記試験 二次選考（7/6）：個別・20分
鹿児島大学 総務部人事課	①. ②	3	電気1			
鹿屋体育大学 総務課人事係	②. ③	—	電気1	非公表	2人	書類審査 6/15～6/23：個別・20分
鹿児島工業高等専門学校 総務課人事係	③	1(1)	—	大分大	3人	一次選考：書類選考 二次選考（6/3）：一般教養，小論文 三次選考（6/13）：個別・30分

※39：公募中のため未定（10/4時点）
※40：有期契約職員を含む

●独自試験を実施したが，採用者がいなかった法人等
中国・四国　広島商船高等専門学校

●独自試験の実施を予定（計画）している，または実施が未定の国立大学法人等
東北　秋田工業高等専門学校（10月2日時点で実施を検討中）
関東甲信越　東京学芸大学，人間文化研究機構（10月3日時点で実施が未定）
東海・北陸　核融合科学研究所（10月4日時点で実施予定）
近畿　奈良先端科学技術大学院大学（10月11日時点で実施を検討中〈施設系技術職員〉）
九州　都城工業高等専門学校（9月19日時点で実施予定）

PART
2
こんな試験が行われる！

東北大学・事務 (3年度)

●エントリーシート提出
《項目》あなたが自らチャレンジした経験を教えてください（800字まで）／あなたが本学を志望した動機と本気で挑戦したいことを教えてください（800字まで）

●適性検査 (SPI〈Webテスティング〉)

〈一次選考〉

●集団討論 (結論の発表を含めて40分：オンライン，受験者5人)
《テーマ》教室に私物やごみを放置する学生に対してどのような策をとるか

●個別面接 (40分：オンライン，面接官2人)
《質問内容》志望動機と自己PRを1分で／学生時代に力を入れたことを3点・各項目についての深掘り（困難とそれへの対応，行動のきっかけなど）／リーダーの役割を担った経験・その中での困難，それを乗り越えるための工夫や思い・意見の対立にどう対応したか／併願状況，勤務開始可能日／志望部署／どんな部署でも抵抗はないか

※「学生時代に力を入れたこと」についてかなり深掘りされるため，入念な自己分析が必要。

〈二次選考〉

●最終面接 (30分：オンライン，面接官5人)
《質問内容》志望動機／趣味／組織の中でどのような役割を果たすか／今後身につけたいスキルとその理由・そう思ったきっかけ／失敗経験／今までで一番の失敗・それをどう乗り越えたか／東北大について最近気になったニュースとその理由／研究内容について詳しく／併願状況

東京大学・事務 (3年度)

●エントリーシート提出
《項目》あなたが働くうえで大切にしたいことと，その理由をこれまでの経験を踏まえて具体的に教えてください（300字）／困難に直面したとき，あなたはどのように対応してきましたか。具体的なエピソードを踏まえて教えてください（300字）／資格等について

●適性検査：SPI〈Webテスティング〉

●面接参考資料提出
《項目》研究テーマ／志望動機／希望業務／自己PR／趣味・特技／得意なスポーツ／サークル・部活動／アルバイト／ボランティア／選考状況

〈一次選考〉

●個別面接 (20分：オンライン，面接官2人)
《質問内容》1分程度で自己紹介／希望部署の理由／○○という課題について，解決策の提案／業務の中で困難に直面したらどうするか／国立大学の課題／困難をどのように乗り越えたか／人と付き合う中で心掛けていること／今後高めたいスキル／併願状況

※希望部署や関心のある分野について，問題解決型の提案を求められた。

〈二次選考〉

●個別面接 (15分：オンライン，面接官4人)
《質問内容》1分程度で自己紹介／面接参考資料の記入内容について（取組みのきっかけなど深掘り）／東大の魅力／研究についての詳細／希望部署以外に関心のある業務

東京工業大学・事務 (2年度)

●エントリーシート提出
《項目》趣味・特技／外国語／パソコン・情報処理／ボランティア活動／志望動機／自己PR／今まで最も力を入れたこと，そこから得たもの／今後の大学職員に求められる役割や使命を踏まえ，採用後に取り組みたいこと

〈一次選考〉

●個別面接 (20分：面接官3人)
《質問内容》本学に来たことがあるか。どんな印象を持ったか／志望動機と自己PRを2分でまとめて話して／あなたの強みを具体的に本学の業務にどう活かせるか／国立大学に通っているようだが，職員とかかわることはあったか／どんな職員になりたいか／集団の中でどんな役割か。友人からどんな性格だと言われるか／学生時代に力を入れたこと。大変だったエピソード／趣味の詳細

福井大学・事務（3年度）

●エントリーシート提出
《項目》学生時代に一番力を注いだこと／自分の特長／志望理由書（600字以上）
※郵送で提出。志望理由書はパソコンで作成可。履歴書を兼ねたエントリーシートは手書きだった。

〈一次選考〉
●適性検査（SPI〈Webテスティング〉）

〈二次選考〉
●個別面接（30分：オンライン，面接官2人）
《質問内容》福井の印象とその理由／志望動機・福井大の魅力／併願状況／希望部署／失敗談・学びと克服法／欠点／友人からはどんな人だと言われるか／最後に言い残したこと（ここまででアピールできていないことがあれば）

京都大学・事務（4年度）

〈一次選考〉
●論文
A4 1枚で，自分の人生を映画化するに当たってのタイトル，見どころ，あらすじをまとめる。文字，絵，写真も使用可だった。

〈二次選考〉
●集団討論
《テーマ》少子化の中，京都大学が今後取り組むべきこと。
※自分で考える時間（5分）→集団討論（20分），発表はなし。

●集団面接（受験者8人，面接官3人）
《質問内容》志望動機／集団討論で共感できない意見はあったか。その理由／苦手な人とその理由
※一次選考の合格結果通知時に，集団面接，集団討論の希望日時アンケートに答える。その数日後に二次選考日決定のメールが来た。全体としては1時間程度だが，初めに待ち時間があった。
　集団討論を行い，そのまま面接へ入った。深掘りはされない。京都大学の現状だけでなく，大学業界全体の問題なども見ておくと討論しやすい。集団討論のときは，タイムキーパーなどを決めるよう言われなかったが，決めておくと自分たちが楽だとも思う。

大阪大学・事務（3年度）

●プレエントリーシート提出
《項目》趣味・特技／クラブ・サークル／最近関心を持ったこと／大阪大学の職員を志望する理由

●エントリーシート提出
《内容》10年後・20年後など，それぞれの段階で，大阪大学職員として貢献できることや大阪大学職員になって実現したいことなどについて，スペース内に自由に自己PRしてください。

●面接調書提出
《項目》就活の軸／希望部署とその理由／大学職員として働くうえで大切にしたいこと

〈一次選考〉
●集団面接（25分：オンライン，受験者3人，面接官2人）
《質問内容》自己紹介／コロナ禍で大切にしていること・大切だと思ったこと／自分の意見が受け入れられなかったときの対応／完全オンラインの生活と完全オフラインの生活，どちらがいいか
※エントリーシートや面接調書の内容にはまったく触れず，対応力を見ているという印象。

●グループワーク
《テーマ》10万円の定額給付金を再配布するか否か
※初めに賛否のどちらかを表明し，意見を述べる。その後，指名された人が全体の意見をまとめ，補足したい人は挙手して発言する。

●適性検査（SPI〈テストセンター〉）
※言語，非言語のほかに英語もあった。

〈二次選考〉
●個別面接（20分：面接官4人）
《質問内容》選考状況／なぜ大学職員か／なぜ阪大か／研究内容について／強みの例として挙げた経験について詳細に／（やってみたいと答えた部署に関して）仕事のイメージ・その部署でやってみたいこと／集団で仕事をするとき気をつけたいこと／周りからどんな人だと言われるか／ストレス解消法／集団でやり遂げた経験／希望しない業務でも大丈夫か

岡山大学・事務 （3年度）

〈一次選考〉

●エントリーシート提出

《項目》就職活動を行ううえで重要視していることはなんですか。また，それを踏まえて，なぜ岡山大学を志望するのか，就職先として岡山大学に興味を持ったきっかけも含めて教えてください（500～600字）／あなたがこれまでに周囲の人たちと協力して何かに取り組んだエピソードを教えてください。また，あなたはそのことにより何を得ることができましたか（500～600字）／あなた自身を表す単語を3つ以内で書き，それを解説してください（500～600字）

●適性検査 （SPI〈Web テスティング〉）

〈二次選考〉

●個別面接 （20分：オンライン，面接官3～4人）

《質問内容》志望動機・なぜ旧帝大より岡山大学か，などの深掘り質問／岡山との縁はあるか／チームで頑張った経験／研究について／岡山大学の○○に関する取組みを知っているか・あなたならどんな取組みをするか／何か言い残したことがあれば

※面接官は比較的職階が高い職員のように見受けられた。面接は和やかな雰囲気で，入職後志望する業務に関しての提案が求められる。すでに行われている取組みを踏まえ，具体的な提案ができるかがカギだと感じた。

広島大学・事務 （3年度）

●エントリーシート提出

《項目》広島大学職員を志望した理由（400字以内）／広島大学職員として中期的（10年後程度），長期的（20年後程度）に実現したいことや貢献できることをそれぞれ記述してください（600字まで）

九州大学・事務 （5年度）

〈一次選考〉

●集団面接 （30分：受験者3人，面接官3人）

《質問内容》昨晩の夕食／最近おもしろかったこと／最近腹立たしかったこと／退職理由／大学の魅力／自分より優秀ではない人が高給をもらっていることに対してどう対応するか／趣味／質疑応答

※終始和やかな雰囲気だった。答えたくない質問には答えなくてよいという指示があった。控え室ではグループごとに分けられ，待機するよう指示があった。

国立青少年教育振興機構 （3年度）

●論文提出 （メールで提出）

《テーマ》ウィズコロナ，アフターコロナ時代における青少年教育が抱える課題と今後の青少年教育のあり方（800字以内）

●適性試験 （テストセンターでの受験または自宅でWeb受験）

※C-GAB（47分：計数29題，言語32題，英語24題）。テストセンターと呼ばれる会場受験型の検査には，SPI，SCOA，C-GAB等のさまざまな種類があると理解しておくべきだった。

●性格検査 （自宅にて事前にパーソナリティ受験）

〈一次選考〉

●若手職員との懇談 （30分：オンライン，受験者3人，職員2人）

《質問内容》職員からの質問内容：自己紹介／最近あった楽しい出来事

※上記以外は与えられたテーマの中から選んで受験者が職員へ質問し，回答する形式だった。

●集団面接 （30分：オンライン，受験者3人，面接官3人）

《質問内容》志望動機／どんな仕事がしたいか／これまでの職務経歴の中で自分の企画が通った経験／子どもに主体的に活動してもらうために必要な取組みは何か

〈二次選考〉

●個別面接 （20分：オンライン，面接官5～6人）

《質問内容》機構の施設を利用したことはあるか／施設を見学してみて，改善点はあるか／ストレス対処法／自分のアイデアを実現した経験／これまでの職歴・活動経歴の中での反省点／座右の銘／課題を抱えた青少年と接した経験

PART 3

過去問を解いてみよう！

国 立大学法人等職員採用試験（統一試験）の一次試験では，五肢択一式の教養試験が実施されている。公務員併願者にとっては，見慣れた出題形式，出題内容だが，本番の試験でどのような問題が出題されているのかを把握するのと同時に，実際に解いてみて，実力をチェックしよう。また，公務員試験の地方上級（都道府県，政令指定都市）や市役所上級と類似した問題も多く出題されているので，教養試験の対策としては，それらの過去問にも目を通しておくとよいだろう。

注1：教養試験の出題傾向のページに掲載している出題内訳表は，受験者からの情報をもとに作成したものです。したがって，No.や出題内容が実際とは異なっている場合があります。なお，出題内訳表のNo.が太字になっているものは，本誌に過去問を掲載しています。

注2：掲載している過去問は，受験者からの情報をもとに再現したものです。したがって，出題内容や文章表現が実際とは異なっている場合があります。また，＜改題＞としている問題は，出題された当時のデータを現在の最新のデータに置き換えている問題です。

74 過去問の活用法・出題内訳表	158 文学・芸術
77 政　　治	161 数　　学
83 法　　律	167 物　　理
95 経　　済	173 化　　学
107 社　　会	179 生　　物
119 地　　理	191 地　　学
131 世　界　史	197 判断推理
143 日　本　史	235 数的推理
155 思　　想	258 資料解釈

過去問の活用法

国立大学法人等職員採用試験の教養試験の概要はPART 2で解説しているので，よく読んで特徴をつかんでおいてほしい。ここでは，過去問の活用法を解説しよう。

皆さんも，大学入試等では過去問を使って学習したのではないだろうか。国立大学法人等職員採用試験でも，過去問を押さえることは「必須」である。出題科目が多いので，全科目を満遍なく学習していたのでは到底時間が足りない。「出るところ」をしっかり把握して，そこを重点的に押さえよう。反対に，あまり出ていないテーマはさっと流すというような，メリハリのある学習が大切だ。令和元年度以降の出題内訳表を掲載したので，科目ごとの出題テーマを把握してほしい（科目の分類は編集部による）。

また，過去問に当たりながら，実際の試験の難易度を把握することも必要だ。そのテーマについて，「どの程度掘り下げた学習をすればよいか」ということも，過去問研究で見えてくる。さらに，過去問を解いて「自分はどこが苦手なのか」を把握するのも試験対策の一つ。苦手科目・テーマは，なるべくなら早目に克服したいところだが，苦手なまま本番を迎えてしまうケースもあるだろう。試験本番は時間との勝負なので，パッと見て，「これは無理だ」と思ったら，深追いせずにほかの問題にじっくり時間をかけるほうが得策だ。

なお，国立大学法人等職員採用試験の過去問は数問の出題例を除いて公開されていない。本書に掲載している過去問は，受験者が提供してくれた情報をもとに「復元」したものだ。そして，今のところ，国立大学法人等職員採用試験の過去問を掲載しているのは本書だけ。読者の皆さんは，ここに掲載されている過去問をしっかりマスターすれば，それだけで一歩リードすることが可能なのだ。とにかく1問でも多く過去問に当たって，合格を勝ち取ろう！

右の5年度～元年度の出題内訳表のNo.が太字の問題は，77ページ以降に過去問を掲載しています。

5年度　教養試験出題内訳

択一式（40問必須解答，120分）

No.	科目	出題内容
1	政治	国際連合（総会，安全保障理事会，国際司法裁判所等）
2	法律	ジェンダーと法（憲法の性差別禁止，男女雇用機会均等法等）
3		国会（内閣総理大臣の指名，不逮捕特権，議院規則・懲罰等）
4	経済	市場の適切な資源配分の達成
5		物価（コストプッシュインフレ，消費者物価等）
6	社会	日本の医療（国民医療費，マイナンバーカードと健康保険証等）
7		日本のエネルギー（化石エネルギー，水素とアンモニア等）
8	地理	貿易の国際機関（WTO，RCEP協定，CPTPP等）
9		河川と海岸の小地形（扇状地，自然堤防，河岸段丘等）
10	世界史	イギリスの産業革命（農業革命，奴隷貿易，工場法等）
11		1930年代の各国の政治（独，伊，ソ，中，米）
12	日本史	明治維新（廃藩置県，徴兵令，地租改正，学制等）
13		第二次世界大戦後の日米関係（財閥解体，安保条約，沖縄返還等）
14	思想	仏教（平等思想，一切皆苦，諸行無常，大乗仏教，小乗仏教等）
15	数学	絶対値を含む関数のグラフ
16	物理	おもりのつり合い
17	化学	さまざまな気体（窒素，ヘリウム，硫化水素，メタン等）
18	生物	ヒトの染色体（染色体数，常染色体，性染色体等）
19		生態系（外来生物，熱帯林，赤潮，海洋プラスチック）
20	地学	太陽系の天体（公転，水星，木星，小惑星等）
21	文章理解	現代文（要旨把握，現在・過去・未来と時間）
22		現代文（要旨把握，私たちが真理とみなしているもの）
23		現代文（要旨把握，私たちの世界の見方）
24		英文（要旨把握，イングランドのサッカー報道）
25		英文（要旨把握，臓器移植）
26		英文（要旨把握，北極地方）
27		英文（内容把握，考古学）
28	判断推理	命題（5本の映画を見たかどうかの質問）
29		順序関係（5人によるマラソンの順位とタイム）
30		対応関係（6人によるプレゼント交換）
31		操作の手順（4人が取った球の色）
32		移動・回転・軌跡（ベルトで回転する歯車の模様）
33		平面構成（正三角形をつなげた紙片で作る図形）
34		立体の切断（立方体が内接する球の切断面）
35		立体構成（4個のサイコロの目）
36	数的推理	確率（サイコロの目の和が10になる確率）
37		覆面算（掛け算が成立するときの和の最大値）
38		速さ・距離・時間（2つの列車の速さと長さ）
39		平均（反復横跳びの測定値の平均とクラスの人数）
40	資料解釈	建設業者の受注件数，請負契約費とその割合（グラフ）

4年度　教養試験出題内訳

No.	科目	出題内容
		択一式（40問必須解答，120分）
1	政　治	衆議院・参議院の選挙制度（重複立候補，合区，特定枠等）
2	法　律	経済的自由権（職業選択の自由，居住，移転の自由，私有財産等）
3		内閣（国務大臣の任命，裁判官の任命，行政権の行使等）
4	経　済	日本銀行と金融政策（発券銀行，量的金融緩和政策等）
5		予算（予算委員会，一般会計予算，補正予算等）
6	社　会	公的年金制度（対象，財源，保険料の納付の猶予等）
7		日本の研究開発（研究開発費，産学連携，博士号新規取得者等）
8	地　理	オーストラリアの産業（農業，鉱業，繊維産業，観光等）
9		日本の気候（気温の南北差，やませ，冬の積雪，台風等）
10	世界史	ラテンアメリカ史（価格革命，モンロー宣言，キューバ革命等）
11		第二次世界大戦（独，仏，英，米，日の状況）
12	日本史	江戸幕府の支配体制（外様大名，参勤交代，直轄地，蝦夷地等）
13		高度経済成長期（GNP，貿易収支，55年体制，食料自給率等）
14	文学・芸術	日本の古典文学（太平記，方丈記，土佐日記，更級日記，源氏物語）
15	数　学	二次関数の最大値（三角形の面積が最大となる座標）
16	物　理	等加速度運動（小球の鉛直方向への投げ上げ）（空欄補充）
17	化　学	酸と塩基（水溶液の酸性と塩基性）（空欄補充）
18	生　物	呼吸（ミトコンドリア，ATP，呼吸基質，グルコース等）
19		ヒトの血液（赤血球，ヘモグロビン，有害物質の分解等）
20	地　学	地震（P波・S波の到達時間・震源からの距離と発生時刻）
21		現代文（要旨把握，近代の芸術）
22		現代文（要旨把握，他者の共感と理解）
23		現代文（要旨把握，建てることおよび住むことのエネルギー）
24	文章理解	英文（要旨把握，18世紀後半におけるイギリス人の中国観）
25		英文（要旨把握，スポーツ選手）
26		英文（要旨把握，ロンブローゾによる犯罪学）
27		英文（要旨把握，倫理学教育の効果に関する実験）
28		発言推理（5人の年齢）
29		位置関係（バスの乗客の座席）
30	判断推理	数量相互の関係（配られなかったカードの数字の和）
31		操作の手順（商店での4種類の物品の交換）
32		平面構成（五角形内の四角形の個数）
33		展開図（立方体の一部を取り除いた図形の展開図）
34	数的推理	三角形（正方形の内部の線分の長さ）
35	判断推理	立体図形（正八面体に内接する立方体）
36		数の計算（4枚のカードの数字で作る3ケタの数の和）
37	数的推理	素因数分解（2つの整数の積）
38		仕事算（2つのポンプによる給水）
39		数量問題（委員長選挙での3人の候補の得票数）
40	資料解釈	世界のGDP総額と3国が占める割合（グラフ）

3年度　教養試験出題内訳

No.	科目	出題内容
		択一式（40問必須解答，120分）
1	政　治	アメリカの政治制度（議会解散権，勝者総取り方式，副大統領等）
2	法　律	表現の自由（検閲，誹謗中傷，報道，ビラの配布，集会）
3		日本の裁判所（司法権の独立等）
4	経　済	GDP（定義，2010年代の支出内訳，名目GDPの国際比較等）
5		為替レート（円高・円安，輸出入等）（空欄補充）
6	社　会	日本の社会保障財政（社会保障費，年金等）
7		日本の食料や農水産業（食料自給率等）
8	地　理	多民族国家（マレーシア，ベルギー，アメリカ，カナダ等）
9		プレートの運動と境界（アフリカ大地溝帯，北米西岸の断層等）
10	世界史	18世紀後半～19世紀の清代中国の藩部や周辺諸国
11		冷戦終結後の東欧社会主義圏の解体（ベルリンの壁崩壊，CIS等）
12	日本史	日本の貨幣史（富本銭，宋銭，撰銭，三貨制度，松方財政等）
13		戦間期の日本（五・一五事件，天皇機関説，国家総動員法，大政翼賛会等）
14	文学・芸術	19世紀の西洋画家（ダヴィド，ゴヤ，ミレー，ゴッホ等）
15	数　学	$6-\sqrt{15}$ の整数部分と小数部分（空欄補充）
16	物　理	波の干渉（波長，振動数）（計算）（空欄補充）
17	化　学	メタンとエチレンの化学反応（計算）
18	生　物	窒素の役割（窒素固定等）
19		生体防御（マクロファージ，抗体，適応免疫等）
20	地　学	フェーン現象（潜熱，山を吹き下りる空気塊の温度変化等）
21		現代文（要旨把握，引用について）
22		現代文（要旨把握，小説の語り手の役割）
23		現代文（要旨把握，経済・金融）
24	文章理解	英文（要旨把握，美術史家と歴史）
25		英文（要旨把握，アメリカの所得格差）
26		英文（要旨把握，古代の時間調整）
27		英文（要旨把握，チンギス・ハンについて）
28		命題（昆虫採集で捕まえた昆虫の種類）
29		対応関係（4人が注文したピザと配達されたピザの種類）
30		数量相互の関係（3人によるじゃんけん）
31	判断推理	対応関係（スイッチと照明）
32		立体構成（4つの立方体とちょうつがいでできる立体）
33		立体の切断（正三角錐を切断したときの断面）
34		軌跡（正方形内部の点Pの可動範囲）
35		立体構成（4つの球を真上から見たときの接点を示した図）
36		条件付き確率（陽性と判定された人が正陽性である確率）
37	数的推理	整数問題（サイコロの目の積と和）
38		濃度（500gの食塩水の濃度）
39		速さ・距離・時間（列車の追い越しにかかる時間）
40	資料解釈	2017～18年の製品の売上推移（グラフ，実数値，構成比，増減率）

PART 3 過去問を解いてみよう！

2年度　教養試験出題内訳

No.	科目	出題内容
1	政　治	現代アメリカの政治思想（ロールズ，サンデル，ノージック）
2	法　律	憲法14条１項の法の下の平等
3		衆議院の解散
4	経　済	デジタル・プラットフォーム（限界費用，補完財等）
5		日本，アメリカ，中国の貿易
6	社　会	日本の教育政策（小学校の学習指導要領改訂，給付型奨学金等）
7		日本の雇用情勢（非正規雇用，障害者雇用，特定技能等）
8	地　理	東南アジアの地誌（宗教，GNI，農産物等）
9		緯度による気候の変化（偏西風，貿易風，気候等）
10	世界史	第一次世界大戦時の各国の動向（アメリカ，日本，イギリス等）
11		第二次世界大戦後の中東情勢
12	日本史	室町時代の出来事（半済令，外交関係，一揆，応仁の乱等）
13		1990年代の日本の政権（自民党政権～民主党政権）
14	文学・芸術	西洋近代の音楽家（ベートーヴェン，ショパン，ドビュッシー等）
15	数　学	三角関数
16	物　理	直流回路（３点を流れる電流の大きさの関係）
17	化　学	イオン化傾向
18	生　物	無性生殖と有性生殖
19		淡水魚の浸透圧
20	地　学	火山（ハワイ諸島，千島列島，エベレスト，富士山，阿蘇山）
21	文章理解	現代文（要旨把握，近代西欧の人類学）
22		現代文（要旨把握，行動経済学の特徴）
23		現代文（空欄補充，ナショナリズムについて）
24		英文（要旨把握，認知におけるグルーピング）
25		英文（要旨把握，歴史書と自伝の比較）
26		英文（要旨把握，慣習の合理性）
27		英文（要旨把握，大学の使用済み教科書の販売）
28	判断推理	命題（眼鏡，マスク，腕時計をしている人とその性別）
29		対応関係（５枚のカードの表裏を塗り分け）
30		位置関係（動物園のオリの区分け）
31		数量推理（ゲームの勝敗）
32		投影図（小立方体を貼り合わせて作られた立体を北西から見た図）
33		道順（４地点のうち２点を通る最短経路）
34		立体の切断（２つの円錐を組み合わせた立体の断面図）
35	数的推理	速さと三平方（アリと水たまり）
36		素数（１～９までの自然数A，B，Cの和）
37		商と余り（トラックが貨物を輸送する回数の差）
38		ニュートン算（貯水槽の注水と排水）
39		つるかめ算（予約販売したケーキの個数）
40	資料解釈	ある港の貿易動向（グラフ）

元年度　教養試験出題内訳

No.	科目	出題内容
1	政　治	日本および周辺諸国の安全保障
2	法　律	自由権（信教の自由，学問の自由，居住・移転の自由等）
3		国会（会期，国務大臣の出席，女性議員比率，衆議院の優越等）
4	経　済	金融市場（金利，直接・間接金融，長期・短期金融市場等）
5		財政（資源配分機能，自動安定化装置，プライマリー・バランス等）
6	社　会	ヨーロッパ情勢（イギリスのEU離脱，分離独立，難民，EPA等）
7		第４次産業革命（AI，IoTの発達，SNS等）
8	地　理	エネルギー政策（石油，石炭，天然ガス，原発，再生可能エネルギー）
9		海岸地形（三角江，河岸段丘，三角州，フィヨルド，リアス海岸）
10	世界史	18世紀の大西洋三角貿易（ヨーロッパ・アフリカ・南北アメリカ）
11		1970年代以降のアメリカ（ニクソン，レーガン，ブッシュ，オバマ）
12	日本史	奈良時代から明治時代までの土地制度と農業
13		戦後改革（極東国際軍事裁判，公職追放，日本国憲法制定，婦人参政権等）
14	思　想	明治・大正時代の思想家（内村鑑三，幸徳秋水，中江兆民，福沢諭吉，吉野作造）
15	数　学	指数と対数
16	物　理	摩擦がある斜面上の物体の運動
17	化　学	さまざまな金属の性質
18	生　物	ヒトのDNA
19		植物の光合成
20	地　学	月の運動と満ち欠け
21	文章理解	現代文（要旨把握，旅に関して）
22		現代文（要旨把握，自然科学的世界像）
23		現代文（内容把握，ニュートン力学）
24		英文（要旨把握，生物の大量絶滅と炭素量）
25		英文（要旨把握，中国の庶民と反体制活動家）
26		英文（要旨把握，人口増加と生活水準）
27		英文（内容把握，訪れる場所についての調査）
28	判断推理	対応関係（伝言ゲーム）
29		試合の勝敗（テニスのトーナメント）
30		位置関係（本棚の本の配置）
31		対応関係（イベントの参加状況）
32		立体構成（正六角形を折ってつるしたときの床からの高さ）
33		平面構成（辺の長さの比）
34		立体の回転・切断（直円錐の回転体の断面）
35	数的推理	順列（図形の塗り分け）
36		連立方程式（２つの整数の和）
37		商と余り（鉛筆と消しゴムの余りの差）
38		比・割合（早押しクイズの正解率）
39		ダイヤグラム（AとBの距離変化を表すグラフ）
40	資料解釈	児童数と教員数の推移（グラフ）

国際連合（国連）に関する次の記述のうち，妥当なものはどれか。

1　総会は，全加盟国によって構成され，国連憲章で定められた範囲内の問題を対象としている。総会は，決議に基づいて勧告を行うが，この勧告に法的拘束力はない。

2　安全保障理事会は，常任理事国と非常任理事国で構成される。軍事的措置をとるかどうかといった実質事項については，常任理事国と非常任理事国を合わせた全理事国の過半数で決定される。

3　国際司法裁判所は，国際紛争を国際法に基づいて解決するための機関である。国際紛争の一方の当事国が国際司法裁判所に提訴した場合，もう一方の当事国は裁判に参加しなければならない。

4　国連の予算は加盟国の分担金で賄われている。分担金の額や比率は加盟各国の経済力をもとに決定されており，支払能力に応じた額となるため，これまで滞納したことのある国は発展途上国の一部に限られている。

5　国連が地球規模の課題に取り組んでいる例として，2015年の国連サミットにおける「持続可能な開発目標（SDGs）」の採択がある。SDGsは地球環境問題に関する目標であり，「気候変動対策」と「生態系の保護」という2つの項目からなる。

解説

1．妥当である。国際連合において，総会は，国際社会のさまざまな問題に関する勧告を行うが，一般に，この勧告に法的拘束力はない。ただし，国連の機構の内部活動に関係する事項，具体的には，予算の承認，分担金，国連機関における選挙，安全保障理事会の勧告に基づく加盟国の承認に関する決議については，拘束力がある。なお，総会は，すべての国際連合加盟国で構成され，1国1票の表決権を持ち，重要事項は3分の2以上，通常は過半数で議決される。

2．国際連合において，安全保障理事会は，常任理事国5か国と非常任理事国10か国で構成され，平和と安全の諸問題に対する決議を行い，この決定には法的拘束力がある。その議決については，9か国以上の賛成が必要である。ただし，制裁や軍事的措置などの実質事項については，常任理事国（アメリカ，イギリス，フランス，ロシア，中国）に拒否権が認められている。

3．国際司法裁判所（ICJ）における裁判は，訴えられた国が裁判の開始に同意することによって管轄権が成立する。つまり，訴える側による単独での提訴の段階では，訴えらえた側に参加の義務はない。

4．国連の加盟分担金は，分担金の額や比率は加盟各国の経済力をもとに決定されているが，これまで滞納した国の中には，アメリカなども含まれる。

5．「持続可能な開発目標（SDGs）」は2015年9月25日に国連総会で採択されたが，この中には，環境問題だけでなく，貧困や飢餓の解決，健康，福祉，教育，ジェンダーの平等などを含む17の国際目標が含まれる。また，169の達成基準と232の指標が定められている。

正答　1

問題研究

　国際連合やその機関などについての知識を問う問題は繰り返し出題されている。総会，安全保障理事会，国際司法裁判所，事務局，経済社会理事会，専門機関などの仕組みに加え，近年の動向についての理解と，連邦議会と大統領の関係，さらに大統領選挙や連邦議会選挙の結果などについての知識を身につけておくことが求められる。

PART 3 過去問を解いてみよう！

　衆議院の選挙制度では小選挙区比例代表並立制が，参議院の選挙制度では選挙区選挙と比例代表選挙を組み合わせた制度が採用されている。これらに関する次の記述のうち妥当なものはどれか。

1　衆議院の比例代表選挙は，全国を11のブロックに分けて行われる。小選挙区の立候補者が比例代表の名簿登録者になる重複立候補が認められている。

2　参議院の選挙区選挙は，原則として都道府県を単位として実施されている。また，どの選挙区においても大選挙区制が採られており，1回の選挙で複数人の議員が選出される。

3　参議院の比例代表選挙では，各政党等の候補者名簿に順位を付さない非拘束名簿式が採られており，名簿に記載された者のうち，個人で得票した数が多い者から順に当選する。そのため，各政党等が，優先して当選させたい候補者を指定することはできない仕組みになっている。

4　日本では，諸外国に比べて女性の議員数が少ないことが指摘されている。その問題に対応するため，衆議院と参議院の比例代表選挙では，候補者名簿に登録する候補者のうち3名以上を女性にすることを各政党に義務付けるクォーター制が導入されている。

5　衆議院の小選挙区選挙，参議院の選挙区選挙のいずれにおいても，選挙区の人口や議員定数の違いから，1票の価値に不平等が生じている。近年では，それらの最大の格差は，衆議院の小選挙区選挙の方が参議院の選挙区選挙よりも大きい。

解説

1．妥当である。衆議院選挙では，重複立候補が認められているため，小選挙区で落選した議員が比例代表において復活当選することができる。ただし，そのためには，法定得票率以上を獲得しなければならない。

2．参議院の選挙区選挙は，原則として都道府県を単位として実施されてきたが，2016年の選挙から「鳥取県と島根県」，「徳島県と高知県」がそれぞれ1つの選挙区となる，いわゆる「合区」が導入された。また，それぞれの選挙区の定数は2〜12名であり，3年ごとに半数が改選されるため，1回の選挙あたりの定数は1〜6名である。大選挙区は，2名以上が当選する制度であるが，「どの選挙区においても」という記述は誤りである。定数1の「一人区」も存在する。

3．参議院選挙の比例代表選挙において，非拘束名簿式が導入されている点は正しいが，「特定枠」が導入されている。特定枠は，この非拘束名簿と切り離し，各政党等が「優先的に当選人となるべき候補者」に順位をつけた名簿を作成し，その候補者を個人名の得票に関係なく名簿の順に当選を決める仕組みである。

4．国会議員の中に占める女性議員の割合は，増加傾向にあるものの，諸外国と比較すると少ない。それを踏まえ，2018年（平成30年）に「政治分野における男女共同参画の推進に関する法律」が施行されたが，女性候補者の数や割合を義務付けるものではない。

5．各選挙区における有権者の数と当選者の数についての「一票の格差」は，衆議院の小選挙区より，参議院の選挙区のほうが大きい傾向がある。たとえば，2021年の衆議院選挙については2.08倍であるのに対して，2022年の参議院選挙については，3.032倍である。

正答　1

問題研究

　国会議員の選挙をはじめとした選挙制度は頻出分野の一つである。特に，衆議院と参議院それぞれの選挙制度の概要，制度の変更，一票の格差を巡る裁判などについての近年の動向などについての論点を押さえながら知識を整理しておく必要がある。

アメリカの政治制度

アメリカの政治制度に関する次の記述のうち，妥当なものはどれか。

1 厳格な三権分立の下，特に，連邦議会と大統領は互いに抑制と均衡の関係にある。連邦議会が大統領に対する不信任決議を行うことができる一方，大統領は，それに対抗して連邦議会を解散することができる。

2 連邦議会は，上院と下院の2院からなる。下院議員が国民の直接選挙によって選出される一方，上院議員は各州の議会において議員の互選によって選出されるため，上院議員は州議会議員を兼ねる。

3 大統領は，各州の有権者から選ばれた大統領選挙人によって選出される。大統領選挙人を選ぶ一般投票では，最も多くの票を獲得した大統領候補者の側に大統領選挙人全員を割り当てる方式を採用している州がほとんどである。

4 大統領の下で行政を担う公務員については，政治的意図により民間から人材を登用することが禁止されている。主要な役割を担う上級の公務員は，各省において実施される競争試験によって採用され，長年にわたって行政を担ってきた官僚から選出される。

5 大統領は，自らを補佐する副大統領を任命する。副大統領は，大統領の辞任や死亡などの際に大統領の職務を一時的に代行するが，正式な大統領となることはできず，その職務を行うのは，臨時の大統領選挙が終わるまでに限られる。

解説

1．厳格な三権分立の下，議会と大統領が抑制と均衡の関係にある点は正しい。一方，連邦議会は大統領に対する不信任決議権を持たず，大統領は連邦議会の解散権を持たない。ただし，大統領が特定の犯罪に関与した場合には，弾劾の手続きにより罷免される旨が憲法に定められている。なお，実際に弾劾による罷免に至った例はない。

2．連邦議会は，上院（元老院）と下院（代議院）によって成り立つ二院制である。両院の議員とも，国民・有権者による直接選挙によって選出される。なお，下院の議席数が各州の人口に比例するのに対して，上院議員は，各州の人口にかかわらず一律2名ずつである。

3．妥当である。まず，大統領選挙人は，あらかじめ，自らどの大統領候補に投票するかを明らかにしている。大統領選挙人を選ぶ一般投票では，ほとんどの州で，最も多くの票を獲得した大統領候補者の側がその州の大統領選挙人のすべてを獲得する。これは，勝者総取り方式（ウィナー・テイク・オール）と呼ばれる。

4．アメリカの公務員制度については，公開競争試験における資格任用制（メリット・システム）が導入されているものの，主要な役職については，大統領による政治的な任用が多く行われている。かつては，さらに多くの公務員が政治的に任用されており，このような制度は，猟官制（スポイルズ・システム）と呼ばれた。なお，公務員の民間からの登用は多く行われている。

5．辞任，死亡などによって大統領が欠けた場合，副大統領が昇任し，正式な大統領に就任する。よって，「正式な大統領となることはできず」「臨時の大統領選挙」などの記述は誤りである。

正答　3

問題研究

　アメリカの大統領制についての知識を問う問題は繰り返し出題されている。厳格な三権分立が採用されていることを中心とした制度全体についての理解と，連邦議会と大統領の関係，さらに大統領選挙や連邦議会選挙の結果などについての知識を身につけておくことが求められる。

リベラリズム，コミュニタリアニズム，リバタリアニズムの政治哲学に基づく思想の概要の記述ア～ウについて，それぞれの立場からその思想を主張した人物名の組合せとして妥当なものはどれか。

ア　平等な自由の原理を前提にしながら，不平等が生じる際には，機会が均等に与えられた結果であること，さらに，最も不遇な人の利益を最大化することを満たすべきであるとする正義の原理を提唱した。

イ　歴史的，文化的な背景を前提とする共同体の中の自己という認識を重視する視点により，共同体にとっての善である共通善を重視する立場から，自らの主張を展開した。

ウ　平等より個々人の自由を尊重すべきであるとしつつ，国家権力による課税や福祉政策などを通じた個人の権利への介入を否定し，国家の権限は最小限に限定されるべきであると主張した。

	ア	イ	ウ
1	ロールズ	サンデル	ノージック
2	ロールズ	ノージック	サンデル
3	ノージック	ロールズ	サンデル
4	ノージック	サンデル	ロールズ
5	サンデル	ロールズ	ノージック

解説

ア：リベラリズム（自由主義）の立場に立つロールズの思想である。彼は，功利主義に基づく正義論を乗り越えるために，社会契約説を再構成した。彼は，自らの将来のことがわからない「無知のヴェール」の下での「原初状態」を想定し，2つの柱を持つ正義の原理を提唱した。第1原理は，平等な自由の原理であり，第2原理は，公正な機会均等の原理と，不遇な人の利益を最大化する格差の原理である。

イ：コミュニタリアニズム（共同体主義）を代表する政治哲学者であるサンデルの思想である。彼は，ロールズの正義の原理について，属する共同体の存在を軽んじた「負荷なき自我（自己）」を前提にしていると批判した。そのうえで，各自が共同体の一員としての自分を自覚し，共同体にとっての共通善を重視した。

ウ：個々人の自由を重視し，国家権力を最小限にすべきであるとするリバタリアニズム（自由至上主義）を代表するノージックの思想である。彼は，財産権などを重視する立場から福祉国家を批判した。

よって，アは「ロールズ」，イは「サンデル」，ウは「ノージック」であるから，正答は1である。

正答　1

問題研究

政治分野では，社会契約説をはじめとした政治思想がたびたび出題されているが，令和2年度には，現代アメリカの政治思想についての知識が問われた。それぞれの学説について，既存の説をどのように批判したか，主張の中心的な内容は何かなどの視点に基づき，整理し，理解しておくことが求められる。

No.5 政治 日本および周辺諸国の安全保障 令和元年度

わが国および周辺諸国の安全保障に関する次の記述のうち，妥当なものはどれか。

1　平和安全法制により，わが国と密接な関係にある他国に対する武力攻撃が発生し，これによりわが国の存立が脅かされ，国民の生命，自由および幸福追求の権利が根底から覆される明白な危険がある場合には，自衛の措置のための実力行使ができることになった。

2　そのまま放置すればわが国に対する直接の武力攻撃に至るおそれのある事態等，わが国の平和および安全に重要な影響を与える事態に際し，在日米軍への後方支援を可能とする法律が成立したものの，中国や韓国からの強い反対を受け，2018年までの間，施行には至らなかった。

3　オスプレイは，ヘリコプターのような垂直離着陸機能と固定翼機の長所である速さや長い航続距離という両者の利点を持ち合わせた航空機とされるが，墜落事故が相次ぎ，基地の周辺住民の反発もあったことから，2015年に日本政府はアメリカ政府に対して配備の中止を申し入れた。

4　日本とロシアの間には北方領土問題などの懸案事項があることから，平和条約の締結に向けた交渉は難航していたが，2018年に行われた首脳会談において領土交渉がまとまったことを受けて，平和条約締結の期限について合意が成立した。

5　核兵器の保有を宣言した北朝鮮とアメリカは，史上初の首脳会談を行ったことを皮切りに両国間における協議が開始され，2回目の首脳会談において北朝鮮側が核兵器の完全非核化に合意し，2019年初めには朝鮮半島の非核化が実現した。

解説

1．妥当である。自衛の措置としての「武力の行使」のための「新三要件」として定められたのは，「わが国に対する武力攻撃が発生したこと，またはわが国と密接な関係にある他国に対する武力攻撃が発生し，これによりわが国の存立が脅かされ，国民の生命，自由および幸福追求の権利が根底から覆される明白な危険があること」「これを排除し，わが国の存立を全うし，国民を守るために他に適当な手段がないこと」「必要最小限度の実力行使にとどまるべきこと」である。

2．重要影響事態に際してわが国の平和および安全を確保するための措置に関する法律（重要影響事態安全確保法）は，2016年3月に施行された。

3．日本政府がアメリカ政府に対してオスプレイの配備の中止を申し入れた事実はない。なお，日本は，2015年から順次同機の購入を進めている。

4．2018年の日露首脳会談において，1956年の日ソ共同宣言を基礎に平和条約問題の交渉を活性化することで合意したものの，同会談において領土交渉がまとまり，平和条約締結の期限について合意が成立したという事実はない。

5．アメリカのトランプ大統領と北朝鮮最高指導者の金正恩は，2018年6月12日にシンガポールで史上初の首脳会談を行った。その後，2019年2月に2回目の米朝首脳会談がベトナムのハノイで開催された。さらに同年6月には，板門店においても両首脳は会談した。朝鮮半島の非核化が主要なテーマの一つとなったが，両者の隔たりは大きく，非核化の実現には至らなかった。

正答　1

問題研究

平和安全法制についての知識は，引き続き問われるものと考えられる。国際情勢の動きと併せて，安全保障を巡る情勢や，近年の国際会議や首脳会談において主要なテーマとなった事項を整理しておく必要がある。

PART 3　過去問を解いてみよう！

日本の選挙制度に関する次の記述のうち，妥当なものはどれか。

1　衆議院議員総選挙において採用されているのは，小選挙区比例代表並立制であり，立候補者は，小選挙区と比例代表の両方の選挙に重複して立候補することはできない。

2　参議院議員通常選挙において採用されているのは，選挙区制と比例代表制であり，そのうち，選挙区制については，都道府県をいくつかの選挙区に分け，各区から2名または3名の議員が選出される。

3　各都道府県議会において議員を選出する選挙については，原則として，比例代表制が採用されている。

4　公職選挙法において，インターネットにおける選挙活動が認められており，各立候補者は，SNSやホームページを開設して，情報を発信するとともに，有権者に対して投票を促すことができる。

5　国外に住む日本人の有権者は，衆議院議員選挙および参議院議員選挙ならびに地方議会議員選挙のいずれにおいても投票することができない。

解説

1．衆議院選挙において採用されているのは，小選挙区比例代表並立制である。立候補者は，全国を11ブロックに分けた比例代表選挙と，小選挙区における選挙に重複して立候補できる。小選挙区で落選した場合でも，法定得票率（10%）以上の得票を得ていれば，復活当選できる。その要件は，届け出た名簿に記載された順位が上位であること，順位が同一の場合は，惜敗率が高いことである。なお，各政党が立候補者にあらかじめ順位を付した名簿を届け出て，有権者が政党名を投票用紙に記入することによって投票する仕組みを「拘束名簿式」という。

2．参議院選挙において採用されているのは，1回の選挙において，原則として都道府県ごとに1～6名を選出する選挙区選挙と，全国を1区とする比例代表選挙である。ただし，「鳥取・島根」「高知・徳島」については，「合区」が行われ，それぞれ2県が1つの選挙区とされた。衆議院と異なり，重複立候補はできない。また，各政党が，立候補者に順位を付さない名簿を届け出て，有権者が個人名か政党名のいずれかを投票用紙に記入することによって投票する「非拘束名簿式」が採用されている。個人名と政党名の投票が合算されて政党の得票となり，個人得票が多い者から順に当選者とされる。

3．都道府県議会議員選挙では，有権者が各立候補者個人に投票し，上位の者を当選させる制度が採用されており，比例代表制が採用されているというのは誤りである。

4．妥当である。2013年に行われた公職選挙法の改正により，インターネットを活用した選挙制度が解禁された。各候補者は，ブログ，SNS，ホームページを利用した選挙運動を展開している。

5．海外に住む日本人有権者は，在外公館における投票，帰国による投票などによって，国政選挙において投票することはできるが，地方議会議員選挙については投票できない。なお，国政選挙において投票できるようになった背景として，最高裁判所が，在外投票が認められていなかった公職選挙法の規定を憲法違反であると判断したことが挙げられる。

正答　4

問題研究

　　国と地方の選挙制度，特に，衆議院選挙と参議院選挙については，制度の具体的な内容，近年の動向なども踏まえて，知識を整理しておく必要がある。選挙権年齢の20歳から18歳への引下げ，インターネットを活用した選挙運動の解禁，衆参の定数の変動などの出題が予想される。

ジェンダーと法

ジェンダーと法に関する次の記述のうち，妥当なものはどれか。

1　憲法は性別による差別を禁止するとともに，婚姻および家族に関する事項については，法律が個人の尊厳と両性の本質的平等に立脚して制定されなければならないと定めている。

2　民法は夫婦が同一の氏を称することを求めているが，最高裁判所は近年，女性が氏を変更することが多い点で実質的に不平等であり違憲であるという判決を出したため，国は選択的夫婦別姓制度を導入する準備を進めている。

3　刑法は18歳以上の女性に暴行または脅迫を用いて性交等をした者を強制性交等罪で罰することを定めており，男性を強制性交等罪の保護の対象としていない。また，18歳未満の女性に対する性交等は同意があっても強制性交等罪が適用される。

4　日本では同性婚は認められていないが，性的マイノリティの権利保護のため，パートナーシップ制度を創設する法律が定められている。この制度では，同性カップルについても法律婚の夫婦と同じ地位が認められている。

5　男女雇用機会均等法は，労働者の採用や昇進について，性別を理由とする差別を禁止しているが，国は現在，この法律に，妊娠や出産を理由とした女性労働者への不利益な取扱いを禁止する規定を加えることを検討している。

解説

1．妥当である（憲法14条1項，24条2項）。

2．民法は夫婦が同一の氏を称することを定めている（民法750条）。しかし，最高裁判所は民法750条につき違憲判決を出しておらず，合憲としている（最大決令3・6・23）ので，誤り。

3．本試験時点では，以下の内容で誤り。刑法は「13歳」以上の「者」に暴行または脅迫を用いて性交等をした者を強制性交等罪で罰することを定めており，男性も強制性交等罪の保護の対象としている。「13歳」歳未満の者に対する性交等は同意があっても強制性交等罪が適用される（当時の刑法177条）。ただし，令和5年7月に改正刑法が施行されて，現在では，不同意性交等罪と刑名および内容が改められ，性交等の同意年齢も16歳に変わった（刑法177条）ことに注意。

4．日本では同性婚は認められておらず，パートナーシップ制度を創設する法律は定められていない。なお，各地方公共団体が条例で同制度を創設している例は多数ある。

5．男女雇用機会均等法は，労働者の採用や昇進について，性別を理由とする差別を禁止している（雇用の分野における男女の均等な機会及び待遇の確保等に関する法律5条，6条1号）。さらに，妊娠や出産を理由とした女性労働者への不利益な取扱いを禁止する規定もある（同9条）。

正答　1

問題研究

　本問は，時事的話題であるジェンダーと法に関して，憲法その他の法律の基本的な知識を問う問題である。性差別禁止，両性の本質的平等という憲法条文の知識で容易に正答を導くことができる。その他，最高裁判所の合憲判決，刑法と労働法の条文内容など，いずれも基本的な知識である。肢4などは，社会常識レベルといっても過言ではない。憲法の条文・判例の基本知識の重要性が再確認できる問題である。

国会

国会に関する次の記述のうち，妥当なものはどれか。

1　国会による内閣総理大臣の指名は，衆参両院の全議員で組織される両院協議会での議決によって行われる。

2　国会議員は，不逮捕特権を有しており，院外の現行犯の場合を除くと，任期中は国会の会期中であるか閉会中であるかにかかわらず逮捕されない。

3　国会の会議には常会，臨時会，特別会があるが，このうち臨時会の召集は内閣が決定するもので，議員が召集を要求することは憲法上認められていない。

4　衆議院と参議院はそれぞれ，議院の会議その他の手続や内部の規律に関する規則を定めることができ，また，院内の秩序を乱した議員を懲罰することができる。

5　国会は憲法改正を発議する権限を持つが，憲法改正案の原案に対して衆議院と参議院のそれぞれで総議員の過半数の賛成が得られれば，憲法改正が発議される。

解説

1．国会による内閣総理大臣の指名は，衆参両院それぞれで行われる（憲法67条1項前段）。ただし，衆議院と参議院とが異なった指名の議決をした場合に，法律の定めるところにより，両議院の協議会を開いても意見が一致しないときは，衆議院の議決を国会の議決とする（同条2項）。なお，両院協議会は，各議院において選挙された，おのおの10人の委員で組織される（国会法89条）ので，衆参両院の全議員で組織されるとする点も誤り。

2．国会議員は，不逮捕特権を有しており，①院外における現行犯罪の場合と，②所属する議院の許諾がある場合を除くと，任期中は国会の会期中に限り逮捕されない（憲法50条，国会法33条）。

3．国会の会議には常会，臨時会，特別会がある（憲法52条，53条，54条1項，国会法1条3項カッコ書参照）。しかし，臨時会の召集は内閣が自ら決定する場合と，いずれかの議院の総議員の4分の1以上の要求により決定しなければならない場合がある（憲法53条）。議員が召集を要求することも，憲法上認められている。

4．妥当である。両議院は，おのおのその会議その他の手続および内部の規律に関する規則を定め，また，院内の秩序を乱した議員を懲罰することができる（憲法58条2項本文）。ただし，議員を除名するには，出席議員の3分の2以上の多数による議決を必要とする（同条項ただし書）。

5．国会は憲法改正を発議する権限を持つが，憲法改正案の原案に対して衆議院と参議院のそれぞれで総議員の過半数ではなく「3分の2以上」の賛成が得られれば，憲法改正が発議される（憲法96条1項前段）。

正答　4

問題研究

　本問は，国会に関して，各議院の規則制定権，議員懲罰権などの権能を中心に，憲法条文の基本的な知識を問う問題である。いずれも過去の公務員試験で繰り返し問われている条文の知識が素材となっているので，比較的容易に，4を正答と導くことができる。対策としては，憲法の分野が最頻出である以上，できれば専門試験の憲法の過去問題集を1冊用意し，過去問の演習をしておくことをおすすめしたい。

憲法で保障されている経済的自由権に関する次の記述のうち，妥当なもののみをすべて挙げているのはどれか。

ア　職業選択の自由に対しては，公共の福祉によるさまざまな規制が課されており，規制の種類として，一定の職業を行うには行政庁の許可を要する許可制，ある職業に就くことができる者を一定の有資格者に限る資格制などがある。

イ　居住，移転の自由は，近代社会までは，知的な接触の機会を得るための自由として精神的自由と考えられてきたが，現代では，資本主義経済の基礎的条件として経済的自由の性格もあわせて有していると考えられている。

ウ　地方公共団体は，法律の範囲内で条例を制定することができるだけであるから，財産権の内容を，条例で定めることはできない。

エ　私有財産を公共のために収用または制限することができるが，その場合には正当な補償をしなければならない。

1　ア，イ　　　2　ア，ウ　　　3　ア，エ
4　イ，ウ　　　5　イ，エ

解説

ア：妥当である。何人も，公共の福祉に反しない限り，居住，移転および職業選択の自由を有する（憲法22条1項）。規制の種類として，許可制（風俗営業，飲食業等）や資格制（医師弁護士等）などがある。

イ：近代と現代の説明が逆である。居住，移転の自由は，近代社会までは，資本主義経済の基礎的条件として経済的自由と考えられてきたが，現代では，知的な接触の機会を得るための自由として精神的自由の性格もあわせて有していると考えられている。

ウ：前半は正しいが，後半が誤り。地方公共団体は，その財産を管理し，事務を処理し，および行政を執行する権能を有し，法律の範囲内で条例を制定することができる（憲法94条）。財産権の内容は，公共の福祉に適合するように，法律でこれを定める（29条2項）。29条2項の「法律」には条例も含むと解されている（奈良県ため池条例事件：最大判昭38・6・26参照）。したがって，財産権の内容を，条例で定めることもできる。

エ：妥当である。私有財産は，正当な補償の下に，これを公共のために用いることができる（憲法29条3項）。

　よって，妥当なものはアとエであり，正答は3である。

正答　3

PART
3
過去問を解いてみよう！

問題研究

　憲法22条および29条に規定する経済的自由権に関する基本的な知識を問う問題である。いずれも基礎的な内容であり，条文および通説・判例の理解と暗記によって容易に正誤判断が可能である。イ以外であれば，いわゆる社会常識でも正答を導くことができる。憲法は頻出なので，テキストで，通説・判例の結論など，基本的な内容を正確に押さえておこう。

内閣

日本国憲法上の内閣に関する次の記述のうち，妥当なものはどれか。

1　内閣総理大臣は，国務大臣の過半数を国会議員の中から選ばなければならないとされているので，国会議員以外の者から国務大臣を選ぶこともできる。

2　内閣は，最高裁判所の長官以外の裁判官や下級裁判所の裁判官を任命する権限を持ち，また，罷免の訴追を受けた裁判官を裁判するために弾劾裁判所を設置する権限も持つ。

3　内閣は，憲法および法律の規定を実施するために，政令を制定する権限を持ち，また，緊急時であれば，法律の委任なしに，法律と同等の効力を有する緊急命令を制定することができる。

4　内閣総理大臣は，行政権の行使について，国会に対して単独で責任を負い，その他の国務大臣は，その所掌事務について，内閣総理大臣に対して連帯責任を負う。

5　内閣は，法律の定める基準に従い官吏に関する事務を掌理するが，ここでいう官吏には，地方公務員も含まれる。

解説

1．妥当である。内閣総理大臣は，国務大臣を任命する。ただし，その過半数は，国会議員の中から選ばれなければならない（憲法68条1項）。この過半数の要件を満たしていれば，国会議員以外の者から国務大臣を選ぶことも許される。

2．前半は正しい。最高裁判所は，その長たる裁判官および法律の定める員数のその他の裁判官でこれを構成し，その長たる裁判官以外の裁判官は，内閣でこれを任命する（憲法79条1項）。また，下級裁判所の裁判官は，最高裁判所の指名した者の名簿によって，内閣でこれを任命する（80条1項前段）。なお，天皇は，内閣の指名に基づいて，最高裁判所の長たる裁判官を任命する（6条2項）から，最高裁判所の長官の任命は，天皇の国事行為である。しかし，後半が誤り。国会は，罷免の訴追を受けた裁判官を裁判するため，両議院の議員で組織する弾劾裁判所を設ける（64条1項）。したがって，罷免の訴追を受けた裁判官を裁判するために弾劾裁判所を設置するのは，内閣ではなく国会の権限である。

3．前半は正しい。内閣は，憲法および法律の規定を実施するために，政令を制定することができる（憲法73条6号本文）。しかし，緊急時であっても，法律の委任なしに，法律と同等の効力を有する緊急命令（明治憲法8条，9条参照）を制定することは許されないので，後半は誤り。

4．内閣は，行政権の行使について，国会に対し連帯して責任を負う（憲法66条3項）。本肢のように，内閣総理大臣が，行政権の行使について国会に対して単独責任を負うなどとは規定されていない。

5．前半は正しい。内閣は，法律の定める基準に従い，官吏に関する事務を掌理する（憲法73条4号）。しかし，ここでいう「官吏」は，国の行政権の活動に従事する公務員をさすので，地方公務員は含まれない。よって後半は誤り。

正答　1

問題研究

　本問は，内閣に関して，裁判官の任命権，政令の制定権などの権限を中心に，憲法条文の基本的な知識を問う問題である。いずれも過去の公務員試験で繰り返し問われている条文の知識が素材となっているので，比較的容易に，1を正答と導くことができるレベルである。

表現の自由に関する次の記述のうち，妥当なものはどれか。

1　検閲は禁止されているが，例外的に，名誉毀損やプライバシーを侵害する内容が含まれている出版物については，都道府県警察が事前に差し止めることができる。

2　インターネット上の表現に対しても表現の自由は保障されるが，名誉毀損や誹謗中傷などがあった場合，その被害者は，プロバイダに対して発信者の情報開示を請求することができる。

3　表現の自由が保障されているため，報道機関の報道内容を規制する法律は存在せず，たとえば，少年犯罪の被疑者の実名を非公開としているのは報道機関の自主規制によるものにすぎない。

4　ビラの配布は誰もが容易に利用できる表現手段であるから，政治的主張を行うビラのポスティングのためにマンション敷地内に入った者に対して，住居侵入罪が適用されることはない。

5　公園などの公共の場所での集会の自由は，憲法で保障されているので，集会の主催者に対して，事前の届出を求めることは憲法に違反する。

解説

1．判例は，検閲がその性質上表現の自由に対する最も厳しい制約となるものであることにかんがみ，公共の福祉を理由とする例外をも認めない絶対的な禁止を宣言した趣旨と解すべきであるとしたうえで，憲法21条2項にいう「検閲」とは，行政権が主体となって，思想内容等の表現物を対象とし，その全部または一部の発表の禁止を目的として，対象とされる一定の表現物につき網羅的一般的に，発表前にその内容を審査したうえ，不適当と認めるものの発表を禁止するものをさすとする（最大判昭59・12・12）。したがって，出版物について，都道府県警察が事前に差し止めることは許されない。

2．妥当である。「特定電気通信役務提供者の損害賠償責任の制限及び発信者情報の開示に関する法律」（プロバイダ責任制限法）4条1項参照。

3．報道機関の報道内容を規制する法律はあり，たとえば少年犯罪の被疑者の実名を非公開としているのは，報道機関の自主規制によるものではなく少年法61条の推知報道の禁止規定による。

4．判例は，「被告人が立ち入った場所は，マンションの住人らが私的生活を営む場所である住宅の共用部分であり，その所有者によって構成される管理組合がそのような場所として管理していたもので，一般に人が自由に出入りすることのできる場所ではない。たとえ表現の自由の行使のためとはいっても，そこに管理組合の意思に反して立ち入ることは，管理組合の管理権を侵害するのみならず，そこで私的生活を営む者の私生活の平穏を侵害するものといわざるをえない。したがって，本件立入り行為をもって住居侵入罪に問うことは，憲法21条1項に違反するものではない」とする（最判平21・11・30）。

5．公園などの公共の場所での集会に際して，事前に届出を求めることは合憲と解されている。

正答　2

問題研究

　表現の自由に関する基本的な論点を問う問題である。いずれも基本的な内容であり，判例・通説の理解・暗記によって容易に正誤判断が可能である。2・3は，いわゆる社会常識でも正答を導くことができるであろう。各人のテキストで，判例・通説の結論など，基本的な内容を正確に押さえておこう。

日本の裁判所

日本の裁判所に関する次の記述のうち，妥当なものはどれか。

1　司法権の独立には，司法権が立法権と行政権から独立していることと，裁判をするに際して，裁判官が独立して職権を行使することの2つの意味がある。

2　最高裁判所は，大法廷または小法廷で審理および裁判をするが，裁判書には，各裁判官の意見を表示する必要はない。

3　裁判所が，裁判官の全員一致で，公の秩序または善良の風俗を害するおそれがあると決した場合には，判決を公開しないで行うことができる。

4　裁判所は，具体的な争訟事件が提起されなくても，将来を予想して，憲法およびその他の法律命令等の解釈に対し存在する疑義論争に関して，抽象的な判断を下す権限を行うことができる。

5　裁判員制度による裁判員は，裁判の事実の認定のみに関与し，法令の適用や刑の量定には関与しない。

解説

1．妥当である。すべて裁判官は，その良心に従い独立してその職権を行い，この憲法および法律にのみ拘束される（憲法76条3項）。したがって，裁判官の職権の独立も司法権の独立の一内容となっている。

2．最高裁判所は，大法廷または小法廷で審理および裁判をするので（裁判所法9条1項），前半は正しい。しかし，裁判書には，各裁判官の意見を表示しなければならないので（同11条），後半が誤り。

3．裁判の対審および判決は，公開法廷でこれを行う（憲法82条1項）。裁判所が，裁判官の全員一致で，公の秩序または善良の風俗を害するおそれがあると決した場合には，「対審」は，公開しないでこれを行うことができる（同条2項本文）。したがって，対審は公開しないで行うことができるが，判決は必ず公開しなければならない。

4．判例は，裁判所は，具体的な争訟事件が提起されないのに将来を予想して憲法およびその他の法律命令等の解釈に対し存在する疑義論争に関し，抽象的な判断を下す権限を行いうるものではないとする（最大判昭27・10・8）。

5．裁判員の参加する刑事裁判に関する法律（裁判員法）6条1項は，裁判員の関与する判断は，①事実の認定，②法令の適用，③刑の量定について，構成裁判官および裁判員の合議によるとする。

正答　1

問題研究

　本問は，日本の裁判所に関して，司法権の独立の意味から，憲法条文や憲法判例の知識，さらに裁判所法や裁判員法の条文内容まで，広く問う問題である。ただし，いずれも過去の公務員試験で繰り返し問われている基本的な知識が素材となっているので，比較的容易に正答を導くことができるレベルになっている。対策としては，専門試験の過去問演習をしておくことが最も効果的である。

憲法14条1項は「すべて国民は，法の下に平等であって，人種，信条，性別，社会的身分又は門地により，政治的，経済的又は社会的関係において，差別されない」と規定している。この法の下の平等に関するア～オの記述のうち，妥当なもののみをすべて挙げているのはどれか。ただし，争いのあるものは判例・通説の見解による。

ア　「法の下に平等」とは，法の内容も平等原則に従って定立されなければならないとする法内容の平等も意味する。

イ　取扱いに差異が設けられている事項と事実的・実質的な差異との関係が，合理的である限り，その区別は平等原則に違反しない。

ウ　「人種，信条，性別，社会的身分又は門地」という憲法14条1項後段の規定は，差別が禁止される事項を限定的に列挙したものである。

エ　積極的差別解消措置は，平等原則に違反する。

オ　尊属殺重罰や非嫡出子の法定相続分に関する規定は違憲である。

1　ア，イ，エ
2　ア，イ，オ
3　ア，ウ，オ
4　イ，ウ，エ
5　ウ，エ，オ

解説

ア：妥当である。通説の法内容平等説（立法者拘束説）である。

イ：妥当である。通説は合理的な区別を認める。

ウ：憲法14条1項後段の規定は，禁止される事項を限定的ではなく，例示的に列挙したものとする例示列挙説が通説である。

エ：積極的差別解消措置とは，歴史的に差別を受けてきた者に対して特別枠を設けて優先的な処遇を与えるものであるが，それが逆差別とならない限りは，合理的区別として容認されている。たとえば，女性に対する大学入学や雇用などについての特別な措置がその例である。

オ：妥当である。最高裁判所は違憲と判示している（尊属殺人重罰につき，最大判昭48・4・4。非嫡出子の法定相続分につき，最大決平25・9・4）。

よって，妥当なものはア，イ，オであるから，正答は2である。

正答　2

問題研究

　本問は，憲法14条1項に規定されている「法の下の平等」に関して，基本的な論点と，重要な判例を問う問題である。ア～ウまでは，通常の基本書に必ず書かれている基本的な論点であり，通説的な理解・暗記によって容易に正誤判断が可能である。エは，従来あまり問われていないレベルの論点ではあるが，選択肢の絞り込みにより，正答を導くことができる。オのみ，判例の結論，すなわち違憲判決（決定）を問うものであるが，どちらも極めて有名な判例である。憲法では，このような論点問題の出題が多いのが大きな特徴であるので，基本書で，通説・判例の結論など，基本的な内容を正確に押さえておこう。

PART 3　過去問を解いてみよう！

衆議院の解散

衆議院の解散に関する次の記述のうち，妥当なものはどれか。ただし，争いのあるものは通説の見解による。

1 憲法には，内閣のみが衆議院の解散権を有すると明文で規定されている。

2 衆議院の解散は，衆議院で不信任の決議案を可決し，または信任の決議案を否決したときという内閣不信任決議のほかは，予算案や法律案が国会で否決されたときにのみ行われるという慣行が定着している。

3 内閣が解散権を行使する場合以外に，衆議院は，解散決議によって自主的・自律的に解散することができる。

4 国会法には，参議院議員の通常選挙の前の一定期間内は，内閣は，衆議院を解散することはできないと規定されている。

5 衆議院が解散されたときは，参議院は同時に閉会となるが，内閣は，国に緊急の必要があるときは参議院の緊急集会を求めることができる。

解説

1．憲法には，内閣が衆議院の解散権を有するとする明文の規定は存在しない。7条3号が，天皇の国事行為の1つとして衆議院の解散を，69条が，内閣不信任決議の場合の解散を規定しているにすぎない。

2．衆議院の解散が，衆議院における内閣不信任決議のほかは，予算案や法律案が国会で否決されたときにのみ行われるという慣行はない。

3．衆議院が解散決議によって自主的に解散することができるとする自律解散については，多数者の意思によって，少数者の議員の地位が剥奪されることになり，解散制度が元来議会と内閣との間の抑制・均衡の確保にあることから，明文の規定がない限り，認められないとする否定説が通説である。

4．国会法に，参議院議員の通常選挙の前の一定期間内は，内閣は，衆議院を解散することはできないとする規定はない。

5．妥当である。「衆議院が解散されたときは，参議院は，同時に閉会となる。但し，内閣は，国に緊急の必要があるときは，参議院の緊急集会を求めることができる」（憲法54条2項）。なお，緊急集会において採られた措置は，臨時のものであって，次の国会開会の後10日以内に衆議院の同意がない場合には，その効力を失う（同条3項）。

正答 5

問題研究

本問は，衆議院の解散に関して，憲法や国会法の条文内容，および衆議院解散権の実質的所在の論点などを広く問う問題である。1，2，4は明らかに条文規定や事実に反する内容であり，正答となる5が，憲法の基本的な条文内容をストレートに問うものであるので，正答を導くことは容易である。これに対し，3のような論点の問題は要注意である。この衆議院自律解散の可否のほか，解散が行われる場合（69条非限定説），内閣説の根拠（7条説，制度説等）などが争われている。なお，統治機構では，ほかに，憲法81条の違憲審査権の法的性格（付随的審査制説，抽象的審査制説）などの論点が問われやすく，特に注意が必要である。

日本国憲法上の自由権に関する次の記述のうち，妥当なものはどれか。

1　信教の自由として個人の自由な信仰が保障されているが，信教の自由を確保するための制度的保障の定めはないため，特定の宗教団体が国から特権を受けることや，国が宗教的活動を行うことが認められている。

2　学問の自由の内容として，学問研究の自由や研究発表の自由が保障されている。これらを制度的に保障するために大学の自治も保障されており，大学は教員の人事や施設の管理などについて自主的に決定することができる。

3　居住・移転の自由が保障されており，また，外国移住の自由も保障されているが，外国に移住した日本国民がその国の国籍を取得し，日本国籍を離脱することは許されない。

4　職業選択の自由は，国民の生命・健康に対する危険を防止するために制約を受けることはあるが，福祉国家の理念に基づき，社会的・経済的弱者を保護するために制約を受けることはない。

5　財産権は，土地利用規制など，公共の福祉のために制約を受けるが，国が道路建設などのために土地収用を行うことはできない。

解説

1．憲法は，「いかなる宗教団体も，国から特権を受け，又は政治上の権力を行使してはならない」（憲法20条1項後段），「国及びその機関は，宗教教育その他いかなる宗教的活動もしてはならない」（同条3項）と規定し，制度的保障として政教分離の原則を採用している。

2．妥当である（憲法23条）。

3．居住・移転の自由と外国移住の自由が保障されている（憲法22条1項・2項）ので，前半は正しいが，国籍離脱の自由も保障されている（同条2項）ので，後半が誤り。

4．職業選択の自由は，国民の生命・健康に対する危険を防止するために制約を受けること（憲法13条の「公共の福祉」）も，福祉国家の理念に基づき，社会的経済的弱者を保護するために制約を受けること（22条1項の「公共の福祉」）もある（最大判昭47・11・22，同昭50・4・30など参照）。

5．財産権は，土地利用規制など，公共の福祉のために制約を受けるだけでなく，国が道路建設などのために土地収用を行うこともできる（憲法29条3項）。

正答　2

問題研究

　本問は，憲法の自由権の中の精神的自由権と経済的自由権について総合的に問う問題である。1は20条の信教の自由（政教分離の原則）の条文，2は23条の学問の自由の通説，3は22条の居住・移転の自由，外国移住の自由，国籍離脱の自由の条文，4は22条の職業選択の自由の通説・判例，5は29条の財産権の保障の通説を，それぞれ問うものである。いずれも，通常のテキストに必ず記述のある基本的な内容であるので，比較的容易に正答に達したものと思われる。本問では問われていないが，自由権ではほかに，21条の表現の自由や，31条以下の人身の自由にも注意が必要である。憲法の条文は教養・専門試験ともに頻出であるので，一度は目を通しておこう。

国会に関する次の記述のうち，妥当なものはどれか。

1　国会がその活動を行う期間を会期といい，会期中に議決に至らなかった議案は，原則として，次の会期に引き継がれずに廃案となる。

2　国務大臣は，議院から，議案に関する答弁または説明のために出席を求められた場合でも，執務などを理由に，これを拒否することができる。

3　女性議員の割合を高めるために，近年，新しい法律が制定され，各政党は，国会議員の選挙の候補者の３割以上を女性にするように定められた。

4　衆議院の優越が認められており，内閣総理大臣の指名と予算案の議決については，衆議院のみがその議決を行う。

5　国会には司法権に対する民主的コントロールが認められており，内閣が行う最高裁判所長官の指名および長官以外のその他の最高裁判所裁判官の任命には，国会の同意が必要となる。

解説

1．妥当である。会期不継続の原則である（国会法68条）。

2．国務大臣は，答弁または説明のため出席を求められたときは，議院に出席しなければならない（憲法63条）。議院への出席は義務であり，これを拒否することはできない。

3．女性議員の割合を高めるために，近年，新しい法律（政治分野における男女共同参画の推進に関する法律）が制定され，国会議員の選挙などで，男女の候補者の数ができる限り「均等」になることをめざすと定められた。

4．衆議院の優越は認められているが，内閣総理大臣の指名と予算案の議決については，衆議院のみでなく，参議院も議決することができる。ただし，その議決の価値については衆議院が優越する（憲法67条2項，60条2項）。なお，衆議院の優越には次の2つの類型がある。すなわち，①衆議院のみが議決権を有する場合，②参議院も議決できるが，衆議院の議決のほうを優先する場合，である。①は，予算先議権（同60条1項）と内閣不信任決議権（同69条）の2つである。②には，法律案の議決（同59条2項〜4項），予算の議決，条約の承認（同61条），内閣総理大臣の指名などがある。

5．内閣が行う最高裁判所長官の指名およびその他の最高裁判所裁判官の任命に，国会の同意は必要とされない（憲法6条2項，79条1項）。なお，最高裁判所長官の任命は，天皇が国事行為として行う（同6条2項）。

正答　1

問題研究

　本問は，国会に関して，憲法や国会法に規定されている条文内容の正確な知識を問う問題である。憲法の条文知識で2・4・5は誤り，国会法の条文知識で1が妥当である，と判断することができる。正答肢ゆえに，憲法ではなく，あえて国会法の条文内容にしたものと思われる。ただし，3は，時事問題に関する基本的な知識がないと厳密に正誤判断ができない。このような出題は毎年のように見られるが，政治に関するニュース報道を普段から関心を持って見聞きしていれば，容易に身につけることができる知識である。時事問題や面接の対策も兼ねて，毎日欠かさずに，（紙媒体でも電子媒体でもよいので）新聞でチェックしておこう！

日本国憲法の基本的人権に関するア〜エの記述のうち，妥当なもののみをすべて挙げているのはどれか。ただし，争いのあるものは判例・通説の見解による。

ア　未成年者は精神的に未成熟であるため，契約を締結する際には，原則として，保護者の同意が必要である。

イ　外国人には，権利の性質上，日本国民のみをその対象としていると解されるものを除き，基本的人権の保障が及ぶので，入国の自由や海外旅行の自由も認められる。

ウ　法人には，権利の性質上可能な限り，基本的人権の規定が適用されるので，国家賠償請求権や裁判を受ける権利も認められる。

エ　公務員は，あらゆる職種にかかわらず，団結権や団体交渉権が認められるほか，争議権も認められる。

1　ア，イ
2　ア，ウ
3　イ，ウ
4　イ，エ
5　ウ，エ

解説

ア：妥当である。未成年者が契約を締結するには，原則として，保護者（法定代理人）の同意が必要である（民法5条参照）。ただし，単に権利を得，または義務を免れる行為などの場合には，同意は不要である。

イ：外国人には，権利の性質上，日本国民のみをその対象としているものを除き，人権の保障が及ぶ（マクリーン事件〈最大判昭53・10・4〉）ので，各種自由権や平等権などは認められうる。しかし，入国の自由（前記判例）や海外旅行の自由（森川キャサリーン事件〈最判平4・11・16〉）は認められないと解されている。

ウ：妥当である。法人には，権利の性質上可能な限り，基本的人権の規定が適用される（八幡製鉄事件〈最大判昭45・6・24〉）ので，国家賠償請求権や裁判を受ける権利のような受益権も認められると解されている。

エ：公務員は，その職種によって，団結権，団体交渉権および争議権（団体行動権）の労働三権が全部または一部制限されている。たとえば，特に，警察職員，消防職員，自衛隊員などでは，三権すべてが否定されている。

よって，妥当なものはアとウであるから，正答は2である。

正答　2

問題研究

本問は，憲法の基本的人権総論の分野から，人権の享有主体性について総合的に問う問題である。イは外国人の人権のマクリーン事件，ウは法人の人権の八幡製鉄事件といった有名判例の基礎知識を前提に，具体的に個別人権の保障の可否まで問うレベルであるが，その他のアとエの記述で正答を導くことができる。すなわち，アの未成年者の契約には親などの同意が必要であること，エの公務員の労働基本権が職種で制限されていること（警察官や消防官などはストライキができない）が一般常識的な内容であるので，比較的容易に正答に達したものと思われる。

PART 3 過去問を解いてみよう！

内閣に関する次の記述のうち,妥当なものはどれか。

1 内閣を構成する国務大臣は,内閣総理大臣が任命するが,その過半数は衆議院議員の中から選ばなければならない。

2 内閣の職務執行は閣議によって行うが,閣議は月2回開催され,原則として公開されて,その意思決定は多数決によって行われる。

3 衆議院の解散は,衆議院で内閣不信任の決議案が可決されたときに行われることがあるが,それ以外に内閣の判断で行うこともある。ただし,近年は,不信任の決議案が可決されたときに行われることが多い。

4 内閣は,立法府である国会に法律案を提出することができ,国会で成立する法律の多くを内閣提出の法律案が占めている。

5 内閣は,最高裁判所の長官を指名し,その他の裁判官を任命することができるが,それに加えて,裁判官を罷免するための弾劾裁判所を設置することができる。

解説

1. 前半は正しいが,後半が誤り。内閣を構成する国務大臣は,内閣総理大臣が任命する(憲法68条1項本文)が,その過半数は衆議院議員ではなく,国会議員の中から選ばなければならない(同条項但し書)。

2. 内閣の意思決定は閣議で行う(内閣法4条参照)。しかし,閣議は,月2回ではなく,毎週2回開かれる定例閣議と,必要に応じて開く臨時閣議がある。また,公開ではなく非公開が原則である。さらに,閣議の意思決定は多数決ではなく,全員一致によって行われる。

3. 前半は正しいが,後半が誤り。衆議院の解散は,内閣不信任の決議案が可決されたときに行われることがある(憲法69条)が,それ以外に内閣の判断で行うこともある。近年も,不信任案が可決されたときではなく,内閣の判断で行われることがほとんどである。

4. 妥当である。なお,内閣総理大臣は,内閣を代表して内閣提出の法律案を国会に提出する(憲法72条,内閣法5条参照)。

5. 前半は正しいが,後半が誤り。内閣は,最高裁判所の長官を指名し(憲法6条2項),最高裁判所長官以外の最高裁判所の裁判官および下級裁判所の裁判官を任命することができる(同79条1項,80条1項前段)。しかし,弾劾裁判所を設置できるのは,内閣ではなく,国会である(同64条)。

正答 4

問題研究

　本問は,内閣(国会)に関して,日本国憲法や内閣法に規定されている条文の内容だけでなく,現実政治の基本的な知識までを広く問う問題である。日本国憲法の条文知識で1と5を誤りと判断することはできる。しかし,その他の選択肢は,現実政治の基本知識がないと厳密に正誤判断ができないものになっている。2は,閣議が週2回で非公開という点,3は,衆議院で不信任案の可決がほとんどない点,4は,国会で成立する法律の多くを内閣提出法案が占めている点,といった知識である。これらは,いずれも,日常の政治ニュース報道を関心を持って見聞きしていれば身につけることができる知識である。時事的な話題と併せて,毎日欠かさずに,(紙媒体でも電子媒体でもよいので)新聞でチェックしておこう!

市場の適切な資源配分の達成

次のア～オの記述のうち，市場の適切な資源配分の達成に貢献すると考えられるものの組合せはどれか。

　ア　少数の企業が生産を行っていた市場に，多数の企業が参入して生産を行うようになった。

　イ　同業の複数の企業が相互に連絡を取り合い，共同で取り決めた価格や生産量で製品を供給するようになった。

　ウ　企業が，過去の販売実績などのビッグデータやAI（人工知能）を利用して需要を予測し，価格を変動させることで売れ残りが減少した。

　エ　企業の生産活動によって，企業とその製品の消費者以外の第三者に，市場取引を通さずに便益や不便益がもたらされた。

　オ　商品の品質について買い手と売り手の持つ情報格差が縮小し，商品の品質に見合わない高い価格が設定されにくくなった。

1　ア，イ，オ
2　ア，ウ，エ
3　ア，ウ，オ
4　イ，ウ，エ
5　イ，エ，オ

解説

ア：妥当である。市場が，少数の企業による寡占状態から多数の企業による完全競争に移行すれば，市場メカニズムによる効率的な資源配分が達成されやすくなる。なお，市場メカニズムが達成する資源配分が効率的な状況はパレート最適と呼ばれる。

イ：記述のような状況は一般にカルテルと呼ばれるが，カルテルは生産量の制限や価格の引上げを取り決めることで，市場メカニズムが機能する場合に達成される効率性な資源配分を阻害する。

ウ：妥当である。ビッグデータやAIの利用による市場の需要予測の精度が上昇して不確実性が低下すれば，結果として，売れ残りが減少して資源配分の効率性は高まる。

エ：企業の生産活動が第三者に不便益をもたらす場合，効率的な資源配分が損なわれる。これは負の外部効果（外部不経済）と呼ばれ，公害被害などが典型的な例である。また，第三者に便益をもたらすケースは（正の）外部効果（外部経済）と呼ばれ，この場合も効率的な資源配分が損なわれる。第三者に便益を与えるには費用がかかるが，この便益が市場取引を通さないものであれば，費用を市場で生産物を販売することで回収することができないからである

オ：妥当である。情報格差が縮小すれば，不良品を買うかもしれないという不確実性が低下する。結果として，適切な価格設定の下で効率的な資源配分が達成されやすくなる。

正答　3

問題研究

　過去，市場メカニズムについてはグラフ問題の出題が多く，文章題は珍しい。本問の内容を経済理論に即して判断しようとすると，「効率的な資源配分」の定義や，市場が効率的な資源配分を実現しないケース（これは「市場の失敗」と呼ばれ，エの正または負の「外部効果」や，ウやオのような取引に必要な情報が当事者に共有されないとの「情報の不完全性」などがある）に関する理解が必要となる。しかし，ある程度の経済の基本的知識があれば解ける問題でもあり，類題に当たっておくことで直感的に解けるようになる問題でもある。

物価に関する次の文中の空欄ア～エに入る語句の組合せとして，妥当なものはどれか。

物価とは，財やサービスの価格の平均的水準のことであり，物価が持続的に上昇する現象はインフレーション（インフレ）と呼ばれる。

インフレには，需要面に起因するディマンドプルインフレと，供給面に起因するコストプッシュインフレがある。コストプッシュインフレが発生する要因には，たとえば，人件費の上昇が労働生産性の上昇を（　ア　）ことがある。また，いわゆるスタグフレーションが発生するのは，（　イ　）インフレのときである。

日本では，日本銀行が2013年以降，消費者物価の前年比上昇率を2％とすることを目標と定めて，消費者物価を（　ウ　）ための金融政策を行ってきた。2021年と2022年の消費者物価指数（総合）の前年比上昇率について日本，アメリカ，EUを比べると，日本はアメリカ，EUよりも（　エ　）水準であった。

	ア	イ	ウ	エ
1	上回る	ディマンドプル	引き上げる	低い
2	上回る	ディマンドプル	引き下げる	低い
3	上回る	コストプッシュ	引き上げる	低い
4	下回る	コストプッシュ	引き下げる	高い
5	下回る	ディマンドプル	引き上げる	高い

解説

ア：「上回る」が入る。人件費用の上昇は企業にとって費用の増加要因であるが，労働生産性の上昇は費用の低下要因である（たとえば労働者一人当たりの生産量は労働の平均生産性と呼ばれるが，これが上昇すると，生産物一単位当たりの費用は低下する）。したがって，前者が後者を上回ると，企業の生産物の一単位あたりの費用が上昇し，コストプッシュインフレの要因となる。

イ：「コストプッシュ」が入る。スタグフレーションは，典型的には第一次石油ショック時に，景気の停滞（Stagnation）とインフレ（Inflation）の共存を表すために用いられた。したがって，原油価格の上昇が発端であるから，ここで生じるインフレはコストプッシュインフレである。

ウ：「引き上げる」が入る。いわゆるバブル経済崩壊後の1992年から2022年までの消費者物価上昇率を見ると，消費税率を5％から8％に引き上げた2014年を除いて，－2％から2％の範囲に収まっており，日本銀行は消費者物価上昇率が安定的に2％を上回るようにすることを政策目標としている。

エ：「低い」が入る。各国・地域の物価上昇率を比較すると，日本は2021年が－0.2％，2022年が2.5％（総務省「消費者物価指数」），米国は2021年が－4.7％，2022年が8.0％，EUは2021年が5.3％，2022年が7.3％（以上，IMF World Economic Outlook April 2023）であり，日本は相対的に低い。

日本のCPI出所：https://www.stat.go.jp/data/cpi/sokuhou/tsuki/pdf/zenkoku.pdf

正答　3

問題研究

インフレに関する用語は，比較的基本的なものである。また，日本銀行の採用しているインフレ・ターゲット（日本銀行の用語では「物価安定の目標」）に関しても10年近く実施しており，目新しい政策ではない。経済理論および経済事情の基本事項を着実に習得することによって正答できると思われる出題であり，逆に言えば，差がつきにくい出題であるともいえる。

日本銀行と金融政策に関する次の記述のうち，妥当なものはどれか。

1　日本銀行は，「発券銀行」として日本銀行券を発行する。日本銀行券は金との交換が保証される兌換紙幣であり，日本銀行の保有する金の量を超えて発行されることはない。

2　日本銀行は，「銀行の銀行」として民間金融機関から預金を預かるほか，近年は中央銀行デジタル通貨を発行しており，これに伴い民間金融機関だけでなく家計や民間非金融法人に対しても資金の貸出しを開始した。

3　日本銀行は，「政府の銀行」として，政府が新規に発行する国債（新発債）を直接引き受けるなどして政府に対する信用供与を行う。また，為替レートの安定のため為替介入は政府の委託を受けずに行う。

4　日本銀行には政策委員会が置かれ，ここで日本銀行の総裁，副総裁，内閣総理大臣，財務大臣が政策委員として金融政策を決定する。総裁と副総裁の任命は内閣の専権事項であり，任命に際して国会の同意は必要とされない。

5　近年の日本銀行の金融緩和政策の手法として量的金融緩和政策がある。これは，民間金融機関との間で国債の売買などを行い，日本銀行にある民間金融機関の当座預金を増減させて，金融市場における資金の量を調節する操作である。

解説

1．一般に，中央銀行は，「発券銀行」，「銀行の銀行」および「政府の銀行」の機能を兼ね備える。しかし，日本銀行券は金との交換が保証される兌換紙幣ではないので（もしそうであれば，日本は金本位制を採用していることになる），発行額は日本銀行の保有する金の量に制約を受けない。

2．2023年8月現在，日本銀行がデジタル通貨を発行した事実はない。また，仮にデジタル通貨を発行する場合においても，これに伴って家計や民間非金融法人に対して資金の貸出しを行うことになるわけでもない。なお，日本銀行が「銀行の銀行」として民間金融機関から預金を預かるのは，預金準備制度の下で，民間金融機関は預金の一定割合（預金準備率）を日本銀行に開設した当座預金口座に預けることとされているためである。

3．日本銀行が「政府の銀行」であるのは，政府が保有する資金を日本銀行において管理しているからである。また，日本銀行は，政府が国債発行に関する事務手続を行うが，直接に引き受けることは原則として禁止されている（財政法第5条）。さらに，為替レートの安定のために外国為替市場に介入を行う場合，政府が外国為替資金特別会計の資金を用いて行うが，実際の介入は政府の委託を受けた日本銀行が行う。

4．日本銀行の政策委員は，日本銀行の総裁（1人），副総裁（2人），審議委員（6人）からなり，内閣総理大臣，財務大臣といった政府の代表は含まれない。ただし，政府からは2名が政策委員会に出席することができるが，議決権は持たない。また，総裁および副総裁を含む政策委員は国会の同意を得て，内閣が任命する。

5．妥当である。

正答　5

問題研究

　日本銀行に関する出題は比較的多いが，実際の金融政策についての時事的な出題が中心であり，日本銀行自体の機能や組織形態に関する出題は少ない。内容は基本事項であることが多く，『速攻の時事』や新聞記事等の注釈や解説記事にきちんと目を通しておけば必要な知識を身につけられ，時事問題に対する理解も深められる。

PART
3
過去問を解いてみよう！

我が国の予算に関する次の記述のうち，妥当なものはどれか。

1 　予算を編成する権限を持つのは国会である。実際に予算編成の任に当たるのは衆議院および参議院それぞれの予算委員会であり，内閣は予算案の修正権のみを有する。また，予算の国会における審議・議決は，参議院より先に衆議院で行われる。

2 　予算は，一般の歳入歳出を経理する一般会計予算，特定の事業を行うためなどの特別会計および政府関係機関予算からなる。このうち，国会の議決を経る必要があるのは一般会計予算だけである。

3 　当初予算の執行の過程で経済情勢の変化，天災地変等によってその予算に修正が必要となった場合に，すでに成立している予算を変更する予算を補正予算という。補正予算は1会計年度に2回以上組まれることもある。

4 　近年，一般会計（当初予算）の規模は50兆円程度で推移している。歳入の内訳を見ると，税収では法人税収が最も多く，消費税収がそれに続く。また，歳出では国債費が最も多く，社会保障関係費がそれに続く。

5 　財政健全化目標に用いられる指標に基礎的財政収支（プライマリー・バランス）がある。国の一般会計予算のプライマリー・バランスは，2010年代は黒字を維持していたが，2020年代に入り一転して赤字となった。

解説

1 ．我が国においては，予算は内閣が作成して国会に提出することとされており，実際に予算案を編成するのは財務省である。また，予算の修正権を有するのは国会である。

2 ．我が国の予算（一般会計予算，特別会計および政府関係機関予算）は一体のものとして国会の審議・議決を受ける。つまり，特別会計および政府関係機関予算も国会の議決が必要である。

3 ．妥当である。なお，財政法上，補正予算の回数に関する規定は存在しない。

4 ．令和元年度以降，一般会計（当初予算）の規模は100兆円を超えている。また，令和2年度以降，税収は，消費税，所得税，法人税の順に多く，歳出では，社会保障関係費が最も多く，国債費がそれに続く。

5 ．国の一般会計予算のプライマリー・バランスは，2010年代，2020年代を通じて一貫して赤字であり，現在，政府は2025年度のプライマリー・バランスの黒字化を目標としている。なお，プライマリー・バランスは公債金収入を除く歳入と国債費を除く歳出の差と定義されるが，これは国債費と公債金収入の差と読み替えることができる。これが黒字であれば国債の償還額が新規発行額を上回るために，当該年度の国債発行残高を減少させることになる。

正答　3

問題研究

　財政に関しては出題頻度が高いので，国の会計の種類や成立過程，また一般会計予算の内訳などは必ず確認しておきたい。制度的な知識については『新スーパー過去問ゼミ』のような問題集の反復によって定着を図り，予算の内容などの時事的な知識については『速攻の時事』のような対策本で身につけるとよい。

GDP

GDP（国内総生産）に関する次の記述のうち，妥当なものはどれか。

1　日本のGDPには，日本の企業などが海外で生産した財・サービスの付加価値は含まれないが，海外の企業などが日本で生産した財・サービスの付加価値は含まれる。

2　名目GDPには株価や地価の変動も含まれるため，日本の名目GDPは，いわゆるバブル経済に当たる1980年代末には600兆円に達したが，2010年代はその半分程度で推移した。

3　支出面から見たGDPは，民間最終消費支出，政府最終消費支出，国内総固定資本形成，純輸出からなり，2010年代の日本においては政府最終消費支出が最も多く，国内総固定資本形成，民間最終消費支出と続いた。

4　ある年の名目GDP成長率が2％であったとき，物価水準が前年より2％上昇しているなら，その年の実質GDP成長率は4％となる。

5　名目GDPを人口で除した一人当たり名目GDPを国際比較すると，2010年代の日本は，アメリカ，ドイツに次いで3位で推移した。

解説

1．妥当である。GDPとは，一国内で生産された財・サービスの付加価値の合計である。なお，日本のGNI（国民総所得）には，日本の企業が海外で生産した財・サービスの付加価値は含まれるが，海外の企業が日本で生産した財・サービスの付加価値は含まれない。

2．名目GDPは，1年間の経済活動によって生産された財・サービスの付加価値の総額であり，その年に生産されたものではない株式や土地の価格変動は含まれない。言い換えれば，GDPはフロー変数であり，ストック変数は含まない。また，日本の名目GDPは，いわゆるバブル経済に当たる1980年代末には400兆円に達したが，2010年代ではほぼ500兆円台で推移した。

3．前半はおおむね正しい（厳密には，さらに在庫変動を含む）が，日本においては，2010年代に限らず，ほぼ一貫して民間最終消費支出が最も多く，国内総固定資本形成，政府最終消費支出，純輸出と続く。

4．名目GDP成長率，物価変化率（インフレ率）および実質GDP成長率の間には，実質GDP成長率＝名目GDP成長率－物価変化率の関係がある。したがって，ある年の名目GDP成長率が2％，物価変化率が2％であれば，実質GDP成長率は0％となる。

5．2010年代の一人当たり名目GDPを国際比較すると，ルクセンブルクが1位であり，スイス，ノルウェー，カタールが2位と3位を争う状況であった。この間，日本は10位台から20位台へ，逆にドイツは20位台から10位台へ，アメリカは10位台から1ケタ台へと推移した。　　**正答　1**

問題研究

　GDPに関する基本事項を，時事的要素も交えながら問う出題である。GDPとGNIの違い，三面等価（生産面，分配面および支出面）の原則，フロー変数とストック変数の概念，名目値と実質値の違いなどを理解している必要がある。本問では触れられていないが，類題においては，粗概念と純概念や（狭義の）国民所得との関係も問われやすい。

　なお，本問における時事は，公務員試験では典型的な，試験前年の白書に基づいた最新の数値を問うものではなく，10年程度の中期的なスパンにおける概略を問うものであるから，比較的易しい。ただし，一国全体のGDPと一人当たりGDPはかなり異なる。一国全体のGDPでは上位トップ3の米国，中国，日本は，一人当たりではおのおの7位，66位，30位となる（2022年）。また，日本については，バブル崩壊直後の1993年には2位であった。こういった点も知っておきたい。

デジタル・プラットフォームを提供する事業者のビジネスモデルに関する次の文章中の空欄ア〜オに当てはまる語の組合せとして，妥当なものはどれか。

デジタル・プラットフォーム事業者のうち，オンライン上で検索システムを提供する事業者は，利用者として検索者と広告主を想定しているが，検索者からは料金を徴収しない。これは検索システムの利用者が増加しても，（　ア　）がほぼゼロとみなしうるからである。そして，検索システムの利用者を増加させて広告主に広告を出すインセンティブを与えるほうが，広告料を安くして広告主を増加させるよりも収益の水準は（　イ　）なる。

一方で，検索システムを提供する事業者は，より高機能な検索システムを有料サービスとして提供することもできる。これは，事業者にとって，無料の一般的な検索システムと（　ウ　）な関係を持つ。有料の検索システムが（　エ　）のサービスを提供することで消費者からも対価を得られれば，収益はより（　オ　）なるからである。

	ア	イ	ウ	エ	オ
1	限界費用	小さく	補完的	プラス	小さく
2	固定費用	大きく	補完的	マイナス	小さく
3	限界費用	大きく	補完的	プラス	大きく
4	固定費用	小さく	代替的	マイナス	大きく
5	限界費用	大きく	代替的	プラス	大きく

解説

デジタル・プラットフォームとは，第三者に提供されるオンラインのサービスの「場」のことであり，オンライン・ショッピング・モール，検索サービスやソーシャル・ネットワーキング・サービス（SNS）などが挙げられる。このようなサービスは，間接ネットワーク効果（後述），低い限界費用，規模の経済等の特徴を持つとされる。

検索システムを無料で提供するビジネスモデルが成立するのは，検索システムを構築するための初期費用（経済理論でいう固定費用）さえかけてしまえば，あとは利用者が増加しても追加的な費用はほぼ発生しないからである。この追加的な費用を，経済理論では「限界費用」と呼ぶ（ア）。また，これにより事業者は広告料を安くせずに済むのであるから，イには「大きく」が当てはまる。

間接ネットワーク効果とは，あるサービスにおける利用者の増加が，関連する他のサービスの効用も高める効果であり，たとえば，オークションサイトの参加者が増加するほど，サイトの運営者が提供する決済サービスも利用者の増加によってより利便性が高まるようなケースである。検索システムにおいても，オプションの機能を有料で提供することにより，高機能な検索システムを利用したいユーザーのニーズに応えることができる。これは，事業者にとって，通常の無料の検索システムを補完するものである（ウには「補完的」が当てはまる）。また，利用者にとって対価を支払う価値のある高度な検索システムを併せて提供することは，事業者にとって，広告主からの収入に追加的な収入をもたらすことになるので，エとオには，それぞれ「プラス」と「大きく」が当てはまる。

よって，アは「限界費用」，イは「大きく」，ウは「補完的」，エは「プラス」，オは「大きく」であるから，正答は3である。

正答　3

問題研究

新傾向の問題である。時事問題でも社会問題でもあるが，限界費用など経済理論の知識が必要である。

日本，アメリカ，中国の貿易

日本，アメリカ，中国の貿易に関する次の記述のうち，妥当なものはどれか。

1　我が国の貿易収支は2010年以降黒字を計上していたが，2022年には約0.7兆円の黒字であった。一方，サービス収支の赤字は旅行収支の改善などから縮小傾向にあり，2023年には約0.8兆円の黒字を計上した。

2　経済連携協定（EPA/FTA）の推進は，我が国の通商政策の柱の一つであり，2023年1月現在，米国および中国を含む12の経済連携協定を署名・発効済みである。

3　我が国の令和4年末の対外資産残高は約1,338兆円となり，現行の国際収支マニュアル第6版に準拠した平成26年末以降では最大となった。また，2021年末時点での対外直接投資残高は約203.5兆円であり，世界全体の対外直接投資残高の4.7％を占めている。

4　日米間および日中間の貿易構造を2019年のデータで見ると，日本から米国への輸出では中間財が多いのに対して，日本の米国からの輸入では最終財が多い。一方，日本から中国への輸出では最終財が多いのに対して，日本の中国からの輸入では中間財が多い。

5　米国と中国の貿易収支とサービス収支を2010年以降で比較すると，米国は貿易収支が黒字，サービス収支が赤字であるのに対して，中国は貿易収支が赤字，サービス収支が黒字である。

解説

1．我が国の2021年の貿易収支は約15.7兆円の赤字である。なお，最近では，2011年以降の5年間，東日本大震災の影響や円高基調などから赤字となり，その後は黒字であったが，2022年は円安などから大幅な赤字となった。また，サービス収支については，そのうちの旅行収支は2015年に黒字化して以降，知的財産権使用料等とともにサービス収支の赤字改善に寄与してきたが，2021年のサービス収支は約5.4兆円の赤字であり，黒字化に至ってはいない。なお，2020年以降の同収支は，コロナ禍の影響もあり，赤字が拡大傾向にある。

2．2023年7月現在，署名・発効済みの経済連携協定は21を数える。ただし，この21の協定の中には，米国を含むTPP（米国の離脱により未発効）と米国を含まないTPP11（CPTPP）の双方を数えている。なお，米国とは2国間の，中国とはRCEPの枠組みでの経済連携協定が発効している。

3．妥当である。我が国の対外直接投資残高は，米国，オランダ，中国，カナダ，英国，ドイツ，香港，日本と続く。

4．日本から米国への輸出では最終財が多いが，日本の米国からの輸入では中間財が多い。一方，日本から中国への輸出では中間財が多いが，日本の中国からの輸入では最終財が多い。

5．米国は貿易収支の赤字が拡大傾向，サービス収支の黒字が拡大傾向にある（なお，2020年では双方とも赤字であった）。一方，中国は貿易収支の黒字で一貫している（2019年以降は増加傾向）一方，サービス収支は赤字で一貫している（2019年以降，改善傾向）。　　　　　　正答　3

問題研究

　本問は個々の選択肢の細部にかなり詳細な知識を要求しており，白書または発行元の官庁のウェブサイト（経済産業省，外務省，内閣府など）を熟読していなければ，判断できない部分も多い。しかし，全体としては，日頃からニュースにきちんと目を通していれば，大まかな判断ができる。1はインバウンドの動向に，2はTPPの動向に注意を払っていれば判別できたであろう。4と5は，「世界の工場」としての中国の位置づけを知っていれば，判断できる（現在では「世界の市場」とも位置づけられることが多い）。

金融市場に関する次の記述のうち，妥当なものはどれか。

1　金融市場において取り引きされる資金については，その期間構造によって，短期金融と長期金融に分類されるが，そのいずれにおいても資金の需要が増加すると金利が上昇し，資金の需要が減少すると金利は低下する。

2　金融機関と国を除く経済主体が保有する現金通貨と預金通貨の総額をマネーストックといい，現金通貨と準備金の総額をマネタリーベースというが，中央銀行が直接に操作可能であるのはマネーストックである。

3　金融資産を取り扱う市場には短期金融市場と長期金融市場があるが，株式市場や債券市場が短期金融市場の代表的な例であり，市中銀行間の資金の融通を行うコール市場が長期金融市場の代表的な例である。

4　中央銀行がインフレ目標を設定し，その手段として量的金融緩和政策を採用する場合，長期国債などの保有資産は売却されて減少することになる。

5　企業の金融市場からの資金調達には直接金融と間接金融が存在するが，株式発行による資金調達は直接金融に当たる。また，企業が保有する資本は自己資本と他人資本に区分できるが，株主が出資した資本金は他人資本である。

解説

1．妥当である。金利とは資金の取引に際しての対価であり，一種の価格とみなすことができる。したがって，短期・長期問わず，資金の需要が増加すると金利は上昇し，資金の需要が減少すると金利は低下するという市場メカニズムが働く。

2．前半は正しいが，中央銀行が直接に操作可能であるのはマネーストックではなくマネタリーベースである。中央銀行は，市場における債券の売買，準備率や政策金利の変更によってマネタリーベースは直接に操作できるが，市中金融機関による信用創造を通じて生み出される預金通貨を含むマネーストックは直接には操作できないからである。

3．一般には，金融資産の市場において，満期が1年以上となる取引を行う市場が長期金融市場であり，通常，株式市場や債券市場をさす。一方，満期が1年未満の取引を行う市場が短期金融市場であり，金融機関のみが参加者となるインターバンク市場と参加者が金融機関に限定されないオープン市場からなる。インターバンク市場の代表例（そして，短期金融市場の代表例でもある）がコール市場である。

4．たとえば，日本銀行はインフレ目標として「消費者物価の前年比上昇率2％をできるだけ早期に実現する」としているが，その手段として，いわゆる量的金融緩和政策を採用している（2016年9月以降，「長短金利操作付き量的・質的金融緩和政策」に拡張されている）。この場合，長期国債などの資産を購入して，その対価として貨幣を供給することになるから，一般に中央銀行が量的緩和金融政策を実施すれば，保有する金融資産は増加することになる。

5．直接金融とは企業が家計（投資家）から直接に資金を調達することであり，間接金融とは企業が金融機関から資金を調達することで家計の資金を間接的に調達することである。したがって，株式発行による資金調達は直接金融に当たることは正しい。しかし，株式会社とは株主が出資した資本金で事業を興すものであるから，資本金は自己資本である。

正答　1

問題研究

　　金融市場の基礎知識を問う選択肢の多い出題である。金融に関するニュースについては，それ自体だけでなく関連する解説記事などにも幅広く目を通しておくことが有用である。

財政に関する次の記述のうち，妥当なものはどれか。

1　財政の機能の一つに資源配分機能があり，公共財・サービスの供給はその一例である。公共財・サービスの供給を市場にゆだねると，多くの企業が参入して供給量が過剰になる。

2　財政の機能の一つである景気調整機能のうち，自動安定化装置については，景気が悪化すると自動的に総需要が抑制されることになり，裁量的財政政策については，国債を発行することで総需要を抑制することになる。

3　財政の機能の一つに所得再分配機能があり，累進課税はその一例である。所得の上昇に応じて課税額が高くなることを累進性があるといい，消費税には累進性があるが，軽減税率の導入によってそれを低下させることができる。

4　国や地方公共団体の基礎的財政収支（プライマリー・バランス）は「歳入－国債発行額」から「歳出－国債費」を差し引いたものであり，この値がプラスの場合に基礎的財政収支が黒字であるという。

5　租税は，納税義務者と租税負担者が一致するかどうかによって，直接税と間接税に区分される。近年の我が国において，租税収入に占める間接税の割合は5割を超えており，ドイツやフランスよりも高い。

解説

1．前半は正しい。しかし，公共財・サービスの供給を市場にゆだねると供給量が過少になる。これは，公共財・サービスが，消費の非競合性と対価を支払わない者の排除不可能性という性質を持つため，市場で民間企業が対価を徴収して供給しようとしても，フリーライド行為が横行して採算が取れず，参入しようとする企業が存在しなくなることが想定されるからである。

2．財政の景気調整機能は自動安定化装置（ビルトイン・スタビライザー）と裁量的財政政策（フィスカル・ポリシー）に大別できるが，いずれにせよ景気が悪化した場合には総需要を刺激することで増加させ，景気が過熱した場合には総需要を抑制しようとするものである。

3．1文目は正しいが，所得の上昇に応じて税率（税額ではなく）が高くなることを累進性があるという。一般に消費税は，所得が上昇すれば増加した所得を貯蓄にも回すようになるため，所得に占める消費税額の割合は低下することになり，累進性ではなく逆進性が生じる。軽減税率の導入はこの逆進性を緩和しようとするものである。

4．妥当である。「歳入－国債発行額」は主に税収をさし，「歳出－国債費」は主に当該年度の政策経費をさす（国債の元利償還費は，過去の政策経費の清算であるとみなせる）。したがって，「歳入－国債発行額」から「歳出－国債費」を差し引いた値がプラスであれば，当該年度において政策の実施に必要な経費を上回る税収が得られたことになり，基礎的財政収支は黒字である。

5．前半は正しいが，主要国の直間比率（直接税：間接税）を，2020年度の国税＋地方税で見ると，米国が77：23，日本がおよそ65：35，英独仏がおよそ55：45程度であり，我が国の間接税の割合はドイツやフランスよりも低い。

正答　4

問題研究

　　財政に関する出題は，理論分析，制度，時事のいずれのテーマについても出題頻度が高い。また，時事は，予算制度・租税制度を踏まえて出題されることも多い。まずは，出題対象年度の歳入・歳出予算の重要指標を覚えつつも，加えて用語・指標の意味も理解しておく必要がある。

PART 3 過去問を解いてみよう！

需要の価格弾力性

　ある財の需要量を横軸，価格を縦軸に取った平面における，右下がりのグラフを需要曲線という。これに関する次の文の空欄に当てはまる語句の組合せとして，妥当なものはどれか。

　この財が正常財の場合，所得が増加すると需要曲線は　ア　方向に移動する。また，この財の代替財の価格が低下する場合，需要曲線は　イ　方向に移動する。

　この財の価格が上昇する場合，支出額（価格×需要量）は増加する場合と減少する場合がありうるが，需要の価格弾力性が大きいときには，支出額が　ウ　する。必需品と贅沢品では，一般に　エ　のほうが需要の価格弾力性は小さい。

	ア	イ	ウ	エ
1	右	左	増加	必需品
2	左	左	増加	必需品
3	右	右	減少	贅沢品
4	左	右	減少	贅沢品
5	右	左	減少	必需品

解説

ア：右。正常財（または上級財）とは，所得変化と需要量の変化が同方向に動く財である（所得変化と需要量の変化が逆方向に動く財は劣等財または下級財と呼ばれる）。したがって，正常財は，所得が増加すると，価格が一定であっても需要量が増加する。これは需要曲線を右方向にシフトさせる。

イ：左。2財が代替財の関係にあるとは，片方の財の価格が低下し，その財の需要量が増加する場合に，もう一方の財は，価格が一定であっても，需要量が減少するような場合のことである。たとえば，コーヒーと紅茶がそれに当たる（コーヒーとミルクのように，片方の財の価格が低下し，その財の需要量が増加する場合に，もう一方の財は，価格が一定であっても，需要量が増加するような2財の関係を補完財という）。代替財の価格が低下する場合，自己価格が一定であっても需要量が減少するのであるから，需要曲線は左方向にシフトする。

ウ：減少。需要の価格弾力性とは，価格変化時の需要量の反応の大きさを見る指標（正確には，需要変化率／価格変化率と定義される）である。需要の価格弾力性が十分に大きい場合（需要曲線の傾きが緩やかな場合に当たる），価格が上昇すると需要量が大きく減少するので，価格×需要量で表される支出額は需要量減少の効果が大きく表れて減少する。

エ：必需品。需要の価格弾力性が十分に小さい場合（需要曲線の傾きが急な場合に当たる），価格が上昇しても需要量はあまり減少しないので，価格×需要量で表される支出額は価格上昇の効果が大きく表れて増加する。また，需要の価格弾力性が小さいということは，価格が上昇しても需要量はあまり減少しないということであるから，通常，これは価格が高くなっても需要量を減らすことのできない必需品であることが多い。

　よって，正答は5である。

正答　5

問題研究

　需要曲線（や供給曲線）の問題は，特定の財を具体的にイメージしつつ，自分でグラフを描いてみるとよい。ここで，需要曲線は，需要量を横軸，価格を縦軸に取った平面上で，価格を見て需要量を決めるとの順序に配慮すると納得しやすい。

金融政策

我が国の近年の金融政策に関する次の記述のうち，妥当なものはどれか。

1 金融政策とは，金利，物価，資産価格などをコントロールすることを目的としており，通常，金融緩和政策は，金利を上昇させ，物価と資産価格を下落させる効果を持つとされる。

2 量的金融緩和政策は，日本銀行が市場から債券などを買い入れることにより，直接に市場に資金を供給するものである。

3 質的金融緩和政策とは，日本銀行が買い入れる国債などの資産を多様化することであり，たとえば償還までの年限の長い国債の購入を減少させる代わりに，年限の短い国債の購入を増加させた。

4 時間軸政策とは，一定期間，金利を引き上げないなどと予告することにより，金融市場の安定を図るものであり，結果として短期金利が低下する一方，長期金利は上昇する。

5 マイナス金利政策とは，日銀当座預金口座の一部にマイナス金利を適用することにより，市中銀行が，企業等への貸出や株式・債券等のリスクの高い資産の購入の増加を促すものである。

解説

1．通常，金融緩和政策は，金利を下げ，物価と資産価格を上昇させる効果を持つとされる。なお，日本銀行法1条は，同行の目的を「通貨及び金融の調節を行うこと」と規定しており，また，その理念として2条で「物価の安定を図ることを通じて国民経済の健全な発展に資すること」を挙げている。したがって，前者からは通貨等の取引きに係る金利の調節が，後者からは適正な物価水準への誘導が同行の目的となるが，資産価格の安定は直接的には目的とはされていない。

2．我が国の量的金融緩和政策は，民間金融機関の保有する日銀当座預金口座の残高を，預金準備制度の下での必要準備額を大幅に超える水準を目標に設定することで，民間金融機関の貸出しの増加等をねらった政策である。また，この目標を実現するために，日本銀行は民間金融機関から直接に債券等の買入れを行う。つまり，この政策は市場から債券などを買い入れるものではないため，市場に対して直接に資金を供給するものではない。

3．質的金融緩和政策として前半は正しいが，多様な資産の具体的な内容として，①国債よりもリスクの高いETFやJ-REITといった他の資産も購入する，②国債のうち，それまでは買い入れなかった，償還までの年限が長く，よりリスクの大きい国債も購入する，といったこと等がある。

4．時間軸政策（フォワードガイダンス）とは，現行政策を終了するための条件や時期などを明示することで経済主体の期待形成に働きかける政策であり，前半は正しい。しかし，後半は長短金利操作（イールドカーブ・コントロール）と呼ばれる別の政策の説明である。これは，短期金利をマイナスを含む低水準に留める一方，長期金利をある程度上昇させる政策であり，時間軸政策の結果ではない。

5．妥当である。なお，我が国では，4の長短金利操作は，このマイナス金利政策の導入によって，かなりの長さの金利までがマイナスになったことによって生じる影響（たとえば，市中銀行の収益悪化）に対処すべく実施されたものである。

正答 5

問題研究

近年の金融政策を概観する本問は，内容を理解したうえで正答するには，高校の政経レベルでは歯が立たず，かなり専門的な金融に対する知識が必要である。ただし，個々の政策の内容に精通していなくても，時事対策本等で名称とキーワードを押さえておけば，ある程度の判断はできる。普段からニュースなどで政策の動向を追っておくのが有効となる。

外国為替市場

外国為替市場に関する次のア～オの記述のうち，妥当なものをすべて挙げているのはどれか。

ア　外国為替取引を目的別に見ると，資本取引の額がわずかであることから，財やサービスの取引のためのものが資本の取引のためのものを上回っている。

イ　自国通貨の価値が上昇すると，国内で生産して輸出すると不利になるため，相手国における現地生産が増加する。

ウ　外国為替市場において円安ドル高となる場合，円で資産を保有するアメリカ人投資家は，資産価値が上昇するため，円で資産を保有し続けるほうが有利である。

エ　自国通貨の金利が低下すると，国内で自国通貨の運用をしても利益が少なくなるため，自国通貨が海外に流出する。

オ　自国通貨への需要が増大したときに，為替安定化のために中央銀行が介入を行う場合，自国通貨の買い介入を実施することで需要を抑制する。

1　ア，ウ
2　ア，エ
3　イ，ウ
4　イ，エ
5　ウ，オ

解説

ア：2022年の我が国の国際収支表では，貿易収支がおよそ－15.7兆円，サービス収支がおよそ－5.4兆円であるのに対し，資本取引に当たる金融収支は6.5兆円であり，一般に資本取引の規模がわずかであるとはいいがたい。

イ：妥当である。我が国でいえば自国通貨の価値の上昇は円高である。たとえば1ドル120円が1ドル100円になった場合，100円の財は，当初の0.83ドルから円高によって1ドルで輸出することになる。このため，相対的に国内生産は不利となり，現地生産が有利となる。

ウ：その他の条件（資産の収益率など）が一定の場合，たとえば円安ドル高によって1ドル100円が1ドル120円になった場合，アメリカ人投資家が保有する100万円の資産は，自国のドル通貨に換算して1万ドル相当から0.83万ドル相当に目減りする。したがって，円安ドル高となる場合，アメリカ人投資家は円で保有する資産をドル建てに変更するほうが有利となる。

エ：妥当である。たとえば，為替レートが1ドル100円で一定であり，日本とアメリカの金利がいずれも5％であったものが，日本の金利のみ1％になるとする。この場合，100円の資産は日本では101円にしかならないが，100円を1ドルに交換してアメリカで運用すれば1.05ドルになる。これを再度円に交換すれば105円になるため，アメリカで運用するほうが有利である。つまり，自国通貨の金利低下は海外の高金利国へと通貨を流出させることになる。

オ：自国通貨への需要増大は自国通貨高をもたらす。このとき，中央銀行が自国通貨の買い介入を行えば，自国通貨がより不足して自国通貨高を加速させてしまう。この場合はむしろ自国通貨の供給を増やすような売り介入が適切である。

よって，妥当なものはイとエであるから，正答は4である。

正答　4

問題研究

外国為替市場（為替レート）は難しく感じるが，通常の市場メカニズムと同様に考えればよい。普段からニュースなどに注意して，具体的に円ドルの例で判断できるようにしておこう。

日本の医療

日本の医療に関する次の記述のうち，妥当なものの組合せはどれか。

ア　国民医療費は増加傾向にあるが，新型コロナウイルス感染症が拡大した2020年度は，医療機関への受診控えや，マスク着用や手洗いの徹底などの感染対策による他の感染症の減少などにより減少した。

イ　公的医療保険の被保険者（患者）は，保険診療において医療費の一部を負担することで診療サービスを受けることができる。医療費の一部負担（自己負担）割合は，たとえば，20歳から64歳までの者は3割，65歳以上の者は1割である。

ウ　医療技術の進歩などに伴い，健康寿命は延伸傾向にあり，死亡総数に占める老衰の割合が上昇している。2021年（令和3年）の死因別死亡数は，老衰が最も多く，次いで悪性新生物（がん），心疾患の順である。

エ　政府は後発医薬品（ジェネリック医薬品）の使用を促進しており，後発医薬品の使用割合（数量シェア）は2021年には約5割にまで上昇した。

オ　マイナンバーカードを健康保険証として利用できる仕組みがある。この仕組みでは，マイナポータルで自分の薬剤情報や医療費情報を確認でき，医療機関や薬局は，患者の同意があれば薬剤情報等を閲覧できる。

1　ア，イ
2　ア，オ
3　イ，エ
4　ウ，エ
5　ウ，オ

解説

ア：妥当である。国民医療費は，長期的に増加傾向にある一方，2020年度（令和2年度）は，42兆9,665億円であり，前年度の44兆3,895億円に比べ1兆4,230億円，3.2％の減少となっている。

イ：公的医療保険における窓口の負担割合は，75歳以上の者は1割（一定以上の所得者は2割，現役並み所得者は3割），70歳から74歳までの者は2割（現役並み所得者は3割），70歳未満の者は3割，6歳（義務教育就学前）未満の者は2割である。なお，地方公共団体ごとの支援・助成も行われている。

ウ：健康寿命が延伸傾向にある点は正しいが，死因順位の第1位は悪性新生物（26.5％），第2位は心疾患（高血圧性を除く）（14.9％），第3位は老衰（10.6％）である。

エ：後発医薬品の使用割合（数量シェア・全国平均）は「約5割」を上回る水準で推移している。たとえば，2022年（令和4）年9月において，後発医薬品の使用割合（全国平均）は，79.94％増加した。

オ：妥当である。2021年（令和3年）10月より，マイナンバーカードを健康保険証として利用できる仕組みが導入された。政府は，マイナンバーカードと健康保険証を一体化し，紙の健康保険証を廃止する方針を示し，実施に向けた準備を進めている。

よって，妥当なものはアとオであるから，正答は2である。

正答　2

問題研究

　社会保障や医療に関する問題も注目すべき点の一つである。特に，医療，年金，公的扶助などさまざまな制度の概要や近年の動向などを確実に押さえておくことが求められる。

日本のエネルギー

日本のエネルギーに関する次の記述のうち，妥当なものはどれか。

1　日本は一次エネルギー供給の80％以上を化石エネルギーに依存していたが，近年は再生可能エネルギーの活用が進んでいることから，2020年度の一次エネルギー供給に占める化石エネルギーの割合は50％未満である。

2　原子力発電所については地震やテロへの対策に多額の費用がかかるため，政府は，停止している原子炉の再稼働は行わないこと，運転しているものも耐用年数が過ぎた時点で順次廃炉にしていくことを方針として固めている。

3　運輸部門のエネルギー消費の大半を占めているのは自動車であり，電気自動車（EV）の普及がカーボンニュートラルを達成する重要な手段とされている。2020年の日本の乗用車販売台数に占めるEVの割合は30％を超えた。

4　日本はロシアでの資源開発事業の権益を官民で取得し，石油と天然ガスを輸入してきたが，2022年にはウクライナ侵攻への制裁措置としてロシア産の石油と天然ガスの輸入を禁止し，ロシアでの資源開発事業の権益を放棄した。

5　水素とアンモニアは，燃焼しても二酸化炭素を含む温室効果ガスを排出しないことから，地球温暖化対策に有効な燃料として注目されており，火力発電での利用に向けた取組みなどが進められている。

解説

1．日本では，2020年度においても，一次エネルギー供給の80％以上を化石エネルギーに依存していた。ちなみに，2021年度は83.2％であった。

2．政府は，原子力発電所について，安全性が確認され次第再稼働やその準備を行うことを決定した。また，原子力発電所が建設された当時，運転期間に関する法令上の定めはなかったが，福島第一原子力発電所事故の後に改正された法律により，運転できる期間は運転開始から40年と規定された。ただし，原子力規制委員会の認可を受ければ，運転期間について，20年を超えない期間で，1回に限り延長できることになった。

3．日本のEV普及率については，伸びてはいるものの，2020年においては1％を下回っていた。ちなみに，2022年（1～12月）のEV（普通乗用車のみ。軽自動車は除く）の新車販売台数は，約3万1,600台であり，その割合は1.42％であった。

4．ロシアのウクライナ侵攻に関連して，G7（アメリカ，イギリス，フランス，日本，ドイツ，イタリア，カナダ）の方針に合わせ，ロシア産の石油と天然ガスの輸入を禁止したことについての記述は正しいが，日本政府の方針により，ロシアでの資源開発事業の権益については維持されている。その背景には，権益を放棄した場合に中国などにそれが引き継がれる可能性があるとされている。

5．妥当である。水素は水を電気分解することにより，アンモニアは水素と窒素から生成される。いずれも，燃焼時に炭素が関与せず，地球温暖化防止に貢献する新たな燃料として期待されており，そのさらなる活用に向けた取組みが進められている。

正答　5

問題研究

　資源・エネルギーの動向については，近年の推移を含めた整理と理解が求められる。特に，近年の国際情勢を踏まえた推移についても把握すべきである。

日本の公的年金制度に関する次の記述のうち，妥当なもののみをすべて挙げているのはどれか。

ア　会社員，公務員，自営業者，無職の人などを含め，原則として，日本に住む20歳以上60歳未満のすべての人が公的年金制度に加入し，保険料の支払いを求められる対象となっている。

イ　国民年金（基礎年金）の財源は，現在，すべて年金保険料によって賄われているが，給付水準を維持するため，政府は財源の一部を税で賄うことを検討している。

ウ　年金の財政方式には賦課方式と積立方式がある。国民年金（基礎年金）は賦課方式ではなく積立方式であり，受け取る年金の財源はこれまで自分が積み立ててきた保険料となっている。

エ　老齢厚生年金の支給額は保険料を納めた期間が長いほど多いが，老齢基礎年金の支給額は保険料を納めた期間の長短にかかわらず一定である。

オ　大学や専修学校等に在学中で所得が一定以下の人については，申請すれば在学中の国民年金（基礎年金）の保険料の納付が猶予される制度が設けられている。

1　ア，ウ　　2　ア，オ　　3　イ，エ
4　イ，オ　　5　ウ，エ

解説

ア：妥当である。「国民皆年金」制度の下，原則として，日本に住む20歳以上60歳未満すべての人が公的年金の一つである国民年金（基礎年金）に加入し，保険料を支払う。老齢年金の受給については，国民年金（基礎年金）については65歳からであり，厚生年金については段階的に60歳から65歳に引き上げられている。ただし，受給開始年齢については，申請により，一定の範囲で繰上げや繰下げができ，その場合，年金額は基準とされる金額より変動する。なお，公的年金については，いわゆる「1階部分」としての国民年金（基礎年金），「2階部分」としての厚生年金を中心としている。

イ：国民年金（基礎年金）の財源は，年金保険料と税である。近年では，急速に進む高齢化の影響を受け，支給について，税による負担が増加する傾向にある。

ウ：賦課方式とは，現役世代の負担を財源として年金を支給する方式であり，積立方式とは，本人が積み立てた保険料を財源として支給する方式である。日本の年金は，賦課方式を基本として運営されている。

エ：老齢厚生年金，老齢基礎年金ともに，支給額には収めた期間や保険料額が反映される。

オ：妥当である。学生については，一定の要件の下，申請により在学中の保険料の納付が猶予される「学生納付特例制度」が設けられている。なお，ここで考慮される所得は，本人の所得であり，家族の所得ではない。

よって，妥当なものはアとオであるから，正答は2である。

正答　2

PART
3
過去問を解いてみよう！

問題研究

日本の社会保障制度についてもよく問われるが，特に年金制度についてはよく出題される。覚えるべきポイントは，具体的な制度とその推移，賦課方式と積立方式の違い，基礎年金と厚生年金，企業年金，確定拠出年金，国民年金基金，マクロスライド方式などに関する知識である。

日本における科学技術に関する研究の動向に関する次の記述のうち，妥当なものはどれか。

1　大学，公的機関，企業などにおける研究開発費の総額を欧米諸国や中国などほかの主要国と比べると，日本は主要国中最低水準であるが，研究開発費の対前年伸び率は10％前後で推移しており，米国や中国と並ぶ高い水準となっている。

2　大学等において産学連携を図るさまざまな取組みが進められているが，大学での研究成果は広く社会で活用される必要があるとの考えから，大学が特許権等を取得した発明について，その権利を使用させることによって収入を得ることは禁止されている。

3　女性研究者の登録や活躍支援が進められてきたことから，大学や企業などに所属する研究者に占める女性の割合は年々上昇しており，約40％となっている。

4　博士号の新規取得者数の推移を年度ごとに見ると，日本では減少傾向にあり，またこの数を人口100万人当たりで見ると，米国や英国などに比べて少ない。

5　研究力を測る主要な指標として，注目度が高く，引用された回数が多い論文の数が挙げられるが，自然科学分野について引用された回数が上位10％に入る論文数の国別順位を見ると，日本はアメリカ，中国に次ぐ世界第3位となっている。

解説

1．日本の研究開発費は，アメリカ，中国に次ぐ規模であるが，その伸びについては，ほぼ横ばいが続いている。諸外国と比較すると，総額としては大きいものの，伸び率については小さいのが特徴である。

2．大学が，研究や発明の成果について特許権等を取得し，それを使用させることによって収入を得ることは禁じられていない。

3．日本における女性研究者の割合は増加しつつあるが，諸外国と比べると低く，2021年では17.5％である。その割合は，OECD（経済協力開発機構）に加盟する国々・地域等の中で最も小さいが，一方，その数で見ると，英国，ドイツに次いで多い。

4．妥当である。日本において，博士号の新規取得者は，2006年をピークに減少傾向にある。また，主要国の博士号取得者数を人口100万人当たりで見ると，日本は2018年度で120人であり，他国と比べてと少ない数値である。2022年時点において，他国の最新年の値を見ると，最も多い国はイギリス（375人），次いでドイツ（336人）であり，最も少ない国は中国（44人）である。

5．ほかの論文に引用された回数が各分野で上位10％に入る論文の数（トップ10％論文数）について，2019～2021年の平均で比較すると，日本は3,780本で，1位の中国の1割弱だった。順位については，13位であり，データが残る1981年以降で最も低い順位となった。

データ出所：科学技術・学術政策研究所（NISTEP）『科学技術指標2022』

正答　4

問題研究

文部科学分野の出題について比較的よく出題されるのは，政府による科学技術に関するさまざまな政策や，研究開発に関する国際比較である。前者については，基本的な用語の意味を，後者については主要な指標とその推移について理解しておく必要がある。なお，OECD諸国や新興国をはじめとする諸外国との比較において，科学技術の水準を示す指標の一部において低迷する傾向が見られることについて問題視されている。

日本の教育政策に関する次の記述のうち，妥当なものの組合せはどれか。

ア　令和元年10月から始まった幼稚園・保育所等の利用料の無償化により，0～2歳児のクラスについては原則としてすべての世帯に負担が無償化される一方，3～5歳児については，住民税非課税世帯が対象とされた。

イ　2016年に改訂が決まり，2020年より実施されている新しい学習指導要領により，小学校では，外国語教育が拡充されるとともに，プログラミング教育が始まった。

ウ　2020年より，大学生に対して，定められた要件を満たせば，貸与型奨学金とは異なり返済を要しない給付型奨学金の制度が拡充されることになった。

エ　2018年に成立した法律により，東京都23区内の大学キャンパスの収容人数の増加が認められることになった。

1　ア，イ
2　ア，ウ
3　ア，エ
4　イ，ウ
5　イ，エ

解説

ア：「人づくり革命」を進める政府の方針に基づき，令和元年10月1日より，幼児教育の無償化がスタートした。これによれば，3～5歳児クラスの幼稚園・保育所等の利用料が無償になり，また，0～2歳児のクラスについては，住民税非課税世帯のみが対象とされた。なお，費用が高額な幼稚園などについては，支援額に上限が設けられている。

イ：妥当である。2016年に改訂が決まった学習指導要領は，2018年から移行の準備が進められ，2020年より，順次，小学校，中学校，高等学校で実施されている。小学校では，「外国語活動」を3年生から始め，5年生から教科としての英語が始まった。また，情報活用能力が「学習の基盤となる能力・資質」として位置づけられ，小学校からプログラミング教育が始まった。

ウ：妥当である。大学生および専門学校生に対する給付型奨学金は，2018年度から導入されていたが，2020年度より大幅に拡充された。具体的には，学生本人と父母など生活維持者の所得割が非課税，あるいは，市町村民税の課税標準額が一定基準以下であることなどが要件となる。

エ：2018年，東京23区内の大学の定員増を原則10年間認めないことなどを盛り込んだ法律案が成立した。この法律は，「地域における大学の振興および若者の雇用機会の創出による若者の修学および就業の促進に関する法律案」であり，第13条において，大学などの設置者は，一部例外を除き，特定地域内で学生の収容定員を増加させてはならないと規定している。これは，地方において若者の修学や就業を促進することを目的としている。

よって，妥当なものはイとウであるから，正答は4である。

正答　4

問題研究

2017年12月，政府は，少子高齢化対策などを盛り込んだ「新しい経済政策パッケージ」を決定し，社会保障を「全世代型」に転換することなどを示したが，幼児教育の無償化や，低所得世帯に対する高等教育の無償化はその一環である。政府の経済政策に基づく具体的な政策は，今後も出題が予想される分野である。

PART
3
過去問を解いてみよう！

日本の雇用情勢

日本の雇用情勢に関する記述のうち，妥当なものはどれか。

1　非正規雇用の内訳を雇用形態別に見ると，比率が高いほうから順に，契約社員，派遣社員，パート・アルバイトとなっており，同様に年齢別に見ると，35～44歳が15～24歳より多い。

2　高年齢者雇用安定法により，従業員の雇用を70歳まで維持することが義務づけられてきたが，この規定は，努力義務から罰則付きの義務に改正された。

3　日本における男性の一般労働者の賃金を100とすると，女性の一般労働者の賃金は約90であり，アメリカやイギリスなどの欧米各国よりも高水準となっている。

4　障害者雇用促進法に基づき，公共機関や民間企業についての法定雇用率が定められているが，民間企業については，大企業ほど低い率が設定されている。

5　少子化による人手不足などを背景に，改正出入国管理及び難民認定法が改正され，単純労働分野での外国人の受入れを認めるとともに，一定の専門性・技能を持つ外国人のための在留資格が新設された。

解説

1．非正規の比率については，高いほうから順に，パート・アルバイト，契約社員，労働者派遣事業所の派遣社員，嘱託の順になっている。なお，各年齢層別に比較すると35～44歳が15～24歳より多い状態が続いている。

2．70歳までの雇用を維持することを罰則などによって義務づけたという事実はない。高年齢者雇用安定法により，希望者全員が65歳まで働ける制度の導入を企業に義務づける高年齢者雇用確保措置が講じられている。企業には，定年の引上げ，継続雇用制度の導入，定年の廃止のいずれかを導入することが義務づけられている。

3．日本における男性の一般労働者の賃金を100とすると，女性の一般労働者の賃金は70余りである。この水準は，欧米各国と比較すると極めて低い水準となっている。ちなみに，2020年は75.2，2021年は75.2，2022年は75.7であった。

4．障害者雇用促進法に定められた法定雇用率が大企業ほど低いという事実はない。2022年6月に引き上げられた基準によれば，民間企業は2.3％，国や地方自治体は2.6％，都道府県等の教育委員会は2.5％である。なお，民間企業の実雇用率は上昇傾向にあるが，法定雇用率には届いていない。

5．妥当である。2019年4月に施行された出入国管理及び難民認定法等により，単純労働分野での外国人材の受入れを進めることになった。また，同法によれば，一定の専門性や技能を持つ外国人のための在留資格が新設され，特に，「特定技能2号」が認められた際には，長期間の滞在や家族の帯同も認められることになった。

データ出所：『各年版　労働力調査年報』『各年版　賃金構造基本統計調査』など

正答　5

問題研究

日本の雇用情勢は，たびたび出題されている。失業率や労働力人口の推移に加えて，法制度の動向にも着目し，整理しておく必要がある。特に，外国人労働者の受入れについては，単純労働への就労を認めることに加えて，「特定技能」と位置づけられることにより，在留の際に優遇される点に着目しておきたい。

ヨーロッパ情勢

EU（欧州連合）および欧州各国に関する次の記述のうち，妥当なものはどれか。

1　イギリスでは，2016年に行われた国民投票においてEU（欧州連合）からの離脱に賛成する票が過半数を占めたものの，その後各方面との離脱交渉が難航したことなどを受けて離脱の方針を撤回し，2018年に残留することが決定された。

2　2014年にイギリスにおいてスコットランドの独立の是非を問う住民投票が行われ，独立派が勝利したのに続いて，2017年にはスペインのカタルーニャ州で行われた住民投票でも独立派が勝利した。

3　中東やアフリカなどから難民や移民がヨーロッパ諸国に多く流入していることを背景に，ドイツやイタリアでは，その流入を阻止することを掲げた政党が第1党の座を獲得した。

4　日本とEU（欧州連合）は，EPA（経済連携協定）の締結に向けた準備や交渉を進めてきたが，2018年に協定文書に署名し，翌2019年には発効に至った。

5　EU（欧州連合）は，ヒト・モノ・サービスの移動の自由化の流れを受け，2016年以降，個人情報保護についてのルールを大幅に緩和した。

解説

1．国民投票においてEUからの離脱を求める票が過半数を占めた点，その後の交渉が難航した点は正しい。しかし，翌々年に離脱の方針を撤回し，残留することになったという事実はない。国民投票において離脱派が多数を占めたことの責任を取って当時のキャメロン首相が辞任した後，メイ首相の下で離脱の交渉が進められたが，難航を余儀なくされた。2019年に就任したジョンソン首相の下，2020年1月31日にイギリスはEUから離脱した。

2．2014年に行われたスコットランドの住民投票において，イギリスからの独立を求める票は半数に至らなかった。一方，スペインのカタルーニャ州で行われた住民投票においては独立を求める票が多数を占め，これを受けて，同州政府のプッチダモン首相は独立に向けて動いたが，中央政府側は同州政府の幹部を更迭し，州政府からの自治権剥奪の動きを見せるなど，緊迫した状況が続いた。

3．ドイツにおいて，難民受入れに反対する「ドイツのための選択肢」という勢力が躍進し，議席を獲得したものの，第1党になったわけではない。また，イタリアにおいて反移民を掲げる「同盟」は，第1党にこそならなかったものの，第1党の「五つ星運動」とともに連立政権に参加した。ただし，「五つ星運動」は，2019年9月に連立相手を「民主党」に変更した。

4．妥当である。日本は2018年にEUとのEPAに署名し，2019年に発効した。

5．EU一般データ保護規則により，個人情報保護のためのルールは強化された。同規則は2016年に制定され，2018年に実施された。

正答　4

問題研究

　EU（欧州連合）や欧州各国では，注目される動きが相次いだので，注意を要する。特に，イギリスのEU離脱問題については，ブレグジット（合意なき離脱）などの用語を，それが回避された動きや流れも含めて，理解しておく必要がある。

第４次産業革命

AIやIoTなどの新たな技術の登場により，第４次産業革命と呼ばれる様相を呈しているが，これらの技術に関する次のア～エの記述のうち，妥当なものの組合せはどれか。

ア　AIやIoTの発達は，人間の労働の機会を奪うものではなく，それを維持しながら技術革新を進めるものとして広く理解されている。

イ　SNSなどのオンラインプラットフォームは，利用者が増え，使用する頻度が高まるにつれて，その能力が高まり，利益が増加する仕組みとなっている。

ウ　オンラインプラットフォームに基づくシェアリングエコノミーは，民泊やシェアリングカーに代表される多様なサービスを生み，発展の原動力となったが，それらは，従来のサービスの水準を変動させることなく活用されている点が特徴的である。

エ　仮想通貨を使った新しい金融サービスの分野では，ブロックチェーンの導入が進められており，フィンテックと呼ばれる技術がそれを推進する基礎となっている。

1　ア，イ
2　ア，ウ
3　ア，エ
4　イ，エ
5　ウ，エ

解説

ア：AI（人工知能）やIoT（モノのインターネット）の発達は，その一部が人間の労働力を代替するものとして理解されており，将来は不要となったり，従事する者が極端に減少したりする業種の予想などがなされている。

イ：妥当である。SNSの利用者が増え，各自が使用する頻度が高まれば，利用者の情報の蓄積，多くの人々への情報の提供の機会なども増え，システム自体の可能性や能力，利益が増大すると考えられる。

ウ：さまざまな物やサービス，スペースや場所などを人々と共有したり，交換したりして利用する仕組みがシェアリングエコノミーであり，オンラインプラットフォームの登場や発展がその動きを促進してきた。その結果，これまでにはなかったサービスを生み出し，また，コストを下げ，利便性を向上させるなどの効果をもたらしてきた。

エ：妥当である。ブロックチェーンとは，取引きに関するデータを分散させながら共同で管理する技術である。また，フィンテックとは，ファイナンス・金融とテクノロジー・技術を合わせた造語であり，インターネットに関連する革新的な金融商品やサービスなどの意味で用いられる。

よって，妥当なものはイとエであるから，正答は４である。

正答　4

問題研究

　本問に取り上げられたような科学技術，とりわけ，コンピュータやインターネットに関する内容を理解するためには，近年注目されたサービスの内容と結びつけて覚えておく必要がある。特に，新しい用語については，具体的な事例や事象と結びつけながら，正確に押さえておくことが求められる。なお，科学技術の分野については，医療，宇宙開発，環境などの出題も予想される。また，ノーベル賞の動向についても確認しておこう。

人口問題

人口問題に関する次の文中の下線部のうち，妥当なものの組合せはどれか。

世界の人口は，現在も増加を続けているが，その伸び率は，地域によって異なっている。世界をアジア，オセアニア，アフリカ，ヨーロッパ，北アメリカ，南アメリカの6ブロックに分けて比較すると，ァ人口の増加率が1番高いのはアフリカである。急激な人口増加はさまざまな問題を引き起こすため，それを抑制することを目的として，中国では，ィ一人っ子政策が維持されている。

一方，一部の国や地域では，少子化が進んでいる。これに関連して日本は2018年に合計特殊出生率が1.42となり，ゥ韓国よりは高いがアメリカよりは低かった。一方，日本の高齢化率は27.4％であり，ェ北ヨーロッパ諸国やフランスに次いで高い。

少子化を食い止めるには，子育て支援の仕組みづくりや施策の推進が欠かせないが，ォ保育所の定員は変化しておらず，対応が急がれている。

1　ア，ウ
2　ア，エ
3　イ，ウ
4　ウ，エ
5　ウ，オ

解説

ア：妥当である。2019年から2020年にかけて人口増加率が最も高かったのは，アフリカであり，その伸び率は2.49％である。以降，オセアニア1.3％，ラテンアメリカ0.9％，アジア0.86％，北アメリカ0.62％，ヨーロッパ0.06％と続く。

イ：中国における一人っ子政策は，1979年から2015年にかけて実施された人口抑制策である。1人の子どもを持つ親を経済的に優遇する一方，2人目以降の子どもがいる親については，負担を増やし，仕事上も冷遇するものであった。2014年には両親のどちらかが一人っ子なら2人まで子どもを産めるよう緩和され，2015年には正式に廃止され，2016年からは1組の夫婦につき子どもは2人までとされた。

ウ：妥当である。2021年の合計特殊出生率は，日本が1.3，韓国が0.81，アメリカが1.66である。合計特殊出生率とは，1人の女性が産む子どもの数の推計値であり，長期的に人口を維持するためには，2.1程度を維持することが必要だとされている。ちなみに，2022年の日本における合計特殊出生率は1.26である。

エ：日本の高齢化率は，世界で最も高く，おおむね2割程度の水準となっている北欧諸国やフランスを上回っている。

オ：国や地方の取組みもあり，保育所等の定員は増加している。2022年に厚生労働省により発表されたデータによれば，その定員は304万人であり，1年間で2万7千人ほど増加した。ただし，待機児童問題は解消されておらず，早急な対応が求められる。

よって，妥当なものはアとウであるから，正答は1である。

正答　1

問題研究

人口問題や少子・高齢化問題は，日本の現状，世界の国や地域との比較，それらに関連する政策などが総合的に問われる。これに対処するためには，白書に示されたデータの特徴や動向を把握するとともに，国際機関や各国の政府などがどのような対策を進めたかをきちんと理解しておく必要がある。

日本の労働事情

日本の労働問題や働き方改革に関する次の記述のうち，妥当なものはどれか。

1　正規労働者と非正規労働者との間に存在する格差是正への取組みが進められているが，その対象は，基本給や各種手当などの賃金に関する問題に限定されており，福利厚生にかかわる部分については例外とされている。

2　賃上げや労働生産性の向上などに積極的に取り組んだ企業に対して公的な補助が行われるとともに，最低賃金も引き上げられた。

3　長時間労働を是正するため，残業については月80時間，年間960時間までという上限規制が設けられ，さらに，勤務間インターバル制度の導入が義務化された。

4　女性の就業率は，2000年以降上昇傾向にあるが，年齢階級別に見ると，25歳から34歳の層においてはほとんど変化しておらず，政府は，2020年までに，この層の就業率の上昇を図る方針を示している。

5　外国人労働者の受入れについては，単純労働の分野では解禁されなかった一方で，高度人材ポイント制度が導入されたことにより，高度プロフェッショナル人材に限定し，要件が緩和された。

解説

1．正規労働者と非正規労働者の間における格差是正への取組みの対象は，賃金のみならず，福利厚生にも及んでいる。たとえば，公的医療保険や厚生年金の加入についても，その要件が緩和され，非正規労働者が加入できる範囲が広がっている。

2．妥当である。生産性の向上や，賃金の上昇については，業務改善助成金や人材確保等支援助成金などの助成制度がある。また，最低賃金についても，引上げへの取組みが続いている。ちなみに，最低賃金は，審議会の答申に基づき，都道府県ごとに決定される。

3．長時間労働を是正するために，残業時間については，月100時間未満，年間720時間，複数月平均80時間という基準が設定された（2023年現在）。また，勤務間インターバルとは，1日の勤務終了後，翌日の出社までの間に，一定時間以上の休息時間（インターバル）を確保する仕組みであり，日本では，企業の努力義務とされている。

4．女性の就業率は，各年齢において上昇しており，「25歳から34歳の層においてはほとんど変化しておらず」という記述は誤りである。なお，女性全体の就業率が上昇していること，晩婚化や晩産化が進んでいることなどの要因により，就業率が低下する「M字カーブ」は，その底が浅く，年齢が高いほうにシフトしている。

5．外国人労働者の受入れについては，高度人材ポイント制度が導入されている点は正しい。ただし，この制度は，「高度学術研究活動」「高度専門・技術活動」「高度経営・管理活動」などについて，「学歴」「職歴」「年収」などの項目ごとにポイントを設け，合計が一定点数を超えた場合に入国管理上の優遇措置を与えるというものである。それに対し，高度プロフェッショナル制度は，専門知識や技能を有する一定水準以上の年収を得る労働者について，労働時間規制の対象から除外する仕組みであり，外国人労働者の受入れとの間に直接的な関係はない。なお，2018年に成立した改正入国管理法により，一定の要件の下，単純労働について外国人の就労が認められた。

正答　2

問題研究

　働き方改革に関する内容や労働問題は，近年注目されたこともあり，出題が予想される。労働に関する基本的なデータと併せて，労働政策についても理解しておくことが求められる。

地球環境問題に関する次の文中の下線部のうち，妥当なものの組合せはどれか。

近年，地球温暖化が進行し，各地でさまざまな影響が懸念されている。特に，温暖化に伴う気温や水温の上昇などの要因により，ア海水面が上昇し，海岸地域の低地では浸水被害が顕在化している。温暖化の原因として，温室効果ガスの排出が考えられ，その一つである二酸化炭素（CO_2）については，イアメリカ，日本，中国の順で排出量が多い。

温暖化に対する取組みとして，国連気候変動枠組条約第21回締約国会議（COP21）がパリで開催され，2020年以降の温暖化対策の国際的な枠組みである「パリ協定」が締結された。協定では，ウ先進国と発展途上国の双方が排出量削減の目標の設定と，それに向けた施策の実施について義務を負うことになった。しかし，協定の発効についてアメリカが反対したため，エ協定は依然発効していない。

1　ア，イ
2　ア，ウ
3　ア，エ
4　イ，ウ
5　イ，エ

解説

ア：妥当である。モルディブやオセアニア諸国などの海抜の特に低い地域では，海面が上昇したことによる浸水被害が顕在化している。特に南太平洋のツバルでは，ニュージーランド等への集団移転が検討されるなど，深刻化しつつある。

イ：CO_2の排出量が多い国は，中国，アメリカ，インド，ロシア，日本の順である（2023年）。

ウ：妥当である。パリ協定では，「世界的な平均気温上昇を産業革命以前に比べて2℃より十分低く保つとともに，1.5℃に抑えることを追求すること」などが盛り込まれた。そのうえで，参加国に対して，温室効果ガス削減目標を自主的に決定し，国内対策を実施することを義務づけている。ちなみに，日本の目標は，「2030年度までに，2013年度と比較して温室効果ガスを26％削減すること」である。

エ：パリ協定は，2016年11月に発効した。発効の要件は，55か国・地域以上の批准などであり，中国，アメリカ，インド，EUなどの参加により発効した。日本は発効時点で批准していなかったものの，その後，手続を済ませ，加入している。なお，アメリカはトランプ大統領の下，2020年11月に同協定から離脱したが，バイデン大統領の下，2021年2月に同協定に復帰した。

よって，妥当なものはアとウであるから，正答は**2**である。

正答　2

問題研究

　環境問題については，今後も出題が予想される。環境に関する諸問題の内容，それに対処するための条約や議定書，各国や国際機関の動向などを総合的に整理しておく必要がある。環境問題において，深刻なものの一つが，地球温暖化である。1992年に開かれた地球サミットにおいて，気候変動枠組み条約が採択され，1997年には，温室効果ガスの削減目標を各国に義務づけた京都議定書が採択され，2005年に発効した。2012年に期限切れを迎えた同議定書以降の枠組みづくりは難航したものの，2015年12月にパリ協定が採択され，翌年発効した。

PART
3
過去問を解いてみよう！

日本の社会保障

日本の社会保障に関する次の記述のうち，妥当なものはどれか。

1　少子高齢化の進展を受けて，2023年度において，一般会計予算における社会保障関係費は100兆円を超え，予算全体の7割を占めるようになった。

2　生活保護の受給者については，政府が生活保護受給者の就労や自立への支援を進めた結果，受給者数や受給世帯数が減少し，最も深刻とされた高齢者の受給者についても，改善が進んだ。

3　基礎年金，厚生年金などの公的年金については，物価や人口の変化により給付額を変動させる方式から，国債をはじめとした有価証券の市場を通じた年金積立金の運用益によって給付額を決定する確定拠出型に改められた。

4　医療分野では，大病院での診療における療養費を削減するため，医療費高騰の原因の一つとされるジェネリック医薬品の使用を抑制する方針がとられている。

5　公的介護保険については，特別養護老人ホームの利用に当たり，必要性の高い人の入所を優先すること，財政的な負担力のある人の自己負担率を引き上げることなどを柱とする改革が進められた。

解説

1．2022年度当初予算における社会保障関係費の割合は32.3%であり，その金額は，36兆8,889億円である。

2．生活保護受給者に対して就労や自立を促進する支援が進められたという点は正しい。しかしながら，2015年度と2016年度を比較すると，被保護人員や母子世帯については，わずかに減少したものの，高齢者世帯や総世帯数については増加し，2023年度も同様の傾向が続いている。

3．基礎年金など公的年金の給付額は，基本的に，被保険者や事業主が納付した期間や金額，国庫からの積立額に加えて，物価や人口の変化による変動などを加味して決定される。なお，物価，人口の変化などによって給付額が変動する仕組みは，マクロ経済スライドと呼ばれている。確定拠出型年金は，企業や加入者が一定の保険料を拠出し，それを運用した収益などに応じて給付額が決まる年金である。これは，国民年金や厚生年金に上乗せされる年金であり，義務づけられているわけではない。よって，すべてがこれに切り替えられたという記述は誤りである。

4．増加を続ける医療費を抑制することは，緊急の課題とされている。そのため，具体的な方策として，政府は，ジェネリック医薬品（後発医薬品）の使用促進に積極的に努める方針を示し，「平成24年度までに，後発医薬品の数量シェアを30%以上とする」との目標を掲げたものの，達成には至らなかった。よって，ジェネリック医薬品の使用を抑制するとの記述は誤りである。

5．妥当である。2014年に介護保険法が改正された。主な内容は，特別養護老人ホームへの新規入所を中・重度者のみ，具体的には，要介護3以上のみに限定すること，一定以上の所得がある利用者の自己負担を1割から2割に引き上げることなどである。

正答　5

問題研究

　日本における少子高齢化の進展，労働事情，社会保障制度の動向などについては，これまでもたびたび出題されてきた。このような問題に対処するためには，「労働経済白書」や「厚生労働白書」の内容をきちんと理解するとともに，制度の概要や近年の改正などについて知識を整理しておく必要がある。特に，公的扶助・生活保護，公的医療保険，介護保険については，近年，法律や制度の改正が相次いだこともあり，注意が必要である。

貿易に関する次の文中の下線部ア～エのうち，妥当なものの組合せはどれか。

保護貿易とブロック経済化が二度の世界大戦につながったという反省に基づき，第二次世界大戦後には自由貿易が促進され，1995年には，貿易の自由化を進め，国家間の経済上の紛争を処理するWTO（世界貿易機関）が発足した。WTOによる紛争処理の対象は，ァモノばかりでなくサービスや知的財産権にも及ぶが，WTOにおいて多国間の貿易ルール作りを世界規模で行うことは困難になっている。その原因の一つとしてィ世界の主要貿易国のうち中国など新興国の多くがWTOに加盟していないことが挙げられる。

WTOの下では，加盟国が他のあらゆる加盟国を貿易のうえで差別なく扱うことが原則とされているが，特定の国や地域との間でEPA（経済連携協定）やFTA（自由貿易協定）を結ぶことは認められている。日本が加盟している主なEPA/FTAのうち，RCEP（地域的な包括的経済連携）協定には，ゥ中国，オーストラリア，ASEAN各国などが参加している。また，TPP（環太平洋パートナーシップ）協定については，離脱を表明したアメリカを除く11か国間で，協定の早期発行をめざしてCPTPP（環太平洋パートナーシップに関する包括的および先進的な協定）が結ばれた。トランプ政権のときにTPP協定から離脱したアメリカはェ2021年にバイデン政権が成立すると，直ちにCPTPPに参加した。

1　ア，イ
2　ア，ウ
3　ア，エ
4　イ，ウ
5　イ，エ

解説

ア：妥当である。前身であるGATT（関税および貿易に関する一般協定）は，モノのみが対象であったが，WTOは，金融やサービス，知的財産権なども対象となった。

イ：現在（2023年6月）の加盟国は164か国で，中国や新興国の多くが加盟している。また，23か国が加盟作業中である。

ウ：妥当である。日本，中国，韓国，ASEAN10か国とオーストラリア，ニュージーランドを加えた15か国が参加している。

エ：2021年にバイデン政権が成立した後も，CPTPP（環太平洋パートナーシップに関する包括的および先進的な協定）に加盟していない。

　以上より，妥当なものはアとウであるから，正答は2である。

正答　2

問題研究

　貿易の国際機関に関する出題は，これまであまり出題されたことはなかったが，近年の世界情勢の激しい流動化に伴い，貿易の国際機関の変化が見られるため，今後この分野が出題される可能性が高い。WTO（世界貿易機関）の変遷，EPA（経済連携協定），FTA（自由貿易協定），TPP（環太平洋パートナーシップ）など地域間貿易協定などの状況をしっかり把握しておきたい。

河川と海岸の小地形

河川に沿って見られる地形に関する次の記述のうち，妥当なものはどれか。

1　扇状地は，河川が山地から平地に出るところで見られる。扇状地の中央部である扇央は，保水力のある湿った土壌であるため，日本では，伝統的に水田として利用されてきた一方で，畑や果樹園として利用されることはまれである。

2　自然堤防は，もともと河川の近くにあった台地や丘陵のうち，地盤の硬い土地だけが浸食されずに残ったものである。土地の大半が岩石からなる急峻な地形であり，農地や宅地として利用されることはほとんどない。

3　河岸段丘は，河川の運んだ土砂が堆積した氾濫原が隆起するなどして形成される。しばしば階段状に重なって発達し，一般に，高いところにある段丘ほど古い時代に形成されている。

4　三角州は，河口付近に砂や泥が堆積して形成される。低湿で水はけが悪く，洪水や高潮などの災害にも見舞われやすいため，農地や宅地として利用されることはほとんどない。

5　エスチュアリーは，大河の河口付近の低地に海水が入り込んで形成されるラッパ状の入り江である。水深が浅いため，かつては船舶の出入りは困難であった。

解説

1．扇央は，砂礫が厚く堆積してできたため，河川が伏流しやすく水が得にくいため，畑や果樹園，林地として利用されてきた。水田として利用されてきたのは，湧水が得やすい扇端である。

2．自然堤防は，河川の両側に上流から運搬されてきた土砂が，洪水の際に堆積してできた微高地である。水はけがよいので，畑や集落として利用されている。

3．妥当である。河岸段丘では，ほぼ平坦な段丘面は集落や水田・畑などに利用され，それをくぎる段丘崖には森林が広がる。

4．三角州の形成，水はけ，災害に関する記述は妥当である。しかし，多くの三角州は，開発が進み，農地や宅地として利用されている。

5．エスチュアリー（三角江）形成の記述は妥当であるが，湾内は水深が深く，波が穏やかなので，古くから港湾として利用されているところが多い。

正答　3

問題研究

　地形分野は，気候と共に最頻出している。また，地形分野は，大地形（プレートテクトニクス，地体構造）よりも小地形（平野，海岸，氷河，カルストなど）の出題が多い。小地形では，地形の成因と特徴，土地利用，人間生活との関連，代表的地域などをまとめておくことをすすめたい。最近では，地震，火山活動など災害との関係を問う問題も見られる。

オーストラリアの産業

オーストラリアの産業に関する次の記述のうち，妥当なものはどれか。

1　南部の沿岸地域では，牛や羊の放牧が，内陸部では，小麦など穀物栽培と牧羊を組み合わせた混合農業が，それぞれ盛んである。

2　小麦の生産量は世界有数である。かつては輸出量も世界有数であったが，近年の人口急増により，現在では小麦の純輸入国になっている。

3　鉄鉱石と石炭の輸出国として世界有数であり，日本や中国，韓国などアジアの国が主要な輸出先である状態が続いている。

4　牧羊が盛んであるため，古くから繊維産業が発達しており，毛織物は生産量も輸出量も世界有数である。

5　英国の植民地であった経緯から伝統的に英国との結びつきが強く，オーストラリアを訪れる観光客の約50%以上が英国から来ている。

解説

1．南部の沿岸地域では，小麦や大麦などの穀物栽培と羊の飼育とを組み合わせた混合農業が見られる。内陸部では，肉牛や羊の粗放的な放牧が行われている。特にグレートアーテジアン（大鑽井）盆地では，豊富な被圧地下水を掘り抜き井戸で汲み上げることによって牧畜が発達してきた。

2．小麦の生産量は世界7位なので，世界有数ではない。輸出量は世界2位である。また，北半球の収穫期と異なるため，端境期に輸出できるという有利な面もある。近年も人口は急増していない。また，小麦の純輸入国ではない（2021年）。

3．妥当である。鉄鉱石は世界一の輸出国，石炭はインドネシアに次ぐ第2位の輸出国である。鉄鉱石の輸出先は中国，日本，韓国（2021年）。石炭の輸出先は，日本，中国，インドなどである（2019年）。

4．牧羊は盛んであるが，放牧される羊の多くは羊毛を採取するためのもので，そのほとんどを輸出している。したがって，繊維産業の発達はなく，毛織物の生産量や輸出量は極めて少ない。

5．英国との結びつきに関する記述は妥当であるが，2018年にオーストラリアを訪れた観光客は，中国，ニュージーランド，アメリカ合衆国，次いで英国である（コロナ禍で以降不明）。

正答　3

問題研究

　オーストラリアの産業を，農業，牧畜，鉱産資源，繊維品，観光など多角的に出題している。細かな点まで理解していなくても，おおよその事項が理解できていれば解答できる基本的な内容である。特に重要な事項は，牛と羊の放牧地域，集約的牧羊地域，小麦およびさとうきびの栽培地域などである。鉄鉱石や石炭などの産出地も頻出しているので，地図で確認しておきたい。観光客は，コロナ禍前には飛躍的に増加しており，特にアジア諸国からの増加が著しかった。

PART
3
過去問を解いてみよう！

日本の気候に関する記述のうち，妥当なものはどれか。

1　日本列島では，夏には南北での気温の差が大きいが，冬には夏と比較して南北での気温の差が小さくなる。

2　北海道や東北地方で見られるやませは，冬に吹く冷たい季節風であり，この風が強い年には冬の冷え込みが厳しくなり，果樹や耕地に被害が生じる。

3　冬の積雪が日本海側で多く，太平洋側で少ないのは，日本海側に低気圧が停滞して雪をもたらすのに対し，太平洋側には高気圧が停滞して晴天が続くからである。

4　初夏の頃には日本付近に梅雨前線が発生し，北海道を除く日本列島では雨や曇りの日が続く。梅雨前線に伴う降水量は，東日本の方が西日本よりも多い。

5　台風は，日本列島が小笠原気団におおわれている時期には台湾や中国南部に上陸することが多いが，秋が近づき小笠原気団の勢力が衰えると日本列島付近に北上しやすくなる。

解説

1．日本列島では，冬は気温の南北差が大きく，北海道と九州・沖縄では20℃以上の差が見られることもある。一方，夏は南北差が小さくなる。

2．夏に小笠原気団の勢力が弱く，オホーツク海気団が長く北日本をおおうと，北海道から東北地方の太平洋側で，やませとよばれる冷たく湿った北東の風が吹き続け，曇りの日が続く。その結果，低温と日照不足になり，冷害が発生し，米などの農作物に被害が出る。

3．冬の積雪が日本海側で多いのは，乾燥した大陸からの北西季節風が，日本海上空で暖流の対馬海流からの水蒸気を受け，日本海側に多量の雪を降らせるからである。北西季節風は山を越えると再び乾燥し，太平洋側は晴天になる。

4．初夏にはオホーツク海気団と小笠原気団との間にできた梅雨前線がゆっくり北上し，北海道を除いた地域が梅雨になる。梅雨前線に伴う降水量は，西日本の方が東日本よりも多い。

5．妥当である。

正答　5

問題研究

日本の気候に関する問題は，近年の異常気象の関係からか頻出傾向にある。まず，日本付近の気団（シベリア「寒冷・乾燥」，揚子江気団「温暖・乾燥」，赤道気団「高温・多湿」，オホーツク海気団「冷涼・湿潤」，小笠原気団「高温・湿潤」）を確認したうえで，日本の気候区分は，気温と降水量が季節により変化し，8つの気候区分に区分されていることを把握したい。なお，気象用語をはじめ，洪水や土砂災害，線状降水帯，局地的大雨，集中豪雨なども具体的に理解しておきたい。

多民族国家

多民族国家に関する次の記述のうち，妥当なものはどれか。

1　マレーシアは，国民の多数を占めるマレー系民族のほかに，中国系民族などが居住する。政府は雇用や教育の面で中国系住民を優遇するブミプトラ政策をとり，中国系住民とマレー系住民との経済格差の解消を図ってきた。

2　ベルギーは，北部のオランダ系フラマン人と南部のフランス系ワロン人の2つの民族から構成されている。ゲルマン民族とラテン民族というヨーロッパの2大民族の融合した国である。公用語はオランダ語（フラマン語）・フランス語（ワロン語）およびドイツ語を使用する多言語国家でもある。

3　アメリカ合衆国の民族は，WASP（白人・アングロサクソン・プロテスタント系の人々）が最も多く，次いでヒスパニック（スペイン語を話すラテン系アメリカ人），アフリカ系，アジア系の順に多い。地域的には，北部でアフリカ系，南東部で白人およびヒスパニックの割合が多い。

4　スリランカは，イギリスから独立後1971年まで国名をセイロンとしていた。国民の多数を占める仏教徒のタミル人と北部に住むヒンドゥー教徒のシンハラ人との間で，公用語などを巡り長い間内戦状態が続いていたが，近年一応の終結をみた。

5　カナダは，1971年に世界で初めて多文化主義政策を導入し，イギリス系の住民とドイツ系の住民が共存してきた。英語とドイツ語がともに公用語である。しかし，ドイツ系住民が約87％を占めるケベック州では，分離・独立を求める運動がたびたび起きている。

解説

1．マレーシアは，国民の多数をマレー系民族が占め，ほかに中国系民族などが居住するとの記述は正しいが，経済的に優位なのは中国系民族である。政府はマレー人を優遇するブミプトラ政策をとり，経済格差の解消を図ってきた。

2．妥当である。

3．アメリカ合衆国の民族構成は妥当であるが，北部はWASPが，南東部はアフリカ系，南西部ではヒスパニック系の割合が多い。

4．スリランカは，独立後1971年まで国名を「セイロン」としていたとの記述は妥当である。しかし，スリランカで国民の多数を占めているのは，仏教徒のシンハリ人である。北部に住むヒンドゥー教徒のタミル人との間で内戦状態が続いていたが，近年一応の終結をみた。

5．カナダは，イギリス系とフランス系住民が共存し，多文化主義政策がとられてきた。英語とフランス語がともに公用語となっているのは，2つの社会の均衡を維持するためである。しかし，フランス系住民が多いケベック州では，分離・独立を求める運動がたびたび起きている。

正答　2

問題研究

多民族国家に関する問題である。世界の国家には単一国家はほとんど存在せず，複数の民族から構成される多民族国家が圧倒的に多い。このため，世界各地で民族問題が発生している。本問は，その典型的な国々の状況について出題している。ポイントを把握していれば簡単に解ける内容なので，民族問題の主因，対立の背景などをまとめておくと同時に，地図上で確認しておくことが大切である。本問以外では，バスク人の独立要求，ルワンダ内戦，キプロス問題，クルド民族紛争，アフガニスタン紛争，カシミール問題，シリア内戦，中東戦争，ロシアによるウクライナ侵攻などを簡単にまとめておきたい。

プレートの運動と境界に関する次の記述のうち，妥当なものはどれか。

1　アイスランド島は，北アメリカプレートとユーラシアプレートが「広がる境界」にあり，大西洋中央海嶺の上に位置している。なお，現在，火山活動はまったく見られない。

2　日本列島やその周辺では，4つのプレートがゆっくりと水平方向に滑り動いており，その境界では，大陸プレートが海洋プレートの下に沈み込んでいる。

3　アフリカ大地溝帯は，アフリカ大陸東部から南部にかけて約7,000kmにも及ぶ谷である。2つのプレートが押し合い，一方のプレートが他方のプレートの下に沈み込むことで形成された。

4　ヒマラヤ山脈とインド半島の間にあるヒンドスタン平原やインダス平原は，2つのプレートが広がる場所にある。将来，インド半島はユーラシア大陸から分離すると考えられている。

5　北アメリカ西部海岸では，2つの隣接したプレートが水平にすれ違う方向に力が働いてずれ動き，大規模な断層を形成しており，ときどき大きな地震が起きている。

解説

1．アイスランド島とプレートに関する記述は妥当であるが，火山活動は極めて活発である。なお，アイスランド島には，「ギャオ」と呼ばれる裂け目が多く見られる。

2．日本列島やその周辺では，海洋プレートである太平洋プレートとフィリピン海プレートが西進し，大陸プレートである北アメリカプレートとユーラシアプレートの下に沈み込んでいる。

3．アフリカ大地溝帯の位置や距離に関する記述は妥当であるが，アフリカ大地溝帯は，プレートが広がる境界で形成され，アフリカ大陸が裂け，両側に開きつつある。

4．ヒンドスタン平原やインダス平原は，インド・オーストラリアプレートが北上し，ユーラシアプレートと衝突した「狭まる境界」に位置している。将来，インド半島がユーラシア大陸から分離することは考えられない。

5．妥当である。サンアンドレアス断層が代表例である。

正答　5

問題研究

　　プレートテクトニクスに関する問題である。地球の表層は，厚さ100kmほどの硬いプレートでおおわれ，その数は十数枚に分かれ，ゆっくりと水平方向に滑り動いている。

　　プレートの境界は，各プレートの動きによって，

　　A：狭まる境界…①大陸プレートどうしが衝突している境界は，ヒマラヤ山脈のような褶曲山脈ができる。②日本近海のように海洋プレートが大陸プレートの下に斜めに沈み込む境界では，海溝がつくられ，海溝に沿った大陸側には，弧状列島（島弧）や火山列が形成される。ここでは地震が多発する。

　　B：広がる境界…隣り合うプレートが互いに遠ざかり，広がる境界が大洋底にある場合は，海嶺（海底山脈）が形成される。アイスランドは，大西洋中央海嶺が海上に現れたものである。境界が陸上にある場合は，アフリカ大地溝帯のような地溝（巨大な裂け目ができ，その裂け目が落ち込んだ部分）ができる。

　　C：ずれる境界…2つのプレートが水平にすれ違うことにより，その境界に横ずれ断層（トランスフォーム断層）ができる。アメリカ合衆国太平洋岸のサンアンドレアス断層が代表例である。

　　地震が多発している昨今だけに，プレートに関する問題は，今後多く出題されそうである。ポイントを確実に理解しておきたい。

東南アジアの地誌

東南アジア諸国（11か国）に関する記述のうち，妥当なものはどれか。

1　フィリピンでは，国民の約90％がイスラム教を信仰している。また，インドネシアでは，国民の約50％がキリスト教を信仰している。

2　東南アジアの国々は，プランテーション農業が盛んである。なかでもバナナの生産量が最大の国はフィリピン，油やし（パーム油）の生産量が最大の国はマレーシアである。

3　東南アジアの国々で，1人当たりのGDP（国内総生産）が多い国は，シンガポール，ブルネイの順である。また，少ない国は，ミャンマー，カンボジアである。

4　ASEAN（東南アジア諸国連合）に加盟していないのは，ベトナムと2002年に独立した東ティモールの2か国である。

5　石油の産出量が多い国は，ミャンマー，ラオスの順で，いずれもOPEC（石油輸出国機構）に加盟している。

解説

1．フィリピンの国民は，圧倒的にキリスト教を信仰している（国民の約83％がカトリック，約10％が他のキリスト教を信仰）。ただし，南部のミンダナオ島では約20％がイスラム教を信仰している。また，インドネシアでは，国民の約90％がイスラム教を信仰している。

2．プランテーション農業が盛んな国が多い。バナナの最大生産国はインドネシア（世界3位）で，次いでフィリピン（世界6位）である（2020年）。油やし（パーム油）の最大生産国はインドネシア，次いでマレーシアである（世界第1位，2位）（2019年）。

3．妥当である。シンガポール（58,114ドル），ブルネイ（27,437ドル），カンボジア（1,513ドル）ミャンマー（1,292ドル）である（2020年）。

4．ASEAN（東南アジア諸国連合）加盟国は，東ティモール以外の10か国（インドネシア，マレーシア，フィリピン，シンガポール，タイ〈以上原加盟国〉，ブルネイ，ベトナム，ラオス，ミャンマー，カンボジア）である。

5．石油生産国は，インドネシア，マレーシア，ベトナム，タイ，ブルネイで，いずれもOPEC（石油輸出国機構）には加盟していない。

データ出所：『新詳地理B(帝国書院)』『世界国勢図会 2022/23』『データブックオブ・ザ・ワールド2023』

正答　3

問題研究

　　東南アジア諸国に関する基本的な問題。頻出度が極めて高い分野である。特に各国の位置，首都，旧宗主国，宗教は，最初に把握しておくことが大切である。農業，鉱工業，貿易（我が国との輸出入など）は最新の統計で理解しておくとよい。また，高校の教科書や地図（白地図）を利用し，要点をまとめておくとより理解が深まる。

PART
3
過去問を解いてみよう！

緯度による気候の変化

大気の循環と気候変化に関する文中の空欄ア～オに該当する用語の組合せとして，妥当なものはどれか。

熱帯収束帯で上昇した気流は，地球の自転の影響により緯度20～30度付近で下降気流になり，亜熱帯高圧帯（中緯度高圧帯）ができる。ここから高緯度に向かって ア が，低緯度に向かって イ が吹く。熱帯収束帯の陸地では ウ が広がり，亜熱帯高圧帯の陸地では， エ が形成される。なお，この両者間の陸地では雨季と乾季が明瞭な オ が分布する。

	ア	イ	ウ	エ	オ
1	偏西風	貿易風	熱帯雨林	砂漠	サバナ
2	偏西風	貿易風	砂漠	熱帯雨林	ステップ
3	貿易風	偏西風	砂漠	熱帯雨林	サバナ
4	貿易風	偏西風	熱帯雨林	砂漠	ステップ
5	貿易風	偏西風	熱帯雨林	砂漠	サバナ

解説

ア：風は気圧の高いところから低いところに向かって吹く。地球の表面付近では，高圧帯から低圧帯へ大規模な風の流れ（大気大循環）がつくられる。高緯度に向かって西寄りに吹く「偏西風」である。

イ：低緯度に向かって東寄りに吹く「貿易風」である。なお，偏西風や貿易風，極偏東風は一年中決まった方向に吹くので恒常風という。

ウ：熱帯収束帯（赤道低圧帯）の陸地では，年中高温多雨なので，「熱帯雨林（多種類の常緑広葉樹からなる密林）」が広がる。これは熱帯雨林気候（Af）である。

エ：亜熱帯高圧帯は，年間総蒸発量が年間総降水量より多いので，「砂漠」である。これは砂漠気候区（BW）である。

オ：熱帯雨林気候区と砂漠気候区の間に分布し，雨季と乾季が明瞭な気候区は，「サバナ気候区（Aw）」である。

よって，アは「偏西風」，イは「貿易風」，ウは「熱帯雨林」，エは「砂漠」，オは「サバナ」であるから，正答は1である。

出所：『新詳地理B（帝国書院）』『新詳高等地図（帝国書院）』

正答　1

問題研究

気候区の入門的ともいえる易しい問題である。しかし，本問の「大気大循環と風」は，頻出度が最も高い「ケッペンの気候区」を理解するうえで重要なポイントでもある。この際，少し広げてモンスーン，熱帯低気圧，地方風などを整理し，ケッペンの気候区（ハイサーグラフ）や，植生，土壌まで，教科書の太字部分を中心にマスターしておくと完璧である。

エネルギー政策

エネルギー資源に関する次の記述のうち，妥当なものはどれか。

1　日本は，石油の多くを中東から輸入してきたが，安定供給を図るため，石油輸入先の分散化を図った結果，東南アジアからの輸入が増加し，現在，中東依存度は約50％程度になった。

2　中国やインドでは，景気回復など好調な経済情勢を背景に，国内の石炭需要の増加が続いているが，産出量が多いため，日本への輸出も増大している。

3　天然ガスは，ロシアや中東で世界の約80％を産出しているが，近年，シェールガス生産を本格化したアメリカ合衆国から日本への輸入が開始された。

4　原子力発電では，3・11福島第一原子力発電所の事故を受け，アメリカ合衆国，フランスのみならず，中国，インドなどでも原子力発電所の新規計画を凍結した。

5　再生可能エネルギーによる発電は，固定価格買取制度の導入により，太陽光を中心に増加し，日本国内では，水力発電を含めた再生可能エネルギーの利用率は約18％を占めている。

解説

1．日本の石油政策の骨格は，1970年代に発生した2度の石油危機を教訓にしている。石油代替エネルギーの導入による石油依存度の低減，原油輸入先の分散化などである。石油依存度の低減は，石炭，天然ガス，原子力の利用拡大などで，ある程度の成果が見られた。しかし，原油輸入先分散化では，中国やインドネシアの輸出余力が低下し，現在（2022年）は，中東から約94％を輸入している。

2．中国やインドは，石炭の生産量が多く，中国は世界第1位（57.4％），インドは第2位（10.5％）を占めている（2020年）。しかし，国内需要が多く，輸入しているので，日本には輸出していない。なお，日本はオーストラリア，インドネシアなどから輸入している。

3．天然ガスは，アメリカ合衆国（23.1％），ロシア（17.4％），イラン（6.4％），中国（5.2％），カタール（4.4％）などで産出している（2021年）。

4．原子力発電では，3・11福島第一原子力発電所の事故を受け，ドイツ，台湾，スイスなどが原子力発電所の新規計画を凍結した。しかし，アメリカ合衆国，フランス，中国，インドなどは停止していない。日本も2023年3月現在，原子炉10基が運転中である。

5．妥当である。なお，再生可能エネルギーとは，太陽光，風力，地熱，バイオマス，水力などである。

データ出所：『日本国勢図会　2023/24年版』『世界国勢図会　2022/23年版』

正答　5

問題研究

エネルギー資源に関する問いである。化石燃料に乏しい日本を取り巻く国内外の現状を把握しているかが問われている。次の点を理解していれば容易に解答できる。1．原油では，中東からの輸入割合。2．石炭では，中国やインドの国内需要状況と日本の主要輸入先。3．天然ガスは主要産出国と輸入先。4．原子力発電は，常識問題。5．再生可能エネルギーの割合は，やや難問であった。最新の統計，新聞の見出し程度を把握しておくことが大切である。

地形に関する次の記述のうち，妥当なものはどれか。

1 エスチュアリ（三角江）とは，河口付近の河川が沈水してできたラッパ状の入り江で，湾奥は河川からの土砂が堆積するので，港湾に不向きである。なお，日本の各地に見られるが，ヨーロッパではほとんど見られない。

2 河岸段丘とは，河川の中・下流域に流路に沿って発達する階段状の地形である。平たんな部分（段丘面）と急傾斜な崖（段丘崖）とが交互に現れる。一般的には，高い段丘面は畑，低い段丘面は田，段丘崖は森林に利用されている。片品川，信濃川などに見られる。

3 三角州（デルタ）とは，河口付近に河川によって運搬・堆積され，形成された低平な地形である。河川の土砂供給量や沿岸流，潮流，海底地形による影響を受け，いろいろな形状ができる。しかし，水はけが悪く水害も多いため，田や集落にあまり利用されてこなかった。

4 フィヨルドとは，氷河の侵食によってできた氷食谷に海水が侵入してできたV字型の深い入り江である。両岸には平たんな低地が広がる。ノルウェー，ニュージーランド南島，チリ南部など高緯度地方に見られる。

5 リアス海岸とは，山地や丘陵が沈水し，谷の下流部に海水が侵入してできた鋸歯状の海岸である。湾入部に津波が押し寄せると，海水が湾奥に向かって集中するため，津波の高さが高くなり，大きな被害をもたらす。三陸海岸や九十九里浜が代表例である。

解説

1．エスチュアリ（三角江）とは，河川の河口部が沈水して生じたラッパ状の入り江である。湾奥は平野であるため，都市が発達し，港湾として栄えることが多い。テムズ川（イギリス），セントローレンス川（カナダ），ラプラタ川（アルゼンチン）の河口が代表例。日本では見られない。

2．妥当である。低い段丘面や湧水のある段丘崖のふもとは田，高い段丘面は畑に利用されていることが多い。なお，現在の河川より高いところにある段丘ほど，古い時代に形成されている。

3．三角州とは，河川が海や湖に流入するところに形成された低平地である。その形状がギリシャ文字の⊿（デルタ）に似ていることからこの名がついた。三角州の形状は河川の土砂供給量や沿岸流，潮流，海底地形による影響を受け，いろいろな形状（鳥趾状＝ミシシッピ川，円弧状＝ナイル川，カスプ状＝テヴェレ川などが代表例）ができる。三角州は低湿のため水はけは悪いが，開発が進み，農地や人口密集地になっている。

4．フィヨルドとは，氷河の侵食によってできた氷食谷（U字谷）に海水が侵入してできた奥深い入り江で，峡湾とも呼ばれている。湾奥には平地があるが，両岸は急崖で，平地は少ない。代表例は正しい。

5．リアス海岸の記述は正しいが，代表例のうち，九十九里浜は海岸平野（海岸沿いの浅い海底面が，隆起または海面低下によって地表に現れた平野）なので該当しない。

正答　2

問題研究

　基本的な地形に関する問題である。それぞれの地形の成因，特徴はもとより，代表例を地図帳で確認しておけば，スムーズに解答できるはずである。もちろん，それぞれの地形と人間生活との関連（土地利用など）も把握しておきたい。地形は頻出度が高いので，重点的に学習してほしい。

日本の貿易

日本の貿易に関する次の記述のうち，妥当なものはどれか。

1　2021年の輸出額を品目別に見ると，機械類，自動車，鉄鋼の順に多い。機械類の最大輸出相手国は中国で，自動車の最大輸出相手国はアメリカ合衆国である。

2　2021年の輸入額を品目別に見ると，機械類，石油，液化ガスの順に多い。原油の最大輸入相手国はイランであり，液化天然ガスの最大輸入相手国はロシアである。

3　2021年の輸出入額を国別に見ると，最大輸出相手国は中国であり，最大輸入相手国はアメリカ合衆国である。また，輸出入総額では，最大貿易相手国はアメリカ合衆国である。

4　GDP（国内総生産）に対する輸出入額の割合である貿易依存度は，輸出入とも50％を超え，ドイツや韓国を上回っている。

5　貿易や投資の自由化を進めており，2017年にはEUとEPA（経済連携協定）を締結し，日中韓EPAも大枠合意に至った。

解説

1．妥当である。

2．輸入額の品目別順位は妥当であるが，原油の最大輸入相手国はサウジアラビア（40.0％）で，イランからの輸入は停止中である。また，液化天然ガスの最大輸入相手国はオーストラリア（36.0％）であり，ロシアは5位である。

3．輸出入額について国別に見ると，最大輸出相手国および最大輸入相手国とも中国である。また，輸出入総額の最大貿易相手国も中国である。

4．GDP（国内総生産）に対する輸出入額の割合である貿易依存度は，輸出が15.3％，輸入は15.6％である。なお，ドイツは，輸出38.3％，輸入33.3％，韓国は，輸出35.6％，輸入34.0％なので，日本は両国を下回っている（2021年）。

5．日本は貿易や投資の自由化を進めているが，諸般の事情で紆余曲折している。EUとは2018年7月にEPA（経済連携協定）に署名し，2019年2月に発効した。EPAはFTA（自由貿易協定）の内容に加え，人的交流の拡大，知的財産権の保護など経済関係の強化を目的とする協定である。なお，日中韓のEPAは合意されていない。2021年1月にEUを離脱したイギリスとのEPAを発効させている。

データ出所：『日本国勢図会　2023/24年版』，外務省

正答　1

問題研究

　日本の貿易に関して，主要貿易品，主要相手国，貿易依存度，通商政策などの理解度を求めている。上記のうち，頻出度が高いのは，主要貿易品と主要相手国である。いずれも上位3位までは把握しておきたい。貿易の自由化に関しては，変化が著しいので，大きな流れをとらえておくとよい。

南半球の地理的特徴

南半球に関する次の記述のうち，妥当なものはどれか。

1　陸地と海洋の面積比率について，北半球と南半球を比べると，南半球では陸地面積が40％を超え，北半球の陸地面積比率より大きい。

2　南半球に属する大陸について見ると，南アメリカ大陸のほぼ全域が南半球に属し，ユーラシア大陸のうち，インド亜大陸が南半球にある。

3　気候について見ると，オーストラリア大陸のほぼ全域が温帯気候に属するのに対し，アフリカ大陸では，南半球のほぼ全域が乾燥帯気候に属する。

4　チリやニュージーランドは，新期造山帯である環太平洋造山帯に含まれ，地震や火山活動が多いが，オーストラリア大陸の大部分は，安定陸塊に含まれ，地震や火山活動はほとんど起こらない。

5　北極と南極を比較すると，北極の極付近ではグリーンランドのような陸地があるのに対し，南極の極付近では，氷山が多数浮かんでおり，陸地はほとんど見られない。

解説

1．南半球の陸地と海洋の面積比は，18.4対81.6である。また，北半球の陸地と海洋の面積比は，39.4対60.6である。したがって，南半球の陸地面積比率は，北半球の陸地面積比率より小さい。

2．南アメリカ大陸の約7分の6が南半球に属しているが，インド亜大陸は，北半球にある。なお，南半球にある大陸は，南アメリカ大陸，オーストラリア大陸，アフリカ大陸である。

3．気候では，オーストラリア大陸の57.2％が乾燥帯気候（砂漠気候，ステップ気候）に属し，温帯気候（地中海性気候，温暖冬季少雨気候，温暖湿潤気候，西岸海洋性気候）に属するのは25.9％である。アフリカ大陸では，乾燥帯気候に属するのは46.7％，熱帯気候（熱帯雨林気候，サバナ気候）に属するのは38.6％である。

4．妥当である。

5．北極の極付近はほとんどが海洋（北極海）で，北極点（90度）から北緯80度までの陸地の比率は約10％である。また，南極点から南緯80度までの陸地の比率は約89％である。北極に近いグリーンランドや南極大陸には大陸氷河が広がるが，近年，温暖化の影響で氷河の融解が見られる。

データ出所：『データブック　オブ・ザ・ワールド2023』

正答　4

問題研究

　南半球の概略と自然環境に関する問題である。海洋と陸地の面積比と位置関係は，教科書には詳しく記載されていない分野であるが，地理的常識度を求めたといえる。気候や地形，極地の問題は比較的易しかった。これまであまり学ばなかった極地をはじめ，各地域を大局的に把握しておくことも大切である。

イギリスの産業革命

イギリスで始まった産業革命に関する次の記述のうち，妥当なものはどれか。

1　18世紀のイギリスでは農業の生産性が上がらず，寒冷な気候もあって，農業から得られる収益が激減した。そのため困窮した農民が都市に流入して，工業化を支える労働者となった。

2　18世紀後半のイギリスで急速に工業化が進んだ一因として，イギリスがフランスなどとの植民地を巡る戦争に敗れ，資本がもっぱら国内に集中的に投下されたことが挙げられる。

3　イギリスの産業革命は，18世紀の後半に蒸気機関車が実用化され，全国的な交通網が整備されたことで始まった。その後，19世紀に入ると，蒸気機関を動力源とする力織機が発明されるなど綿織物業での技術革新が始まった。

4　イギリス以外の地域で，産業革命が最も早く始まったのはロシアであった。ロシアは他のヨーロッパ諸国よりも工業化に必要な鉄や石炭が豊富であったことがその理由である。

5　工業化が進むと，都市では劣悪な環境での長時間労働など社会問題が深刻化した。イギリスでは，19世紀に工場法が制定され，年少者の労働時間の制限など，労働環境の改善が図られた。

解説

1．18世紀のイギリスでは，新しい農法（ノーフォーク農法）が導入されて農業生産が増大し，議会立法によるエンクロージャ（第2次囲い込み）により，共有地や沼地，荒れ地などを含む大規模農場経営が急速に進展した（農業革命）。その結果，土地を失った農民は，農業労働者や都市の工場労働者となって，産業革命に必要な労働力が準備された。

2．イギリスで産業革命が進んだ一因として，イギリスが，フランスなどとの植民地を巡る戦争に勝って，広大な海外市場を獲得したことがある。その結果，奴隷貿易を軸とする大西洋三角貿易は，莫大な利益をイギリスにもたらし，産業革命に必要な資本蓄積が促された。特に，イギリスが，七年戦争（1756〜63年，アメリカではフレンチ・インディアン戦争1754年〜63年）に勝って，カナダとミシシッピ川以東のルイジアナをフランスから，フロリダをスペインから獲得したことは大きかった。

3．イギリスの産業革命は，1733年に織布工のジョン・ケイが，織布速度を倍にする織布機（飛び杼(ひ)）を発明したことをきっかけに綿工業で始まった。その後，木炭から石炭への工業用燃料の転換が起こり，鉄や石炭を運搬するための交通手段が革新され，1825年にスティーヴンソンの試作した蒸気機関車が実用化され，19世紀半ばまでにほぼ全国的な交通網が完成した。力織機は1785年にカートライトが発明した，蒸気機関を動力源とする織布機で，織布速度は飛び杼の4倍を上回った。

4．1825年にイギリスが機械の輸出を解禁すると，急速に産業革命の波は西ヨーロッパ諸国に広がったが，いち早く産業革命を達成したのはベルギーやフランスである。ロシアは19世紀後半になって，豊富な鉱物資源とフランスなどからの外資導入で，鉄道業・石炭業・石油業などが急速に発展したが，基本的には人口の77.12％が農民（1897年）という農業国であった。

5．妥当である。1802年，児童保護の目的で制定されたのが最初で，1833年の一般工場法で，18歳未満の夜間労働の禁止が定められ，工場監督官が設置されて実効性のある規定となった。

問題研究

正答　5

　世界に先駆けてイギリスで産業革命が起こった要因は，農業革命・環大西洋三角貿易・技術革新・エネルギー革命・交通革命など，多岐に渡る。これらがほぼ同時期に相次いで起こったことに注意したい。

1930年代の各国の政治に関する次の記述のうち，妥当なものはどれか。

1　ドイツ：ヒトラーの率いるナチ党は，国民からほとんど支持されていなかったが，軍事クーデタを起こして政権を掌握し，全権委任法を成立させて一党独裁体制を確立した。

2　イタリア：共産党と保守派の争いによる政治的混乱が続き，ドイツの軍事侵攻を受け，全土を占領された。占領下ではナチ党の指導の下でファシスト党が結成され，ムッソリーニを首班とする親独政権が樹立された。

3　ソ連：共産党の一党支配の下で実権を握ったスターリンは，重工業化を進めるとともに農業の集団化と機械化を強制した。その結果，農村の混乱を招いて農業生産は停滞し，飢餓によって多くの犠牲者が出た。

4　中国：共産党は国民政府と内戦状態にあったが，ソ連の支援を受けて内戦に勝利した。共産党政権は，国内を政治的・軍事的に統一して，中国東北地方などで始まっていた日本との戦争に全力を注いだ。

5　アメリカ：ローズヴェルトが大統領に就任すると，従来の孤立主義的傾向を転換して，スペイン内戦などに軍事介入を行った。第二次世界大戦が始まると直ちにドイツに宣戦を布告した。

解説

1．ナチ党は設立当初，ほとんど国民の支持を得られず，1923年には政権獲得をねらってミュンヘンで武装蜂起したが失敗した（ミュンヘン一揆）。その後，世界恐慌をきっかけに支持者が増え，1932年の総選挙で第一党になり，翌33年にヒトラーが首相に任命されると，全権委任法を成立させて一党独裁体制を確立した。

2．イタリアにおいて第一次世界大戦後，政治的混乱が続いていたのは妥当であるが，ドイツの軍事侵攻を受けたことはない。ファシスト党は1919年にムッソリーニが創設した政党であり，1922年に政権獲得のために「ローマ進軍」をおこすと，国王は内乱を恐れてムッソリーニを首相（在任1922～43年）に任命した。1926年に一党独裁体制を確立した。

3．妥当である。第1次五カ年計画（1928～32年）である。

4．中国で共産党が1930年代に国民党との内戦に勝利して国内を統一したことはない。盧溝橋事件（1937年7月）をきっかけに第2次国共合作が成立し，両党は対等な立場をとって，共産党軍（紅軍）は国民党軍（国民革命軍）指揮下の八路軍・新四軍に改組され，日本との全面的な戦争に突入した（日中戦争）。

5．フランクリン・ローズヴェルトが大統領に就任（在任1933～45年）しても，従来の孤立主義的傾向を維持し，スペイン内戦（1936～39年）には中立を守った。第二次世界大戦が勃発（1939年）しても，武器貸与法を成立させたが，参戦はしていない。アメリカが参戦するのは，日本が真珠湾を奇襲して英・米に宣戦し，三国同盟に従って独・伊がアメリカに宣戦してからである。

正答　3

問題研究

　世界恐慌（1929年10月24日）から第二次世界大戦の勃発（1939年9月1日）まではわずか10年間である。この間には，ヴェルサイユ・ワシントン体制の打破と国際連盟の機能停止をねらう枢軸勢力が台頭した。この時期の主要各国の動向は頻出事項である。

ラテンアメリカの歴史

ラテンアメリカの歴史に関する次の記述のうち，妥当なものはどれか。

1　ヨーロッパ人の進出以前のラテンアメリカには農耕や都市文明は見られず，先住民の生活は狩猟と採集を中心とする社会であった。

2　ラテンアメリカの銀山から大量の銀がヨーロッパに供給されされると，ヨーロッパの物価は上昇し，固定した地代収入で生活する領主層は打撃を受けた。

3　ヨーロッパ人の進出後，ラテンアメリカの先住民の人口は増加したので，彼らを奴隷としてヨーロッパに輸出し，対価としてヨーロッパの工業製品を輸入するという貿易が始まった。

4　19世紀前半にラテンアメリカで独立運動が各地で起こると，イギリスはこれを支援するため武力介入を行い，アメリカ合衆国大統領のモンローも，これを支持することを表明した。

5　冷戦の時代，ラテンアメリカ諸国ではソ連寄りの民族主義を掲げる政権が成立したが，キューバではカストロが親米政権を作り，ソ連の影響を排除して政権を維持した。

解説

1．前2000年紀から，現在のメキシコと中央アメリカや南アメリカのアンデス地帯ではトウモロコシなどの栽培による農耕文化が発展しており，鉄器は持っていなかったが，高度な都市文明が成立していた。メキシコ湾岸には前1200年頃にはオルメカ文明が，ユカタン半島には前1000年頃から16世紀にかけてマヤ文明が繁栄した。メキシコ高原ではアステカ人がテノチティトランを首都として王国をつくり，アンデス高原では15世紀半ばにはクスコを中心としたインカ帝国が成立していた。

2．妥当である。いわゆる価格革命である。

3．ラテンアメリカの先住民の人口は，鉱山やプランテーションなどでの過酷な労働や，ヨーロッパからもたらされた伝染病などのため激減した。16世紀からは，激減した労働力を補うために西アフリカからの黒人奴隷が使われるようになり，ポルトガルなどは奴隷貿易そのものでも利益を上げた。

4．ラテンアメリカの独立運動に対して，イギリスは武力介入をしなかった。イギリスはラテンアメリカを自国の経済的利益を優先する地域とするため，四国同盟（五国同盟）とは一線を画して，自由主義外交を唱えて，オーストリアの外相（のちに宰相）メッテルニヒの干渉を牽制した。アメリカも第5代大統領のモンローがモンロー宣言で，ヨーロッパとアメリカの相互不干渉を主張して，メッテルニヒの干渉を失敗させた。

5．アメリカの影響下に置かれていたラテンアメリカで，第二次世界大戦後には反米的な民族主義に根ざした政権が，アルゼンチン，グアテマラなどで成立したが，いずれもアメリカの圧力で失敗した。しかしキューバでは，カストロが親米的なバティスタ政権を倒し，1961年に社会主義宣言を行いラテンアメリカで初めて社会主義国になった。ソ連がキューバにミサイル基地を建設し，ソ連製兵器の搬入を行っていることを察知したケネディ政権が，これを阻止しようとして始まったのが「キューバ危機」である。危機は，合衆国のキューバ内政への不干渉と引き換えに，ソ連がミサイル基地の撤去に合意して緊張は緩和された。

正答　2

問題研究

　ラテンアメリカ史の一つの焦点は18世紀末から20世紀初頭である。その結果，中米やカリブ海地域でのアメリカの覇権が確立されたことに注意したい。

第二次世界大戦

第二次世界大戦に関する次の記述のうち，妥当なものはどれか。

1　ドイツは開戦後フランスに侵攻したが，フランス軍に撃退され，占領するに至らなかった。一方でロンドンを含む英国の都市部の空爆に成功し，英国を降伏させた。

2　ドイツは戦争を継続するため，ドイツ国民から物資を徴発して，強制労働につかせたため，政府への国民の不満は強く，軍の反乱やストライキが頻発した。

3　ドイツは独ソ不可侵条約を無視してソ連に侵攻した。これを機にイギリスはソ連と同盟を結び，アメリカも武器貸与法をソ連に適用した。

4　日本の真珠湾奇襲攻撃を契機にアメリカは日本に宣戦し，いわゆる太平洋戦争に突入したが，その後も，ヨーロッパ戦線では連合国への物資援助を行うにとどまり，出兵はしなかった。

5　日本はヨーロッパ勢力を駆逐して東南アジアを開放すると，現地では好意的に迎えられた。しかし，中国大陸では激しい抵抗を受け，日本の支配は東北部のみに止まった。

解説

1．第二次世界大戦の開戦（1939年9月1日）後，ドイツはフランス軍に撃退されたことはなかった。ドイツは1940年5月にフランスに侵攻し，6月にはパリを占領した。フランスではペタン政府が成立し，ドイツに降伏した。イギリスはチャーチルが首相（1940～45年）となって激しい空襲に耐え，ドイツ軍の上陸を阻止した。

2．ドイツは戦争を継続するため，ヨーロッパの占領地から工業資源や食料を徴発し，数百万人の外国人をドイツに連行して強制労働につかせた。特にユダヤ人などをアウシュビッツなどの強制収容所へ収容し，数百万人をガス室に送り殺害した。ドイツ国内での反政府運動やストライキはほとんど見られなかった。

3．妥当である。英ソ相互援助協定は1941年7月，武器貸与法のソ連への適用は1941年9月28日である。

4．日本は，海軍がハワイ真珠湾のアメリカの海軍基地を奇襲し，陸軍はマレー半島に上陸してシンガポールをめざし，いわゆる太平洋戦争が始まった。ついでドイツ・イタリアも三国同盟により英米に宣戦した。これにより，これまで「民主主義の兵器廠」の役目を果たしつつ，中立を守ってきたアメリカも交戦国としてヨーロッパの戦争にも出兵し，ヨーロッパ・アジアの戦争は一つの世界戦争となった。

5．日本は，太平洋戦争の開戦後の半年間で東南アジアの主要部分を占領した。当初，日本はアジアをヨーロッパ列強の支配から解放する「大東亜共栄圏」の建設を戦争目的に掲げたが，現地の歴史や文化を無視した「皇民化政策」や，住民からの物資や食料の収奪などが頻発し，日本の統治は各地で抵抗運動に直面して不安定であった。中国でも，戦線は伸びきり，広大な農村地帯を支配することはできず，東北地方の「満州国」を維持するのが精一杯であった。

正答　3

問題研究

　第二次世界大戦は，ヨーロッパでドイツ・イタリアが始めた戦争とアジアでの日本と中国との戦争が，独ソ戦（1941年6月22日）と太平洋戦争（1941年12月8日）の開始で，名実ともに「連合国対枢軸国」との戦いに一本化した。その中で各国がどのような対応を取ったかを知ることは重要である。そして，連合国の勝利に決定的役割を果たしたのはアメリカとソ連であり，大戦後はこの2国を中心として再建がなされたことも理解しておきたい。

1980年代から90年代初めにかけての東欧に関する次の記述のうち，妥当なものはどれか。

1　ソ連では，1985年に書記長になったゴルバチョフは，行き詰まった社会主義体制を立て直すためペレストロイカを推進したが，対外的にはアフガニスタンへの軍事侵攻を行った。

2　1981年にアメリカ大統領に就任したレーガンは，「強いアメリカ」の復活を訴え，ソ連を「悪の帝国」と非難して大規模な軍備拡張を推進して「冷戦」といわれる軍事的緊張をもたらした。

3　1988年，ソ連が東欧諸国への内政干渉を否定すると，ルーマニアでは1989年に複数政党制による総選挙が行われ，圧勝した自主管理労組「連帯」を中心とする非共産党政権が成立した。

4　東ドイツでは1989年11月にベルリンの壁が開放され，翌年3月の自由選挙で早期統一を求める連合党派が勝利すると，西ドイツは米・英・仏の反対を押し切って東ドイツを編入した。

5　東欧での民主化の影響を受けて，ソ連邦内の諸民族の独立が始まると，ソ連共産党は解散し，エリツィンを大統領とするロシア連邦を中心に独立国家共同体（CIS）が結成され，ソ連邦は解体した。

解説

1．ゴルバチョフは1989年にアフガニスタンからソ連軍を撤退させた。ゴルバチョフはソ連共産党最後の書記長（在任1985～91年）で，ソ連邦唯一の大統領（在任1900～01年）。言論・報道の自由化，検閲廃止などの情報公開（グラスノスチ）を柱に，大統領制の導入，市場経済への移行，複数政党制などの国内改革（ペレストロイカ）を推進した。外交も「新思考外交」と呼ばれる協調外交を打ち出し，アフガニスタンから撤兵した（1989年）。91年，保守派のクーデタで大統領辞任に追い込まれ，影響力を失った。なお，ソ連のアフガニスタン侵攻は1979年である。

2．このときの米ソ間の対立は「第二次冷戦」といわれた。しかし，その後レーガンは，ゴルバチョフのペレストロイカの進展や「新思考外交」などの推進を見て，次第にソ連との対話を重視し始め，1985年にレーガンとゴルバチョフの間で米ソ首脳会談が開催され，軍縮に合意した。なお，「冷戦」は，第二次世界大戦末期から始まり，1989年のゴルバチョフとブッシュ（父）のマルタ会談に至る，自由主義陣営と社会主義陣営の対立をいう。

3．ルーマニアではなくポーランドについての記述である。1988年の「新ベオグラード宣言」にいち早く対応したのは，すでに80年からワレサを指導者とする自主管理労組「連帯」の運動があったポーランドである。東欧諸国では，ルーマニアを除いて共産党一党体制の崩壊はほぼ平和的に進んだが，ルーマニアではチャウシェスクの独裁体制が続き，1989年12月に主導権を握った救国戦線は，チャウシェスク夫妻を処刑した。

4．西ドイツによる東ドイツの編入は米・英・仏・ソの同意を得て行われた。ドイツの統一は，国際的には統一ドイツの北大西洋条約機構（NATO）への帰属問題であり，特にソ連の同意が重視された。その結果，コメコン（1949～91年），ワルシャワ条約機構（1955～91年）は解消され，東欧社会主義圏は消滅した。

5．妥当である。

正答　5

問題研究

　1989年は東欧社会主義圏が解体した年で，「1989年東欧革命」とも呼ばれ，頻出分野である。その経過は各国ごとに多様で，その後各国が歩んだ道も平たんではなかった。しっかり整理しておこう。

第一次世界大戦における各国の動向に関する次の記述のうち，妥当なものはどれか。

1　アメリカは大戦末期に連合国側に立って参戦し，ウィルソン大統領の14カ条に基づく国際連盟の設立に尽力し，常任理事国として大戦後の国際協調を推進した。

2　日本は日英同盟を理由に連合国側に立って参戦すると，山東省のドイツ権益を接収し，大戦末期には，対ソ干渉戦争に参加してシベリアに出兵した。

3　イギリスは大戦中に秘密外交を展開し，ユダヤ人にはサイクス・ピコ協定で大戦後のパレスティナにおけるユダヤ人国家の建設を認めた。

4　イタリアは，「未回収のイタリア」と呼ばれたオーストリアとの領土問題の解決を条件に，ドイツ，オーストリアの同盟国側に立って参戦した。

5　ロシアは，大戦中，戦争に反対する気運が高まり，1917年3月に革命により帝政は崩壊して臨時政府が成立すると，直ちにドイツとブレスト・リトフスク条約を結んで戦線を離脱した。

解説

1．ヴェルサイユ条約の第1編（前文および26条）でウィルソンの提唱した国際連盟の設立が決まり，アメリカも常任理事国になることが予定されていたが，上院の反対でヴェルサイユ条約の批准が否決され，アメリカは国際連盟には参加しなかった。

2．妥当である。

3．イギリスがユダヤ人に，大戦後のパレスティナにおけるユダヤ人国家の建設を認めたのはバルフォア宣言（1917年）である。サイクス・ピコ協定（1916年）は，イギリス，フランス，ロシアが大戦後のオスマン帝国領の分割と，パレスティナを国際管理地域とすることを取り決めた協定である。なお，バルフォア宣言は，大戦後のアラブ人の国家建設を認めたフセイン・マクマホン協定（1915年）とも矛盾する内容であった。

4．イタリアは，大戦前はドイツ，オーストリアと三国同盟を結んでいたが，オーストリアとの間で「未回収のイタリア」と呼ばれた領土問題で対立していた。そのため，戦争が始まるとイタリアは中立を宣言し，1915年にロンドン秘密条約を英，仏，露と結んで，同年5月に三国同盟から離脱して，連合国（協商国）側についてオーストリアに宣戦した。

5．二月革命（三月革命）で成立した臨時政府は英，仏との関係を重視して戦争を継続した。ブレスト・リトフスク条約を結んでドイツ，オーストリアと単独講和し，戦線を離脱したのは，十月革命（十一月革命）で成立したソヴィエト政権である。ソヴィエト政権は，1917年11月に「平和に関する布告」を出して，「無併合・無賠償・民族自決」に基づく即時講和を呼びかけ，帝政時代の秘密条約を公開，破棄したが，連合国に黙殺されたので，12月からドイツ・オーストリア側との交渉に入り，翌1918年3月にブレスト・リトフスク条約を締結して戦線を離脱した。

正答　2

問題研究

　　第一次世界大戦は資本主義列強間の対立から勃発した戦争であるが，その中には，イギリス，フランス，ドイツの上位工業国だけでなく，ロシア，オーストリア，イタリアといったヨーロッパでも工業化に遅れた国々，バルカン半島の諸民族，さらにインド，中国，日本といったアジアの国々も絡んで，非常に複雑な利害関係を背景にした戦争であった。したがって，上位の工業国だけでなく，中位，下位の国々の大戦へのかかわり方を知っておくことは重要である。

第二次世界大戦後の中東情勢に関する次の出来事A〜Eを年代順に並べたものとして，妥当なものはどれか。

A　国際連合によるパレスティナ分割案が提示されたが，アラブ連盟は反対してイスラエルと戦争になった。

B　パフレヴィー朝のイランで革命が起き，宗教指導者ホメイニを中心とするイラン・イスラーム共和国が成立した。

C　第4次中東戦争が起きると，アラブ石油輸出国機構が石油戦略をとった結果，急激な物価高と不況が世界的規模で広がった。

D　イラクのサダム・フセイン大統領はクウェートに進攻したが，アメリカ軍を中心とする多国籍軍の攻撃を受けて撤退した。

E　イスラーム急進派による同時多発テロに対する報復として，アメリカはアフガニスタンを攻撃し，ターリバーン政権を倒した。

1　A－C－B－D－E
2　A－C－D－E－B
3　A－D－C－B－E
4　A－E－B－C－D
5　B－A－D－E－C

解説

A：1948年に勃発したパレスティナ戦争（第1次中東戦争）である。国際連合によるパレスティナ分割案が提示されると，ユダヤ人はこの分割案を受け入れ，イギリスの委任統治が終了すると，直ちにイスラエルの建国を宣言した（1948年）。これに対して，1945年にエジプトの提唱で結成されたアラブ連盟が反対して始まったのがパレスティナ戦争（第1次中東戦争）である。

B：いわゆるイラン革命は1979年である。国王パフレヴィー2世による近代化政策に反発する宗教勢力の下に結集した民衆の反体制運動により，パフレヴィー2世は亡命し，フランスから帰国したホメイニを最高指導者としてイラン・イスラーム共和国が成立し，イスラーム主義を国家原理に掲げ，欧米諸国との対立も辞さない姿勢を示した。

C：第4次中東戦争は1973年である。このとき，アラブ石油輸出国機構（OAPEC）は，イスラエルの友好国に対して原油輸出の停止や制限措置をとった。同時に石油輸出国機構（OPEC）は，原油価格の大幅引上げを行ったため，石油危機（第1次）が起こった。

D：イラクによるクウェート侵攻は1990年である。これに対して，国際連合の決議により，アメリカ軍を中心とする多国籍軍が結成されイラク軍を撤退させた（湾岸戦争）。

E：同時多発テロ事件は2001年9月11日である。これに対して，アメリカはアフガニスタンのターリバーン政権の保護下にあるアル＝カーイダが事件の実行者であるとして，同年10月，アフガニスタンを攻撃しターリバーン政権を倒した（対テロ戦争）。

よって，A－C－B－D－Eの順となるので，正答は1である。

正答　1

問題研究

中東情勢は頻出分野である。この問題では，BとC，DとEの前後関係を間違えないことである。いつ，どのような事件だったのか，しっかり押さえておきたい。

PART
3
過去問を解いてみよう！

18世紀の大西洋三角貿易

18世紀，ヨーロッパ・アフリカ・南北アメリカ大陸間で行われた，「銃・綿織物」「砂糖・綿花・タバコ」「奴隷」の貿易，いわゆる大西洋三角貿易を図示したものとして，妥当なものはどれか。

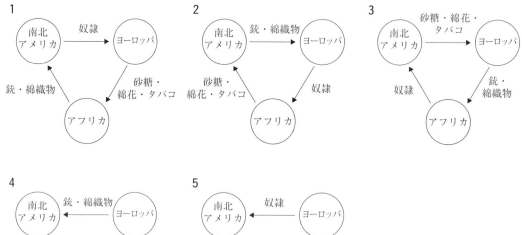

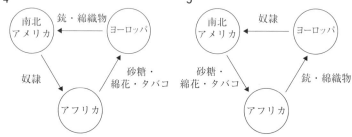

解説

［ヨーロッパ］18世紀の大西洋三角貿易の主導権を握ったのは，イギリスをはじめとするヨーロッパ諸国である。イギリスのリヴァプールやフランスのナントからは，ヨーロッパの工業製品（銃・綿織物・雑貨）がアフリカ西海岸へ輸出された。この三角貿易はヨーロッパの主要国にばく大な利益をもたらし，産業革命の前提条件である資本蓄積を促したといわれる。

［アフリカ］西アフリカのベニン王国やダホメ王国などの黒人国家では，ヨーロッパの奴隷商人と結んで他部族の黒人を襲って奴隷を確保して（奴隷狩り），ヨーロッパの奴隷商人に売り渡した。アフリカからアメリカ大陸・カリブ海に向かう航路は，三角貿易の第二辺をなしたところから「中間航路」と呼ばれたが，これは人類史上最も過酷な航海であった。

［南北アメリカ大陸］18世紀のイギリスでコーヒーや茶が流行し，砂糖の需要が高まると，南北アメリカ大陸やカリブ海でサトウキビの生産が広がった。最初は先住民を使って生産していたが，17世紀中頃からアフリカの黒人奴隷が大量に輸入され，彼らを労働力とするプランテーション経営で，サトウキビ・綿花・タバコなどの生産が行われ，製品はヨーロッパへ輸出された。
よって，正答は**3**である。

正答　3

問題研究

奴隷貿易がアフリカ大陸から南北アメリカ大陸への強制的な労働力移動であることがわかれば，本問は容易である。三角貿易は，二国間の貿易では一方が輸入超過に陥って収支がアンバランスになっている場合，第三国を介在してバランスを取ろうとする貿易で，19世紀初めにイギリスが，清国との茶貿易（イギリスの輸入超過＝銀の流出）を，インドで栽培したアヘンを清国へ密輸してバランスを取ったアヘン貿易が代表的な例である。

1970年代以降のアメリカ

1970年代以降のアメリカに関する次の記述のうち，妥当なものはどれか。

1 ニクソン大統領は，ベトナム戦争による大量のドル流出を受けて，ドルと金との兌換を停止する一方，自ら中国を訪問して米中関係の正常化を図った。

2 レーガン大統領は，強いアメリカの復活を標榜して大統領選に勝利すると，「大きな政府」をめざす新自由主義的改革を提唱した。

3 イラクが隣国のクウェートを侵攻すると，アメリカは多国籍軍を編制して湾岸戦争を起こし，イラクのフセイン政権を倒した。

4 同時多発テロで，ニューヨークとワシントンが攻撃を受けると，ブッシュ大統領は，事件の首謀者を保護するイランを攻撃してターリバーン政権を倒した。

5 オバマ大統領は，アメリカの国内産業を保護するために，中国に対して貿易制裁措置を表明する一方，地球温暖化対策の国際的な枠組みであるパリ協定からの離脱を表明した。

解説

1．妥当である。ニクソン大統領（在任1969～74年）がドルと金との兌換停止を発表したのは1971年である（ドル＝ショック）。翌72年に北京を訪問して毛沢東との間で関係正常化に合意し，1973年にはパリ和平協定に調印してアメリカ軍の南ベトナムからの撤退を実現した。なお，米中の国交が正常化するのは1979年1月である。

2．レーガン大統領（在任1981～89年）が標榜したのは，「小さな政府」である。それまでの政府が，不況克服のための公共投資によって財政赤字を増大させた（「大きな政府」）のに対して，減税と規制緩和によって民間経済を活性化することによって景気回復をめざそうとする新自由主義経済政策（レーガノミクス）がとられた。当時，イギリスのサッチャー首相や日本の中曽根康弘首相も同様の政策をとった。

3．湾岸戦争（1991年）では，1990年にイラクのフセイン政権が隣国のクウェートに侵攻・占領したのに対して，アメリカが29か国からなる多国籍軍を編制して，短期間でイラク軍を制圧してクウェートを解放したが，フセイン政権を倒してはいない。フセイン政権が倒れるのは2003年のイラク戦争である。

4．2001年9月11日に起こった同時多発テロの首謀者とされたアル＝カーイダを率いるビン・ラーディンは，イランではなくアフガニスタンのターリバーン政権の庇護下にあった。アメリカはターリバーン政権に身柄の引き渡しを要求したが拒否されたため，ブッシュ大統領は同盟国の支援を受けてアフガニスタンに報復攻撃を行い，ターリバーン政権を倒した（対テロ戦争）。

5．トランプ大統領の政策についての記述である。いわゆる「米中貿易戦争」であるが，2018年7月にトランプ政権（在任2017～21年）が追加関税措置を実施すると，それに対して中国も報復関税を発動した。トランプ大統領がパリ協定からの離脱を表明したのは2017年6月である。パリ協定は2015年12月にパリで開かれた「国連気候変動枠組条約締約国会議（通称COP）」で合意されたもので，米国を含む195か国が合意した。オバマ前大統領（在任2009～17年）は2025年までに地球温暖化ガスの排出量を2005年比で26～28％減らすと表明していた。

正答 1

問題研究

世界史は，いまや同時代の出来事までが出題範囲である。政治・経済など関連科目にも目配りしておくことが大事だ。アメリカ史の場合，主要大統領の事績をまとめておくと便利である。

18世紀後半から19世紀末のアメリカ

18世紀後半から19世紀末までのアメリカに関する次の記述のうち，妥当なものはどれか。

1　イギリスの13植民地は，本国による課税強化をきっかけに独立戦争を起こした。当初はヨーロッパ諸国がイギリスを支持したため苦戦したが，次第に優勢となり独立を達成した。

2　独立したアメリカ合衆国は，その後もフランス・スペイン・ロシアなどから領土の買収を繰り返した結果，18世紀末には太平洋岸にまで領土を拡大した。

3　初めての西部出身の大統領であるジャクソンは，資本家の力を抑えて社会の民主化を進める一方で，強制移住法を制定して，先住民を保留地に追いやった。

4　南北戦争は，奴隷制の存続と保護貿易を求める北部諸州と，奴隷制の廃止と自由貿易を求める南部諸州の対立で始まった。

5　南北戦争後，信仰の自由を求めて西欧諸国から渡ってきた移民の労働力により，アメリカはイギリス・ドイツに次ぐ世界第三位の工業国として成長した。

解説

1．独立戦争に対して，フランスやスペインは植民地側について参戦し，ロシアのエカチェリーナ2世は中立国の航行を保証する武装中立同盟を結成してイギリスを国際的に孤立させた。

2．アメリカが大西洋から太平洋にまたがる大陸国家を形成したのは1848年であり，テキサス併合に反発したメキシコをアメリカ＝メキシコ戦争（1846〜48年）で破って，メキシコからカリフォルニアを割譲した結果で，19世紀半ばである。このように，合衆国の領土拡大は買収だけではなく，戦勝による割譲によっても行われた。なお，フランスからはルイジアナを買収（1803年），スペインからはフロリダを買収（1819年）し，ロシアからは1867年にアラスカを買収した。

3．妥当である。ジャクソン（在任1829〜37年）は，選挙権の財産制限を撤廃して，すべての白人男性による普通選挙を実現したが（ジャクソニアン・デモクラシー），その一方で，強制移住法（1830年）を制定するなど，在任中は先住民の保留地への強制移住を積極的に行った。

4．南北戦争当時，南部は黒人奴隷によるプランテーションが普及し，イギリスなどへの綿花輸出が拡大していた。したがって，南部は，イギリスとの自由貿易・奴隷制の維持を求め，政治的には州の自治を主張していた。一方，北部では産業革命が本格的に進展したばかりであり，市場確保のための保護貿易と奴隷制反対，政治的には連邦政府の強化を主張していた。

5．19世紀末にアメリカは，イギリス・ドイツを抜いて世界一の工業国に成長した。この重工業化の発展を支えたのは，19世紀前半まではドイツやアイルランド系の移民であり，南北戦争後の1880年代からは南欧や東欧，アジアからの移民が多数になる。その多くは，アイルランド大飢饉やイタリア統一戦争，クリミア戦争などによる混乱から逃れてきた移民や経済的理由から渡航してきた移民であり，信仰の自由を求めて渡ってきたのは17世紀，植民地時代の移民である。

正答　3

問題研究

　アメリカ史で重要なのは，第一に，植民地時代から独立戦争期にかけてのヨーロッパ諸国との国際関係である。第二に，独立後から南北戦争までの国内の発展と大陸との関係，特にモンロー，ジャクソンの事績に注意したい。第三に，南北戦争後20年足らずでアメリカは世界一の工業国＝帝国主義国になっていることを，マッキンリー，セオドア・ローズヴェルト，タフトの事績を通じて確認しておこう。

中国の王朝

中国の各王朝に関する次の記述のうち，妥当なものはどれか。

1 唐は東は百済・高句麗を滅ぼして朝鮮半島を統一し，西は西突厥を破って西域を領有して広大な領地を獲得すると，征服地には郡県制をしいて，唐の役人を派遣して直接統治を行った。

2 唐の滅亡後，再び中国を統一した宋は，今日の中国の領土の原型となる広大な領域を支配し，また貨幣経済も発達して，銅銭のほかにも交子・会子などの紙幣が使われるようになった。

3 元の時代には，中国もモンゴル帝国の東西交易網の中に組み込まれ，駅伝制が施行されて，ムスリム商人による陸路交易が盛んに行われ，マルコ・ポーロなどヨーロッパ人も訪れた。

4 明では，イスラーム教徒の鄭和を東南海諸国に派遣して明への朝貢を促すとともに，民間人の海上交易に対しても市舶司を置いて積極的に交易を推進した。

5 清では直轄地以外のチベットなどを藩部として理藩院が統轄し，清朝の派遣する監督官が現地の習慣や宗教に対して厳しく管理した。

解説

1. 唐が最大版図を実現したのは第3代皇帝の高宗（在位649〜683年）のときである。唐が新羅と結んで，百済（660年）・高句麗（668年）を滅ぼしたことは事実であるが，その後，朝鮮半島を統一したのは，唐の勢力を排除した新羅である（676年）。西突厥を破った（657年）ことは正しい。また，唐は征服地に都督府および州・県を置いて服属した族長などを任命して，その上に都護府を置いて唐の役人と軍隊が駐屯したが，実際の統治は族長などに任せる間接統治を行った（羈縻政策）。郡県制を全国に施行したのは秦である。

2. 今日の中国領土の原型となるのは18世紀半ば頃の清朝である。宋は唐末五代の後周の将軍趙匡胤によって建国されたが，その周辺部は自立した諸民族の独立国家が建てられ，特に北方民族の度重なる進入を受け，その対策を巡って国内の政治的対立（党争）を引き起こすような状態であった。宋で貨幣経済が発達したことは正しく，北宋で発行された交子は世界最古の紙幣である。

3. 妥当である。

4. 明では，鄭和がアフリカ沿岸にまで遠征して，沿岸各国に明への朝貢を促したことは正しいが，朝貢貿易以外の一般人による海上交易は禁止された（海禁政策）。市舶司が広州・泉州・明州（寧波）などの主要な港に置かれたのは宋である。朝貢貿易（日本でいう勘合貿易）は，明に朝貢し服属した国々の使節に対して返礼品を授けるという形で行われ，使節団に同行した商人による交易は認められていた。しかし，こうした統制は次第に崩れ，「北虜南倭」と呼ばれる北のモンゴル，南の倭寇の活動が活発化し，明の崩壊を早めた。

5. 清が征服したモンゴル・青海・チベットは藩部とされ，現地には監督官が派遣されたが，現地の支配は藩部の有力者にまかせ，現地の風習や宗教には干渉しなかった。特にダライ・ラマを指導者とするチベット仏教は手厚く保護された。

正答 3

問題研究

中国王朝史は，まず各王朝の主要な制度（地方制度・官吏登用法・兵制・土地制度・税制・対外制度など）を押さえておくことが重要である。たとえば選択肢1では，「唐による朝鮮半島の統一」「郡県制による直接統治」の2つがポイントである。このうち郡県制が秦のとった地方制度であることを知っていれば，誤りであることがわかる。主要なポイントについての正確な知識が必要である。

第一次世界大戦後の国際関係

第一次世界大戦と戦後の国際関係に関する次の文中の下線部について，その説明が妥当であるものの組合せはどれか。

ァ第一次世界大戦で直接の戦場となったヨーロッパ諸国は疲弊し，他方，ィアメリカは世界の武器庫としてその影響力を増した。戦争中，ロシアでは革命が起きてゥソヴィエト政権が成立した。戦後，パリにおいて講和会議が開催され，ェ民族自決の原則が提起され，ォ国際協調の機運が広がった。

ア　第一次世界大戦でドイツは敗北し，ドイツ本土は分割され，西側をイギリス，東側をフランスによって占領された。

イ　アメリカは，大戦後は債務国から債権国に転じて，ニューヨークのウォール街は世界経済の中心となった。

ウ　世界で最初の社会主義国家であるが，アメリカ・イギリス・フランスなどは国際協調の観点から直ちに承認した。

エ　これにより大戦後の1920年代に，インド・インドネシア・フィリピンなどの植民地が相次いで独立した。

オ　大戦後，軍縮のための国際会議が開かれたり，不戦条約が調印されるなど国際協調の機運が広がった。

1　ア，イ
2　ア，ウ
3　イ，ウ
4　イ，オ
5　エ，オ

解説

ア：第一次世界大戦で敗北したドイツは，ヴェルサイユ条約によって植民地がすべて失われ，アルザス・ロレーヌはフランスへ返還され，ポーランドなど周辺国に国境地域を割譲するなどしたが，ドイツ本土が英・仏によって分割占領されたことはない。

イ：妥当である。

ウ：成立したばかりのソヴィエト政権に対して，革命の拡大を恐れた連合国側は対ソ干渉戦争（シベリア出兵）を行うなど，直ちに承認することはなかった。列国のソ連承認は1920年代に入ってからであり，まず1921年にイギリスが英ソ通商協定で事実上ソ連を承認（正式には1924年）し，翌1922年にはドイツがラパロ条約で国交を回復，1924年にはフランス・イタリア，1925年には日本が日ソ基本条約で国交を樹立した。なおアメリカのソ連承認は1933年である。

エ：民族自決の原則が適用されたのは旧ロシア帝国・オーストリア＝ハンガリー帝国・オスマン帝国領内の諸民族に対してであり，インド・インドネシア・フィリピンの独立は第二次世界大戦後である。

オ：妥当である。

よって，妥当なものはイとオであるから，正答は4である。

正答　4

問題研究

第一次世界大戦については，大戦に至る帝国主義列強間の対立や，大戦後の国際秩序であるヴェルサイユ・ワシントン体制の成立，その崩壊までのプロセスを含めて理解しておきたい。

明治維新

明治維新に関する次の記述のうち，妥当なものはどれか。

1　新政府は成立後直ちに五榜の掲示を掲げて，旧幕府の対民衆政策を刷新した。掲げられた掲示の中には，儒教的道徳を否定し，キリスト教の全面的解禁をうたうものもあった。

2　新政府は藩を廃して府県を設置し，中央政府が任命した官吏が地方行政に当たることとした。しかし，府県の設置に抵抗する藩も多く，すべての藩が廃止されるまでには約10年を要した。

3　新政府は国民皆兵を掲げて徴兵令を公布したが，相次ぐ反乱や一揆を速やかに鎮圧するために，実際には，士族のうち実戦経験のある者に限って徴兵が行われた。

4　新政府は地券を交付して土地の所有者を確定したうえで，課税の基準をこれまでの収穫高から地価に変更して，土地所有者に金納させることとして，税収の安定化を図った。

5　新政府は文部省を設置して学制を公布し，これに基づき小学校を設置した。学制では男子については小学校を義務教育としたが，女子の小学校への就学は認めていなかった。

解説

1．新政府が成立後すぐに公布したのは「五榜の掲示」ではなく「五箇条の誓文」である（1868年3月14日）。五榜の掲示は，誓文公布の翌日に，太政官が全国の民衆に向けて出した5枚の高札で，儒教的道徳を遵守し，キリスト教を邪宗門として禁止するなど，旧幕府の民衆に対する方針を継承したものである。なお，五箇条の誓文は，公議世論の尊重や開国和親など新政府の基本方針を示したものである。

2．廃藩置県の記述である。新政府は1871年7月，一挙に，旧藩を廃して府県を置き，旧大名である知藩事を罷免して東京に居住させ，中央政府から新たに府知事・県令を派遣して地方行政に当たらせた。新政府は，廃藩に対する抵抗を想定して，薩摩・長州・土佐の3藩から御親兵を募って軍事力を固めたが，廃藩に対するさしたる抵抗はなく，比較的平穏に実施された。

3．新政府は，1872年12月の「徴兵告諭」に基づき，翌年1月に徴兵令を出して，士族・平民の別なく，満20歳に達した男性を兵役に服させるという国民皆兵を原則とする兵制を打ち立てた。徴兵令には，戸主や嗣子，養子，官吏，学生などに対する免役規定が存在した（代人料270円を払えば免役されるという規定もあった）。しかし士族のうち実戦経験のある者だけを徴兵の対象にしたことはない。

4．妥当である。

5．1871年に文部省が設置され，翌年フランスの学校制度に倣った学制を公布した。学制では，小学校教育の普及に力を入れ，幼少の子弟は男女の別なく小学に従事させるのは親の責任（義務）とした。ただ義務教育が制度的に確立するのは，1886年に小学校令が公布された時で，これにより，尋常・高等小学校各4年のうち，尋常小学校4年間が義務教育とされた。

正答　4

問題研究

　五榜の掲示・廃藩置県・徴兵令・地租改正・学制，すべて新政府が打ち出した政策で，頻出分野である。五箇条の誓文／五榜の掲示，版籍奉還／廃藩置県など，基本的な内容を正確に押さえておけば迷うことはないが，徴兵制度や教育制度のように，法的に制度が確立するまでのプロセスが複雑な分野もあるので注意したい。

第二次世界大戦後の日米関係に関する次の記述のうち，妥当なものはどれか。

1　アメリカは占領当初，日本統治に利用するために財閥を温存したが，冷戦が本格化すると，日本を自由主義陣営にとどめるために財閥を解体して経済民主化を推進した。

2　日本の講和に対して，日本国内ではソ連を除いた単独講和の要求が強かったが，アメリカが全面講和を強く求めたため，日本はサンフランシスコ平和条約で，ソ連を含むほとんどの交戦国と講和した。

3　1951年に締結された日米安全保障条約（安保条約）で，独立後もアメリカ軍が日本に駐留することになった。その後，1957年に成立した岸信介内閣は，1960年に日米相互協力及び安全保障条約（新安保条約）に調印して，アメリカの日本防衛義務が明文化された。

4　アメリカの施政権下に置かれた沖縄では，祖国復帰運動が高まると，1971年に沖縄返還協定が調印され，アメリカ軍基地の全面返還が認められ，協定発効後にほとんど返還された。

5　日本は1991年の湾岸戦争，2001年のアフガニスタン侵攻，2003年のイラク戦争に際して自衛隊の派遣要請を受けたが，いずれの要請についても派遣を見送った。

解説

1．アメリカの当初の占領計画の一つは「経済の非軍事化」で，財閥解体は経済民主化の中心課題であり，1945年11月に三井・三菱などの15財閥の解体が命じられた。しかし冷戦が本格化すると，占領政策は「非軍事化」から「経済復興」へと転換し，企業分割は大幅に解除された。

2．単独講和はソ連などを除外するのもやむなしとする主張。全面講和はソ連・中国を含む全交戦国と講和すべしという主張。第3次吉田茂内閣は単独講和を選び，サンフランシスコ平和条約は，日本と48か国との間で調印された。ソ連は講和会議には出席したが調印せず，主要交戦国である中華人民共和国と中華民国は会議に招かれなかった。これらの国々については，その後，個々に平和条約が結ばれたが，ソ連（ロシア）とは今日に至るまで平和条約は結ばれていない。

3．妥当である。

4．戦後，沖縄はアメリカ軍による直接軍政下に置かれ，日本の独立回復後も，アメリカによる占領が継続され，アメリカの施政権下に置かれた。ベトナム戦争が本格化すると，祖国復帰運動が高まり，1971年6月17日，佐藤内閣は沖縄返還協定に調印し，翌年の5月15日にアメリカは施政権を日本に返還，沖縄の日本復帰は実現した。しかし，返還協定ではアメリカ軍専用施設のほとんどは返還されなかった。

5．日本は，いずれもアメリカから派遣要請を受けた。湾岸戦争では派遣しなかったが，代わりに多額の資金援助を行った。アフガニスタン侵攻で日本は「テロ対策特別措置法」を制定して，海上自衛隊の補給艦と護衛艦をインド洋に派遣した。イラク戦争で日本は「イラク復興支援特別措置法」を制定して，イラク南部のサマーワを基地に，給水・医療や学校・道路補修作業などを行った。

正答　3

問題研究

　戦後史は平成までは出題範囲であるが，これまで自衛隊の海外派兵については出題されることはなかった。アメリカからの派遣要請を断った湾岸戦争の経験を踏まえて，1992（平成4）年にPKO協力法が成立して，国連の平和維持活動（PKO）として自衛隊の海外派遣が可能になったことを理解しておきたい。

江戸幕府の支配体制に関する次の記述のうち，妥当なものはどれか。

1　大名は，将軍との親疎によって親藩・譜代・外様に分けられ，有力な外様大名は遠隔地に配置され，幕政に参加できなかったが，中小の外様大名は幕政に参加することが認められていた。

2　大名は，国元と江戸を往復する参勤交代が義務づけられ，参勤交代に伴う費用は幕府が負担したため，後に幕府財政を圧迫する一因となった。

3　幕府の直轄地は都市や鉱山に限られ，全国の耕地を大名に預けて，大名から上納される年貢米を都市で換金して財政収入とした。

4　幕府は，海外貿易を長崎に限定したが，大名の参入を奨励し，領内で産出される特産品をオランダや中国に輸出して大きな利益を得ていた。

5　蝦夷地では，幕府からアイヌとの交易権独占権を与えられた松前氏による不当な扱いに対して，アイヌ民族はしばしば蜂起したが制圧され，全面的に松前氏に服従させられた。

解説

1．将軍と主従関係を結んだ1万石以上の武士を大名といい，将軍との親疎関係によって親藩・譜代・外様に分けられたのは妥当であるが，外様大名は関ヶ原の合戦の前後に徳川氏に服属した大名であり，原則として幕府の要職につくことはできなかった。外様には，前田（金沢）・島津（鹿児島）・伊達（仙台）・毛利（萩）など有力な大藩が多く，配置に当たって遠隔地に配置したことは妥当である。

2．参勤交代が義務づけられたのは1635（寛永12）年の武家諸法度（寛永令）であり，大名の妻子を江戸に置くことが定められ，大名は江戸と国元を1年おきに往復することが義務づけられた。ただし，関東の大名は半年交代，水戸徳川家は江戸定府であった。参勤交代は大名が将軍に対して忠節を示すもので，経費は大名が負担した。大名にとって，江戸の藩邸の維持や，多くの家臣を連れての参勤は，多額の経費がかかる重い役務であった。

3．幕府の直轄地は都市や鉱山だけではなく，基本は400万石（17世紀末）にも及ぶ直轄地（幕領）である。幕領では関東，飛騨，美濃などには郡代が置かれ，そのほかには代官が置かれて年貢徴収と訴訟を行った。幕府は，直轄地以外の領地を服属した大名や公家，寺社に領地として与え，土地領有者としての地位を明示し，大名は与えられた所領の石高に応じて軍役を負担した。したがって，幕府が大名から年貢米を上納させて収入とすることはない。

4．鎖国により，日本に来る貿易船はオランダと中国だけとなり，貿易港は長崎1港となったが，大名などの参入は認めていない。長崎は幕府の直轄地であり，長崎奉行が長崎の行政を統括し，外国貿易の管理や長崎の警備，西国大名の監察などを担当した。実際の貿易方法には，相対貿易（自由貿易）の期間を除いて幕府と密着する特定商人が会所を通じて貿易を独占し，幕府に運上を支払った。

5．妥当である。1669年のシャクシャインの戦いが松前藩に対する最後の抵抗となった。

正答　5

PART3 過去問を解いてみよう！

問題研究

幕藩体制は頻出分野である。全国の土地・人民を一人の権力者（将軍）が直接支配するようになったのは江戸時代が初めてであり，非常に精緻な支配体制が組み立てられた。その細部まで知る必要はないが，基本的な骨組みはしっかり理解する必要がある。

高度経済成長期

高度経済成長期（1950年代半ば～1970年代初め）の日本に関する次の記述のうち，妥当なものはどれか。

1　日本の国民総生産（GNP）は，この時期に資本主義諸国の中でアメリカに次いで世界第2位になり，年平均経済成長率は10%を上回った。

2　輸出産業はふるわず，この時期を通じて貿易収支は赤字であったが，国内での自動車やテレビなどの耐久消費財の需要が伸び，内需中心の経済発展が実現した。

3　自民党を中心とした連立政権が，この時期を通じて政権を担当したが，野党や革新勢力も与党に迫る議席を持ち，政局は不安定であった。

4　人々の教育熱も高まり，高校・短大・大学への進学率は上昇し，特に大学・短大への進学率は急激に高まり，この時期5割に達し，ほぼ現在と同水準になった。

5　食生活の洋風化が進み，米の消費が減少し，農業所得は横ばいであった。一方で農業生産力は上昇し，この時期を通じて食料自給率は上昇した。

解説

1．妥当である。1955～73年の年平均経済成長率である。

2．高度経済成長期には，貿易収支は大幅な黒字が続いた。日本の驚異的な経済成長を支えた国際環境は，第一に，アメリカを中心とした通貨体制（ブレトン＝ウッズ体制）に組み込まれ，1ドル＝360円という固定相場制の下で，実質的な円安が続いたこと，第二に，中東の安価な原油輸入に助けられたからである。輸出を牽引したのは，鉄鋼，船舶，自動車などの重化学工業である。その結果，個人所得の増大と都市化の進展による大衆消費社会が形成され，内需が拡大されたのである。

3．1955（昭和30）年に，左右両派に分裂していた日本社会党が統一したのに対して，保守陣営で自由民主党が結成され（保守合同），いわゆる55年体制が成立した。これは保守勢力が議席の3分の2弱を，革新勢力が憲法改正阻止に必要な3分の1を維持する，保守一党優位の政治体制であり，高度成長はこの安定した政治体制に支えられて実現したといえる。革新勢力が与党自由民主党に迫る議席を持ったことは，1993年に自民党が分裂し，7月の総選挙で過半数割れを引き起こし，非自民8党派の細川護熙内閣が成立するまでなかった。

4．高度経済成長が高校・大学への進学率を上昇させたことは事実であるが，1970年の高校進学率は82.1%だが，大学・短大進学率は24.2%で，5割には達していない。ちなみに，令和3年度の18歳人口に占める大学・短大進学率は58.9%（大学学部入学者＝54.9%＋短期大学進学者4.0%）である。（文部科学省「学校基本調査」）

5．食生活の洋風化が進んだ結果，米の消費が減少したことは妥当であるが，農業所得は増加した。それは，食糧管理制度と農協の政治的圧力により，米価が政策的に引き上げられてきたからである。しかしこの間，食糧自給率は長期的に低下し，カロリーベースで1965（昭和40）年度に73%だったのが2013（令和3）年度38%に減少した（農林水産省ホームページ）。

正答　1

問題研究

　頻出分野である。この時期は，政治・経済・文化などと一体化してとらえることが重要である。公務員試験では，高度成長期以後，バブル崩壊まで出題されているので注意したい。

日本の貨幣史に関する次の記述のうち，妥当なものの組合せはどれか。

ア　7世紀末の和同開珎の鋳造に続けて，政府は唐に倣った銅貨の鋳造を行ったが，なかなか流通が進まなかったので，蓄銭叙位令を出して流通を奨励した。

イ　鎌倉時代にも宋との私的な貿易は行われ，大量の宋銭が輸入されて貨幣経済が浸透し，貨幣取引きや貸付を行う借上などが現れ，金銭の輸送を手形で代用する為替も使われたりした。

ウ　足利義満は明と冊封関係を結び，勘合貿易と呼ばれる朝貢貿易が行われたが，この貿易により大量の明銭がもたらされた結果，撰銭令が出されて古い宋銭の使用が禁止された。

エ　江戸の初めには中国銭である永楽銭や粗悪な銭貨が使用されていたが，銭座で寛永通宝が大量に鋳造された結果，17世紀半ば頃までには金・銀・銭の三貨制度が確立された。

オ　大蔵卿に松方正義が就任して，増税と緊縮財政によって正貨の蓄積を進め，中央銀行として日本銀行を設立して，1885年から金兌換の銀行券を発行して金本位制を確立した。

1　ア，イ　　　2　ア，エ　　　3　ア，オ　　　4　イ，エ　　　5　エ，オ

解説

ア：7世紀末に鋳造された貨幣は富本銭である。和同開珎は708年に武蔵国から銅が献上されたのをきっかけに鋳造された。以後，958年の乾元大宝まで12種の銅貨が鋳造された。流通が進まなかったのは事実であるが，「蓄銭叙位令」（711年）は，従6位以下の者で蓄銭10貫以上は1階級，20貫以上は2階級進めるという内容であった。

イ：妥当である。10世紀に宋が中国を統一すると，東アジア諸地域では，銅銭や陶磁器などの交易が盛んになった。平氏政権は日宋貿易がもたらす経済的利益を重要な基盤とした政権であり，鎌倉時代も日宋間の私的貿易は盛んに行われ，大量の宋銭がもたらされた。

ウ：室町時代には，朝貢貿易（いわゆる勘合貿易）によって大量の明銭が流入したが，宋銭も依然として良質の通貨（精銭）として流通した。撰銭令は，取引きにおいて精銭だけを受け取る行為を禁止するもので，鐚銭などの悪銭と精銭の混入比率を決めたりして，流通を円滑化するために室町幕府や戦国大名などがしばしば出した法令である。

エ：妥当である。江戸時代当初，幕府は，永楽銭1貫文＝金1両として流通させていたが，1636年に江戸と近江坂本に銭座を設けたのを手始めに，その後各地に民間請負の銭座を設けて寛永通宝を大量に鋳造させた結果，17世紀半ばには永楽銭をはじめとする古銭の流通がなくなった。

オ：1885（明治18）年に発行されたのは，金兌換券ではなく銀兌換券で，金本位制ではなく銀本位制が確立された。1881年に大蔵卿に就任した松方正義は，徹底したデフレ政策（松方財政）で，歳入余剰で不換紙幣を処分して正貨（このときは銀貨）を蓄積し，銀貨と紙幣価値の差がほぼなくなった1885（明治18）年に，日本銀行が銀兌換券を発行して，銀本位制を確立した。日本が金本位制を採用したのは1897（明治30）年の貨幣法で，日清戦争による賠償金の一部を準備金として実施された。

よって，妥当なものはイとエであるから，正答は4である。

正答　4

問題研究

いわゆるテーマ別通史は，日本史全体をひととおり学習しているかどうかを測るには格好の出題形式である。ただ，出題されるテーマは，土地制度史（荘園制を含む），貨幣史，教育史，仏教史，公武関係などに固定化しているので，あらかじめ準備することが可能である。

PART
3
過去問を解いてみよう！

戦間期の日本

1930年代から太平洋戦争までの日本の政治に関する次の記述のうち，妥当なものはどれか。

1　満州で，関東軍が盧溝橋事件をきっかけに満州事変を起こすと，翌年国内では，海軍青年将校が犬養毅首相を射殺する五・一五事件が起き，大正末以来続いた政党内閣は崩壊した。

2　これまで明治憲法体制を支えてきた美濃部達吉の天皇機関説に対して，これを反国体的として排撃する運動が激しくなると，斎藤実内閣は国体明徴声明を出して天皇機関説を否認した。

3　日中戦争が始まると，政府は，戦争を遂行するために必要な資材や労働力を，議会の承認なしに動員できる国家総動員法を成立させた。

4　1926年2月26日の二・二六事件は，直接行動で天皇親政の実現をめざそうとする統制派と，革新官僚や財閥を排除して総力戦体制樹立をめざそうとする皇道派の対立から引き起こされた。

5　新体制運動の結果，1940年，総理大臣の近衛文麿を総裁とする，ナチ党やファシスト党に倣った一党独裁政党の大政翼賛会が成立した。

解説

1．盧溝橋事件ではなく柳条湖事件である。満州事変は，1931年9月18日，関東軍参謀の石原莞爾らを中心として計画された謀略事件である。これに呼応して国内では三月事件，十月事件，血盟団事件，五・一五事件などのクーデタ事件が頻発し，その結果，1924（大正13）年の加藤高明内閣から8年間続いた政党内閣が崩壊したことは正しい。なお，盧溝橋事件は日中戦争のきっかけとなった北京郊外盧溝橋での日中両軍の偶発的な衝突事件である（1937年7月7日）。

2．国体明徴声明を出したのは斎藤実内閣ではなく岡田啓介内閣である。天皇機関説は，統治権の主体は国家にあり，天皇は国家の最高機関として，憲法に従って統治権を行使するという国家法人説である。これに対して統治権は神聖不可侵の天皇にあり，それは無制限であるとして，陸軍，立憲政友会の一部や右翼，在郷軍人会などが排撃運動を展開したのである。

3．妥当である。「議会の承認なし」とは，天皇の命令（「勅令」）によって，「政府」は国民を徴用し，物資の統制，新聞その他出版物の制限，禁止などができるようになったことをさす。

4．統制派と皇道派の説明が逆である。皇道派は，北一輝の思想的影響を受けていた隊付きの青年将校を中心とするグループで，統制派は陸軍省や参謀本部の中堅幕僚層を中心としたグループである。クーデタに失敗した皇道派は排除され，統制派が陸軍内の主導権を握り，陸軍の発言力は一層強化された。

5．新体制運動は，近衛文麿が中心となって，ナチ党やファシスト党に倣った一党独裁の指導政党を樹立しようとする革新運動で，これに応じて，立憲政友会・立憲民政党・社会大衆党などの既成政党は解党して参加を表明し，1940年10月，大政翼賛会が成立した。しかし，これは当初めざした政党組織ではなく，総理大臣を総裁，道府県知事を支部長として，部落会・町内会・隣組を末端組織とする上意下達機関であった。

正答　3

問題研究

　戦前昭和の20年間は非常に複雑な時代である。基本的には，昭和初年の内閣から終戦時の内閣まで，それぞれの内閣のときにどのような事件が起こったかをまとめること。それを政治だけでなく，経済，外交などに広げていって自分用の年表を作っていくのが，最も効率的な勉強法である。

室町時代の出来事に関する次の記述のうち，妥当なものはどれか。

1　足利尊氏は，大覚寺統の光明天皇を立てると，建武式目を制定して当面の政治方針を明らかにして室町幕府を開いた。

2　南北朝の動乱が起こると，幕府は半済令を出して，地頭に一国内の荘園・公領の年貢の半分を兵粮米として徴収することを認めた。

3　中国を統一した明は，日本に倭寇の鎮圧を求めたが，南北朝の動乱で実現せず，結局，室町時代を通じて中国との外交関係は成立しなかった。

4　近畿地方では，惣または惣村と呼ばれる自治的な村が生まれ，一揆を結んで荘園領主に年貢減免などを求める強訴や逃散を行った。

5　応仁の乱は，管領家や将軍家の家督争いに，幕府の実権を握ろうとする大内義弘と山名氏清が介入して起こった。

解説

1．光明天皇は持明院統の天皇である。鎌倉末期，皇位は持明院統と大覚寺統の両統から交互に即位する方式（両統迭立）がとられていた。足利尊氏は鎌倉幕府の有力御家人であるが，幕府を滅ぼし，大覚寺統の後醍醐天皇による「建武の新政」を打ち立てた中心人物である。しかし，1335年に新政権に反旗を翻し，翌36年，京都を制圧して後醍醐天皇を廃し，持明院統の光明天皇を立て，建武式目17か条を制定して幕府を開いた。これに対して，後醍醐天皇は同年12月に吉野に逃れ，皇位の正当性を主張して対立した。

2．半済令は地頭ではなく守護に認めたものである。1352年に発布された最初の半済令は，近江・美濃・尾張3か国に，期間も1年に限って認めたものだったが，次第に全国的に拡大し，1368年には土地自体を分割することを認めた（応安の半済令）。これを口実に守護は一国内の荘園・公領を侵略し，年貢・土地を地頭に分け与えて，彼らを配下に組織していったのである。

3．明の朱元璋（洪武帝）は明を建国した翌年，大宰府の懐良親王の下に使節を派遣して倭寇の鎮圧を求めたが拒否された。その後，足利義満がほぼ全国を統一し，1394年には将軍職を息子の義持に譲って，翌年出家すると，1401年，明の呼びかけに応じて使節を派遣し，明との国交を開いた。義満は「日本国王」として冊封され，1404年，いわゆる勘合貿易を始めた。勘合貿易はその後一時中断したり，貿易の実権も幕府から大内・細川氏に移ったりしたが，16世紀半ばの大内氏の滅亡まで続いた。

4．妥当である。惣村は，寄合と呼ばれる村民の会議で，村民が守るべき惣掟を定め，村民自身が警察権を行使して村の秩序を守り，年貢なども村が請け負う地下請なども行う自治的村落である。

5．応仁の乱（1467〜77年）で，幕府の実権を巡って対立したのは細川勝元と山名持豊である。大内義弘は応永の乱（1399年）によって，山名氏清は明徳の乱（1391年）によって，いずれも3代将軍足利義満の徴発によって滅ぼされた有力守護である。

正答　4

問題研究

　室町時代は鎌倉時代に比べると非常にとらえにくい。幕府の所在地を京都にし，守護に半済という大幅な権限を与え，外国との関係も非常に積極的であった。経済や農業などで，2つの時代を対比させる問題が出題されることも多い。

PART
3
過去問を解いてみよう！

奈良時代から明治時代までの土地制度と農業

日本の土地制度や農業に関する次の記述のうち，妥当なものはどれか。

1　奈良時代には，班田収授法により，戸を単位として，男子だけに口分田が支給された。口分田は私有が認められ，民衆の税負担は田地にかかる租だけであった。

2　平安時代には，開発領主が自ら開発した土地を中央の貴族に寄進する荘園が現れたが，それらは国有地であり，すべて国家の管理下に置かれ，有力貴族が管理のため現地に派遣された。

3　豊臣秀吉は，新しく獲得した土地に一定の基準で検地を実施し，田畑を直接耕作している農民を検地帳に登録して，彼らを年貢負担者とした。

4　江戸時代には，幕府や大名は新田開発などにより米の増産を積極的に図ったが，商品作物の栽培を厳しく制限したため，江戸時代を通じて農業生産は停滞した。

5　明治政府は，積極的に地主・小作関係を解消して自作農を創設する改革を行った。その結果，小作農はほとんどいなくなり，農家の大半は自作農になった。

解説

1．班田収授法では，戸籍に基づいて，戸を単位として，6歳以上の男女に一定額の口分田が支給された。また，口分田は私有地ではなく，売買は禁止された。私有が認められたのは宅地と園地である。また，民衆の税負担は，田地にかかる租以外に，調・庸・雑徭など，正丁（21～60歳の男性）を基準とする人頭税があり，その負担が重かった。

2．いわゆる寄進地系荘園についての記述であるが，寄進地系荘園は国家の管理の及ばない私有地である。10世紀後半に，国内の有力農民や，任期終了後もそのまま土着した元国司の子孫たちは，国衙から税の負担を一部免除されて一定の領域を開発し，11世紀には開発領主と呼ばれるようになった。彼らは，税の負担などで国衙と対立すると，所領を中央の権力者に寄進して荘園とし，自らは現地荘園の荘官（下司・公文）となった。政府から官物や臨時雑役を免除されたり（不輸），国衙の役人の立入を認めない不入権を獲得して，荘園は国家の管理の及ばない私有地となった。寄進された上級貴族（領家・本家）は，預所を派遣して現地の荘官を指揮して荘園の支配を行った。

3．妥当である。太閤検地における「一地一作人の原則」である。これにより，それまで荘園制の下で一つの土地に何人もの権利が重なり合う状態が整理され，初めて大名が直接農民を支配する仕組みが成立した。

4．江戸時代の初めに米の増産が図られ，タバコ・木綿・菜種などの商品作物を自由に栽培することは禁じられたが（田畑勝手作りの禁），耕地面積は江戸時代初めの100年間で164万町歩から297万町歩へと激増し，人口も2倍近く増加した。年貢米以外の四木（桑・楮・漆・茶）三草（紅花・藍・麻）などの商品作物の栽培を行う地域も増え，江戸時代を通じて農業生産は増大した。

5．第二次世界大戦後の農地改革の記述である。明治政府が土地制度・税制改革として行ったのは地租改正であり，それは，従来の年貢負担者（地主・自作農）に地券を交付して土地の所有権を認め，地券所有者を納税者とするもので，地主・小作関係を解消しようとした政策ではない。

正答　3

問題研究

　「土地制度史」「農業史」などはテーマ別通史の頻出分野であり，今後も，「貨幣史」「教育史」「仏教史」などはねらわれるだろう。過去問に当たれば，各テーマ，各時代の頻出ポイントが見えてくるので，効率的に学習していきたい。

占領下の日本に関する次の記述のうち，妥当なものはどれか。

1 極東国際軍事裁判では，戦争指導者として起訴されたA級戦犯に対しては全員有罪の判決が下されたが，戦時国際法に違反したB・C級戦犯については，裁判自体が開かれなかった。

2 陸・海軍軍人の多くは，GHQの指令に基づき公職を追放されたが，政・財界の指導者は戦後の復興に必要であるとされて追放を免れた。

3 政党政治が復活し，日本自由党，日本進歩党などが結成されたが，共産主義を標榜する日本共産党はGHQによって非合法政党として活動が禁止された。

4 衆議院議員選挙法が改正され，女性参政権が初めて認められた結果，戦後最初の総選挙で初めて女性議員が誕生した。

5 マッカーサーにより憲法改正を指示された日本政府は，改正試案をGHQに提出し，GHQは原則としてこれを認めた。そこで，日本政府は一部を修正したうえで政府原案として，日本国憲法を制定した。

解説

1．A級戦犯は，侵略戦争を指導して「平和に対する罪」に問われた者で，28人が起訴され，病死など3人を除く全員が，死刑を含む有罪判決を下された。B・C級戦犯は，捕虜虐待など戦時国際法を犯した者で，彼らに対する裁判は，オランダ・イギリスなど関係各国が設置した裁判所で行われ，5,700人あまりが起訴され，984人が死刑，475人が終身刑の判決を受けた。

2．いわゆる公職追放である。1946年1月にGHQの指令に基づき公職追放令が出され，職業軍人や超国家主義団体の指導者などが追放されたが，1947年1月からは政・財界の指導者などにも適用範囲が広がった。しかしその後，占領政策の転換とともに，1950年10月から追放解除が始まり，1952年の講和条約発効により全員の追放が解除された。

3．戦後いち早く合法政党として活動を始めたのは，1945年10月にGHQの指令で出獄した徳田球一らを中心とした日本共産党である。次いで同年11月に旧無産政党を統合した日本社会党が結成され，旧立憲政友会系の日本自由党，旧立憲民政党系の日本進歩党などが相次いで結成された。

4．妥当である。衆議院議員選挙法の改正は1945年12月で，それに基づく戦後最初の総選挙は1946年4月に行われ，79人の女性が立候補し，39人が当選した。この選挙結果に基づいて召集された第90臨時帝国議会で憲法改正が審議された。

5．マッカーサーは，1945年10月，首相となった幣原喜重郎に憲法改正を含むいわゆる五大改革指令を口答で指示した。政府は，憲法問題調査委員会を設置して改正試案を作成したが，天皇の統治権を認めるなど保守的な内容だったため，GHQは自ら英文の改正草案（マッカーサー草案）を作成して，1946年2月，日本政府に提示した。政府は，これをやや修正して和訳したものを政府原案として発表したのである。なお，憲法改正は大日本帝国憲法の改正という手続きを取って，衆議院・貴族院で審議・修正されて，1946年11月3日に公布された。

正答 **4**

問題研究

　1945年の降伏文書調印から1952年の講和条約発効までの約7年間，日本は事実上アメリカによる単独占領下に置かれた。この占領期は頻出分野である。また，同じ占領期といっても，1948年以前と以後とでは占領政策も変わっているので，事実関係の正確な知識が必要である。他科目，特に政治，法律，経済，社会と関連づけて，知識を深めてほしい。

PART
3
過去問を解いてみよう！

幕末から明治初期の出来事

幕末から明治初期に関する次の記述のうち，妥当なものはどれか。

1　江戸時代後期になると，薩摩や長州のように藩政改革に成功して次第に幕府から自立するようになった藩や，会津のように尊王運動の中心となって幕府に反発する藩も生まれた。

2　王政復古の大号令を発して天皇を中心とする新政府の樹立を宣言した倒幕派に対して，鳥羽・伏見の戦いに敗れた徳川慶喜は江戸に逃れ，恭順の意を示して江戸城を無血開城した。

3　明治政府は，廃藩置県によってすべての藩を廃止して府県としたが，藩側からの抵抗を避けるため，旧藩主である知藩事は，府知事・県令としてそのまま旧藩の行政に当たらせた。

4　明治政府は，近代的な軍隊の創設をめざして徴兵令を公布し，廃藩置県で解散させられた藩兵を対象として徴兵し，各地に設けた鎮台に配置した。

5　明治政府は，幕府から引き継いだ不平等条約の改正をめざす一方，朝鮮とは日本が外国と結んだ最初の対等条約である日朝修好条規を締結し，これにより朝鮮は開国した。

解説

1．幕末の尊王運動の中心となったのは親藩の会津藩ではなく御三家の水戸藩で，藤田東湖や会沢安(あいざわ)らが登用されて水戸学が確立し，尊王攘夷論の中心となった。なお会津藩は，幕末には9代藩主松平容保(かたもり)が京都守護職として幕政を支え，戊辰戦争では奥羽越列藩同盟の中心として新政府軍と戦った。外様の大藩であった薩摩や長州などが藩政改革に成功し，西国の雄藩として幕末の政局に大きな力を発揮したのは妥当である。

2．妥当である。

3．廃藩置県（1871年）では，すべての藩が廃止され府・県となり，それまで知藩事として藩政に当たっていた旧藩主は罷免されて東京に集められ，代わって中央政府が派遣する府知事・県令が行政に当たることになった。旧藩主が明治政府から知藩事に任命されて，そのまま旧藩の行政に当たったのは版籍奉還（1869年）である。

4．1873年1月に公布された徴兵令は国民皆兵が原則であるから，旧藩兵だけでなく平民も徴兵の対象で，満20歳に達した男子を徴兵検査により選抜して3年間の兵役に服させた。鎮台は，1871年，廃藩で解散させられた藩兵を常備兵に，全国4か所（東京・大阪・熊本・仙台）に設置されたが，徴兵令の公布により，名古屋・広島を加えて全国6か所になり，常備兵も次第に徴兵にとって代わった。

5．鎖国政策をとる朝鮮に対して，江華島事件（1875年）を機に結んだ日朝修好条規（1876年）は，日本の領事裁判権や関税免除を認めさせるなどの不平等条約であった。明治政府は，幕府が結んだ不平等条約を引き継いだが，1871年の岩倉使節団の派遣以来，1911年に小村寿太郎外相が関税自主権を完全に回復するまで，明治政府にとって条約改正は最大の外交課題であった。なお，日本が外国と結んだ最初の対等条約は日清修好条規（1871年）である。

正答　2

問題研究

　幕末から明治初期の政治は頻出分野であり，ポイントは，選択肢の中での明白な誤りを見逃さないことである。会津藩と水戸藩の違い，版籍奉還と廃藩置県の違い，徴兵令は国民皆兵が原則，日朝修好条規は不平等条約。いずれにしても，細かいことにとらわれずに，基本的な事実をきちんと押さえておくことが大事である。

江戸時代の経済と社会に関する次の記述のうち，妥当なものはどれか。

1　幕府や大名の財政の基本は年貢米であったから，彼らは大規模な治水・かんがい工事や商人資本を利用した新田開発によって年貢米の増収を積極的に図った。

2　問屋や仲買が，仲間や組合と呼ばれる業種ごとの同業者の団体を結成して商品流通を独占したため，物価上昇を懸念した幕府は仲間の結成を江戸時代を通じて禁止した。

3　幕府は金・銀・銭の三貨を全国的に流通させて商品流通の発展を支え，なかでも金貨の金含有量を次第に増加させて物価騰貴を抑えようとした。

4　江戸・大坂・京都は三都と呼ばれ，なかでも江戸は人口100万人を超える大都市として成長したが，旧里帰農令や人返しの法などを施行した結果，人口は急速に減少していった。

5　江戸を起点とする五街道をはじめとする全国的な街道網が整備され，なかでも五街道には関所が置かれなかったので，善光寺や伊勢神宮などへの寺社参詣や巡礼などが広く流行した。

解説

1．妥当である。

2．幕府は，当初，仲間・組合と呼ばれる同業者団体を認めなかったが，18世紀になると，運上・冥加と呼ばれる営業税を納める代わりに仲間による営業独占を認めるようになった。特に田沼意次が財政再建のため，都市や農村の商人や職人仲間を株仲間として積極的に公認したことは有名である。

3．金の含有量は1600年に鋳造された慶長小判が最も多い（84％）。貨幣鋳造権を握る幕府は，金の含有量を減らして差益（出目）を得ることで，幕府財政の不足を補うことをしばしば行った。5代将軍徳川綱吉が，勘定吟味役荻原重秀の建議で，慶長小判を改鋳して金の含有率57％の元禄小判を発行したのがその最初である（1658年）。新井白石はそれを慶長小判と同質同量の正徳小判に戻したが，18世紀以後，次第に金の含有量は減少していった。

4．江戸で初めての人口調査が行われたのは1721（享保6）年で，そのときの町方人口は約50万人であった。これに武家・寺社方の人口およそ50万を加えて，江戸の人口は約100万人と考えられている。以後，人口調査は6年おきに実施されたが，町方人口はほぼ50万人前後を維持していて，幕府の都市政策の結果，人口が急減したとはいえない。むしろ18世紀末から幕末にかけて江戸の人口は増加する傾向にあった。

5．五街道には，東海道の箱根・新居，中山道の碓氷・木曽福島，甲州道中の小仏，日光・奥州道中の栗橋などに，それぞれ関所が設置されていた。しかし，江戸時代後半になると，庶民の間でも寺社参詣や四国八十八か所などの巡礼が盛んになったことは事実である。

正答　1

問題研究

江戸時代は頻出分野であり，細かい知識を問われることが多い。そこで，江戸時代を，①17世紀前半の幕藩体制の確立期，②17世紀後半の元禄時代から18世紀前半の成長期（最近では，享保の改革は幕藩体制の動揺に対する対応ではないとされる），③18世紀後半から19世紀前半——宝暦・天明期を起点とする幕藩体制の解体の始まりとそれへの対応期（寛政の改革と天保の改革），④開国と幕末の動乱，と時期を区分して考えると知識を整理しやすい。

PART 3 過去問を解いてみよう！

第二次世界大戦後の戦後処理と対外関係

第二次世界大戦後の戦後処理と対外関係に関する記述として，妥当なものはどれか。

1 「平和に対する罪」を犯したとされたA級戦犯は極東国際軍事裁判所に起訴され，このほか戦時国際法を犯したとされたB・C級戦犯もアジア各地の裁判所で裁判にかけられた。

2 サンフランシスコ平和条約の調印で日本は主権を回復したが，その際，日本と交戦したすべての国が賠償請求権を放棄したことにより，日本は賠償を免れた。

3 1960年の安保反対闘争は，アメリカと対等な新安保条約により，在日米軍の全面的撤退を危惧する保守勢力が中心となって行われた。

4 1949年に中華人民共和国が成立すると，日本は直ちにこれを承認したが，文化大革命で中国がアメリカと対決路線をとったことで，日本も国交を断絶した。

5 日本の国連加盟は，長くソ連が拒否権を発動して認めなかったため，ソ連邦の解体まで実現しなかった。

解説

1．妥当である。A級戦犯として28人が起訴され，病死など3人を除く25人全員が有罪（うち7人は死刑）とされた。B・C級戦犯の裁判は，イギリスやオランダなど関係諸国がアジア各地に設置した裁判所で行われ，5,700人あまりが起訴された。

2．賠償請求権を放棄したのはすべての交戦国ではない。アメリカをはじめ多くの交戦国は賠償請求権を放棄したが，フィリピン・インドネシア・ビルマ・南ベトナムの4か国とはそれぞれ賠償協定を結んで賠償を行った。また，主要交戦国である中国は中華民国・中華人民共和国のいずれも招かれていないうえ，ソ連は講和会議に出席したが条約には調印しなかった。

3．60年安保闘争は，新安保条約で日本がアメリカの世界戦略に組み込まれ，再び戦争に巻き込まれるのではないかという危惧から，日本社会党や日本共産党などをはじめとする革新系諸団体が「安保改定阻止国民会議」を組織して空前絶後の規模で行われた反対運動である。また，新安保条約には在日米軍の全面的撤退などは含まれておらず，対等なものではない。

4．日本と中華人民共和国との国交は，1972年9月の日中共同声明で，中華人民共和国を「中国で唯一の合法政府」と認めたことで正常化した。文化大革命で中国がアメリカと対立関係にあったことは事実であるが，ベトナム戦争の解決を急ぐアメリカは，72年にニクソン大統領が訪中して関係正常化を実現した。この突然の米中接近に対応して田中角栄首相が自ら訪中して日中関係を正常化したのである。ただし，日中平和友好条約の調印は1978年，福田赳夫内閣のときである。

5．ソ連との国交回復交渉は，保守合同後の鳩山内閣が「自主外交」を唱えて推進し，1956年10月に「日ソ共同宣言」に調印して国交を回復した。その結果，それまで日本の国連加盟を拒否していたソ連が賛成に回ったことで，同年12月に日本の国連加盟が実現した。なお，北方領土を巡る対立から，現在に至るも平和条約は締結されていない。

正答　1

問題研究

戦後史は頻出分野であるが，特徴的なのは，出題範囲が1990年代にまで及ぶことである。政治・経済・社会など他の科目と関連させながら学習していきたい。

仏教に関する次の記述のうち，下線部の内容が妥当なものの組合せはどれか。

紀元前5世紀ごろのインドで，ガウタマ=シッダールタ（ブッダ）が仏教を開いた。彼は，ア司祭階級のバラモンを最高位とする階層身分制度を批判し，イ「一切皆苦（人生のすべては苦しみにほかならない）」，「諸行無常（この世でつくり上げられたものはやがてすべて滅する）」などの当時のインド文化の世界観からの脱却を説き，35歳で永遠の真理に目覚めて悟りを開いた。その後各地で教えを広め，多くの弟子や信者を集めた。

紀元前1世紀頃，仏教の改革運動によって大乗仏教が形成された。ウ大乗仏教とは自己一人の救いではなくすべての衆生の救済をめざす立場を自称したもので，厳しい修行で自己の悟りに至ることを目的とする従来の仏教を小乗仏教と呼んだ。エ大乗仏教はインドから南方のスリランカ・ミャンマー・タイなどに伝わり，小乗仏教はインドから北方の中国・朝鮮・日本などに伝わった。

1　ア，イ　　　2　ア，ウ　　　3　ア，エ　　　4　イ，ウ　　　5　イ，エ

解説

ア：妥当である。

イ：「一切皆苦」と「諸行無常」は四法印（ブッダの悟った普遍的心理を表す4つの命題）のうちの2つである。

ウ：妥当である。

エ：大乗仏教と小乗仏教の伝わるルートが逆である。大乗仏教は中国・朝鮮・日本などに伝わり，小乗仏教はスリランカ・ミャンマー・タイなどに伝わった。

よって，妥当なものはアとウであるから，正答は2である。

正答　2

PART 3 過去問を解いてみよう！

問題研究

「思想」が出題される確率は5割程度しかなく，出題傾向や頻出領域を探ることは難しい。しかし，その少ない中でも過去4回のうち2回が本問の「仏教」，そして28年度の「一神教」についてなので，世界の宗教は頻出のテーマだと考えられる。

本問は，仏教といっても日本に伝来した後に日本で展開した日本仏教についてではなく，インドで発祥し，やがて世界宗教にまで発展した仏教についての基礎知識を問うている。本問を正答するのに必要な仏教についての基礎知識は次のとおりである。

▶仏教誕生以前のインド社会

バラモン（司祭階級）を最上位とする階層身分社会（カースト制度）を持つ社会。

▶ブッダの思想

カースト制度や祭祀中心主義を否定し，平等思想や命あるものへの慈悲を重んじる精神が特色。四法印（仏教を特徴づける4つの教え）⇒「一切皆苦（人生は苦しみから離れられない）」，「諸行無常（すべてのものは必ず滅する）」，「諸法無我（あらゆるものは実際には自我や我がものではない）」，「涅槃寂静（無常や無我の真理を繰り返し確認し，煩悩から離れることで心の平安を得られる）」

▶大乗仏教の成立と仏教の伝播

ブッダの死後，仏教は多くの分派に分かれた。その中から，厳しい戒律や修行などを重視し個人の悟りの完成をめざす伝統的仏教である上座部仏教（小乗仏教）に対し，すべての衆生の救済をめざす大乗仏教が生まれてきた。小乗仏教はおもにスリランカから東南アジア諸国に伝わり，大乗仏教は中央アジアから中国・朝鮮・日本などに伝わった。

明治・大正時代の思想家

明治・大正時代の思想家とその思想に関する次の記述のうち，妥当なものはどれか。

1 ルソーの影響を受け，彼の『社会契約論』を『民約訳解』として翻訳紹介し，急進的民権論を唱えた。——内村鑑三

2 社会主義に共鳴し社会民主党結成に参加した。日本の軍国主義を批判し，日露戦争には非戦論を唱えて平民社を起こし，「平民新聞」を創刊して平民主義・社会主義・平和主義を唱えた。——幸徳秋水

3 イエスと日本の「2つのJ」の信念に立ち，無教会主義による日本的キリスト教の伝道に努めた。教員時代に教育勅語への敬礼を拒否して辞職し（不敬事件），日露戦争に対しては非戦論を主張した。——中江兆民

4 主権在民の民主主義とは一線を画し，天皇主権そのものは否定せず，その主権の運用（政治）の目標は人民の福利にあり，政策決定は人民の意向によるとする民本主義を唱え，政党内閣制と普通選挙の実現を説いて，大正デモクラシーの理論的指導者として活躍した。——福沢諭吉

5 西洋近代の自由主義・合理主義思想に基づき，独立自尊の精神や実学を奨励し，天賦人権論に基づく平等主義を説いて，封建的思想の打破に努めた。——吉野作造

解説

1．明治時代の啓蒙思想家・政治家の中江兆民（1847〜1901年）についての記述である。『民約訳解』に示された主権在民等の思想は自由民権運動に新たな理論的基礎を与え，兆民は「東洋のルソー」と称され，自由民権運動の理論的指導者として活躍した。主著は『三酔人経綸問答』など。

2．妥当である。中江兆民の弟子だった幸徳秋水（1871〜1911年）は，自由民権思想から社会主義思想へと自らの思想を深め，日本最初の社会主義政党である社会民主党の結成に参加した。「万朝報」の記者として非戦論を唱えたが，「万朝報」が主戦論に転向すると同社を退き，堺利彦らと平民社を設立し，「平民新聞」を発刊して社会主義・平和主義を唱えた。その後無政府主義を唱えるようになり，1911年の大逆事件で明治天皇暗殺計画の首謀者に仕立てられ処刑された。

3．明治・大正時代のキリスト教思想家，内村鑑三（1861〜1930年）についての記述である。札幌農学校で学び，クラーク博士のキリスト教教育の感化が残る環境の中で，新渡戸稲造らとともに入信した。2つのJ（JesusとJapan）に生涯をささげる決意をし，不敬事件，非戦論，無教会主義の伝道などその信念のもとで一貫して行動した。

4．大正・昭和時代の政治学者，吉野作造（1878〜1933年）についての記述である。東大教授だった吉野は，『中央公論』に「憲政の本義を説いて其有終の美を済すの途を論ず」を発表し，民本主義を主張した。大正デモクラシーは大正期に高揚した民主主義的風潮，政党内閣制は議会で多数を占めた政党により内閣が組織される制度，普通選挙は納税額などによる資格制限のない選挙である。

5．明治時代前期の啓蒙思想家，福沢諭吉（1834〜1901年）についての記述である。福沢の思想の核心は独立自尊（人間の尊厳を自覚し，自主独立の生活を営もうとする精神）である。また実学とは，実用的な西洋の学問という意味である。主著は『学問のすゝめ』『文明論の概略』など。

正答　2

問題研究

日本の近代思想は西洋の近現代思想と並ぶ超頻出の領域であるが，日本史で学習済みの思想家も多く，抽象的表現の多い西洋思想に比べてわかりやすい。出題パターンは，有名思想家についての記述の中から正肢を選ぶなど単純なものがほとんどである。

自然科学界の偉人と業績

現代の自然科学に影響を与えた人物とその業績に関する次の記述のうち，妥当なものはどれか。

1 物体に関する万有引力の法則を発見し，また微積分数や光の性質などの分野において，さまざまな業績を残し，近代物理学の基礎を築いた。——アインシュタイン

2 演繹法による合理的認識方法を主張した。数学では，図形の性質について座標を用いた代入法によって調べる方法を提唱した。——ケプラー

3 それまで一般的であった天動説に疑問を持ち，地球をはじめとする天体が太陽の周りを回転するとする地動説を唱えた。——コペルニクス

4 ドイツの天文学者で，ティコ・ブラーエの天体観測の資料に基づき，惑星の運行法則を発見した。——デカルト

5 ドイツなどで活動後，アメリカへ亡命した。相対性理論などを発表し，物理学に革命的な影響を与えた。——ニュートン

解説

1．ニュートンについての記述である。ニュートンは著書『プリンキピア』で，力学的な法則に従って動く自然像を描いた。その後，この自然像に影響を受け，自然を機械のような存在としてとらえる自然観が発展していった。

2．デカルトについての記述である。フランスの哲学者デカルトは，近代思想の父と称され「コギト・エルゴ・スム（われ思う，ゆえにわれあり）」が有名で，著書に『方法序説』『省察』などがある。数学，物理などにも業績を残している。

3．妥当である。コペルニクスの地動説を支持したガリレイは，地動説の正しさを『天文対話』で著し，多くの読者を得た。しかし，教皇庁は地動説を禁じていたため，ガリレイは宗教裁判を受けることになった。

4．ケプラーについての記述である。ケプラーは惑星の軌道が楕円であると推定し，「ケプラーの法則」として発表した。これによって，天動説に対する地動説の優位が決定的なものとなった。

5．アインシュタインについての記述である。アインシュタインは1921年にノーベル物理学賞を受賞している。

正答 3

問題研究

あるがままの人間を尊重する考えが広まったルネサンス以降，自然を考察するときも，教会や宗教権威に縛られず，自然現象をあるがままに考察する態度が生まれ，近代科学が成立した。その動きは天文学から始まり，コペルニクス，ケプラー，ガリレイが研究成果をあげ，ニュートンへと受け継がれている。こうした観察と実験をもとに法則や原理を導く方法は，哲学にも影響を与え，ベーコンの経験論，デカルトの演繹法などへと発展する。

思想は教科書的に重要な項目が出題されるのではなく，現代社会で関心を集めているトピックから出題されることが多い。われわれ現代人は，高度に発達した科学技術文明の恩恵を日々受ける一方，生命や環境を巡るさまざまな問題を抱えているので，現代の自然科学の発展のもとになった自然観については押さえておくことが大切である。

日本の古典文学

　古代から中世にかけての日本の文学作品に関する次の記述のうち，作品名と記述の組合せが妥当なものはどれか。

1　『太平記』：作者不詳の軍記物語であり，平家の興亡を題材とした重厚な文章を，盲目の琵琶法師が平曲として語り継ぎ，民間に広く普及した。

2　『方丈記』：鴨長明による随筆であり，「行く川の流れは絶えずして，しかももとの水にあらず。」という書き出しで知られる。この世の無常とはかなさが説かれている。

3　『土佐日記』：紀貫之による日記文学であり，著者が土佐守の任を終え，帰京するまでの旅日記を，格調高い漢文調で綴っている。

4　『更級日記』：歌人の女性による紀行文であり，著者が実子と継子の所領争論解決のために鎌倉に下向した折の様子が書かれている。

5　『源氏物語』：紫式部による歴史物語であり，源頼朝以降の源氏の武士たちの活躍が描かれている。

解説

1．鎌倉時代前期の軍記物語である『平家物語』についての記述。『太平記』は室町時代初期の南北朝文化の軍記物語であり，南朝側に同情的な立場で描かれ，のち太平記読みと呼ばれる講釈師によって庶民の間に広まった。

2．妥当である。『方丈記』は，吉田兼好による『徒然草』と並ぶ鎌倉文化を代表する随筆である。

3．『土佐日記』が紀貫之による日記文学であることは正しく，平安時代の国風文化を代表する日記文学の一つである。しかし，『土佐日記』は最初のかな文字による日記である。当時，かなは女性の使用する文字で，男性は漢字を使用すべきものと考えられていたが，紀貫之は自らを女性になぞらえ，かな文字で『土佐日記』を書き，かな文字やその後の女流文学の発展に大きな影響を与えた。

4．鎌倉時代の紀行文で，阿仏尼が著した『十六夜日記』についての記述である。『更級日記』は平安時代の菅原孝標の女による日記文学であり，幼少期を父の任地の東国で過ごした少女の，宮仕え・結婚・夫との死別などの一生の回想録である。

5．『源氏物語』の著者が紫式部であることは正しい。しかし，『源氏物語』は光源氏の恋愛や栄華，その子薫大将の悲劇を中心に，平安時代の貴族社会が描かれた物語で，日本の物語文学の最高峰といわれている。

正答　2

問題研究

　日本の古典文学発達のおよその流れを理解しているかが問われる問題である。元来，日本は独自の文字を持たず，奈良時代の『万葉集』等は，中国の漢字の音・訓を借用した万葉仮名で書かれていた。平安時代初期に発明されたかな文字が文学世界に革命的変化を起こすが，最初は女性が使う文字であり，平安初期の貴族に必要な教養は漢文学であった。平安中期，当時一級の教養人であった紀貫之がかな文字で『土佐日記』を著し，次第に上流貴族にもかな文字が広まった。かな文字の普及は人々の感情や思想の表現を自由にし，漢文学に代わって和歌・物語・随筆などの国文学が隆盛し，女流文学も独自の発達を遂げた。源平の争乱を経た鎌倉時代には，無常観が底流する軍記物語や随筆が誕生した。無常観の軍記物語の傑作『平家物語』は琵琶法師による語りものとして広まり，語りの文芸の源流となった。『平家物語』に次ぐ軍記物語の傑作と言われる室町時代の『太平記』も物語僧によって人々に親しまれた。また，東海道などの整備によって，『十六夜日記』に代表される紀行文という文学の新ジャンルも登場した。

19世紀の西洋画家

19世紀の西洋画家に関する次の記述のうち，記述と画家名との組合せが妥当なものはどれか。

1　スペインの首席宮廷画家でロマン主義の先駆者。反独裁の立場から，民族的抵抗へのナポレオン軍の残虐な報復を描いた「1808年5月3日」がよく知られる。
　　——モネ

2　フランス新古典主義絵画の代表者。古代ギリシア・ローマの美術様式を模範とした作品を作る一方，ナポレオンの首席画家として活躍した。代表作は「ナポレオンの戴冠式」などである。
　　——ダヴィド

3　フランスのロマン主義の画家。光り輝く色彩表現で，「キオス島の虐殺」や「民衆を導く自由の女神」を描いた。
　　——セザンヌ

4　フランスの自然主義の画家で，パリ郊外の小村バルビゾンに滞在して風景画や農民画を写実的に描くバルビゾン派に含まれる。代表作に「晩鐘」「落ち穂拾い」がある。
　　——ルノワール

5　オランダ生まれのポスト印象派の画家。フランスに移り住んでから，大胆な色彩の絵を描いた。代表作は「ひまわり」などである。
　　——クールベ

解説

1．本肢はゴヤに関する記述である。モネはフランス印象派を代表する画家であり，彼の作品「印象・日の出」が印象派の語源となった。光の効果を重視し，晩年の連作「睡蓮」も有名である。

2．妥当である。

3．本肢はドラクロワに関する記述である。セザンヌはポスト印象派（フランス後期印象派）の画家で，印象派の新しい色彩表現を体得し，その後幾何学的な画面構成を用いた独自の作風を作り出した。代表作に「サント・ヴィクトワール山」がある。

4．本肢はミレーに関する記述である。なお，ミレーは写実派に分類されることもある。ルノワールはフランス印象派の画家である。人物画を得意とし，多くの裸婦を華麗に描いた。代表作に「桟敷席」がある。

5．本肢はゴッホに関する記述である。クールベはフランス写実主義の代表的画家である。「自分の目で見たことのない天使の姿は描けない」として，古典主義やロマン主義の大時代的な表現を批判し，民衆や社会生活をありのままに描いた。代表作に「石割り」がある。　　　　正答　2

問題研究

　西洋美術については19世紀～20世紀前半がよく出されており，本問はまさにその頻出領域からの出題である。19世紀の西洋美術は，フランスを中心に，（新）古典主義→ロマン主義→写実主義→自然主義→印象派→ポスト印象派（後期印象派）と展開する。それぞれの様式の代表的な画家とその代表作を整理しておくとよい。加えて，19世紀のヨーロッパは，ナポレオンの登場に始まり，ウィーン反動体制，七月革命と進む中で，近代国民国家が形成され，発展を遂げる時代である。そのような中で，それぞれの画家たちが，どの国で活躍し，その時代状況にどのように向き合ったのか，宮廷画家として宮廷を描いたのか，虐殺や革命を描いたのか，農村の風景を描いたのかということも大事なポイントとなる。

　文学・芸術は毎年出される科目ではないので，準備に時間をかけることは避けたい。歴史の学習等と関連づけてチェックするのが有効である。

PART
3

過去問を解いてみよう！

西洋近代の音楽家

西洋近代の音楽家に関する次の記述のうち，妥当なものはどれか。

1　ドイツ出身のブラームスは，ウィーンで活躍し，古典派音楽を大成すると同時に，ロマン主義音楽の先駆者ともなった。交響曲「運命」「田園」，ピアノソナタ「月光」などを残した。

2　オーストリア出身のベートーヴェンは，幼時より演奏家として著名で，ザルツブルグ大司教の宮廷音楽家を務め，後にウィーンで活躍して古典派音楽を確立した。協奏曲，歌劇，交響曲など600曲以上を作曲し，交響曲「ジュピター」，オペラ「フィガロの結婚」などを残した。

3　チェコの民族運動に積極的にかかわった作曲家ショパンは，チェコ国民楽派の創始者とされる。代表作に連作交響詩「わが祖国」などがある。

4　ポーランド出身のロマン派作曲家スメタナは，1830年の民族蜂起直前にパリに移った。祖国の民族的音楽をとり入れて叙情的なピアノ曲を多く作曲し，「ピアノの詩人」と呼ばれた。

5　フランスの作曲家ドビュッシーは，ルノワールやモネらフランス印象派の画家たちとの交流の中で印象派絵画の影響を受け，旋律よりも音の効果を重視して印象派音楽を創始・確立した。代表曲に管弦楽曲「牧神の午後への前奏曲」，前奏曲「亜麻色の髪の乙女」などがある。

解説

1．ベートーヴェン（1770～1827年）についての記述である。ブラームス（1833～97年）は，ベートーヴェンより半世紀後の時代に活躍したドイツ出身のロマン主義音楽家である。しかし，ロマン主義の華やかな時代に，古典派の長所をとり入れて重厚で叙情的な独自の風をつくり，新古典派ともいわれる。

2．モーツァルト（1756～1791年）についての記述である。ベートーヴェンはドイツ出身である。

3．チェコの作曲家スメタナ（1824～84年）についての記述である。ロマン主義の作曲家ショパンはポーランド出身で，代表曲は「子犬のワルツ」など。

4．ショパンについての記述である。スメタナは1848年のプラハ蜂起に参加するなどチェコ民族運動に積極的にかかわった。

5．妥当である。印象派音楽を代表するドビュッシー（1862～1918年）は，全音音階や教会施法の和声などの音の効果で，情感を綿密に表現した。

正答　5

問題研究

　18世紀末～19世紀初め，オーストリアのウィーンを中心にハイドン，モーツァルト，ベートーヴェンらが活躍し，貴族のものだったバロック音楽に代わり，均整さや調和を追求した器楽曲を特徴とする古典派音楽が完成された。交響曲，協奏曲，ピアノソナタなどが生まれ，市民文化の新しい様式として広まった。19世紀前半～半ばには，市民革命による社会変動の影響を受け，感情・意志・個性を強く表現したロマン主義音楽が全盛となり，ポーランドのショパン，オーストリアのシューベルト，ドイツのシューマン，ワグナー，メンデルスゾーン，ブラームス，イタリアのヴェルディなど多数の音楽家が輩出した。また，19世紀半ば頃からは，ロシアを中心に，民族主義の影響を受けて，民族的な旋律，音楽手法を積極的に取り入れた国民楽派が起こり，ロシアのムソルグスキー，チャイコフスキー，チェコのスメタナらが活躍した。世紀末には，印象派絵画などの影響を受けて印象派音楽を創始したフランスのドビュッシーが現れ，音の効果で情感を綿密に表現し，現代音楽への道を開いた。19世紀のヨーロッパの音楽は，芸術の頻出領域の一つといえる。有名作曲家と音楽様式（古典派，ロマン主義等々），出身国，代表作品を結べるようにしておくのが，得点への近道である。

絶対値を含む関数のグラフ

絶対値を含む関数に関する次の記述の空欄ア，イに当てはまる語句の組合せとして妥当なものはどれか。ただし，$|a|$はaの絶対値を表す。たとえば，$|-3|=3$である。

xy平面上において，$y=|x-1|+|x+1|$のグラフと，$y=4$のグラフで囲まれた図形は ア であり，その面積は イ である。

	ア	イ
1	三角形	4
2	三角形	6
3	三角形	8
4	台形	4
5	台形	6

解説

$x-1$，$x+1$はそれぞれxが1，-1で正負が変わるので，$x<-1$，$-1\leqq x\leqq1$，$1<x$で場合分けをする。

（i）$x<-1$のとき，

$x-1$，$x+1$はともに負なので，$y=-(x-1)-(x+1)=-x+1-x-1=-2x$

（ii）$-1\leqq x\leqq1$のとき，

$x-1$は0以下，$x+1$は0以上なので，$y=-(x-1)+(x+1)=-x+1+x+1=2$

（iii）$1<x$のとき，

$x-1$，$x+1$はともに正なので，$y=(x-1)+(x+1)=x-1+x+1=2x$

グラフを描くと右図のようになる。

よって，グラフで囲まれた図形は台形であり，

面積は $(2+4)\times2\times\dfrac{1}{2}=6$ である。

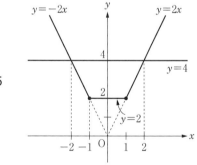

正答　5

問題研究

絶対値

実数xの絶対値$|x|=\begin{cases}x & (x\geqq0)\\-x & (x<0)\end{cases}$である。

$|x+4|=3$の解を求める。$x+4$はxが-4のときに0となるので，-4で場合分けをすればよい。

$|x+4|=\begin{cases}x+4 & (x\geqq-4)\\-x-4 & (x<-4)\end{cases}$となる。

$x+4=3$を解くと$x=-1$（$x\geqq-4$に合う）。$-x-4=3$を解くと$x=-7$（$x<-4$に合う）。

よって，求める解は，$x=-1$，-7となる。

図のように，$y=-\frac{1}{2}x+4$ 上に点 P(a, b) をとり，OP $=$PA となるように x 軸上に点 A をとる。$a>0$, $b>0$ において，$\triangle$POA の面積が最大となる点 P の x 座標 a の値として正しいものはどれか。

1　1
2　2
3　3
4　4
5　5

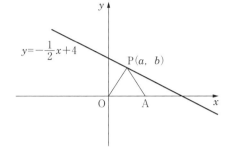

解説

$y=-\frac{1}{2}x+4$ 上に点 P(a, b) があるので，$b=-\frac{1}{2}a+4$……① が成り立つ。

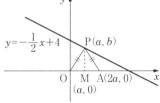

点 P から x 軸に垂線を下ろし，x 軸との交点を M とする。$\triangle$POA は二等辺三角形であるから，M は線分 OA の中点であり，M の座標は $(a, 0)$，A の座標は $(2a, 0)$ である。

$\triangle$POA の底辺が OA，高さが PM なので，その面積を S とすると，

$$S=2a\times b\times\frac{1}{2}=ab\cdots\cdots②$$

②に①を代入すると，

$$S=-\frac{1}{2}a^2+4a=-\frac{1}{2}(a^2-8a+16)+8=-\frac{1}{2}(a-4)^2+8$$

よって，S は $a=4$ のとき最大値 8 をとる。

したがって，正答は 4 である。

正答　4

問題研究

二次関数の最大・最小

$y=a(x-b)^2+c$ について

$a>0$ のとき

$a<0$ のとき

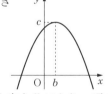

グラフは下向き凸になり，頂点は (b, c) $x=b$ のときに最小値 c をとる。

グラフは上向き凸になり，頂点は (b, c) $x=b$ のとき最大値 c をとる。

なお，x に範囲（閉区間）がある場合，頂点がその範囲に入っていなければ，範囲の端で最大値・最小値をとる。

$6-\sqrt{15}$ の整数部分と小数部分

$6-\sqrt{15}$ の整数部分を a,小数部分を b とするとき,$a+\dfrac{1}{b}$ の値を次のように求める。空欄ア,イに当てはまる数値の組合せのうち,妥当なものはどれか。

$3<\sqrt{15}<4$ であることから,$a=\boxed{\text{ ア }}$ である。よって,$b=6-\sqrt{15}-\boxed{\text{ ア }}$ であり,$a+\dfrac{1}{b}=\boxed{\text{ イ }}$ となる。

	ア	イ
1	2	$4+\sqrt{15}$
2	2	$6-\sqrt{15}$
3	2	$6+\sqrt{15}$
4	3	$6-\sqrt{15}$
5	3	$6+\sqrt{15}$

解説

たとえば,1.7386の整数部分は1,小数部分は0.7386である。

$\sqrt{9}<\sqrt{15}<\sqrt{16}$ であるから,$3<\sqrt{15}<4$ より,$6-\sqrt{15}=6-3.\cdots\cdots=2.\cdots\cdots$ となるので,$a=2$ である。

$6-\sqrt{15}$ の整数部分を a,小数部分を b とすると,$6-\sqrt{15}=a+b$ から,$b=6-\sqrt{15}-a$ であり,

$$b=6-\sqrt{15}-a=6-\sqrt{15}-2=4-\sqrt{15}$$

となる。したがって,

$$a+\frac{1}{b}=2+\frac{1}{4-\sqrt{15}}=2+\frac{4+\sqrt{15}}{(4-\sqrt{15})(4+\sqrt{15})}=2+\frac{4+\sqrt{15}}{4^2-(\sqrt{15})^2}=2+\frac{4+\sqrt{15}}{16-15}=2+4+\sqrt{15}=6+\sqrt{15}$$

よって,正答は **3** である。

正答　**3**

問題研究

分母が整数であると,割り算が楽になり,通分もしやすくなるので,分母に無理数がある場合,分母の有理化をすることが必要になる。分母の有理化の例を挙げておく。

$$\frac{2}{\sqrt{3}}=\frac{2\times\sqrt{3}}{\sqrt{3}\times\sqrt{3}}=\frac{2\sqrt{3}}{3}$$

$$\frac{3}{\sqrt{20}}=\frac{3}{2\sqrt{5}}=\frac{3\times\sqrt{5}}{2\sqrt{5}\times\sqrt{5}}=\frac{3\sqrt{5}}{10}$$

$$\frac{2+\sqrt{5}}{\sqrt{7}}=\frac{(2+\sqrt{5})\times\sqrt{7}}{\sqrt{7}\times\sqrt{7}}=\frac{2\sqrt{7}+\sqrt{35}}{7}$$

$$\frac{6}{3-\sqrt{2}}=\frac{6(3+\sqrt{2})}{(3-\sqrt{2})(3+\sqrt{2})}=\frac{18+6\sqrt{2}}{3^2-(\sqrt{2})^2}=\frac{18+6\sqrt{2}}{9-2}=\frac{18+6\sqrt{2}}{7}$$

$$\frac{1}{\sqrt{2}+\sqrt{5}-\sqrt{7}}=\frac{\sqrt{2}+\sqrt{5}+\sqrt{7}}{\{(\sqrt{2}+\sqrt{5})-\sqrt{7}\}\{(\sqrt{2}+\sqrt{5})+\sqrt{7}\}}=\frac{\sqrt{2}+\sqrt{5}+\sqrt{7}}{(\sqrt{2}+\sqrt{5})^2-(\sqrt{7})^2}$$

$$=\frac{\sqrt{2}+\sqrt{5}+\sqrt{7}}{2+2\sqrt{10}+5-7}=\frac{\sqrt{2}+\sqrt{5}+\sqrt{7}}{2\sqrt{10}}=\frac{(\sqrt{2}+\sqrt{5}+\sqrt{7})\times\sqrt{10}}{2\sqrt{10}\times\sqrt{10}}=\frac{2\sqrt{5}+5\sqrt{2}+\sqrt{70}}{20}$$

三角関数

次の文章中の空欄ア～ウに当てはまる数値の組合せのうち，妥当なものはどれか。

右図において，$\sin\theta=\dfrac{a}{c}$，$\cos\theta=\dfrac{b}{c}$，$\sin^2\theta+\cos^2\theta=1$

となる。

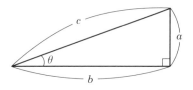

$y=\cos^2\theta+\sin\theta\,(0°<\theta<90°)$について検討する。$\sin\theta=t$と置くと，$\sin^2\theta+\cos^2\theta=1$により，$y$は$t$の二次関数となる。

このとき，tの変域は ア となり，yの最大値は イ であり，そのときのθは ウ である。

	ア	イ	ウ		ア	イ	ウ
1	$0<t<1$	1	$60°$	2	$0<t<1$	$\dfrac{5}{4}$	$30°$
3	$0<t<1$	$\dfrac{5}{4}$	$60°$	4	$-1<t<1$	1	$60°$
5	$-1<t<1$	$\dfrac{5}{4}$	$30°$				

解説

$y=\cos^2\theta+\sin\theta$に$\cos^2\theta=1-\sin^2\theta$を代入すると，

$y=1-\sin^2\theta+\sin\theta$となり，$\sin\theta=t$より，$y=-t^2+t+1$となる。

このとき，$0°<\theta<90°$より，$0<\sin\theta<1$であるので，$0<t<1$である（ア）。

$y=-t^2+t+1=-\left(t-\dfrac{1}{2}\right)^2+\dfrac{5}{4}$から，$y$は$t=\dfrac{1}{2}$のときに最大値$\dfrac{5}{4}$をとる（イ）。

$t=\dfrac{1}{2}$のとき，つまり$\sin\theta=\dfrac{1}{2}$となるのは，$0°<\theta<90°$において，$\theta=30°$のときである（ウ）。

よって，正答は**2**である。

正答　2

問題研究

直角三角形の3辺の長さについて，$a^2+b^2=c^2$が成り立つ。これを三平方の定理という。本問で用いた$\sin^2\theta+\cos^2\theta=1$は，三平方の定理から次のように導かれる。

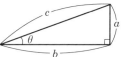

$\sin\theta=\dfrac{a}{c}$，$\cos\theta=\dfrac{b}{c}$より，$\sin^2\theta+\cos^2\theta=\left(\dfrac{a}{c}\right)^2+\left(\dfrac{b}{c}\right)^2=\dfrac{a^2+b^2}{c^2}=\dfrac{c^2}{c^2}=1$

このほかにも，よく使う三角関数の公式をまとめておく。

$\tan\theta=\dfrac{\sin\theta}{\cos\theta}$，$1+\tan^2\theta=\dfrac{1}{\cos^2\theta}$

$\sin(90°-\theta)=\cos\theta$，$\sin(90°+\theta)=\cos\theta$，$\sin(\theta+180°)=-\sin\theta$

$\cos(90°-\theta)=\sin\theta$，$\cos(90°+\theta)=-\sin\theta$，$\cos(\theta+180°)=-\cos\theta$

正弦定理と余弦定理を図の直角三角形に適用すると，

正弦定理：$\dfrac{a}{\sin\theta}=2R$（Rは外接円の半径），余弦定理：$\cos\theta=\dfrac{b^2+c^2-a^2}{2bc}$

指数と対数

指数関数 $y=2^x$ において，$y=8$ のとき $x=3$ と一つに定まる。同様に，$M=a^s$（$a>0$，$a\neq1$，$M>0$）において，M が一つに定まると s は一つに定まる。このとき s は，a を底とする M の対数といい，$\log_a M$ と表される。たとえば，$\log_4 8$ は ア となる。

さらに，M，N（$M>0$，$N>0$）について，$M=a^s$，$N=a^t$ が成り立つとする。このとき，$s=\log_a M$，$t=\log_a N$ となる。$MN=a^{s+t}$ であるので，$\log_a MN$ は イ と表すことができる。また，$\log_a M^k$ は ウ と表すことができる。

	ア	イ	ウ
1	$\frac{3}{2}$	$\log_a M \times \log_a N$	$k\log_a M$
2	$\frac{3}{2}$	$\log_a M + \log_a N$	$M\log_a k$
3	$\frac{3}{2}$	$\log_a M + \log_a N$	$k\log_a M$
4	2	$\log_a M \times \log_a N$	$k\log_a M$
5	2	$\log_a M \times \log_a N$	$M\log_a k$

解説

アについて，$\log_4 8$ の値が，つまり「4を何乗すると8になるか」が問われている。

4 の $\frac{1}{2}$ 乗 $=\sqrt{4}=2$，さらに2を3乗すると8である。よって，4の $\frac{3}{2}$ 乗が8になる。

まず，$\log_a a^p$ について検討しておく。$\log_a a^p$ は「a を何乗すると a^p になるか」の値を示しているが，a を p 乗すると a^p になるのだから，$\log_a a^p=p\cdots$① である。

ウから検討する。$s=\log_a M$ について，対数の定義より $M=a^s$ だから，

この両辺を k 乗すると，　　　　　$M^k=(a^s)^k=a^{ks}$ となる。

a を底とする両辺の対数をとると，　$\log_a M^k=\log_a a^{ks}$

①より，$\log_a a^{ks}=ks$ なので，　$\log_a M^k=ks$

$s=\log_a M$ を右辺に代入して，　$\log_a M^k=k\log_a M\cdots$②

　イについて，　　　　　　　　　$\log_a MN=\log_a a^s a^t=\log_a a^{s+t}$

②より，$\log_a a^{s+t}=s+t$ なので，$\log_a MN=s+t=\log_a M+\log_a N\cdots$③

よって，正答は **3** である。

正答　3

問題研究

対数についての公式をまとめておく。

$\log_a a^p=p$（①）　これより，$\log_a 1=\log_a a^0=0$　$\log_a a=\log_a a^1=1$

$\log_a M^k=k\log_a M$（②）　$\log_a MN=\log_a M+\log_a N$（③）　$\log_a\frac{M}{N}=\log_a M-\log_a N$

$\log_N M=\frac{\log_a M}{\log_a N}$（底の変換公式）

２次関数

図のように，$y=x^2$ 上に，y 座標が等しい２点 A，B をとる。２点 A，B と原点 O を結んでできた三角形が正三角形となる場合に，正三角形 OAB の面積として正しいものは次のうちどれか。

1 $\sqrt{3}$
2 3
3 $2\sqrt{3}$
4 $3\sqrt{3}$
5 $4\sqrt{3}$

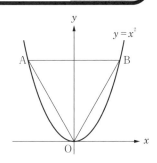

解説

B の x 座標を $a(>0)$ とすると，B の座標は $(a,\ a^2)$ となる。A は B と y 軸について対称な位置にあり，A の座標は $(-a,\ a^2)$ となる。

y 軸と AB の交点を C とする。y 軸と線分 AB は C で直交し，△OAB は正三角形なので，∠OBC は 60° である。つまり，△OBC は辺の長さの比が $1:2:\sqrt{3}$ の直角三角形である。

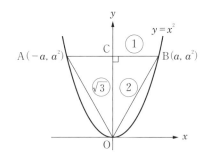

したがって，BC：OC $=a:a^2=1:\sqrt{3}$

$$a^2=\sqrt{3}\,a$$
$$a=\sqrt{3}$$

これより，A $(-\sqrt{3},\ 3)$，B $(\sqrt{3},\ 3)$ である。

以上より，△OAB の面積は，$2\sqrt{3}\times3\times\dfrac{1}{2}=3\sqrt{3}$

よって，正答は 4 である。

正答　4

問題研究

直角三角形の３辺の長さについて，$a^2+b^2=c^2$ が成り立つ。これを三平方の定理という。

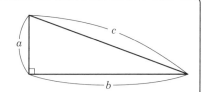

また，特別な三角形の辺の比は覚えておこう。

正方形の半分（直角二等辺三角形）

正三角形の半分

おもりのつり合い

図1のように，おもりを棒の一端につるし，その端から10cm離れた位置で，棒を天井から細いひもでつるした。さらに，棒のもう一方の端に，鉛直下向きに力F_1を加えるとつり合った。また，図2のように，棒の一端を天井から細いひもでつるし，その端から10cm離れた位置に，同じおもりをつるした。さらに，棒のもう一方の端に，鉛直上向きに力F_2を加えるとつり合った。F_1とF_2の力の大きさの比として，正しいものはどれか。ただし，棒とひもの重さは無視できるものとする。

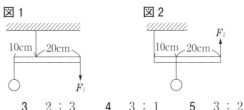

1　1:1　　2　1:3　　3　2:3　　4　3:1　　5　3:2

解説

おもりにかかる重力をWとする。

図1について，点Bを中心とする，力のモーメントのつり合いより，

$W \times 10 = F_1 \times 20$

$$F_1 = \frac{1}{2}W$$

図2について，天井が引くひもの張力をTとすると，上下方向の力のつり合いより，

$T + F_2 = W$

$T = W - F_2 \cdots\cdots$①

図2について，点Eを中心とする，力のモーメントのつり合いより，

$T \times 10 = F_2 \times 20$ から，①を代入して，

$(W - F_2) \times 10 = F_2 \times 20$

$$F_2 = \frac{1}{3}W$$

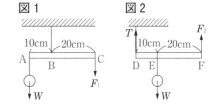

よって，$F_1 : F_2 = \dfrac{1}{2}W : \dfrac{1}{3}W = 3 : 2$

正答　5

問題研究

力のモーメント

　回転軸まわりに剛体を回転させる能力のことを力のモーメントという。剛体全体にかかる力のモーメントが合わせて0になるとき，剛体は回転しない。つまり，剛体が回転していないとき，任意の点を回転の中心にして，力のモーメントの式を立てることができる。

　力の大きさがF，力の作用線と回転の中心Oまでの距離がlのとき，力のモーメントは$Fl\sin\theta$となる。

　剛体が回転していない状況では，任意の点の左回りの力のモーメントと，右回りの力のモーメントはつり合っている。

　つまり，この図の状況では，$F_1 l_1 \sin\theta = F_2 l_2$となる。

等加速度運動

小球を鉛直方向に投げ上げたときの運動を考える。次の文中の空欄 ア ～ ウ に当てはまる語句の組合せとして妥当なものはどれか。ただし，空気抵抗は無視できるものとする。

小球を初速度 v で鉛直上向きに投げ上げる。単位時間当たりの速度の変化を加速度といい，投げ上げられた小球にはたらく加速度は重力加速度 g となる。投げ上げた瞬間から時間が t 経過したときの小球の速度は鉛直方向上向きを正とすると， ア と表され，投げ上げられた位置に戻ってきた時点の速度は イ と表される。また，これらから，小球が投げ上げられてから，投げ上げられた位置に戻ってくるまでの時間は ウ と表される。

	ア	イ	ウ
1	$v-gt$	$-v$	$\dfrac{v}{g}$
2	$v-gt$	$-v$	$\dfrac{2v}{g}$
3	$v-gt$	v	$\dfrac{v}{g}$
4	$vt-\dfrac{1}{2}gt^2$	$-v$	$\dfrac{2v}{g}$
5	$vt-\dfrac{1}{2}gt^2$	v	$\dfrac{v}{g}$

解説

重力は鉛直下向きにはたらくので，鉛直方向上向きを正とする本問では加速度が $-g$ となる。

投げ上げた瞬間から時間が t 経過したときの小球の速度を v' とすると $v'=v-gt$（ア）となる。

投げ上げられた位置から上向きの変位を x とすると，$v'^2-v^2=2(-g)x$ である。元の位置に戻ってくるということは，$x=0$ であるので，$v'^2-v^2=0$ より，$(v'+v)(v'-v)=0$ だから，$v'=\pm v$ である。

このうち，元の位置に戻ってきたときは下向きに落ちているので，$v'=-v$（イ）。

これをアの式に代入すると，$-v=v-gt$。

これを解くと，$t=\dfrac{2v}{g}$（ウ）となる。

よって，正答は2である。

正答 2

問題研究

等加速度運動（初速度 v_0，加速度 a）について，以下の3式を理解しておこう。

①時間 t と速度 v の関係　　　　　　$v=v_0+at$

②時間 t と変位 x の関係　　　　　　$x=v_0t+\dfrac{1}{2}at^2$

③速度 v と変位 x と加速度 a の関係　　$v^2-v_0^2=2ax$

波の干渉

音は波によって伝わる。また，2つの波は重なり合うと，それぞれの波の変位が合わさる。右下のような装置を用いて，音波を2つに分け，再び重ね合わせる。初めは，左右の管の長さは同じであり，装置の右側を引き出すと右側の距離が長くなる。ゆっくりと右側の部分を引いていくと，マイクに拾われる音が徐々に小さくなり，0.1m引いたときに音が消え，その後は徐々に大きくなった。0.1m引いたときには右側の管は初めより0.2m長くなっている。この音波の波長と振動数の組合せとして，妥当なものはどれか。ただし，音の速さを340m/sとする。

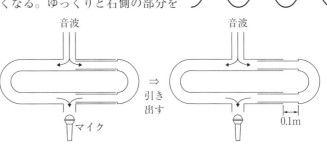

	波長	振動数		波長	振動数		波長	振動数
1	0.2m	340Hz	2	0.2m	680Hz	3	0.2m	1,700Hz
4	0.4m	850Hz	5	0.4m	1,700Hz			

解説

初めは，左側ルートと右側のルートの長さが同じであり，マイクの部分で，音波の位相が同じになるので（山と山が出会う），音波は強め合い，大きな音がする。

しかし，右側部分を0.2m長くすると，長くしたぶんだけ波は遅れる。半波長遅らせると，音波の位相が逆になるので音は消える。つまり，この音波の半波長は0.2mであることがわかる。

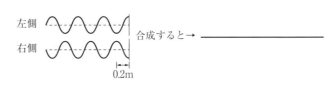

音の速さをV，波長をλ，振動数をfとする。半波長$\frac{\lambda}{2}=0.2$〔m〕より，$\lambda=0.4$〔m〕，振動数については，$f=\frac{V}{\lambda}=\frac{340}{0.4}=850$〔Hz〕である。よって，正答は4である。

正答　4

問題研究

本問は波の干渉の問題である。波の干渉とは，2つの波が重なり合って，振動を強め合ったり，弱め合ったりする現象のことである。波の基本式は重要なので，必ず理解しておきたい。

波の速さV〔m/s〕，波長λ〔m〕，振動数f〔Hz〕，周期T〔s〕のとき，$V=f\lambda=\frac{\lambda}{T}$，$f=\frac{1}{T}$

PART
3
過去問を解いてみよう！

図のように，抵抗値が等しい5つの抵抗を用いた回路がある。点A〜Cを流れる電流の大きさを I_A，I_B，I_Cとすると，それらの関係を正しく表したものはどれか。

1　$I_A=I_B=I_C$

2　$I_B>I_A>I_C$

3　$I_B=I_C>I_A$

4　$I_C>I_A>I_B$

5　$I_C>I_B>I_A$

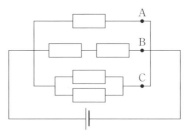

解説

　この回路は，A側，B側，C側の3つに分かれた並列回路である。1つの抵抗の大きさをRとすると，A側の部分の抵抗はR，B側の部分の抵抗は直列につながっているので$2R$，C側の部分の抵抗は並列につながっているので$\dfrac{R}{2}$となる。

　並列部分にかかる電圧は等しいので，電源電圧をVと置くと，A側，B側，C側のそれぞれの抵抗にVの電圧がかかる。

　これらを，オームの法則$I=\dfrac{V}{R}$に代入すると，$I_A=\dfrac{V}{R}$，$I_B=\dfrac{V}{2R}$，$I_C=\dfrac{2V}{R}$となり，$I_C>I_A>I_B$である。

　よって，正答は4である。

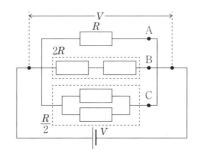

正答　4

問題研究

オームの法則

　R〔Ω〕の抵抗にI〔A〕の電流が流れるとき，抵抗による電圧降下をV〔V〕とすると，$V=RI$となる。

合成抵抗

　①直列接続 $R=R_1+R_2+R_3+\cdots\cdots$

　　本問ではB側の部分の合成抵抗R_Bは，$R_B=R+R=2R$となる。

　②並列接続$\dfrac{1}{R}=\dfrac{1}{R_1}+\dfrac{1}{R_2}+\dfrac{1}{R_3}+\cdots\cdots$

　本問ではC側の部分の合成抵抗R_Cは，$\dfrac{1}{R_C}=\dfrac{1}{R}+\dfrac{1}{R}$より，$R_C=\dfrac{R}{2}$となる。

摩擦がある斜面上の物体の運動

　図のように，30度の傾斜を持つ面の粗い台がある。その台の上に，40kgの物体を置き，滑車を通して，おもりをひもでつなぐ。このとき物体は静止している。これは物体が動き出すのを妨げるように静止摩擦力がはたらいているからである。静止摩擦力は物体が動き出す直前に最大となる。静止摩擦係数を0.5とすると，おもりを何kgにしたとき，物体は斜面を登り始めるか。次のうち妥当なものを選べ。

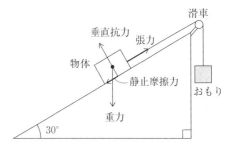

1　10kg
2　17kg
3　20kg
4　37kg
5　80kg

解説

　重力加速度をg〔m/s²〕とする。物体にはたらく重力は$W=40g$であり，斜面に垂直にはたらく重力の分力は$W\cos30°=40g×\cos30°=20\sqrt{3}g$であり，面の垂直抗力$N$とつり合っている。このとき最大静止摩擦力の大きさは，$F_0=\mu N=0.5×20\sqrt{3}g=10\sqrt{3}g$となる。

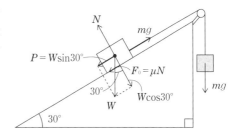

　斜面に平行な方向にはたらく重力の分力は，
$P=W\sin30°=40g×\sin30°=20g$

　おもりの質量をmとすると，おもりにはたらく重力は$Q=mg$である。

　物体が斜面を登り始めるときは，$Q=F_0+P$が成り立つので，
$mg=10\sqrt{3}g+20g$
$m=10\sqrt{3}+20$
$m≒10×1.7+20$
$m≒37$〔kg〕

　よって，正答は4である。

正答　4

問題研究

静止摩擦力

　静止時に物体にはたらく摩擦力を静止摩擦力という。静止時は外力の合力と静止摩擦力がつり合っている。外力を大きくしていくと，やがて物体が動き始めるが，その直前の静止摩擦力を最大静止摩擦力という。

　最大静止摩擦力は$F_0=\mu N$で表される（垂直抗力：N，静止摩擦係数：μ）。

動摩擦力

　物体が動き出してからの摩擦力を動摩擦力という。物体が動き出すと摩擦力が小さくなるので，最大静止摩擦力より動摩擦力のほうが小さい。

　動摩擦力は$F'=\mu'N$で表される（垂直抗力：N，動摩擦係数：μ'）。

PART
3
過去問を解いてみよう！

力学的エネルギー

　図のように，点Oからおもりを糸で吊り下げ，点Oの真下の点Pに釘を打つ。点Pと高さが同じになる点Aまでおもりを糸がたるまないように持ち上げ，静かに手を放し，振り子運動をさせた。この様子に関する次の文の空欄ア～ウに当てはまる語句の組合せとして，妥当なものはどれか。ただし，糸の質量は無視できるものとする。

　振り子運動において，位置エネルギーと運動エネルギーの和である力学的エネルギーは常に一定に保たれる。静かに手を離してから位置エネルギーは減少していき，そのぶん運動エネルギーは増加していく。おもりが最下点を通過するとき，糸が釘にかかり，点Pを支点として振れる。最高点に達したときに運動エネルギーは0となり，その最高点の高さは　ア　なる。

　今，おもりが最下点を通過した後，最下点を基準として，点Pの高さの半分の点Bで糸が切れたとする。糸が切れた後，おもりはある高さまで上がる。おもりが最高点に達したときの運動エネルギーは　イ　。また，その最高点の高さは　ウ　。

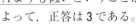

	ア	イ	ウ
1	点Aと同じに	0となる	点Aよりも低い
2	点Aと同じに	0ではない	点Aと同じになる
3	点Aと同じに	0ではない	点Aよりも低い
4	点Aよりも高く	0となる	点Aと同じになる
5	点Aよりも高く	0ではない	点Aよりも高い

解説

　おもりは糸の長さが途中で変わっても，手を離した位置と同じ高さまで上がる。これは，初めに点Aで持っていた位置エネルギーが，最下点ですべて運動エネルギーに変わった後に，再び最高点で運動エネルギーが0となり，すべて位置エネルギーに変わるからである。よって，おもりは初めの点Aと同じ高さにまで上がる（その最高点では速さが0になっている）。

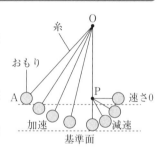

　次に，最高点ではない点Bで糸が切れた場合，切れた時点で速さが0になっていない。つまり，おもりは点Bを起点として，ある速さで斜方投射をすることになる。

　斜方投射とは，垂直方向には等加速度運動をし，水平方向には等速運動をするものである。つまり，最高点では垂直方向の速さが0となるが，水平方向の速さは0にはならない。そうすると，この場合の最高点では，運動エネルギーは0とはならず一部残るので，点Aで持っていた位置エネルギーよりも小さくなる。以上より，最高点の高さは点Aよりも低いということがわかる。

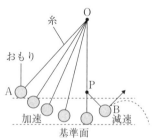

　よって，正答は3である。

正答　3

問題研究

力学的エネルギー保存則

　運動エネルギー K と位置エネルギー U を合わせて力学的エネルギーといい，重力による運動では，力学的エネルギーは一定に保たれる。

　$K = \dfrac{1}{2}mv^2$（m：質量，v：速度），$U = mgh$（g：動加速度）と表され，$K + U =$ 一定

さまざまな気体に関する次の記述のうち，妥当なものの組合せはどれか。

ア　窒素は単体で空気中に多く含まれ，常温でほかの元素と反応しやすい。酸素と反応して得られる窒素酸化物は，大気汚染の原因となる。

イ　ヘリウムは希ガスの一種であり，ほかの元素と反応しにくい。ガス気球などに使われており，大気中に約5％含まれている。

ウ　オゾンは酸素の同素体であり，成層圏のオゾン濃度が増加すると，地表に達する紫外線の量が増加する。

エ　硫化水素は腐卵臭のある有毒な気体であり，火山ガスに含まれる。中性・塩基性条件下で Fe^{3+} に通じると，黒色の沈殿が生じる。

オ　メタンは常温で無色・無臭の気体である。天然ガスの主成分であり，都市ガスに用いられる。地球温暖化に影響を及ぼす温室効果ガスである。

1　ア，ウ　　2　ア，エ　　3　イ，ウ　　4　イ，オ　　5　エ，オ

解説

ア：窒素分子は窒素原子間で非常に強い結合を有し，その解離に大きな活性化エネルギーが必要となるため，窒素は極めて反応性に乏しい。

イ：ヘリウムは，地球上では非常に希少性の高い気体で，大気中にはわずか0.0005％しか存在しない。

ウ：成層圏のオゾン濃度が増加すると，太陽からの有害な紫外線が吸収されやすくなる。地上の生態系はオゾン層によって保護されている。

エ：妥当である。

オ：妥当である。メタンは，二酸化炭素に次いで影響のある温室効果ガスである。

　よって，妥当なものはエ，オであるから，正答は5である。

正答　5

問題研究

この他の主な気体の性質を挙げておく。

○水素　亜鉛（亜鉛でなくともイオン化傾向がHより大きい金属であればよい）と希硫酸（塩酸）により発生する気体。水に溶けにくく，水上置換で集める。気体のうち最も密度が小さい。高温で還元剤になる。

○塩素　酸化マンガン（Ⅳ）と濃塩酸が入った水溶液を加熱すると発生する。黄緑色で刺激臭のある気体。水によく溶けるので下方置換で集める。酸化剤であり，色素の結合を塩素が酸化して破壊することで，漂白剤としてはたらく。

○一酸化炭素　無色，無臭の気体。水に溶けにくい。木炭やガスなどの不完全燃焼で発生。血液中のヘモグロビンと結合し，機能を失わせる。点火すると，燃えて二酸化炭素になる。

○フッ化水素　反応性が大きく，人体に有害な気体。フッ素は電気陰性度が大きく，分子が強い極性を持つ（水素結合）。このため，水素イオン H^+ が電離しづらく弱酸である。ガラスを腐食する性質があるため，ガラスのエッチングやくもりガラスの製造に用いられる。

○一酸化窒素　常温で無色，無臭の気体。酸素に触れると二酸化窒素になる。二酸化窒素が紫外線を浴び，酸素原子と一酸化窒素に分解され，この酸素原子がオゾンを発生させ，光化学スモッグを引き起こす。窒素酸化物は酸性雨の原因にもなる。

酸と塩基

水溶液の酸性・塩基性に関する次の文中の空欄 ア ～ エ に当てはまる語句の組合せとして妥当なものはどれか。

水溶液中の水素イオン濃度を [H^+]，水酸化物イオン濃度を [OH^-] とすると，水溶液が中性であれば両者は等しく，酸性であれば ア のほうが大きく，塩基性であれば イ のほうが大きい。

水溶液の酸性や塩基性の強さは，pH（水素イオン濃度指数）で表され，[H^+]$=1.0\times10^{-x}$mol/L のとき，pH$=x$ である。25℃において中性の水溶液のpHは7である。pH$=3$の水溶液を水で10倍に薄めると，[H^+] は ウ になり，pH$=$ エ となる。

	ア	イ	ウ	エ
1	[H^+]	[OH^-]	10倍	30
2	[H^+]	[OH^-]	$\frac{1}{10}$倍	2
3	[H^+]	[OH^-]	$\frac{1}{10}$倍	4
4	[OH^-]	[H^+]	10倍	2
5	[OH^-]	[H^+]	$\frac{1}{10}$倍	4

解説

酸性の性質は水素イオンH^+のはたらきによるものであり，塩基性（アルカリ性）の性質は水酸化物イオンOH^-のはたらきによるものであるので，酸性であれば [H^+]（ア）のほうが大きく，塩基性であれば [OH^-]（イ）のほうが大きい。

25℃において，pH$=3$の水溶液の水素イオン濃度は [H^+]$=1.0\times10^{-3}$mol/L であるが，これを水で10倍に薄めると，[H^+] は $\frac{1}{10}$倍（ウ）の 1.0×10^{-4}mol/L になり，pH$=4$（エ）となる。

以上より，正答は3である。

正答　3

問題研究

○pHとは，水素イオン濃度指数のことであり，[H^+]$=1.0\times10^{-x}$mol/L のとき，pH$=x$となる。
○25℃で中性の水溶液のpHは7である。
○pHが1増えると水素イオン濃度は10分の1になる（pHが増えると酸性が弱くなることに注意）。たとえば，pHが1の胃液と，pHが7の水ではpHの差が6であり，胃液は水に比べて10^6倍水素イオンの濃度が大きい（酸性が強い）。
○pHが5の水溶液を純水で10倍に希釈するとpHは6になり，さらに10倍に希釈すると，pHは7になるが，それをpHが7（中性）の純水で希釈してもpHは7のままである。
○25℃で，水素イオン濃度と水酸化物イオン濃度の積（水のイオン積）は，
[H^+][OH^-]$=1.0\times10^{-14}$(mol/L) になる。

メタンとエチレンの化学反応

メタンとエチレンを燃焼させるときの化学反応式は以下である。

メタン：$CH_4 + 2O_2 \rightarrow CO_2 + 2H_2O$

エチレン：$C_2H_4 + 3O_2 \rightarrow 2CO_2 + 2H_2O$

あるメタンとエチレンの混合気体を完全燃焼させると，二酸化炭素が6 mol，水が7 mol発生した。このとき，混合気体に含まれていたメタンとエチレンの物質量の比として，妥当なものはどれか。

	メタン	エチレン
1	1	2
2	1	3
3	2	1
4	2	5
5	3	5

解説

与えられた化学反応式より，メタン1 molが完全燃焼すると，二酸化炭素が1 mol，水が2 mol発生する。また，エチレン1 molが完全燃焼すると，二酸化炭素が2 mol，水が2 mol発生する。

もとの混合気体にメタンがx mol，エチレンがy mol含まれていたとすると，完全燃焼すると二酸化炭素が$x+2y$〔mol〕，水が$2x+2y$〔mol〕発生する。したがって，

$$\begin{cases} x+2y=6 \\ 2x+2y=7 \end{cases}$$

の連立方程式を解くと，

$$\begin{cases} x=1 \\ y=2.5 \end{cases}$$

以上より，メタンとエチレンの物質量の比は，$1:2.5 = 2:5$となる。

よって，正答は4である。

正答　4

PART 3 過去問を解いてみよう！

問題研究

本問では物質量（モル）が与えられていたが，質量，体積，分子数など他の表し方をされた場合は物質量に直す作業が必要となることが多い。

CO_2は1 molのとき，質量44g（C =12，O =16），体積22.4L（0℃，1.013×10^5Pa〈標準状態〉），分子数6.02×10^{23}個であるので，発生した質量が132gとされれば$\frac{132}{44}=3$〔mol〕とし，発生した体積が標準状態で11.2Lとされれば$\frac{11.2}{22.4}=0.5$〔mol〕として計算していく。

ちなみに，H_2O（気体）は1 molのとき，体積や分子数はCO_2と同じだが，質量は18g（H =1，O =16）である。

イオン化傾向

a～dの4つの異なる金属があり，これらの金属について，Ⅰ～Ⅲのことがわかっている。これらの4つの金属をイオン化傾向の大きい順に並べたときに，2番目にくるものと4番目にくるものの組合せはどれか。

Ⅰ　a～dの金属片に熱水をかけると，aのみが気体を発生した。

Ⅱ　cの硝酸塩水溶液にbの金属片を入れると，cの金属樹が発生し，溶液が無色から有色に変化した。

Ⅲ　dの硝酸塩水溶液にbの金属片を入れても，変化はなかった。

	2番目	4番目
1	b	c
2	b	d
3	d	a
4	d	b
5	d	c

解説

イオン化傾向とは，金属が水溶液中で，陽イオンになりやすい順に並べたものである。

Ⅰ：aのみが熱水に反応しているので，aが最もイオン化傾向が大きいとわかる。たとえば，マグネシウムは熱水と反応して水素を発生しながら水酸化物となる。$Mg + 2H_2O \rightarrow Mg(OH)_2 + H_2$

Ⅱ：イオン化傾向が小さい金属イオンを含む水溶液に，イオン化傾向がより大きい金属を入れると，イオン傾向が大きい金属は，小さい金属に対して電子を渡して溶解し，イオン化傾向の小さい金属は析出する。cのイオンを含む溶液に，bを入れてcが析出しているのだから，bのほうがcよりもイオン化傾向が大きい。たとえば，硝酸銀水溶液に銅線を入れると，銀樹ができる。銅は陽イオンとなって溶けだすので，溶液は青色になる。

Ⅲ：Ⅱとは逆に，dのイオンを含む溶液に，bを入れても反応をしないのだから，bのほうがdよりもイオン化傾向が小さい。

以上より，イオン化傾向は大きい順にa，d，b，cとなるので，正答は5である。

正答　5

問題研究

イオン化傾向　金属が水溶液中で，陽イオンになる性質の強さが大きい順に並べたもの。

$K > Ca > Na > Mg > Al > Zn > Fe > Ni > Sn > Pb > (H_2) > Cu > Hg > Ag > Pt > Au$

乾燥空気(室温)	内部まで酸化	表面に酸化皮膜を形成		反応しない
水	常温で反応	高温水蒸気と反応	反応しない	
酸	希硫酸や塩酸と反応し，水素を発生		酸化力のある酸と反応*	王水に溶ける**

*酸化力のある酸とは，硝酸や熱濃硫酸のことである。

**王水は濃硝酸と濃塩酸を体積比1:3で混合したもの。

「貸そうかな，まああてにすんな，ひどすぎる借金」というゴロで覚えると覚えやすい。

さまざまな金属の性質

金属に関する次の記述のうち，妥当なものはどれか。

1　アルミニウム：原料はボーキサイトであり，それを溶かしてアルミナを抽出し，さらに電気分解することにより生成される。また，軽くて強く剛性もあるので，柱などの建築資材に用いられる。

2　銅　　　　　：電気伝導性がよく，引き伸ばして導線として用いられる。また，湿った空気中においても錆びにくいので，屋根や外壁に用いられる。

3　金　　　　　：金属光沢があり，長く貨幣として使用されてきた。化学的に非常に安定な物質であり，電気伝導性が低く，極めて酸化力が強い王水によっても溶けない。

4　水銀　　　　：単体は無毒だが，化合物は有毒な物質である。そのため近年，国際的に使用が制限されてきている。また，他の金属と合金を作ることがないという性質がある。

5　チタン　　　：軽くて強く錆びにくい物質である。このため，航空機の構造材や，人工骨に用いられる。しかし，自然界には酸化物として存在しているため，純度を上げる必要があり，高価な金属である。

解説

1．前半は正しいが，後半が誤り。アルミニウムは軽くて柔らかいので，窓サッシなどの建具には用いるが，柱など荷重が大きくかかる建築資材としては用いられない。

2．前半は正しいが，後半が誤り。乾いた空気中では銅の表面に酸化被膜ができ，それ以上錆びることがない。しかし，湿った空気中においては緑青（ろくしょう）と呼ばれる，緑色の錆ができる。

3．前半は正しいが，後半が誤り。金はイオン化傾向が小さく安定な物質ではあるが，電気伝導性は高く，王水には溶ける。

4．水銀は体温計などに使用される金属である。単体の水銀は体内で吸収されにくいが，気化したガスを吸いすぎると人体に影響を及ぼすので，単体であっても無害であるとはいえない。また，化合物，特に有機水銀は有毒である。メチル水銀（有機水銀の一種）は水俣病の原因となった物質である。近年使用が制限されてきていることは正しい。水銀と他の金属との合金をアマルガムといい，歯科の治療などに使用されている。よって，合金を作らないという記述も誤り。

5．妥当である。

正答　5

問題研究

1～5の金属のほかに，鉄（Fe）もよく出題されるので，まとめておく。

鉄：鉄鉱石（Fe_2O_3）とコークスを溶鉱炉に入れ，炭素（C）や一酸化炭素（CO）で還元して銑鉄に，さらに炭素や不純物を減らして鋼にする。磁石につく。酸化時は発熱するので，その性質を使い捨てカイロなどに利用している。希塩酸や希硫酸によく溶け，水素を発生する。

PART
3
過去問を解いてみよう！

気体の性質

塩素に関する次の文の下線部のうち，正しいもの２つの組合せとして妥当なものはどれか。

塩素原子は最外殻電子を７つ持ち，電子を１つ ア 放出して 一価の陰イオンCl⁻となる。Cl⁻は陽イオンと静電気的な引力によって結合し，塩化ナトリウムNaClのようなイオン結晶を作る。NaClの結晶は硬くてもろく， イ 固体の状態では電気を通さないが，水溶液は電気を通しやすい。

単体の塩素Cl₂は ウ 空気より重く，無色無臭の気体である。また，Cl₂は反応性に富み，水素H₂と反応し，塩化水素HClを発生する。HClは水に溶けやすく，その水溶液は酸性を示し， エ 亜鉛などの金属と反応し，水素を発生する。

1　ア，イ　　　2　ア，エ　　　3　イ，ウ　　　4　イ，エ　　　5　ウ，エ

解説

ア：最外殻電子が８個になると（K殻の場合は２個），原子は安定する。塩素原子は最外殻電子に７個の電子を持ち，電子を１つ受け取って，一価の陰イオンである塩化物イオンとなる。

イ：正しい。電解質である塩化ナトリウムNaClは，固体の状態では電気を通さないが，水に溶けると，陽イオン（Na⁺）と陰イオン（Cl⁻）に電離し，電気を通すようになる。

ウ：塩素は空気より重いが，黄緑色で刺激臭がある。

エ：正しい。塩化水素HClの水溶液を塩酸という。塩酸に亜鉛を加えると，亜鉛は水素よりもイオン化傾向が大きいので，電子を失って亜鉛イオン（Zn²⁺）となって溶け，その電子を水素イオンが受け取って水素が発生する。これを化学反応式で表すと，Zn＋2HCl ⟶ ZnCl₂＋H₂となる。

よって，正しいものはイ，エであるから，正答は4である。

正答　4

問題研究

【主な気体の性質】

○色　色のついた気体は少ないが，17族のハロゲンは有色であり，F₂は淡黄色，Cl₂は黄緑色，Br₂は赤褐色，I₂は黒紫色である。

○臭い　臭いのない気体が多いが，いくつかの気体には臭いがある。

　刺激臭：塩素，塩化水素，アンモニア
　腐卵臭：硫化水素

○水溶性　水に溶ける気体：二酸化炭素，アンモニア，塩化水素，塩素，硫化水素

○空気と比べた重さ（分子量を空気の平均分子量29と比較）

　空気より重いもの：酸素，二酸化炭素，塩化水素，塩素
　空気より軽いもの：水素，窒素，アンモニア，メタン

○捕集方法

　水に溶けない気体：水上置換法
　水に溶けて空気より重い気体：下方置換
　水に溶けて空気より軽い気体：上方置換

【水溶液の性質】

　酸性：塩化水素，二酸化炭素，塩素，二酸化窒素，硫化水素
　アルカリ性：アンモニア

ヒトの染色体

ヒトの染色体に関する次の記述のうち，下線部の内容が妥当なものの組合せはどれか。

ヒトの1つの体細胞に含まれる染色体の数は，ァ100本を超え，体細胞に含まれる染色体の数は，卵や精子といった生殖細胞に含まれる染色体の数のィ2倍である。1つの体細胞に含まれる染色体は，常染色体と性染色体に分けられ，性染色体はゥすべて同じ大きさであり，2本存在する。この対となる性染色体は，ェ1本は母親から，もう1本は父親から受け継いだものである。染色体の中には遺伝子が存在しており，ォ1本の染色体に1個の遺伝子が存在する。

1　ア，エ
2　ア，オ
3　イ，ウ
4　イ，エ
5　ウ，オ

解説

ア：ヒトの1つの体細胞に含まれる染色体数は，46本である。23種類の染色体を1組とする染色体のセットを，父親由来と母親由来の2組持っているので，染色体の構成は$2n＝46$と表すことができる。

イ：妥当である。ヒトの卵や精子の生殖細胞に含まれる染色体数は，23本である。卵や精子などのように合体して新個体をつくる細胞を配偶子というが，配偶子は形成される過程で染色体数を半減させる減数分裂が生じている。このため，配偶子が合体して生じる子の染色体数は親の体細胞の染色体数と同じになる。

ウ：ヒトの性染色体は2本あり，大きいほうがX染色体，小さいほうがY染色体である。多くの哺乳類では，Y染色体に，性別の決定に重要な役割を果たす遺伝子であるSRY遺伝子の遺伝子座がある。

エ：妥当である。ヒトの性染色体のうち，男女に共通して見られる染色体をX染色体，男性にしか見られない性染色体をY染色体といい，ヒトの性染色体の構成は，男性ではXYとなり互いに形が異なるヘテロ型であるが，女性ではXXとなり同形のホモ型である。

オ：ヒトの持つ約20,500個の遺伝子は，染色体の特定の遺伝子座に存在する。1本の染色体に1個の遺伝子のみが存在するわけではない。

よって，妥当なものはイ，エであるから，正答は4である。

正答　4

問題研究

染色体は，タンパク質と遺伝子の本体であるDNAからなり，クロマチン繊維とも呼ばれる。染色体の構造は，細胞周期によって変化し，間期の細胞の核の内部では，細長い糸状の染色体が分散している。分裂期には，染色体は何重にも折りたたまれて，太く短いひも状になる。一般に，体細胞では，形と大きさの等しい2本の染色体が対になっており，このような染色体を相同染色体と呼ぶ。

生態系

生態系に関する次の記述のうち，妥当なものの組合せはどれか。

ア　外来生物は，日本の農林水産業や生態系に悪影響を及ぼす可能性がある。日本における外来生物の例としては，アライグマ，ウシガエル，ヒアリなどがあげられる。

イ　熱帯林は，温帯の森林と比べて堆積する土壌が少ない。このため，伐採や焼き畑によって森林が失われた場合，生態系の回復には時間がかかる。

ウ　赤潮は，河川から流れ込む栄養塩類の減少や水温の低下などが原因で発生するものであり，プランクトンが増殖することにより，水が赤く変色して見える。日本では冬に発生しやすい。

エ　海洋プラスチックは，船の航行の障害となったり，生物が摂食してしまったりすることが問題視されている。これらの問題を解決するために開発されたマイクロプラスチックは，生分解性のプラスチックである。

1　ア，イ
2　ア，ウ
3　イ，ウ
4　イ，エ
5　ウ，エ

解説

ア：妥当である。人間の活動によって，意図的に，あるいは意図されずに本来の生息場所から別の場所へ移された生物を外来生物という。アライグマは，ペットとして日本へ移入され，1962年以降，定着が拡大し，農作物への被害が生じている。ウシガエルは，北アメリカが原産地の大型のカエルで，食用や実験用として用いられるが，捕食力が強いため，生態系への影響が危惧されている。ヒアリは南米原産であり，極めて刺傷毒性が高く，特定外来生物に指定されている。

イ：妥当である。熱帯林では，土壌中の有機物が分解される速度が速いため，堆積する土壌が少ない。熱帯林を農地や放牧地にすると，土壌中の養分が流出してしまうため，一度森林が破壊されると生態系の回復は困難である。

ウ：赤潮は，河川から栄養塩類が海へ流入して富栄養化が進み，プランクトンが増殖して生じる。日本近海では，夏に内湾の河口付近でしばしば見られる。

エ：マイクロプラスチックは，大きさが5 mm以下の微細なプラスチックごみである。自然界で分解されず，南極や北極でもマイクロプラスチックが観測されたという報告もあり，近年生態系に及ぼす影響が懸念されている。

よって，妥当なものはア，イであるから，正答は1である。

正答　1

問題研究

　ヒアリやマイクロプラスチックなど，最近の話題も含んだ生態系に関する問題である。ただし，熱帯林や赤潮については，これまでたびたび公務員試験で出題されてきた内容なので，過去問に目を通しておけば正答を導くことができる。

呼吸

呼吸に関する次の記述のうち，下線部の内容が妥当なものの組合せはどれか。

細胞内で，グルコースなどの有機物が酸素を用いて分解される過程でATPが合成される反応を，呼吸という。呼吸の反応が行われる細胞小器官は，ァ動物ではミトコンドリア，植物では葉緑体であり，合成されたATPは，ィ生体内の化学反応を触媒する酵素の主成分となる。呼吸によって分解される物質を呼吸基質といい，ゥタンパク質や脂肪も呼吸基質として利用される。呼吸の過程で，ェグルコースは最終的に乳酸に分解される。動物の筋肉は，活動が激しいとき，酸素を用いずにグルコースを分解してATPを合成する。この反応は解糖と呼ばれる。グルコース1分子当たり合成されるATPの数を呼吸と解糖で比較すると，ォ呼吸のほうが大きい。

1　ア，エ
2　ア，オ
3　イ，ウ
4　イ，エ
5　ウ，オ

解説

ア：動物も植物も，呼吸の反応にかかわる細胞小器官はミトコンドリアである。葉緑体は光合成にかかわる。呼吸は，解糖系，クエン酸回路，電子伝達系の3つの反応過程で進行するが，このうち，解糖系は細胞質基質，クエン酸回路はミトコンドリアのマトリックス，電子伝達系はミトコンドリア内膜で進行する。

イ：酵素の主成分はタンパク質であり，ATPではない。ATPは，塩基の一種であるアデニンと，糖の一種であるリボースが結合したアデノシンに，3つのリン酸が結合した化合物である。

ウ：妥当である。

エ：呼吸の過程で，グルコースは二酸化炭素と水に分解される。グルコースが乳酸に分解されるのは，乳酸発酵である。乳酸発酵は，酸素を用いずに反応が進む。

オ：妥当である。

　よって，妥当なものはウ，オであるから，正答は5である。

正答　5

問題研究

　呼吸と発酵の反応過程は以下のとおりである。合成されるATPの分子数を確認しておこう。

呼吸　$C_6H_{12}O_6+6H_2O+6O_2 \rightarrow 6CO_2+12H_2O$（+38ATP）

解糖系　$C_6H_{12}O_6+2NAD^+ \rightarrow 2C_3H_4O_3+2NADH+2H^+$（+2ATP）

クエン酸回路　$2C_3H_4O_3+6H_2O+8NAD^++2FAD \rightarrow 6CO_2+8NADH+2FADH_2$（+2ATP）

電子伝達系　$10NADH+10H^++2FADH_2+6O_2 \rightarrow 10NAD^++2FAD+12H_2O$（+34ATP）

乳酸発酵　$C_6H_{12}O_6 \rightarrow 2C_3H_6O_3$（+2ATP）

アルコール発酵　$C_6H_{12}O_6 \rightarrow 2C_2H_6O+2CO_2$（+2ATP）

ヒトの血液

ヒトの血液に関する次の記述のうち，妥当なものはどれか。

1 血液の有形成分である赤血球，白血球，血小板のうち，最も大きいのは赤血球であり，血液に含まれる個数が最も多いのは白血球である。

2 血管が傷つくと，ヘモグロビンと呼ばれる血液凝固成分が放出され，血液凝固が起こって傷口をふさぐ。

3 心臓から送り出された血液は動脈を通って体の各部位に至り，静脈を通って心臓に戻る。動脈は血液の逆流を防ぐ弁を持ち，静脈は動脈に比べて厚い血管壁を持つ。

4 肝臓には血液中の有害な物質を毒性の少ない物資に変える働きがあり，たとえば有害なアンモニアが毒性の低い尿素に変えられる。

5 血液の一部は腎臓に流入し，ろ過される。ろ過によってこし出された成分のうち，糖は再吸収されるが，水や無機塩類は再吸収されることなく尿として排出される。

解説

1．血液の有効成分の直径を比較すると，赤血球は $7 \sim 8 \mu$ m，白血球は $6 \sim 20 \mu$ m，血小板は $2 \sim 3 \mu$ mであり，赤血球が最も大きいとはいえない。また，1m^3 の血液に含まれる個数は，男性の赤血球は410万～530万個，女性の赤血球は380万～430万個，白血球は4,000～9,000個，血小板は20万～40万個であり，赤血球が最も多いといえる。

2．血管が傷つくと，まず血液凝固成分である血小板が傷口に集まり，塊となって傷口をふさぐ。さらに，血しょう中にフィブリンと呼ばれる繊維ができて，これが血球と絡みあって血液凝固が生じる。ヘモグロビンは血液凝固成分ではなく，赤血球に含まれるタンパク質である。ヘモグロビンは酸素の運搬に関与しており，肺で酸素と結合して酸素ヘモグロビンとなり，組織で酸素を離してヘモグロビンに戻る。

3．動脈は弁を持たず，高い血圧に耐えられるよう筋肉層が発達している。また，静脈は血流の持つ血圧が低く逆流が起こりやすいため，これを防ぐ弁がついている。

4．妥当である。体に有害なアンモニアは，タンパク質やアミノ酸が細胞の呼吸に使われて分解される際にできる。また，肝臓では，アンモニア以外にも，酒に含まれるアルコールの分解も行っている。

5．糖以外にも，水や，体に必要なナトリウムイオンなどの無機塩類も大部分が再吸収される。ろ過とは，動脈を通って腎臓に入った血液が，それぞれのネフロンに分配され，ネフロンに入った血液が，糸球体を通る間にボーマンのうにこし出される過程をいう。

正答　4

問題研究

　肝臓と腎臓による体内環境の調節は，公務員試験における頻出テーマである。肝臓の働きには，血糖濃度の調節，血しょうタンパク質の合成，尿素の合成と解毒，胆汁の生成などがある。一方，腎臓の働きには，ろ過と再吸収がある。肝臓も腎臓も，体液の調節にかかわっているが，それぞれ扱う物質が異なり，肝臓は，タンパク質，脂質，糖などを合成・分解することで，主に体液中の有機物の濃度を調節している。一方，腎臓は，水や無機物のイオンなどの排出を調節して体液の成分の濃度を保っている。

窒素の役割

窒素の役割に関する次の記述中のア～ウのうち，妥当なものの組合せはどれか。

窒素は，核酸や　ア〔a.炭水化物　b.タンパク質〕など有機窒素化合物の構成元素である。窒素を含む有機物が環境中に放出されると，イ〔a.生産者　b.分解者〕により，アンモニウムイオンへと変換される。窒素ガスをアンモニウムイオンへと変換させることを窒素固定といい，窒素固定を行う生物として，ウ〔a.根粒菌などの一部の微生物　b.マメ科の植物〕が知られている。

	ア	イ	ウ
1	a	a	a
2	a	b	a
3	b	b	a
4	b	a	b
5	b	b	b

解説

ア：bのタンパク質が正しい。炭水化物を構成する元素は，C，H，Oであり，窒素（N）は含まれず，グルコースなどの単糖類と，それらが結合した多糖類などに分けられる。一方，タンパク質を構成する元素は，C，H，O，N，Sであり，多数のアミノ酸がペプチド結合により鎖状につながった高分子化合物である。

イ：bの分解者が正しい。有機物中の窒素は，排出物・遺体・枯死体となったものが分解者によってアンモニウムイオンへと変換される。生産者とは，生態系において，無機物から有機物を合成してエネルギーを固定している独立栄養生物であり，主に緑色植物をさす。

ウ：aの根粒菌などの一部の微生物が正しい。根粒菌は，マメ科植物の根にコブ状の根粒を作って共生する。根粒菌は空気中の窒素を直接取り入れてアンモニウムイオンを作り，宿主であるマメ科植物に与える。

よって，正答は3である。

正答　3

PART
3
過去問を解いてみよう！

問題研究

多くの植物は，無期窒素化合物を取り込んでアミノ酸やタンパク質などの有機窒素化合物を合成しているが，これを窒素同化という。一方，細菌やシアノバクテリア（藍藻）の一部は，空気中の窒素を直接取り入れてNH_4^+を作り，アミノ酸などの合成に利用するが，この働きを窒素固定という。窒素固定を行う生物には，好気性細菌（アゾトバクター，根粒菌，放線菌）や，嫌気性細菌（クロストリジウム，紅色硫黄細菌，緑色硫黄細菌）やシアノバクテリア（アナベナ，ネンジュモ）などが知られている。現在のところ，真核生物の中に窒素固定を行う生物は知られていない。空中窒素の一部は，窒素固定生物の働きではなく，空中放電によって無機窒素化合物に変化して，水中や土壌中に入る。

生体防御に関する次の記述のうち，妥当なものはどれか。

1　皮膚の表面を覆う角質層は，セルロースに富んでおり比較的固く，異物の侵入を防いでいる。

2　皮脂腺からの分泌液や胃液はアルカリ性を示し，病原体などの繁殖を抑制する働きがある。

3　マクロファージは白血球の一種で，それ自身に異物を除去する機能はないが，食細胞を活性化させることで，間接的に異物を排除する。

4　抗体は，ウイルスに感染した細胞から出る物質であり，感染していない細胞の表面に結合し，その細胞への感染を防ぐ。

5　一度活性化された免疫細胞の一部は，異物が除去された後も残り，再び同じ異物が侵入すると，速やかに免疫反応が起こる。

解説

1．セルロースではなくケラチンが正しい。無毛部の表皮は，表層から順に，角質層，淡明層，顆粒層，有棘層，基底層に区分され，最深部の基底層では次々に細胞分裂が生じて新たな表皮細胞が作られ，その細胞がケラチンを形成しながら表皮へ移動する。なお，セルロースは角質層ではなく植物細胞の細胞壁の構成要素である。

2．皮脂腺や汗腺からの分泌液は，アルカリ性ではなく弱酸性を示し，病原体の繁殖を抑制している。また，胃液には強い酸が含まれており，病原体などを分解・殺菌する働きがある。

3．ヘルパーT細胞についての記述である。ヘルパーT細胞は，それ自身に異物を除去する機能はないが，ウイルスなどに感染した細胞を攻撃するキラーT細胞やマクロファージを刺激して活性化させる。マクロファージは大食細胞とも呼ばれ，強い食作用で侵入した異物を取り込む。

4．抗体は，免疫グロブリンと呼ばれるタンパク質からなり，白血球の一種であるB細胞によって作られる。抗体は抗原と結合し，抗原を無毒化する。

5．妥当である。一度活性化されたB細胞やT細胞などのリンパ球の一部は，記憶細胞として残るため，再び同じ抗原が侵入すると，すばやく活性化して働くことができる。

正答　5

問題研究

　免疫には大きく分けて3つの段階があり，まず，体表での皮膚や粘膜などの物理的防御や，皮脂腺・汗腺からの分泌物や胃液の酸などの化学的防御によって，異物を体内に侵入させないように防いでいる。次に，物理的・化学的防御を突破した異物に対しては食作用が働き，これを自然免疫という。自然免疫で排除しきれなかった異物に対しては，特定の病原体や有害物質を選んで排除する特異性の高い免疫現象である適応免疫が働く。樹状細胞やマクロファージは，体内に侵入した病原体を認識して自然免疫系を働かせるとともに，適応免疫系の働きを活性化する。

無性生殖と有性生殖

有性生殖と無性生殖に関する次の記述のうち，下線部の内容が妥当なものの組合せはどれか。

生物の生殖の方法には無性生殖と有性生殖がある。ア無性生殖では親とまったく同じ遺伝子を持つ個体ができ，イジャガイモやサトイモの繁殖は，無性生殖の一種である。有性生殖では，配偶子という特別な細胞が形成され，ヒトの場合，卵と精子が受精して受精卵となる。受精卵のウ染色体数は親の体細胞の2倍となるが，後に減数分裂をするので親と同じになる。エ環境に変化が少ないときは有性生殖が繁殖に有利であり，環境変化が大きい場合には無性生殖のほうが種の保存に有利である。

1　ア，イ
2　ア，ウ
3　イ，ウ
4　イ，エ
5　ウ，エ

解説

ア：妥当である。無性生殖とは親のからだの一部が分かれることによって増える生殖法であり，遺伝的には親と同じである。

イ：妥当である。無性生殖には，分裂，出芽，栄養生殖などの方法がある。ジャガイモやサトイモの繁殖は，葉や根などの親の器官の一部から新個体がつくられる栄養生殖の一種である。栄養生殖の例としては，ジャガイモやサトイモの塊茎のほかに，オニユリのむかご，サツマイモの塊根，挿し木，接ぎ木などが挙げられる。

ウ：単相（n）の卵と精子が受精し，体細胞と同じ複相（2n）の受精卵がつくりだされる。減数分裂とは，植物の胞子や，動物の卵や精子などの生殖細胞をつくる分裂である。

エ：環境変化が少ない場合には増殖効率の高い無性生殖が繁殖に有利であり，環境変化が大きい場合には，多様な遺伝子構成を持つ新個体を生じる有性生殖のほうが種の保存に有利である。

よって，妥当なものはアとイであるので，正答は1である。

正答　1

問題研究

有性生殖は，繁殖のために雌雄が出会う必要があり，無性生殖と比較して増殖効率が悪い。一方，無性生殖は，一個体だけで生殖が可能であるから増殖効率はよいが，突然変異によって異なる系統の個体が生じる可能性はあるものの，多様な個体を生み出し環境の変化に適応する力は有性生殖よりも小さいと考えられている。一般に無性生殖で増殖する生物も，生活環境が悪くなると有性生殖を行う場合があり，たとえばゾウリムシは普段は分裂を行うが，環境条件が悪くなると，有性生殖である接合を行う。

PART
3
過去問を解いてみよう！

淡水魚の浸透圧

淡水魚と海水魚の浸透圧に関する次の記述中のア〜エのうち，妥当なものの組合せはどれか。

　魚類には，河川や湖沼など淡水中に生育する淡水魚と，海水で生育する海水魚がいるが，海水魚の場合，海水の塩分濃度のほうが海水魚の体液の塩分濃度よりも高く，淡水魚の場合，淡水の塩分濃度は淡水魚の体液の塩分濃度よりも低い。このため，淡水魚は淡水の水分が　ア〔a.体内に流入しやすい　b.体外に排出されやすい〕。体液濃度を一定に保つために，淡水魚は淡水を　イ〔a.大量に飲み込み　b.ほとんど飲まず〕，エネルギーを消費して，えらから塩分を　ウ〔a.取り込む　b.排出する〕。また，エ〔a.体液より高濃度の尿を少量排出　b.体液より低濃度の尿を多量に排出〕する。

	ア	イ	ウ	エ
1	a	a	a	b
2	a	b	a	b
3	a	b	b	a
4	b	b	a	b
5	b	b	b	b

解説

ア：体内に流入しやすい。このため，淡水魚は，体液を淡水よりも高い濃度に保つ仕組みを持っている。〔a〕

イ：淡水魚は淡水をほとんど飲まない。〔b〕

ウ：取り込む。淡水魚は，不足する無機塩類を能動輸送で体内に取り込む。〔a〕

エ：体液より低濃度の尿を多量に排出する。淡水魚は腎臓での水の再吸収を抑制し，無機塩類の再吸収を促進している。〔b〕

　　よって，正答は2である。

正答　2

問題研究

　水中で生活する生物は，体液の濃度と外液の濃度の差に応じて，水分が入ってきたり失われたりする。無脊椎動物の場合，体液濃度を調節する仕組みを持たないものが多いが，脊椎動物は体液濃度を一定に保つ仕組みを持っている。この問題では淡水魚の体液濃度の調節について問われているが，海水魚の場合についても押さえておきたい。海水魚は，海水の塩分濃度のほうが体液よりも高いため，体内から体外へ水分が排出されやすい。このため，体液濃度を保つために，海水魚は海水を飲み不足する水分を補いつつ，えらでは過剰な無機塩類を能動輸送で排出している。また，腎臓では水の再吸収を促進し，体液と同じ濃度の尿を少量排出する。海水と淡水を往来するウナギの場合，外液が変わっても体液の濃度をほぼ一定に保つことができる。たとえば，淡水中で飼育したウナギを海水中に移すと，ウナギは盛んに海水を飲むようになり，腎臓での水の再吸収が増えて，尿の量は減る。このような能力を持たない淡水魚を海水に入れると，体液の濃度を調節できずに死んでしまう。

ヒトのDNA

ヒトのDNAに関する次の記述のうち，妥当なものの組合せはどれか。

ア　DNAは，アデニン（A）とアデニン（A）のように，同じ塩基どうしが結合している。

イ　DNAの転写・翻訳の過程では，塩基どうしの結合が切れて2本鎖がほどけ，ほどけた一方にリボソームが結合してタンパク質が合成される。

ウ　DNAの遺伝情報を転写されたRNAの連続する塩基3つの配列はコドンと呼ばれ，1個のアミノ酸を指定する。

エ　DNAの塩基配列はタンパク質のアミノ酸配列の情報を示しているが，一部は遺伝子発現に関する情報を示している。

1　ア，イ
2　ア，ウ
3　イ，ウ
4　イ，エ
5　ウ，エ

解説

ア：DNAは，同じ種類の塩基どうしが結合するのではなく，アデニン（A）とチミン（T），グアニン（G）とシトシン（C）が向かい合って，水素結合によって相補的につながり合っている。したがって，AとT，GとCとは，それぞれ数が等しい。なお，RNAが含む塩基は，アデニン（A），グアニン（G），シトシン（C），ウラシル（U）の4種類である。

イ：DNAの遺伝情報はRNAポリメラーゼのはたらきで合成されるmRNA（伝令RNA）に転写され，mRNAにリボソームが結合してタンパク質が合成される。

ウ：妥当である。mRNA（伝令RNA）は，アミノ酸を指定する連続した3つの塩基（コドン）を持ち，tRNA（転移RNA）上には，コドンを認識して結合するアンチコドンと呼ばれる部分がある。コドンとアンチコドンは，水素結合により結合する。

エ：妥当である。DNAの塩基配列には，アミノ酸配列をコードしている領域と，転写の調節に関与する領域がある。

　　よって，妥当なものはウ，エであるから，正答は**5**である。

正答　5

問題研究

　　DNAの遺伝情報をもとにタンパク質が合成される過程は，核内で起こる転写と呼ばれる段階と，細胞質中で起こる翻訳と呼ばれる段階の2つに分けられる。DNAの2本鎖がほどけ，これを鋳型として相補的にRNAが合成される過程が転写であり，RNAを鋳型としてタンパク質が合成される過程を翻訳という。DNAの塩基は4種類あり，3個の塩基配列から64種の組合せが可能であるが，この中にはタンパク質合成の開始や終了を指定する，開始コドンや終止コドンと呼ばれるものも存在する。

PART
3
過去問を解いてみよう！

植物の光合成に関する次の記述のうち，妥当なものはどれか。

1　光合成では，まず，光のエネルギーを利用してATPが合成され，そのATPを利用して有機物が合成される。

2　植物は，空気中から取り入れた窒素や二酸化炭素を利用して光合成を行い，有機物を合成している。

3　光合成の場となるミトコンドリアには，クロロフィルなどの光合成色素が含まれている。

4　植物の光合成に有効な光は緑色光であり，赤色光は吸収されにくい。

5　光の強さが光補償点を超えると光合成が始まり，光が強くなればなるほど光合成速度は増加する。

解説

1．妥当である。光合成は，光エネルギーの吸収，水の分解，ATPの生成，二酸化炭素の固定という4つの反応からなる。光エネルギーを利用して合成されたATPを利用して，外界から取り入れた二酸化炭素からデンプンなどの有機物が合成される。

2．植物の光合成では空気中の二酸化炭素が利用されるが，空気中の窒素は利用されない。植物は，土の中に含まれるアンモニウム塩などの無機窒素化合物を取り込み，アミノ酸やタンパク質などの有機窒素化合物を合成する。マメ科植物の根に根粒を作って共生している根粒菌やアゾトバクターなどは，空気中の窒素を利用して窒素固定を行う。

3．光合成の場は，ミトコンドリアではなく葉緑体である。葉緑体の外側は二重の膜で包まれ，内部にはチラコイドと呼ばれる多数の扁平な袋状の膜構造があり，チラコイド以外の基質部分はストロマと呼ばれる。光合成の過程は，葉緑体のチラコイドで行われる反応とストロマで行われる反応に分けられ，光エネルギーの吸収，水の分解，ATPの生成はチラコイドで，二酸化炭素の固定はストロマで行われる。

4．一般的な緑葉の光合成に特に有効な波長の光は青色光と赤色光であり，クロロフィルなどの光合成色素に吸収される。一方，緑色光は吸収されにくい。

5．光補償点は，光合成による二酸化炭素吸収速度と，呼吸による二酸化炭素放出速度が同じになる光の強さのことである。光補償点より弱い光でも光合成は行われ，光飽和点まで光合成速度は増加し，光飽和点よりも光を強くしても，光合成速度は増加しない。

正答　1

問題研究

　植物は，光合成と同時に呼吸も行っているので，放出される酸素量や吸収される二酸化炭素量で測定される光合成速度は，見かけの光合成速度である。真の光合成速度とは，見かけの光合成速度に呼吸速度を加えたものである。また，見かけの光合成速度が0になる光の強さが光補償点である。これらの用語とともに，植物の光合成速度と外部の環境要因との関係を示す光合成曲線などは，公務員試験で問われることが多いので，しっかりと押さえておきたい。

ヒトのタンパク質と代謝に関する次の記述のうち，妥当なものはどれか。

1　タンパク質はアミノ酸が多数結合したものである。タンパク質を構成するアミノ酸には4種類あり，いずれも体内で合成できないため，食物として摂取する必要がある。

2　タンパク質は，脂質，糖質と並び3大栄養素と呼ばれ，生命活動のエネルギー源とされる。タンパク質，脂質，糖質の中で1gから発生するエネルギーが最も大きいのはタンパク質である。

3　体の構造を構成するタンパク質として，コラーゲンとミオシンがある。コラーゲンは筋繊維を構成する主要なタンパク質であり，ミオシンは軟骨や皮膚を構成する主要なタンパク質である。

4　酵素は，体内の化学反応を促進する物質であり，主成分はタンパク質である。酵素はそれぞれ決まった基質のみに作用し，反応の前後で酵素自身は変化しない。

5　血液中で不要になったタンパク質は，すい臓で分解される。分解で発生したアンモニアは腎臓へ運ばれ，尿として排出される。

解説

1．生体のタンパク質を構成するアミノ酸は約20種類ある。アミノ酸のうち，ヒトの成人では9種類の必須アミノ酸は体内で合成できないが，これ以外の非必須アミノ酸は体内で合成できる。

2．タンパク質，脂質，糖質ともにエネルギーを発生するが，食品のエネルギー含量を計算するときに用いられるアトウォーター係数はタンパク質4 kcal/g，脂質9 kcal/g，糖質4 kcal/gであり，最もエネルギー発生量が大きいのは脂質である。

3．コラーゲンは体の構造に関与する構造タンパク質であるが，筋繊維ではなく，骨・軟骨・腱・血管などの強度と弾性を高める。皮膚や爪などに関与する構造タンパク質は，コラーゲンではなくケラチンである。ミオシンは，アクチンとともに，筋収縮に関与するタンパク質である。

4．妥当である。酵素はそれぞれ特定の基質にしか働かない。これを，基質特異性という。

5．生体内の各組織で，アミノ酸が呼吸基質として使われ，タンパク質が分解される際にアンモニアが生じる。アンモニアは，肝臓のオルニチン回路において毒性の低い尿素に変えられ，尿素は腎臓へ送られ，尿として体外へ排出される。

正答　4

問題研究

　タンパク質をキーワードとして，代謝から臓器まで，分野横断的に知識を問われる問題である。構造タンパク質のほかに，アミラーゼやカタラーゼなどの酵素タンパク質，ヘモグロビンやイオンチャネルなどの輸送タンパク質，インスリンやアドレナリンなどのホルモンタンパク質などが存在する。

PART 3 過去問を解いてみよう！

ヒトの神経系

ヒトの神経系に関する次の記述のうち，妥当なものはどれか。

1　神経系において興奮を伝えるものは神経細胞である。興奮は，神経細胞内では電気的変化として伝わり，隣接し合う神経細胞間では化学物質の放出と受容によって伝わる。

2　大脳は，言語や思考などの高度な精神活動や，随意運動の中枢であり，左右の半球に分かれている。左半球では主に左半身，右半球では主に右半身の感覚や運動制御を担っている。

3　小脳は，生命維持にかかわり，呼吸運動や心臓の拍動などを支配する中枢がある。延髄には，筋運動を調節する中枢や，身体の平衡をとる中枢がある。

4　刺激に対して意識に関係なく起こる反応を反射という。反射がすばやく起こるのは，刺激による興奮が，脳やせき髄を経由しないからである。

5　自律神経系は交感神経と副交感神経からなり，臓器などに分布してその働きを調節する。活発な行動時や緊張している状態では副交感神経が優位になり，安静時には交感神経が優位になる。

解説

1．妥当である。神経細胞はニューロンとも呼ばれ，ニューロンとニューロンの連絡部はシナプスと呼ばれる。

2．右半身の情報は大脳の左半球に，左半身の情報は大脳の右半球に知覚されている。

3．呼吸運動や心臓の拍動などを支配する中枢は延髄である。一方，筋運動を調節する中枢や，身体の平衡をとる中枢は小脳にある。

4．反射は大脳とは無関係に生じるが，膝蓋腱反射は脊髄，だ液分泌は延髄，瞳孔反射は中脳に中枢がある。

5．活発な行動時や緊張している状態では交感神経が優位になり，安静時には副交感神経が優位になる。

正答　1

問題研究

　脳の構造と各部の働きについての理解が必要となる問題である。間脳には自律神経系，体温や血圧調節の中枢があり，大脳には感覚，随意運動，記憶・判断などの精神作用や本能行動の中枢があり，中脳には姿勢保持，眼球運動，瞳孔の調節の中枢があり，小脳には筋肉の緊張保持やからだの平衡を保つ中枢があり，延髄には呼吸運動，心臓拍動，消化管の運動，だ液や涙の分泌を調節する中枢がある。

太陽系の天体

太陽系の天体に関する次の記述のうち，下線部の内容が妥当なものの組合せはどれか。

太陽系の惑星は，太陽の周囲を公転する天体であり，ァすべての惑星の公転の向きは同じである。太陽系の惑星の中で最小である水星の表面には，ィ氷や液体の水が存在する。太陽系の惑星で最大である木星のゥ表面は岩石が主成分であり，大気は存在しない。

小惑星は主に火星と木星の間にあり，ェ日本の探査機はやぶさ2は，小惑星リュウグウから小惑星の構成物質を持ち帰ることに成功した。

太陽系外縁天体とは，準惑星や小惑星などの天体であり，ォ海王星は太陽系外縁天体に含まれる。

1　ア，イ
2　ア，エ
3　イ，エ
4　イ，オ
5　ウ，オ

解説

ア：妥当である。惑星は，ほぼ同一平面状にあり，どの惑星も，公転の向きは太陽の自転の向きと同じである。一方，自転の向きは，金星以外の惑星はすべて同じ向きに回転しているものの，金星だけは逆向きに回転している。

イ：表面に，かつて液体の水が存在したと考えられる証拠が見つかっているのは，水星ではなく火星である。また，火星の大気にはごくわずかに水蒸気が含まれており，雲や霧が発生することがある。

ウ：木星はガス惑星であり，大気の主成分は水素とヘリウムである。地球型惑星（水星・金星・地球・火星）は，中心部に金属の核があり，岩石からなる硬い表面を持つ。一方，木星型惑星（木星・土星・天王星・海王星）は，岩石の核のまわりを水素やヘリウムなどが取り巻いており，表面はガスでおおわれている。

エ：妥当である。小惑星探査機「はやぶさ」は，小惑星イトカワ表面に着陸，サンプル採取を試み，地球で回収されたサンプルはイトカワ由来の微粒子であることが確認された。また，小惑星探査機「はやぶさ2」は小惑星リュウグウの表面からサンプルを持ち帰ることに成功した。

オ：海王星ではなく冥王星が正しい。太陽系の天体のうち，海王星の軌道よりも外側のものを太陽系外縁天体という。太陽系外縁天体には，冥王星・エリス・マケマケなどの冥王星型天体や，オールトの雲などが含まれる。

よって，妥当なものはア，エであるから，正答は2である。

正答　2

**PART
3
過去問を解いてみよう！**

問題研究

太陽系の天体に関する基本的な内容を問う問題であるが，「はやぶさ」と「はやぶさ2」の違いでイトカワかリュウグウかを悩んでしまうかもしれない。記号の組合せ候補を見れば，ある程度正誤の対象を絞ることができるので，冷静に選択肢を絞っていきたい。

地震が起こると，初めにP波による初期微動が，続いてS波による主要動が地震計では記録される。震源ではP波とS波が同時に発生するが，P波はS波よりも速く伝わるので，震源から遠ざかるにつれて，両者の到達時間の差である初期微動継続時間が長くなる。

図1は，発生したP波とS波が各地点に到達するまでの時間と震源からの距離の関係を表したものである。図2は，ある地点の地震計でこの地震を記録したものである。この地点の震源からの距離と，震源での地震の発生時刻の組合せとして妥当なものはどれか。

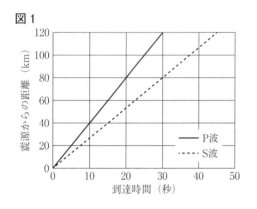

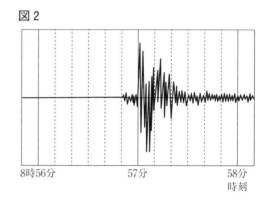

	距離	発生時刻
1	40km	8時56分30秒
2	40km	8時56分40秒
3	80km	8時56分20秒
4	80km	8時56分30秒
5	80km	8時56分40秒

解説

図2より，この地点における初期微動継続時間は10秒であり，初期微動開始時刻は8時56分50秒であることがわかる。初期微動継続時間はP波とS波の到着時刻の差であり，図1よりP波とS波の到着時刻の差が10秒となるのは震源からの距離が80kmの地点であるから，この地点の震源からの距離は80kmである。また，図1より，P波の速度は4km／秒であることがわかる。図2より，震源からの距離が80kmの地点の初期微動開始時刻が8時56分50秒であるから，震源での地震発生時刻はこれより20秒早い8時56分30秒である。

よって，正答は4である。

正答　4

問題研究

P波，S波と初期微動継続時間の関係に着目して，2つのグラフを丁寧に読むことで，正答を導くことができる。

フェーン現象

フェーン現象に関する次の記述中のア～ウのうち，妥当なものの組合せはどれか。

風上側の湿った空気塊が山を越えるとき，上昇する空気塊は100mごとに温度が1℃下がる。標高が高くなると，上昇した空気塊に含まれる水蒸気が潜熱を　ア〔a.大気中から吸収　b.大気中に放出〕して凝結し，雲が発生する。雲が発生してからは，空気塊は100m上昇するごとに温度が0.5℃下がる。これを，湿潤断熱減率という。山頂を越えて吹き下りる空気塊は，下降に伴い温度が上昇するが，山を吹き下りるときの温度変化は，山を上るときと比べて　イ〔a.小さい　b.大きい〕ため，風下側のふもとでは，風上側と比べて気温が　ウ〔a.高くなる　b.低くなる〕。

	ア	イ	ウ
1	a	a	a
2	a	b	b
3	b	a	b
4	b	b	b
5	b	b	a

解説

ア：飽和した空気塊が上昇するときは，潜熱が放出される。よって，bが正しい。

イ：湿った空気塊が山を越えて吹き下りるときは，乾燥断熱減率によって温度が上昇する。風上側から空気塊が上昇する際は温度が下がるが，放出された潜熱が空気塊を暖めるため，温度低下率は乾燥断熱減率よりも小さいので，山を吹き下りるときの温度変化のほうが大きい。よって，bが正しい。

ウ：フェーン現象では，風上側よりも風下側のふもとのほうが気温は高くなる。空気塊に含まれる水蒸気は，風上側では潜熱を放出して凝結して，降雨となって空気塊から取り除かれるが，このときに放出された潜熱は，空気塊を暖める。このため，風下側のふもとの気温は高くなる。よって，aが正しい。

よって，正答は5である。

正答　5

問題研究

山の風下側で吹く高温で乾燥した風をフェーンという。元来，ヨーロッパ，アルプスのふもとで吹く風がフェーンと呼ばれていたが，現在では他の地域で生じた場合も一般的にフェーンと呼ばれる。また，フェーンによって気温が上昇することをフェーン現象という。フェーン現象は農作物の生育に大きな影響を及ぼすことがあり，たとえば水稲では登熟期のフェーン現象により白未熟粒が多発することがある。

PART
3
過去問を解いてみよう！

火山

火山に関する次の記述のうち，妥当なものはどれか。

1　ハワイ諸島は，海洋プレートに大陸プレートが沈み込み，その収束境界に形成された火山である。

2　千島列島は，2つのプレートが離れていくプレート発散境界にできた火山であり，中央海嶺の一部を形成している。

3　ヒマラヤ山脈のエベレスト山は世界一高い火山である。溶岩円頂丘を形成しており，そのマグマの粘性は高い。

4　富士山は，過去幾度の噴火によって，溶岩や火山砕屑物が重なってできた成層火山である。

5　阿蘇山は，カルデラを有する火山であり，粘性の低いマグマが噴出して形成された。

解説

1．大陸プレートに海洋プレートが沈み込むと，海溝と呼ばれる溝が形成される。また，海溝と平行に弓なりに並んだ島を島弧と呼ぶ。プレートの分布とは関係なく地下深くからマグマが供給され続ける場所をホットスポットと呼び，ホットスポット上には火山島ができる。ハワイ諸島は島弧ではなく，ホットスポット上に新たな火山が形成されることを繰り返すことによってできた火山列である。

2．千島列島はプレート発散境界に形成されたものではなく，中央海嶺の一部でもない。プレート収束境界に形成された島弧である。中央海嶺は，マグマが上昇してくる場所であり，これがプレート発散境界であるとの記述は正しい。

3．エベレストは火山ではない。溶岩円頂丘も存在しない。エベレストを含むヒマラヤ山脈は，インド亜大陸がユーラシア大陸に衝突することによってできた褶曲山脈である。また，このようなプレート収束境界での激しい地殻変動を受けた地帯を造山帯という。

4．妥当である。成層火山は円錐形をしており，主に安山岩の溶岩と火山砕屑物が交互に堆積してできる。一方，盾状火山は，粘性が低く流れやすい玄武岩の溶岩が大量に噴出することで形成され，盾を伏せたような緩やかな傾斜が見られる。

5．カルデラとは，直径2km以上の火山性凹地形である。阿蘇山のカルデラは，比較的粘性の高いマグマが噴出して形成されたものである。

正答　4

問題研究

　　プレートの境界には，プレート発散境界，プレートすれ違い境界，プレート収束境界がある。2つのプレートが離れていくプレート発散境界では，地下からマグマが上昇して新しいプレートがつくられる。プレートすれ違い境界では，横ずれ断層が存在する。プレート収束境界では，海洋プレートが大陸プレートの下に沈み込むと海溝が形成され，大陸プレートどうしがぶつかると衝突帯が形成される。

月の運動と満ち欠け

月に関する次の文中のA〜Cに当てはまるものの組合せとして，妥当なものはどれか。

月は，地球の周りを公転しており，北極側から見ると反時計回りに回っているように見える。地球上のある地点で何日間か月を観測するとき，同じ時刻に月を見ると，月は前の日より ┌ A ┐ に見え，月の出，月の入りの時刻は前の日よりも ┌ B ┐ なる。また，ある日，南の空に満月が観測された。翌日の月は ┌ C ┐ が暗くなっており，日がたつにつれて暗い範囲が増えていき，新月となった。

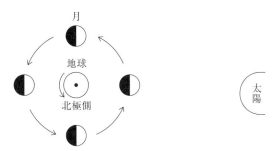

	A	B	C
1	西側	早く	西側
2	西側	遅く	東側
3	東側	早く	東側
4	東側	遅く	西側
5	東側	遅く	東側

解説

A：月は地球の周りを公転しているため，同じ地点から同じ時刻に見える月の位置は，日を追うごとに西から東へ移動していく。

B：月の出，月の入りは，1日におよそ50分ずつ遅くなっていく。

C：月と太陽の間に地球があるとき，地球からは月の太陽を反射している部分しか見えず，満月となる。一方，月が地球と太陽の間にあるとき，地球からは月の影の部分しか見えず，新月となる。また，満月から新月までの間，西側の暗い部分の面積が増えてゆく。

よって，Aは「東側」，Bは「遅く」，Cは「西側」であるから，正答は4である。

正答　4

問題研究

月と地球と太陽の位置関係により，月の見え方が変わり，日食・月食等の現象も生じる。また，月の公転周期と自転周期は，およそ27.32日である。公転周期と自転周期が一致しており，地球からはいつも同じ面が見える。

PART
3
過去問を解いてみよう！

気象

気象に関する次の記述のうち，妥当なものはどれか。

1　高気圧の中心付近では，上昇気流が発生しているため，雲ができにくく晴れることが多い。低気圧の中心では，下降気流が発生しているため，雲ができやすい。

2　温暖前線は，暖気が寒気に乗り上げるように進むため，積乱雲が発達し，短時間に強い雨が降る。寒冷前線は，寒気が暖気を押し上げるように進むため，層状の雲ができやすく，穏やかな雨が比較的長時間続く。

3　初夏，日本の南の海上の小笠原気団と，北の海上のオホーツク海気団の間にできる停滞前線は，梅雨前線と呼ばれる。梅雨前線の付近では曇りや雨の日が多いが，前線は次第に南下していき，やがて梅雨は明ける。

4　熱帯の海上で発生した低気圧が発達したものは台風と呼ばれ，風が反時計回りに外側から吹き込んでいる。発達した台風の中心には，台風の目と呼ばれる，風が弱く雲がない領域がある。

5　ジェット気流とは，中緯度地域の上空の風速の大きい空気の流れのことである。夏は東から西に向かって吹き，冬は西から東に向かって吹き，航空機の運行などに影響を与える。

解説

1．低気圧の中心付近では，上昇気流が発生し，雲ができやすく雨が降ることが多い。一方，高気圧の中心付近では，下降気流が発生し，上空に雲ができず晴れることが多い。

2．温暖前線と寒冷前線に関する記述の後半が逆である。温暖前線は，層状の雲ができやすく，穏やかな雨が比較的長時間続く。一方，寒冷前線は，積乱雲が発達し，短時間に強い雨が降る。

3．オホーツク海気団が弱まり，梅雨前線が北上して消えると，梅雨明けとなる。

4．妥当である。

5．中緯度の偏西風帯では，上空に偏西風が吹いており，偏西風の特に強い部分をジェット気流という。ジェット気流は，常に西から東に向かって吹く。

正答　4

問題研究

地球上の気象は，転向力の影響を大きく受けており，北半球では進行方向右向きに働くため，低気圧の周辺では反時計回りの渦ができ，台風へ吹き込む風は反時計回りとなる。

あるクラスで，A～Eの5本の映画について見たかどうかをたずねたところ，次のことがわかった。このとき，論理的に正しくいえるものはどれか。

・Aを見た人はBもCも見た。
・Bを見た人はDも見た。
・DとEの少なくとも一方を見た人はCも見た。

1　Aを見た人はEも見た。
2　Bを見た人はCも見た。
3　Cを見た人はAも見た。
4　Dを見た人はAも見た。
5　Eを見た人はBも見た。

解説

すべての発言を論理式にしてみる。

$A \to B \land C$

$B \to D$

$D \lor E \to C$

となり，三段論法を用いてすべてをつなげると，次のようになる。

$A \to B \to D \to C$

　↓　　　　　　↑

　C　　　　　　E

論理的に正しくいえる（矢印を逆走していない）のは，「Bを見た人はCも見た」のみである。

よって，正答は2である。

正答　2

問題研究

標準的なレベルの論理式の問題である。この問題はすべての対偶をとる必要はなかったが，基本的にこのような問題は対偶までとって解き進めるのがよい。また，命題の前半に「または」，後半に「かつ」が存在するときは分割できることをおさらいしておこう。

PART 3 過去問を解いてみよう！

A～Eの5人がマラソンをした。ゴールするまでにかかったタイムを計り1～5位を決めた。次のことがわかっているとき，正しくいえるものはどれか。ただし，同じタイムの者はいなかったものとする。

・1位と2位のタイムの差は20分であった。
・BのタイムはDのタイムよりも20分短かった。
・Cのタイムは3時間10分であった。
・Eは3位であり，Aとのタイムの差は30分であった。
・5位のタイムは4時間であった。

1　1位はBであった。
2　2位のタイムは3時間よりも短かった。
3　タイムが3時間30分よりも長かったものは3人であった。
4　1位と3位のタイムの差は40分であった。
5　2位と4位のタイムの差は30分であった。

解説

まず，順位とタイムと人の関係について，「Eは3位であり，Aとのタイムの差は30分であった」「5位のタイムは4時間であった」という条件を考慮して表を作ると次のようになる。

	1位	2位	3位	4位	5位
タイム					4時間
人			E		

「Cのタイムは3時間10分であった」という条件から場合分けをすると，次の3パターンが考えられ，そこに「1位と2位のタイムの差は20分であった」という条件を考慮すると以下のようになる。

表1

	1位	2位	3位	4位	5位
タイム				3時間10分	4時間
人	B	D	E	C	A

表2

	1位	2位	3位	4位	5位
タイム	2時間50分	3時間10分	3時間20分	3時間40分	4時間
人	A	C	E	B	D

表3

	1位	2位	3位	4位	5位
タイム	3時間10分	3時間30分			4時間
人	C		E		

ここで，表1はEの時間がAと30分差であることを考慮すると，3時間30分となり，不適。表3は，2位と5位の差が30分だが，その中にAとEの差の30分を入れることができないので不適。よって表2が正しいことになり，正答は5である。

正答　5

問題研究

順序関係の問題では，とにかく場合分けができる条件を見つけて，書いてみることである。時間がかかるように思えるかもしれないが，急がば回れと意識しておこう。

対応関係

A～Fの6人が1個ずつプレゼントを用意してプレゼント交換を行った。それぞれの5人のいずれかにプレゼントを渡し，1人で2個以上のプレゼントをもらった者はいなかった。次のことがわかっているとき，正しくいえるのはどれか。

・Aがプレゼントを渡したのは，BでもCでもない。
・Bがプレゼントを渡したのは，Cではない。
・Cからプレゼントをもらった者は，Bにプレゼントを渡した。
・EはDからプレゼントをもらった。

1　AはDにプレゼントを渡した。
2　BはFにプレゼントを渡した。
3　CはAにプレゼントを渡した。
4　EはBにプレゼントを渡した。
5　FはCにプレゼントを渡した。

解説

対応表を用いて考える。まず，4つの条件からわかることを図示すると表1のようになる。その際，3つ目の条件から，Bにプレゼントを渡したのはCではないことに注意する。

表1　　　　　もらう

渡す	A	B	C	D	E	F
A		×	×		×	
B			×		×	
C		×			×	
D	×	×	×		○	×
E						
F					×	

また，3つ目の条件と4つ目の条件から，Bにプレゼントを渡したのはEでもないので，Fで確定する。すると，3つ目の条件から，FはCからプレゼントをもらったことになり，まとめると表2のようになる。さらに，表の空いている箇所を埋めると表3のようになる。

表2

	A	B	C	D	E	F
A		×	×		×	×
B			×		×	×
C	×			×		○
D	×	×	×		○	×
E		×				×
F	×	○	×	×	×	

表3

	A	B	C	D	E	F
A		×	×	○	×	×
B	○		×	×	×	×
C	×	×		×	×	○
D	×	×	×		○	×
E	×	×	○	×		×
F	×	○	×	×	×	

よって，正答は1である。

正答　1

問題研究

対応表の問題で，特にプレゼント交換の問題は苦手意識を持つ受験者が多いが，まず「条件の中で一番登場している人物を基準に考える」ことを徹底しよう。解答までの糸口となる非常に重要な意識である。

赤，青，黄，緑の球がそれぞれ3個ずつ計12個ある。これらの球をA〜Dの4人が1個ずつ取っていくということを3回行い，球を4人で分けた。次のことがわかっているとき，正しくいえるのはどれか。

・同じ色の球を2個以上取った者はいない。
・Aは青，黄，緑を取り，青は3巡目に取った。
・Bの1巡目とCの2巡目に取った球の色は同じであった。
・Bの2巡目とDの3巡目に取った球の色は同じであった。
・2巡目に4人が取った球は2色だけで，2巡目が終わった時点で黄は2個残っていた。

1　Aは1巡目に緑を取った。
2　Bは1巡目に緑を取った。
3　Cは3巡目に赤を取った。
4　Dは2巡目に赤を取った。
5　1巡目に4人は互いに異なる色の球を取った。

解説

与えられた条件を表にまとめると次のようになる。同じ色の球をそれぞれ○，◎で示す。

表1

	1巡目	2巡目	3巡目
A			青
B	○	◎	
C		○	
D			◎

残り黄・緑

2色のみ　　黄2個

2巡目が終わった時点で黄は2個残っていたので，2巡目までに黄は1個しか取られておらず，2巡目は2色だけが取られたことを考慮すると，Aの2巡目は黄ではなく緑である。したがって，Aの1巡目が黄となり，3巡目の黄2個も確定する（表2）。

表2

	1巡目	2巡目	3巡目
A	黄	緑	青
B	○	◎	黄
C		○	黄
D			◎

○か◎のいずれかが緑であるが，○が緑の場合はDが同じ色の玉を2個取ったことになり不適で，◎が緑となる。○が青の場合は青が4個となるため不適で，○は赤となり確定する（表3）。

表3

	1巡目	2巡目	3巡目
A	黄	緑	青
B	赤	緑	黄
C	青	赤	黄
D	青	赤	緑

よって，正答は4である。

正答　4

問題研究

条件をしっかりと表にまとめて，同じ色の玉に注目すると，時間はかかるが正答できる。

図1のように，同じ大きさの正三角形をつなげてできた紙片ア〜オがある。ア〜オを裏返すことなく並べて図2のような図形を作った。グレーの部分では紙片が2枚重なっており，それ以外の部分では紙片は重なっていない。図2の☆で示された正三角形が含まれる紙片はア〜オのうちどれか。

図1

図2

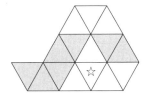

1 ア
2 イ
3 ウ
4 エ
5 オ

解説

まず，図2の左下の部分に注目する。グレーなので2枚重なっているが，ここに並べることのできる紙片はイとエのみなので，ここでイとエの位置が確定する。

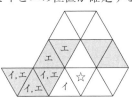

次に，図2の右下の部分に注目する。この部分は重なっていないことから，ここに並べる紙片はオと推測できる。残りの重なっている部分に注意しながらアとウを並べると，次のように当てはまる。

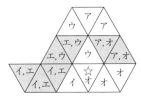

よって，正答は5である。

正答　5

問題研究

図形パズルの問題は，まず特徴的な図形の配置を確定してしまうことが大切である。また，「重なっている部分」だけでなく，「重なっていない部分」にも注目することでより解きやすくなる。

発言推理

年齢が互いに異なるA〜Eの5人が次のような発言をしており，1人だけが事実と異なる発言をしていることがわかっている。このとき，5人の年齢について確実にいえるのはどれか。

A：「CはEよりも年下である」
B：「A，C，Dのうち，私よりも年下であり，かつEよりも年上である者は1人だけである」
C：「私以外の4人のうち，私よりも年下である者は2人いる」
D：「A，B，Cのうち，最も年齢が低いのはCである」
E：「Cの発言は正しい」

1 Aよりも年上である者は2人である。
2 Bよりも年上である者は1人である。
3 Cよりも年上である者は3人である。
4 BはDよりも年下である。
5 EはDよりも年下である。

解説

　A〜Eそれぞれの発言の真偽を仮定して考える。ただし，Eの「Cの発言は正しい」という発言は，EがうそつきならCもうそつきとなり，1人だけが事実と異なる発言をしているという条件と矛盾するので，C，Eは正しいことを言っていることとなる。よって，A，B，Dがうそつきの場合だけ考える。

・Aがうそつきの場合
　B〜Eが正しいことを言っていることとなる。
　年長者を左から並べると，Cの発言より，○○C○○，B，Dの発言より，ABCE○となり，ABCEDで確定する。これは，Aの発言がうそであることとも一致する。

・Bがうそつきの場合
　A，C〜Eが正しいことを言っていることとなる。
　Cの発言より，○○C○○，Dの発言より，ABC○○，BAC○○となるが，これはAの「CはEよりも年下である」という発言と矛盾する。

・Dがうそつきの場合
　A〜C，Eが正しいことを言っていることとなる。
　Cの発言より，○○C○○，Bの発言より，○BCE○となるが，これはAの「CはEよりも年下である」という発言と矛盾する。

　よって，うそつきはAであり，正答は2である。

正答　2

問題研究

　うそつき問題は，1人ずつうそつきと仮定して場合分けを行うことが定石である。その場合，本問のように，明らかにうそつきでない者を探すことが時間短縮につながるので，しっかりと問題の全文に目を通すようにしよう。

位置関係

あるバスが連続する3つの停留所に停車した。停留所ではそれぞれ乗客の乗り降りがあり、2つ目と3つ目の停留所でバスに新たに乗車した人数は、それぞれ1人であった。図1〜図3は、これら3つのいずれかの停留所において、バスが発車する際のバスの乗客の着席位置を示したものである（斜線部分が乗客の着席位置）。ただし、図中においてすべての乗客は着席しており、また、着席後、降車までの間に着席位置を変更した乗客はいなかったものとする。図1〜図3を停車した順に正しく並べているものはどれか。

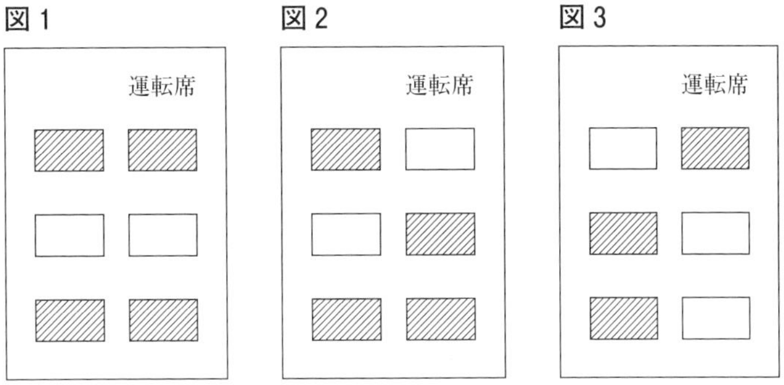

図1　　　　　　　　図2　　　　　　　　図3

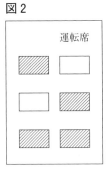
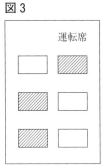

1　図1→図2→図3
2　図1→図3→図2
3　図2→図1→図3
4　図2→図3→図1
5　図3→図1→図2

解説

着席位置の連続性を考える。2つ目と3つ目の停留所で乗車した人数がそれぞれ1人であることから、

　図2→図3
　図3→図1
　図3→図2

と連続することはない（それぞれ、新たに座席に2人以上座ったことになる）。

ここで、図1〜図3を順番に並べる方法は、図1→図2→図3、図1→図3→図2、図2→図1→図3、図2→図3→図1、図3→図1→図2、図3→図2→図1の6通りのみである。

この中から、図2→図3、図3→図1、図3→図2が含まれるものを除くと、残るのは図2→図1→図3のみである。この場合、2つ目と3つ目の停留所でバスに乗車した人数はそれぞれ1人という条件にも合致している。

よって、正答は3である。

正答　3

問題研究

図の連続性から、「新たに座席に2人以上が座ったことになる」という条件さえ見つけられれば、容易に解くことのできる問題である。位置関係の問題は、このように場合分けを行って消去法で考えることも多いので、正確に書き表す練習をしておこう。

数量相互の関係

1～4の互いに異なる数が1つずつ書かれ赤いカードが4枚，1～4の互いに異なる数が1つずつ書かれた青いカードが4枚の計8枚のカードがある。これらのうち6枚をA～Cの3人に，1人2枚ずつ配った。次のことがわかっているとき，A～Cに配られていないカードに書かれた数の合計はいくらか。

・青いカードを持っているのはAとBだけであり，AとBが持っている青いカードの枚数は同じである。

・Aが持っているカードに書かれた数の合計は7以上である。

・Bが持っているカードに書かれた数は2枚とも偶数である。

・Cが持っているカードに書かれた数は連続している。

1 2
2 3
3 4
4 5
5 6

解説

1つ目の条件より，AとBはそれぞれ青のカードを1枚ずつか，2枚ずつ持っていることとなるが，2枚ずつ持っていた場合，2つ目の条件より，Aが青のカードの3と4，Bが青のカードの1，2となり，3つ目の「Bが持っているカードに書かれた数は2枚とも偶数である」という条件に反する。よって，AとBはそれぞれ1枚ずつ青のカードを持っていることになる。したがって，カードの色の内訳は，A，Bは赤と青のカードを1枚ずつ，Cは2枚とも赤のカードとなる。また，2つ目の条件より，Aが持っている赤のカードは3か4である。この場合，4つ目の条件より，Cが持っている赤のカードの組合せは（1，2），（2，3）のいずれかとなるので，場合分けして考える。

・Cの持っているカードが（1，2）の場合

3つ目の条件の「Bが持っているカードに書かれた数は2枚とも偶数である」より，Bが持っている赤のカードは4となる。Aが持っている赤のカードは3となり，2つ目の条件からAが持っている青のカードは4となる。また，3つ目の条件よりBが持っている青のカードは2となり，それぞれの持っているカードが確定する。

・Cの持っているカードが（2，3）の場合

2つ目の条件より，Aの持っている赤のカードが4であることが確定するが，Bの持っている赤のカードが1となり，3つ目の条件に反する。よってこの場合は不適である。

以上より，Aが持っているカードは青の4，赤の3，Bが持っているカードは青の2，赤の4，Cが持っているカードは赤の1，赤の2，配られていないカードは青の1，青の3となり，その合計は4となる。よって，正答は3である。

正答　3

問題研究

場合分けをコツコツと行うことが解答への近道である。難易度は低いので失点は避けたい問題である。

　ある商店に物品A〜Dを持ち込むと別の物品に交換してもらうことができる。この商店における物品の交換の仕方は次の3通りである。
　・AとD1個ずつの計2個を，BとE1個ずつの計2個に交換する。
　・BとC1個ずつの計2個を，DとE1個ずつの計2個に交換する。
　・BとD1個ずつの計2個を，E1個に交換する。
　ある人がこの商店に，交換対象の物品を計5個持ち込んだ。5個のうちAは1個であり，Eは0個であった。これらの物品の交換を複数回行ったところ，最終的に4個のEだけとなった。B，C，Dのうち，最初に持ち込んだ個数が1個以下であるもののみをすべて挙げているものはどれか。ただし，物品の交換の仕方は上記の3通りから任意に選択することができ，また，交換して得た物品であっても，その後の交換に使用することができるものとする。

1 B　　**2** D　　**3** B，C　　**4** B，D　　**5** C，D

解説

　「AとD1個ずつの計2個を，BとE1個ずつの計2個に交換する」という操作を操作Ⅰ，「BとC1個ずつの計2個を，DとE1個ずつの計2個に交換する」という操作を操作Ⅱ，「BとD1個ずつの計2個を，E1個に交換する」という操作を操作Ⅲとする。最終的に4個のEだけとなったことより，最後は操作Ⅲを行ったことになる。まとめると，**表1**のようになる。

表1

	最初	①	②	③	最後
A	1			0	0
B				1	0
C				0	0
D				1	0
E	0			3	4

　また，5個の物品を持ち込み，③の状態までは個数が変化していないことから，最初→①，①→②，②→③はすべて操作Ⅰか操作Ⅱであったことがわかる（操作Ⅲだと物品が1個減ってしまう）。②→③に関しての操作を場合分けして考える。
　・②→③が操作Ⅰの場合
　②はA1個，B0個，C0個，D2個，E2個となる。また，最初から②までAの個数が変わっていないことを考慮すると，①→②，最初→①は操作Ⅱを行ったことになり，**表2**のようになる。

表2

	最初	①	②	③	最後
A	1	1	1	0	0
B	2	1	0	1	0
C	2	1	0	0	0
D	0	1	2	1	0
E	0	1	2	3	4

　・②→③が操作Ⅱの場合
　②はA0個，B2個，C1個，D0個，E2個となる。Aが0個，Dが0個なので，①→②は操作Ⅰを行ったことになり，**表3**のようになる。このときも，最初→①は操作Ⅱを行っていることがわかる。

表3

	最初	①	②	③	最後
A	1	1	0	0	0
B	2	1	2	1	0
C	2	1	1	0	0
D	0	1	0	1	0
E	0	1	2	3	4

　よって，B，C，Dのうち最初に持ち込んだ個数が1個以下であるものはいずれの場合もDのみとなり，正答は**2**である。

正答　2

PART
3
過去問を解いてみよう！

問題研究

　最初の条件から解き進めるのではなく，最後の個数から逆算していくことに気づくことができれば，正答に近づくことができる。個数の合計も確認しつつ，表を用いて解き進めるのが良い。

平面構成

次の図において，四角形は全部で何個あるか。ただし，内角が180°以上の頂点を持つものは数えないものとする。

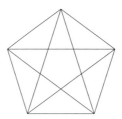

1　10個
2　12個
3　16個
4　20個
5　22個

解説

正五角形の3辺を共有する図1のような台形が5個ある。

正五角形と2辺を共有する図2のような平行四辺形が5個ある。

正五角形の1辺と，それに平行な線分で作ることのできる図3のような台形が5個ある。

正五角形と一辺も共有せずに作ることのできる図4のような四角形が5個ある。

以上，合計20個の四角形がある。

図1 　　図2 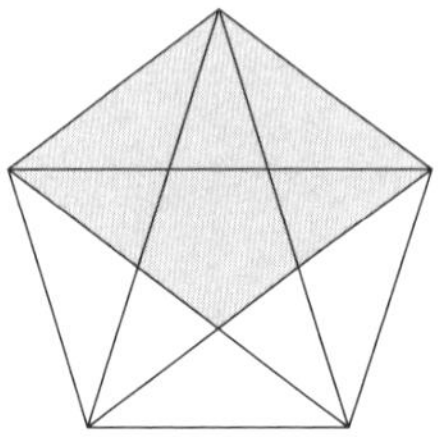　　図3 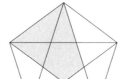　　図4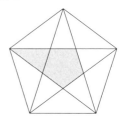

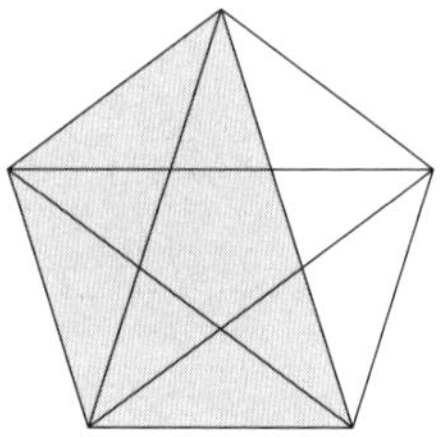

よって，正答は4である。

正答　4

問題研究

図1～図3に関しては見つけることは容易であるが，図4はなかなか見つけることが難しい。このような問題は，ある程度の規則性を自分で見つけ，場合分けを行うことが大切である。

昆虫採集をしてきた子どもたちに,捕まえた昆虫について尋ねたところ,次のア〜ウのことがわかった。このとき,確実にいえるのはどれか。

　ア　カブトムシを捕まえた子どもは,クワガタまたはチョウを捕まえた。
　イ　クワガタを捕まえた子どもは,バッタを捕まえた。
　ウ　チョウを捕まえなかった子どもは,バッタを捕まえなかった。

1　カブトムシを捕まえた子どもは,チョウを捕まえた。
2　カブトムシを捕まえた子どもは,バッタを捕まえた。
3　チョウを捕まえた子どもは,クワガタを捕まえた。
4　チョウを捕まえた子どもは,カブトムシまたはクワガタを捕まえた。
5　バッタを捕まえた子どもは,カブトムシまたはクワガタを捕まえた。

解説

与えられた命題ア〜ウを論理式で表すと,次のようになる。

ア:「カブトムシ→(クワガタ∨チョウ)」
イ:「クワガタ→バッタ」
ウ:「$\overline{チョウ}$→$\overline{バッタ}$」

このア〜ウについて,その対偶をそれぞれエ〜カとする。

エ:「$(\overline{クワガタ}∧\overline{チョウ})$→$\overline{カブトムシ}$」
オ:「バッタ→$\overline{クワガタ}$」
カ:「バッタ→チョウ」

これらア〜カから,各選択肢を検討していく。

1.正しい。命題アより,「カブトムシ→(クワガタ∨チョウ)」となるが,この段階では「カブトムシ→チョウ」まで推論することはできない。しかし,クワガタを捕まえた子どもについては,命題イ,命題カより,「クワガタ→バッタ→チョウ」が成り立つ。つまり,カブトムシを捕まえた子どもは,全員がチョウも捕まえている。

2.命題アより,「カブトムシ→(クワガタ∨チョウ)」となり,命題イより,「クワガタ→バッタ」となる。しかし,カブトムシを捕まえた子どもがすべてクワガタを捕まえたかどうかは判断できない。したがって,カブトムシを捕まえた子どもがバッタも捕まえたと,確実に推論することはできない。

3.「チョウ→」となる命題が存在しないので,判断できない。

4.3と同様で,判断できない。

5.命題カより,「バッタ→チョウ」となるが,その先が推論できない。

正答　1

問題研究

　形式論理に関する問題では,ベン図,論理式,真偽分類表という解法の使い分けを確実にしておく。基本的には,全称命題だけならば論理式から対偶と三段論法への流れ,存在命題があれば,ベン図により要素の有無を考える,となる。

PART
3
過去問を解いてみよう!

対応関係

A～Dの4人が，同じ宅配ピザ店にピザを注文した。4人が注文したピザは，マルゲリータ，オルトラーナ，スパイシー，シーフードの中から1種類ずつで，同じ種類のピザを注文した者はいなかった。ところが，ピザ店が配達先を間違えたため，4人にはすべて注文した種類と異なるピザが配達された。次のア～ウのことがわかっているとき，正しいのはどれか。

ア　AとBが注文したのは，オルトラーナでもスパイシーでもなかった。

イ　Aに配達されたのは，Cが注文したピザではなく，スパイシーでもなかった。

ウ　オルトラーナを注文した者には，シーフードが配達された。

1　Aに配達されたのは，オルトラーナだった。

2　Bが注文したのは，マルゲリータだった。

3　Cが注文したのは，スパイシーだった。

4　Dが注文したのは，オルトラーナだった。

5　Dに配達されたのは，シーフードだった。

解説

AとBが注文したのはオルトラーナでもスパイシーでもない（ア）ので，マルゲリータとシーフードである。これにより，CとDが注文したのはオルトラーナとスパイシーである。そして，Aに配達されたのはCが注文したピザではなく，スパイシーでもなかった（イ）のだから，Cが注文したのはスパイシーではなく，オルトラーナである。ここから，Dが注文したのはスパイシーとなる（表Ⅰ）。オルトラーナを注文した者にはシーフードが配達された（ウ）ので，Cにはシーフードが配達されている。そうすると，Aに配達されたのはマルゲリータ（Aが注文したのはシーフード），Dに配達されたのはオルトラーナ，Bに配達されたのはスパイシー（Bが注文したのはマルゲリータ）となり，表Ⅱのように確定する。この表Ⅱより，正答は2である。

表Ⅰ

	注文				配達			
	マルゲリータ	オルトラーナ	スパイシー	シーフード	マルゲリータ	オルトラーナ	スパイシー	シーフード
A		×	×				×	×
B		×	×					
C	×	○	×	×		×		
D	×	×	○	×			×	

表Ⅱ

	注文				配達			
	マルゲリータ	オルトラーナ	スパイシー	シーフード	マルゲリータ	オルトラーナ	スパイシー	シーフード
A	×	×	×	○	○	×	×	×
B	○	×	×	×	×	×	○	×
C	×	○	×	×	×	×	×	○
D	×	×	○	×	×	○	×	×

正答　2

問題研究

基本的な対応関係の問題である。C，Dが注文した種類を確定できるかがポイントになる。

　正方形ABCDの内部に1点Pがある。点Pは，△ABPの面積が，△BCPの面積より小さくならず，かつ，△CDPの面積より小さくならないという条件を満たすように，正方形ABCD内を動く。このとき，正方形ABCD内で点Pが動きうる範囲を斜線で示した図として，正しいのはどれか。

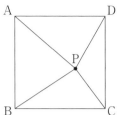

1　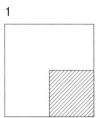　　2　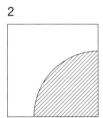　　3　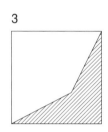　　4　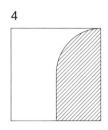　　5　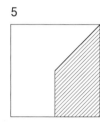

解説

　図のように，正方形ABCDの対角線AC，BDの交点をOとし，Oから辺BCに引いた垂線をOHとする。点Pが，線分ODよりも辺AB側にあるとき，△ABP<△BCPとなるので，点Pは線分OD上，および線分ODより辺CDに近い側でなければならない。また，点Pが，線分OHよりも辺AB側にあるとき，△ABP<△CDPとなるので，点Pは線分OH上，および線分ODより辺CDに近い側でなければならない。つまり，点Pの可動範囲は，台形OHCD内（辺上含む）であり，正答は5である。

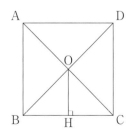　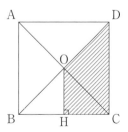

正答　5

問題研究

　可動範囲の問題としては，比較的易し目である。解法としては消去法が合理的であろう。

立体構成

大きさの等しい球が4個ある。このうち，3個は平らな床面と接しており，4個の球はすべて他の3個の球と接している。これらの球を真上から見たとき，球と床面の接点を○印，球どうしの接点を•印と表した図として，正しいのはどれか。

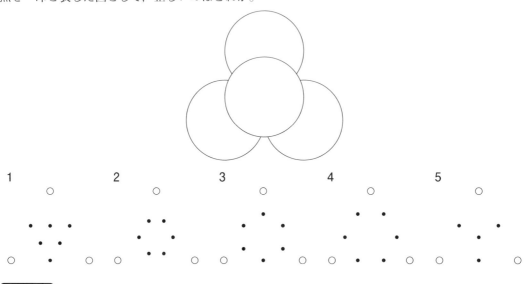

1 2 3 4 5

床面に接している3個の球をA，B，Cとすると，もう1個の球Oは，図Ⅰのようにそれぞれ接している3個の球A，B，Cの上に乗る形になる。3個の球A，B，Cと床面との接点は，真上から見れば球の中心の直下となるので，図Ⅰの○印となる。4個の球がすべて接しているとき，その接点は6個（＝$_4C_2$）あるが，球どうしの接点は，球の中心どうしを結ぶ線分の中点となる。4個の球の中心をそれぞれ結び，その中点を示すと図Ⅱの•印となる。

図Ⅰ

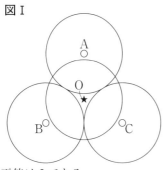

図Ⅱ

よって，正答は3である。

正答　3

問題研究

球どうしの接点は，球の中心を結ぶ直線分の中点であることに気づけばよい。

病院の待合室にいる者について，次のア～ウのことがわかっている。このとき，確実にいえるのはどれか。

ア　眼鏡をかけている者は，全員女性である。

イ　腕時計をしている男性がいる。

ウ　眼鏡をかけている者は，全員マスクをしている。

1　女性は全員，腕時計をしていない。

2　眼鏡をかけ，かつ腕時計をしている者はいない。

3　男性は全員，マスクをしていない。

4　マスクをしている女性がいる。

5　腕時計をしていて，かつマスクをしている者はいない。

解説

ア，ウは全称命題であるが，イが存在命題なので，論理式よりベン図のほうが検討しやすい。ア，イ，ウをベン図で表すと，次のようになる。

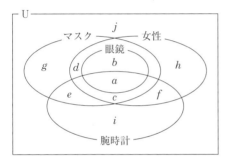

このベン図から，各選択肢を検討していく。

1．ベン図で検討すると，a, c, f に要素（腕時計をしている女性）が存在する可能性がある。

2．a に要素（眼鏡をかけ，かつ腕時計をしている者）が存在する可能性がある。

3．e, g に要素（マスクをしている男性）が存在する可能性がある。

4．正しい。ア，ウより，「眼鏡→（女性∧マスク）」（眼鏡をしている者は，全員女性であり，かつマスクをしている），となる。したがって，「マスクをしている女性がいる」ことは，確実に推論できる。

注：「眼鏡をかけている者は，全員女性である」とある場合，「眼鏡をかけている女性が少なくとも1人は存在する」が前提となっている。つまり，眼鏡をかけている女性が少なくとも1人は存在し，その者は眼鏡をかけているのでマスクをしている。よって，マスクをしている女性がいる，となる。

5．a, c, e に要素（腕時計をしていて，かつマスクをしている者）が存在する可能性がある。

正答　4

問題研究

形式論理に関する問題では，ベン図，論理式，真偽分類表という解法の使い分けを確実にしておくことである。基本的には，全称命題だけならば「論理式から対偶と三段論法への流れ」，存在命題があれば「ベン図により要素の有無を考える」となる。

対応関係

　A～E5枚のカードがある。この5枚のカードの表裏両面に，白，黒，赤，青，黄の5色から，各面に1色ずつ選んで塗り分ける。その際，カードの表面は5枚とも異なる色で塗り，カードの裏面も5枚とも異なる色で塗る。5枚とも，表面と裏面は異なる色で塗る。また，使われている2色の組合せが同じカードはない。さらに，次のア，イのことがわかっているとき，確実にいえるのはどれか。

　ア　Aの表面は白で塗られ，また，Aの裏面とBの表面は同じ色で塗られている。

　イ　Cの表面は黄，Dの裏面は赤，Eの裏面は黄で，それぞれ塗られている。

1　Aの裏面とBの表面は，黒で塗られている。
2　Bの裏面は，青で塗られている。
3　Cの裏面は，青で塗られている。
4　Dの表面は，黒で塗られている。
5　Eの表面は，赤で塗られている。

解説

　まず，条件ア，イを表にまとめてみる。たとえば，Dの裏面を赤で塗れば，A，B，C，Eの裏面が赤で塗られることはなく，Aの裏面と同色であるBの表面も赤で塗られることはない。また，Aの裏面とBの表面が同色なので，Bの裏面が白で塗られると，A，Bの2枚は，使われている2色が同じとなってしまうので，Bの裏面が白で塗られているということはない。ここから，Cの裏面は白で塗られており，表Ⅰのようになる。

表Ⅰ

		白	黒	赤	青	黄
A	表	○	×	×	×	×
A	裏	×		×		×
B	表	×		×		×
B	裏	×		×		×
C	表	×	×	×	×	○
C	裏	○	×	×	×	×
D	表	×		×		×
D	裏	×	×	○	×	×
E	表	×				×
E	裏	×	×	×	×	○

　表Ⅰから，Aの裏面とBの表面を黒で塗られているとすると表Ⅱ，Aの裏面とBの表面を青で塗られているとすると表Ⅲとなる。

表Ⅱ

		白	黒	赤	青	黄
A	表	○	×	×	×	×
A	裏	×	○	×	×	×
B	表	×	○	×	×	×
B	裏	×	×	×	○	×
C	表	×	×	×	×	○
C	裏	○	×	×	×	×
D	表	×	×	×	○	×
D	裏	×	×	○	×	×
E	表	×	×	○	×	×
E	裏	×	×	×	×	○

表Ⅲ

		白	黒	赤	青	黄
A	表	○	×	×	×	×
A	裏	×	×	×	○	×
B	表	×	×	×	○	×
B	裏	×	○	×	×	×
C	表	×	×	×	×	○
C	裏	○	×	×	×	×
D	表	×	○	×	×	×
D	裏	×	×	○	×	×
E	表	×	×	○	×	×
E	裏	×	×	×	×	○

　この表Ⅱおよび表Ⅲから，1，2，4は確定できず，3は誤りで，確実にいえるのは，「Eの表面は，赤で塗られている」という5だけである。

　よって，正答は5である。

正答　5

位置関係

　ある動物園に，図のような8つのオリA～Hがある。ここに，2種類の肉食動物（ライオン，トラ），3種類の草食動物（キリン，シマウマ，ガゼル），2種類の雑食動物（チンパンジー，アライグマ）が入れられており，A～Hのオリのうち，1つは空いている。次のア～キのことがわかっているとき，確実にいえるのはどれか。ただし，BのオリとGのオリのように，斜め方向の位置関係にあるオリは，隣接しているとはいわない。

A	B	C	D
E	F	G	H

　ア　1つのオリには，1種類の動物だけが入れられている。
　イ　肉食動物と草食動物のオリは，隣接していない。
　ウ　シマウマとガゼルのオリは，どちらもB，C，F，Gのいずれかである。
　エ　トラのオリは，チンパンジーのオリと隣接している。
　オ　シマウマのオリは，3種類の動物のオリと隣接している。
　カ　キリンのオリは，Aである。
　キ　ライオンのオリは，空いているオリとは隣接していない。

1　Bは，シマウマのオリである。　　　2　Cは，ガゼルのオリである。
3　Dは，ライオンのオリである。　　　4　Eは，アライグマのオリである。
5　Fは，チンパンジーのオリである。

解　説

　キリンのオリはAであり（条件カ），シマウマとガゼルのオリはB，C，F，Gのいずれかである（条件ウ）。しかし，シマウマとガゼルの一方だけでもCまたはGだとすると，必ず肉食動物と草食動物のオリが隣接してしまい，条件イに反する。つまり，シマウマとガゼルのオリはB，Fであり，ここまでで表Ⅰ，表Ⅱの2通りが考えられる。

表Ⅰ

A	B	C	D
キリン	シマウマ		
E	F	G	H
	ガゼル		

表Ⅱ

A	B	C	D
キリン	ガゼル		
E	F	G	H
	シマウマ		

　この表Ⅰ，表Ⅱにおいて，条件エを考えると，CがチンパンジーでDがトラ，GがチンパンジーでHがトラという2通りがあり，そのそれぞれについて，条件キから，GがアライグマでHがライオン，CがアライグマでDがライオンとなる。これにより，表Ⅰ－2，表Ⅰ－3，表Ⅱ－2，表Ⅱ－3となるが，表Ⅱ－2，表Ⅱ－3では条件オを満たせない。したがって，可能性があるのは表Ⅰ－2，表Ⅰ－3の2通りである。

　この表Ⅰ－2，表Ⅰ－3より，2，4，5は誤り，3は不確定で，正答は1である。

表Ⅰ－2

A	B	C	D
キリン	シマウマ	チンパンジー	トラ
E	F	G	H
	ガゼル	アライグマ	ライオン

表Ⅱ－2

A	B	C	D
キリン	ガゼル	チンパンジー	トラ
E	F	G	H
	シマウマ	アライグマ	ライオン

表Ⅰ－3

A	B	C	D
キリン	シマウマ	アライグマ	ライオン
E	F	G	H
	ガゼル	チンパンジー	トラ

表Ⅱ－3

A	B	C	D
キリン	ガゼル	アライグマ	ライオン
E	F	G	H
	シマウマ	チンパンジー	トラ

正答　1

問題研究

　位置関係（配置・部屋割り型）の問題としては，基本的部類に属するといえる。列挙されている条件が多い場合，条件どおりに進めていけば，それほど難しくないことが多い。

数量推理

A〜Eの5人が，2人と3人のチームに分かれてゲームを5回行った。チームのメンバーは毎回入れ替わり，2人のチームが勝つと2人は3点ずつ獲得し，3人のチームが勝つと3人が2点ずつ獲得する。次のア〜エのことがわかっているとき，確実にいえるのはどれか。

ア　1回目はA，Bが2人のチーム，C，D，Eが3人のチームで行った。

イ　2回目が終了した時点で，Aが1位，BとCが同点で2位だった。

ウ　3回目が終了した時点では，得点がないのはDだけで，AとBが同点，CとEが同点であった。

エ　5回目が終了した時点で，Aは10点獲得して1位，Eが2位であり，Dが最下位であるが無得点ではなかった。

	1回目	2回目	3回目	4回目	5回目
2人のチーム	AB				
3人のチーム	CDE				

1　Aは，1回目から3回目まで，いずれも2人のチームだった。

2　Bは，4回目と5回目のうち，どちらか一方が3人のチームだった。

3　5回目が終了した時点で，CはDより3点多く獲得していた。

4　Dは，4回連続して3人のチームになった。

5　5回目が終了した時点で，Eの得点は8点であった。

解説

2回目が終了した時点で，Aが1位，BとCが同点で2位となっている（条件イ）。1回目にAとBは同じ2人のチームなので，Aは1回目と2回目に勝ち，Bは1回目に勝って2回目は負け，Cは1回目に負けて2回目は勝ち，でなければならない。そして，BとCは同点で2位なので，2人の得点はどちらも3点ということになる。1回目と2回目の結果をまとめると，表Iのようになる。太枠が勝者である。

表I

	1回目	2回目	3回目	4回目	5回目
2人のチーム	AB	AC			
3人のチーム	CDE	BDE			

3回目が終了した時点で得点がないのはDだけ，AとBが同点，CとEが同点（条件ウ）となるためには，3回目にBとEが2人のチームで勝っている必要がある（表II）。AとBが6点，CとEが3点，Dが0点となる。

表II

	1回目	2回目	3回目	4回目	5回目
2人のチーム	AB	AC	BE		
3人のチーム	CDE	BDE	ACD		

5回目が終了した時点で，Aは10点獲得して1位なので，Aは4回目と5回目に3人のチームで，どちらも勝っていることになる。そして，3回目が終了した時点で，Bが6点，Eが3点なので，Eが2位となるためには，4回目と5回目に勝っていなければならない。つまり，Eも4回目と5回目に3人のチームで，どちらも勝っている。Eが獲得したのは7点なので，Eが2位であるためには，3回目までで6点のBは，4回目と5回目に負けていなければならない（2人のチーム）。そして，Dは無得点ではないが最下位なので，3回目までに3点獲得しているCより得点は少ない。チームのメンバーは毎回入れ替わるので，4回目と5回目の3人のチームメンバーは，一方がA，C，E，他方がA，D，Eであり，表IIIのようになる（4回目と5回目は順不同）。

表III

	1回目	2回目	3回目	4回目・5回目	
2人のチーム	AB	AC	BE	BC	BD
3人のチーム	CDE	BDE	ACD	ADE	ACE

この表IIIより，1，2，5は誤り，4は不確定で，確実にいえるのは3だけである。

よって，正答は3である。

正答　3

図1のように，小立方体4個を貼り合わせて作った合同な立体が2個あり，このうち1個は黒く塗られている。この立体を図2のように組み合わせて平面上に置き，これを南東方向から見ると図3のようになった。図2の立体を北西方向から見たときの図として，正しいのはどれか。

図1 図2 図3

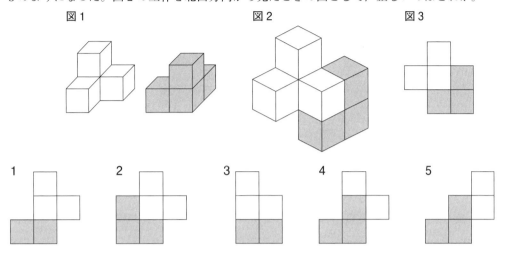

解説

問題の図2の立体を南東方向から見たときに問題の図3となるのだから，南東方向は図Ⅰに示すとおりである。北西方向は南東方向と180°反対側なので，この立体を図Ⅰに示す北西方向から見た図を考えればよい。立体を図Ⅰの北西方向から見た場合，図Ⅱに示す図となる。

よって，正答は2である。

図Ⅰ 図Ⅱ

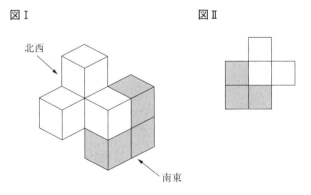

正答 2

問題研究

南東と北西は反対方向であることが理解できていれば正答できる，というレベルの問題である。確実に正答しておくことが必要で，失点は許されない。

図のような碁盤の目状の街路を，P地点からQ地点まで最短経路で行く。このとき，途中にあるA〜D4地点のうち，2地点だけを通過する経路は何通りあるか。

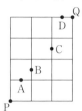

1　7通り
2　8通り
3　9通り
4　10通り
5　11通り

解説

A〜D4地点のうち2地点を通過するにしても，P地点からQ地点まで最短経路で行くことは変わらないので，図において右と上にしか行くことができない。この条件で考えると，A，Bを通過するのは①，②，A，Cを通過するのは③，B，Cを通過するのは④，B，Dを通過するのは⑤，⑥，C，Dを通過するのは⑦，⑧，⑨となり，全部で9通りである。「P→A→D→Q」と経由する最短経路はない。

よって，正答は3である。

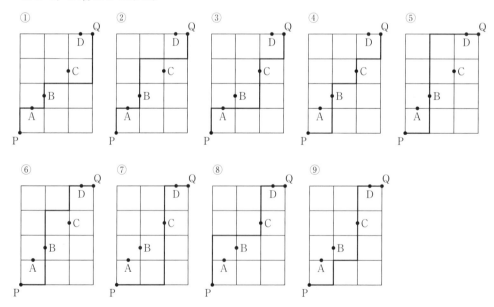

正答　3

問題研究

最短経路の問題としては珍しいタイプである。経路数そのものは多くないが，見落とし，数え漏れの出やすい問題といえる。注意を払って取り組みたい。

立体の切断

　図1のような，底面の半径が1，母線の長さが2の円錐がある。この円錐を2個用意し，図2のように底面の中心O，Q，および頂点Pが1直線となるように，頂点Pで結合した。この2個の円錐を1つの平面で切断したとき，切断面の図形として正しい組合せはどれか。

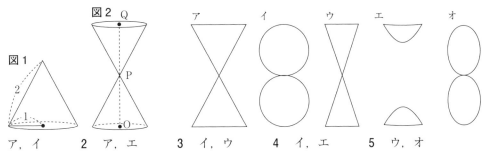

1　ア，イ　　　2　ア，エ　　　3　イ，ウ　　　4　イ，エ　　　5　ウ，オ

解説

　図Ⅰのように，円錐の底面中心および頂点を通る平面で切断すると，切断面は三角形となる。一般的には二等辺三角形となるが，ここでの円錐は底面直径と母線がどちらも2なので，その切断面は正三角形でなければならない。つまり，アは切断面の図形となるが，ウは不適である。図Ⅰにおける切断面を，手前方向に平行移動させると図Ⅱになる。この切断面はエとなる。円錐の切断面が円となるのは，円錐の回転軸に対して垂直に切断した場合であり，また，円錐の切断面が楕円となるのは，母線より浅い角度で斜めに切断した場合である。したがって，2個の円錐を問題図2のように結合した場合，1つの平面で切断して2個の円，および2個の楕円が切断面となることはないので，イ，オは不適である。

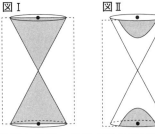

　よって，正答は2である。

正答　2

問題研究

　円錐の切断面，特に円錐曲線は正確に理解しておきたい。2個の円錐をこの問題のように配置した場合，1つの平面で切断したときに，円，楕円（楕円弧），放物線が両方の円錐に現れることはない。

参考：円錐を1つの平面で切断すると，この平面が頂点および底面中心を通る場合に切断面は二等辺三角形（底面直径＝母線のときは正三角形）となり，切断面が多角形となるのはこの場合だけである。円錐の回転軸に対して垂直な平面で切断すると，その切断面は円となる。円錐の母線の傾きより小さい角度の平面で切断すると，その切断面は楕円または楕円弧となる。円錐の母線の傾きに等しい角度の平面で切断した場合，その切断面は放物線となり，円錐の母線の傾きより大きい角度の平面で切断すると，その切断面は双曲線となる。ここから，円，楕円，放物線，双曲線を円錐曲線と呼ぶ。

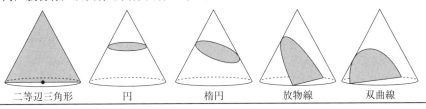

二等辺三角形　　　円　　　楕円　　　放物線　　　双曲線

PART
3
過去問を解いてみよう！

　A〜Eが次のような伝言ゲームに参加した。伝言は,「司会者→A→B→C→D→E→司会者」の順に伝えられ,司会者はAに「右」と伝えた。A〜Eのうち3人は,自分に伝えられた内容をそのまま次の者に伝える。残りの2人は,自分に伝えられた内容と反対の内容を伝える(自分に伝えられた内容が「右」なら,次の者に「左」と伝える)。5人は,自分に伝えられたとおりの内容を伝えるか,または反対の内容を伝えるかについて,司会者からあらかじめその役割を指定されており,5人はその役割に従って次の者に伝える。ただし,自分以外の4人の役割については知らされていない。Eは,Dから「右」と伝えられ,そのまま司会者に「右」と伝えた。司会者が,Eから伝えられた内容が「右」であると発表したところ,「自分以外の4人の役割がすべてわかった」と述べた者がいた。このとき,確実にいえるのはどれか。

1　自分以外の4人の役割がすべてわかったのは,2人いる。

2　自分以外の4人の役割がすべてわかったのは,Bだけである。

3　AとCは同じ役割だった。

4　自分以外の4人の役割がすべてわかったのは,Dだけである。

5　BとDは同じ役割である。

解説

　Aが自分に伝えられたとおりの内容を伝える役割であった場合,反対の内容を伝える2人が誰であるかを知ることはできない。また,Aが反対の内容を伝える役割であった場合,反対の内容を伝えるもう1人が誰であるかを知ることはできない。つまり,Aは自分以外の4人について,その役割を知ることはできない。同様に,Eも自分以外の4人について,どの2人が反対の内容を伝える役割であるかを知ることはできない。

　Dは,Eが自分に伝えられたとおりの内容を伝える役目であることはわかる。しかし,Dが自分に伝えられたとおりの内容を伝える役目であった場合に,反対の内容を伝える2人がA〜Cのうちの誰であるかを知ることはできない。また,Dが反対の内容を伝える役割であった場合,反対の内容を伝えるもう1人がA〜Cのうちの誰であるかを知ることはできない。つまり,DはE以外の3人について,その役割を知ることができない。Cも自分以外の4人について,その役割を知ることができない。Cが自分に伝えられたとおりの内容を伝える役割であった場合,Eが司会者に伝えた内容が,CがDに伝えた内容と同じであれば,A,Bが反対の内容を伝える2人,またはD,Eが反対の内容を伝える2人ということになるが,どちらであるかは判断できない。Cが反対の内容を伝える役割であった場合,Eが司会者に伝えた内容が,CがDに伝えた内容と同じであれば,A,Bのうちの1人が反対の内容を伝える役割,Eが司会者に伝えた内容が,CがDに伝えた内容と反対であれば,A,Bのうちの1人が反対の内容を伝える役割ということになるが,Cは誰であるかを判断することはできない。

　Bが自分に伝えられたとおりの内容を伝える役割であった場合,BがCに伝えた内容とEが司会者に伝えた内容が一致していれば,C〜Eの中に反対の内容を伝える役割の者が2人いることまでは判断できるが,誰であるかは特定できない。BがCに伝えた内容とEが司会者に伝えた内容が一致していなければ,C〜Eの中に反対の内容を伝える役割の者が1人いることまでは判断できるが,誰であるかは特定できない。Bが反対の内容を伝える役割であった場合に,BがCに伝えた内容とEが司会者に伝えた内容が一致していないときは,C〜Eの中に反対の内容を伝える役割の者が1人いることまでは判断できるが,誰であるかは特定できない。ところが,BがCに伝えた内容とEが司会者に伝えた内容が一致していれば,C〜Eの中に反対の内容を伝える役割の者が1人もいないことになる。そうすると,反対の内容を伝えるもう1人はAということになる。つまり,Bは自分が反対の内容を伝える役割であったとき,BがCに伝えた内容とEが司会者に伝えた内容が一致していれば,A,Bの2人が反対の内容を伝える役割,C,D,Eの3人は自分に伝えられたとおりの内容を伝える役割であると判断することが可能である。

　よって,正答は2である。

正答　2

試合の勝敗

テニスのトーナメント戦が行われ，6人が出場した。試合は3セット先取の5セットマッチで，2人がシードされた。次のア～エのことがわかっているとき，確実にいえるのはどれか。

ア　優勝者より合計取得セット数の多い者がいた。
イ　5セットまで続いた試合が2試合あった。
ウ　対戦をまたいで6セット連続で取得した者がいた。
エ　3セット取得して4セット失った者がいた。

1　取得したセット総数が0の者はいなかった。
2　取得したセット総数が1の者はいなかった。
3　4セット行われたのは2試合だった。
4　取得したセット総数が8の者がいた。
5　取得したセット総数が2の者はいなかった。

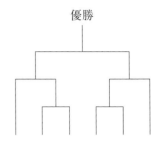

解説

　6人の出場者をA～Fとして，左下のようなトーナメント表で考えてみる（AとFがシードされている）。

　条件ア「優勝者より合計取得セット数の多い者がいた」とあるので，優勝者はシードされた者でなければならない。これをAとすると，決勝戦の相手はシードされていない者（Aより取得セット数が多い）となり，これをDとする。条件エ「3セット取得して4セット失った者がいた」というのは，セット数3対1で勝った後，セット数0対3で負けたということである。この条件を満たすのは，BとCとの対戦で勝った者なので，勝者をBとすると，BはCに3対1で勝った後，Aに0対3で負けたことになる。次に，条件イ「5セットまで続いた試合が2試合あった」，および条件ウ「対戦をまたいで6セット連続で取得した者がいた」を考える。Aが6セット連続で取得したとすると，Aは決勝戦でDに3対0で勝ったことになり，条件アを満たすことができない。つまり，対戦をまたいで6セット連続して取得したのはDでなければならない。この場合，DはFに3対0で勝っていなければならず，5セットまで続いた2試合はDとEの対戦，AとDの対戦ということになり，条件アも満たすことができる。なお，DとEの対戦，AとDの対戦の取得セットは，右下の表のパターンが考えられる。以上から，1，2，3，5は誤りで，正答は4である。

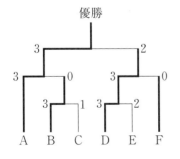

優勝

D	対戦相手												
	E					F			A				
	×	×	○	○	○	○	○	○	×	○	○	×	×
	○	×	×	○	○	○	○	○	×	○	○	×	×
	×	○	○	○	○	○	○	○	○	×	○	×	×
	○	×	○	×	○	○	○	○	○	×	○	×	×
	○	○	×	×	○	○	○	○	○	○	×	×	×

正答　4

問題研究

　優勝者はシードされた者であること，準優勝者はシードされていない者であること，また，3対1で勝った後に0対3で負けた者がいること，に気がつけばよい。

図1のような3種類の本がある。Aは幅（厚さ）が1の単行本で3巻，Bは幅が1の単行本で5巻，Cは幅が2の図鑑で3巻あり，高さはいずれも等しい。これらの本を，図2のような幅が5で3段ある本棚に並べることにした。今，中段の中央にBの第4巻，下段の右端にAの第2巻を並べたところである。さらに，次のア～エの条件にしたがって本を並べていくとき，中段の右端に並べられる本として，正しいのはどれか。なお，真上というのは1段上のみをさす。

ア　Bの第3巻の真上にBの第1巻，Bの第3巻の真下にCの第2巻を並べる。

イ　Cの第1巻をBの第4巻の真上に並べる。

ウ　Cの第2巻の右隣にBの第2巻を並べる。

エ　Aの第1巻とAの第3巻は隣どうしに並べ，Aの第1巻の真下にBの第5巻を並べる。

1　Aの第1巻　　　　2　Aの第3巻
3　Bの第2巻　　　　4　Bの第5巻
5　Cの第3巻

図1

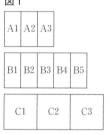

図2

解説

条件ア，イ，ウより，図Ⅰ～図Ⅳの4通りが考えられる。しかし，図Ⅱ～図Ⅳでは，条件エを満たすためには，Bの第4巻の右隣にAの第1巻，その右隣にAの第3巻，Aの第1巻の真下にBの第5巻を並べることになるが，このとき，Cの第3巻を並べることができない。反対に，Bの第4巻の右隣にCの第3巻を並べれば，条件エを満たすことができない。これに対し，図Ⅰの場合は，Cの第1巻の右隣にCの第3巻を並べ，Bの第4巻の右隣にAの第1巻，その右隣にAの第3巻，Aの第1巻の真下にBの第5巻を並べれば，すべての条件を満たすことが可能である（図Ⅴ）。

よって，正答は2である。

図Ⅰ　　　　　図Ⅱ 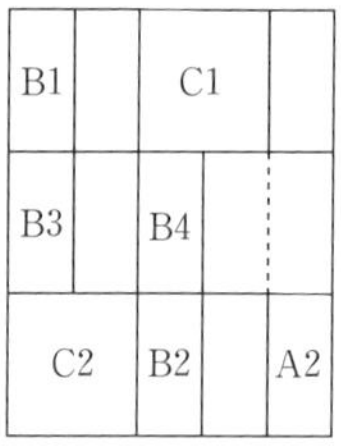　　　　　図Ⅲ 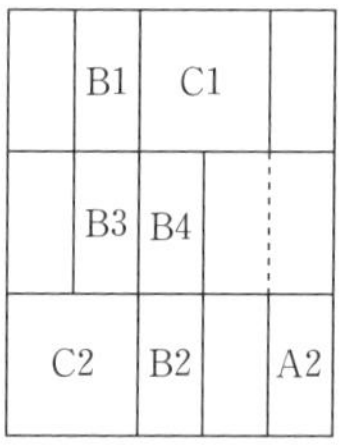　　　　　図Ⅳ 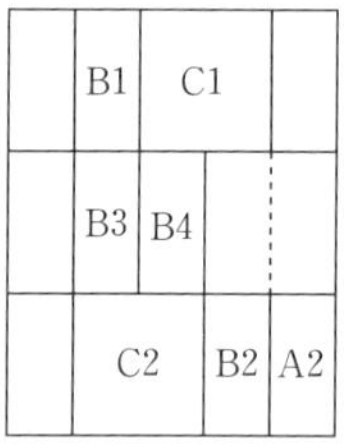　　　　　図Ⅴ

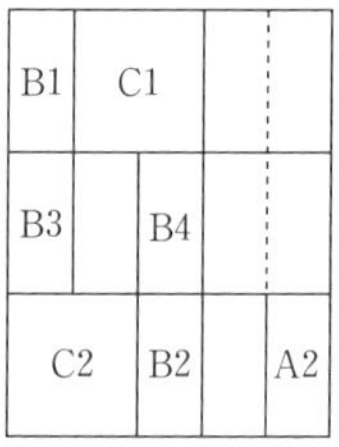

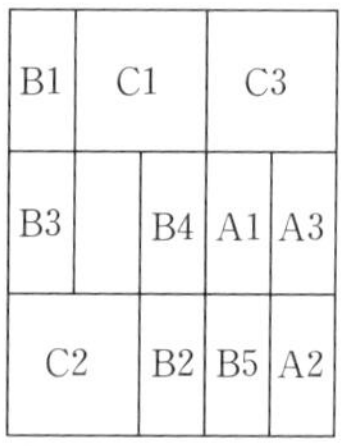

正答　2

問題研究

このような配置の問題では，複数の条件を組み合わせて条件を絞っていくことになる。場合分けをしたうえで，他の条件との整合性を検討する。

対応関係

A～Dの4人が，もちつき，花見，七夕，秋祭りの4回のイベントに参加した。次のア～オのことがわかっているとき，確実にいえるのはどれか。

ア　もちつきには1人，花見，七夕，秋祭りにはそれぞれ2人が参加した。
イ　全員1回以上参加し，Aは3回参加した。
ウ　Bは花見だけに参加した。
エ　Cが参加したイベントには，Dも参加した。
オ　Dは秋祭りに参加した。

1　Aは七夕に参加した。
2　Aは秋祭りに参加した。
3　Cは七夕に参加した。
4　Cは秋祭りに参加した。
5　Dは七夕と秋祭りに参加した。

解説

　条件アより，イベントの延べ参加人数は7人である。Aが3回，Bが花見だけに1回参加しているので，CとDの合計で3回参加していることになる。ここで，条件エ「Cが参加したイベントには，Dも参加した」を考えると，Cが2回参加すれば，Dも2回参加することになって条件を満たせない。つまり，Cが参加したのは1回，Dが参加したのは2回である。そうすると，Cがもちつき，花見に参加すると条件エを満たせないので（もちつきなら2人，花見なら3人参加したことになってしまう），Cはもちつきにも花見にも参加していない。ここまでで，表Ⅰとなる。ここで，Cが参加したのが七夕であるか，秋祭りであるかで場合分けしてみる。Cが七夕に参加したとすると，七夕に参加したのはCとDの2人なので，Aが参加したのはもちつき，花見，秋祭りとなる（表Ⅱ）。Cが参加したのが秋祭りの場合，秋祭りに参加したのはCとDの2人なので，Aが参加したのはもちつき，花見，七夕となり，七夕に参加したもう1人はDとなる（表Ⅲ）。この表Ⅱ，表Ⅲより，1～4は不確定。
　よって，正答は5である。

表Ⅰ

	もちつき	花見	七夕	秋祭り	
A					3
B	×	○	×	×	1
C	×	×			1
D				○	2
	1	2	2	2	

表Ⅱ

	もちつき	花見	七夕	秋祭り	
A	○	○	×	○	3
B	×	○	×	×	1
C	×	×	○	×	1
D	×	×	○	○	2
	1	2	2	2	

表Ⅲ

	もちつき	花見	七夕	秋祭り	
A	○	○	○	×	3
B	×	○	×	×	1
C	×	×	×	○	1
D	×	×	○	○	2
	1	2	2	2	

正答　5

問題研究

　対応関係の問題としては，最も基礎的なレベルである。CとDとの関係を正確に把握することが，正解へのカギになる。

立体構成

　図1のような，1辺の長さ6cmの正六角形ABCDEFがある。対角線AD，BE，CFの交点をOとし，OA，OC，OE（図の実線部分）を山折り，OB，OD，OF（図の破線部分）を谷折りにして，3頂点B，D，Fが1点に集まる立体を作った。図2はこれを真上から見た状態である。この立体を，点Oの部分に糸を付けてつるしたところ，3点A，C，Eが床から10cmの高さにあった。このとき，3点B，D，Fの床からの高さとして，正しいのはどれか。

1　10cm
2　$10-\sqrt{2}$ cm
3　$10-\sqrt{3}$ cm
4　7cm
5　$4+\sqrt{3}$ cm

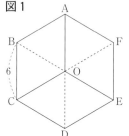

図1

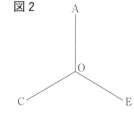

図2

解説

　正六角形は6枚の正三角形で構成されており，1辺の長さが6cmならば，OA＝OB＝OC＝OD＝OE＝OF＝6cmである（図Ⅰ）。正六角形ABCDEFを条件に従って折ると，3枚の正三角形を1辺で120°間隔につないだ立体となる（図Ⅱ）。つまり，△OABと△OAF，△OCBと△OCD，△OEDと△OEFがそれぞれ表裏となるように貼り合わせ，辺OB，OD，OFをまとめて1本の辺とするのである。この立体を，辺ODに対して垂直方向で，点C，Eから均等な位置から見ると図Ⅲのように見える。△OCD，△OEDは正三角形であるが，この条件で見た場合，2頂点C，Eは辺ODより手前方向に傾いているので，正三角形より高さの低い二等辺三角形（CO＝CD＝EO＝ED）として見ることになるが，いずれにしても四角形OCDEはひし形に見える。対角線ODの長さは6cmで，対角線CEによって2等分されるので，3点B，D，Fの床からの高さは3点A，C，Eより3cm低いことになる。したがって，3点B，D，Fの床からの高さは7cmである。

　よって，正答は**4**である。

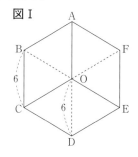

図Ⅰ

図Ⅱ

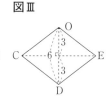

図Ⅲ

正答　**4**

問題研究

　図形のイメージを把握するのが難しいので，初見で解くのは厳しい問題といえる。傘をたたむのと同じイメージである。

図のような長方形のビリヤード台がある。この台のAの位置に球を置いて打ち出したところ，順に辺BC，辺CD，辺DAで跳ね返ってBの位置に到達した。辺DAで球が跳ね返った位置をPとするとき，AP：DPの長さの比として，正しいのはどれか。ただし，入射角＝反射角が成り立っているものとする。

1 2：1
2 3：2
3 4：3
4 5：4
5 6：5

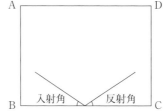

解説

この種の問題では，平面を拡張して考えるのがポイントである。図のように，平面を拡張すると，辺BC，辺CD，辺DAで跳ね返る球の動きは，点Aから，辺BC上の点R，辺CD上の点Q，辺DA上の点Pを通過してBに至る直線として表せる。このとき，図の対称性から点Qの位置は球の動きを表した直線ABの中点なので，辺CDの中点になる。このとき，点Qを最上部とする△QDPと△QCBは相似となり，QD：QC＝1：（1＋2）＝1：3，したがって，DP：CB＝1：3，DP：AD＝1：3であるから，AP：DP＝2：1。

よって，正答は**1**である。

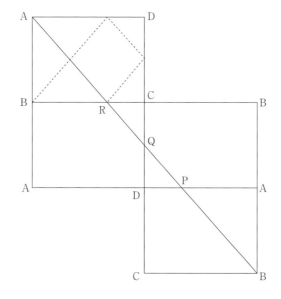

正答　**1**

問題研究

ビリヤード型の問題は，とにかく図形を拡張することである。入射角＝反射角が成り立っているので，向こう側へ拡張すれば直線となる。

立体の回転・切断

　図のような直円錐があり，底面の中心Oと頂点Pを結ぶ線分の中点をMとする。点Mを通り，底面と平行な直線 l を軸としてこの直円錐を1回転させてできる立体を，直線 l を含み底面に垂直な平面で切断した。このとき，切断面の図として正しいのはどれか。

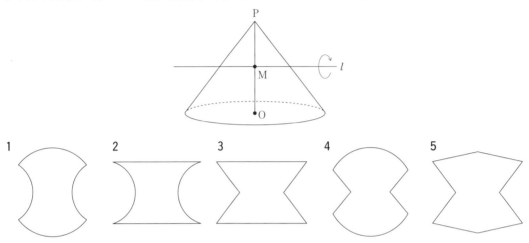

解説

　直円錐を，直線 l を軸として1回転させてできる立体を，直線 l を含み底面に垂直な平面で切断するのだから，その切断面を考えるのならば，基本的には，この直円錐を180°回転させた直円錐を組み合わせてみればよい。しかし，図Ⅰにおいて，直円錐の母線をPA，PBとしたとき，2点A，Bから直線 l までの距離はMO，MPと等しいが，弧ABの中点Nにおいては，MO＝MP＜MNとなり，直線 l までの距離が長い。したがって，180°回転させた直円錐を組み合わせるだけでは不正確で，回転体は図Ⅱのような全体に曲面が存在する立体になる。この立体を，直線 l を含み底面に垂直な平面で切断した場合の切断面は，図Ⅲの斜線部分のようになる。

　よって，正答は**4**である。

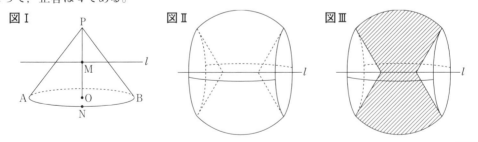

正答　4

問題研究

　回転体の問題では，回転軸との距離を正確にとらえる必要がある。この問題では，回転軸と底面の円周との距離に注意する。

対応関係

北棟および南棟の2棟の建物に，それぞれ会議室X，Y，Zがある。その日の会議室利用状況は，会議室利用表に○印が付けられているので，この表で確認することが可能である。ある日，A，Bの2人は同じ会議に出席したが，利用した会議室に関して，2人は次のように述べた。

A：「会議を行う時間帯しかわからなかったが，表を見たら，どちらの棟なのかはわかった」

B：「会議室名だけはわかっていたが，どちらの棟なのかも時間帯もわからなかった。Aから話を聞くことによって，場所と時間帯が確定できた」

このとき，AとBが出席した会議について，その時間と場所の組合せとして，可能性があるのは次のうちどれか。

北　棟	10時〜11時	13時〜14時	14時〜15時	15時〜16時	16時〜17時
会議室X	○	○		○	
会議室Y	○	○	○		
会議室Z					

南　棟	10時〜11時	13時〜14時	14時〜15時	15時〜16時	16時〜17時
会議室X					
会議室Y				○	○
会議室Z	○		○		○

1　北棟—13時〜14時—会議室X
2　北棟—15時〜16時—会議室Y
3　南棟—14時〜15時—会議室Z
4　南棟—16時〜17時—会議室Y
5　南棟—16時〜17時—会議室Z

解説

Aは，会議の時間帯しかわからなかったが，会議室利用表を見ることによってどちらの棟なのかがわかったのだから，会議の時間帯は13時〜14時，または16時〜17時のいずれかである。13時〜14時に利用される会議室は北棟のみ，16時〜17時に利用される会議室は南棟のみだからである。これ以外の時間帯は，北棟，南棟のどちらであるか判断できない。一方，Bは，会議室名だけはわかっていたが，棟と時間帯のいずれもわからなかったのだから，会議室Yでなければならない。会議室Xが利用されるのは北棟のみ，会議室Zが利用されるのは南棟のみなので，どちらの棟であるかわからないならば，それは会議室Yだけだからである。そうすると，BがAから話を聞くことによって場所と時間帯を確定できたとするならば，「北棟—13時〜14時—会議室Y」または「南棟—16時〜17時—会議室Y」のどちらかである。

よって，正答は4である。

正答　4

問題研究

対応関係としては比較的珍しい設定および設問形式の問題ではあるが，内容的には難しいものではない。確実に正解しておくべき問題である。

PART
3
過去問を解いてみよう！

順序関係

A～Eの5チームにより，4区間で構成された駅伝競走が行われた。各区間における順位の状況が次のア～エのようであるとき，正しいのはどれか。ただし，いずれの区間においても，その終了時に同順位のチームはなかった。

ア　第1区間の終了時は，Cチームが1位であった。

イ　第2区間では，あるチームが2チームを抜いた。この区間でそれ以外に順位の変動はなく，Dチームはこの区間中に順位が変動することはなかった。

ウ　第3区間において，C，D，E3チームの順位が変動した。A，B2チームはどのチームも抜かず，また，どのチームからも抜かれなかった。

エ　第4区間でAチームはDチームを抜いたが，それ以外に順位の変動はなかった。

1　Aは，1位でゴールした。

2　Bは，第1区間終了時に2位だった。

3　Cは，第3区間終了時に3位だった。

4　Dは，4位でゴールした。

5　Eは，第3区間終了時に5位だった。

解説

まず，第1区間の1位はC，第2区間で2チームを抜いたチームがあり，第2区間の順位変動はこれだけで，Dの順位は変動していないという条件（ア，イ）から，表Ⅰ～表Ⅳの4通りが考えられる。しかし，第3区間でC，D，Eに順位変動があり，A，Bにはまったく順位変動がない（ウ）。そうすると，第2区間終了時にC，D，E3チームの順位が連続していなければならない。この点で表Ⅱ，表Ⅳは可能性がない。また，表Ⅲの場合は第2区間終了時に表Ⅲ－2となるが，この場合，第3区間でDの順位が変動する（2位または3位になる）ので，第4区間における条件エを満たせない。したがって，可能性があるのは表Ⅰだけである。そして，第4区間での順位変動は，「AがDを抜いた」だけなので（エ），第3区間終了時にDが3位，Aが4位でなければならない。また，第3区間ではC，D，Eに順位変動があったのだから，第3区間終了時の1位（したがって，ゴール時も）はEでなければならない（表Ⅰ－2）。

表Ⅰ

	1位	2位	3位	4位	5位
第1区間	C	D			
第2区間	C	D			
第3区間					
第4区間					

表Ⅱ

	1位	2位	3位	4位	5位
第1区間	C				D
第2区間	C				D
第3区間					
第4区間					

表Ⅲ

	1位	2位	3位	4位	5位
第1区間	C			D	
第2区間			C		D
第3区間					
第4区間					

表Ⅳ

	1位	2位	3位	4位	5位
第1区間	C				D
第2区間			C		D
第3区間					
第4区間					

表Ⅰ－2

	1位	2位	3位	4位	5位
第1区間	C	D	A	B	E
第2区間	C	D	E	A	B
第3区間	E	C	D	A	B
第4区間	E	C	A	D	B

表Ⅲ－2

	1位	2位	3位	4位	5位
第1区間	C	E		D	A
第2区間	B	C	E	D	A
第3区間					
第4区間					

よって，正答は4である。

正答　4

問題研究

順序関係におけるこのタイプの問題では，どうしても場合分けが必要になる。確実に場合分けを行い，そこから条件を満たす場合を絞り込んでいくことである。

対応関係

A～E5人の警備員が，月曜日から金曜日までの連続する5日間で行われたイベントの警備を担当した。各人の担当について，次のア～カのことがわかっているとき，確実にいえるのはどれか。

ア　5日間とも，3人ずつが担当した。

イ　Aは4日間，BとEはそれぞれ3日間担当し，Eが担当した3日間は連続していた。

ウ　Bは，火曜日に担当した。

エ　Cは，2日間担当したが，連続して担当することはなかった。

オ　Dは，木曜日と金曜日には担当しなかった。

カ　CとEが一緒に担当した日はなかった。

1　Aは，火曜日に担当した。

2　Bは，水曜日に担当した。

3　Cは，木曜日に担当した。

4　BとCは，一緒に担当した日が2日あった。

5　DとEは，一緒に担当した日が2日あった。

解説

Eは担当した3日が連続しており（イ），CとEが一緒に担当した日はなく（カ），Cは2日続けて担当することはなかった（エ）ので，Cが担当したのは月曜日と金曜日，Eが担当したのは火曜日～木曜日である。これに，Bが火曜日に担当した（ウ），Dは木曜日と金曜日には担当しなかった（オ），という条件を加えると，表Ⅰとなる。5日間とも3人ずつが担当しているので，A，Bは木曜日，金曜日に担当している。そうすると，Bが担当したのは3日だから，Bは月曜日と水曜日には担当していない（表Ⅱ）。残りはAが月曜日と水曜日，Dが月曜日～水曜日に担当していることになり，表Ⅲのように確定する。この表Ⅲより，正答は5である。

表Ⅰ

	月	火	水	木	金
A					
B		○			
C	○	×	×	×	○
D				×	×
E	×	○	○	○	×
	3	3	3	3	3

表Ⅱ

	月	火	水	木	金
A				○	○
B	×	○	×	○	○
C	○	×	×	×	○
D				×	×
E	×	○	○	○	×
	3	3	3	3	3

表Ⅲ

	月	火	水	木	金
A	○	×	○	○	○
B	×	○	×	○	○
C	○	×	×	×	○
D	○	○	○	×	×
E	×	○	○	○	×
	3	3	3	3	3

正答　5

問題研究

この問題も対応関係としては基本的レベルである。条件に従って対応表を作成していけばよい。

対応関係

A，Bの2人が，おにぎりを合計7個買った。7個のおにぎりの具は，梅が3個，鮭が2個，明太子が2個であり，米の種類は，白米が5個，玄米が2個であった。また，玄米のおにぎりのうち，1個は具が鮭であった。

Aは，鮭を含む2種類の具のおにぎりを買い，どちらも同じ個数だった。Bが買ったおにぎりは，具と米の組合せがすべて異なっていた。このとき，正しいのは次のうちどれか。

1　Aは，玄米で具が明太子のおにぎりを買った。
2　Aは，玄米で具が梅のおにぎりを買った。
3　Bは，白米で具が梅のおにぎりを買った。
4　Bは，玄米で具が梅のおにぎりを買った。
5　Bは，白米で具が鮭のおにぎりを買った。

解説

Aは鮭を含む2種類を同数ずつ買っている。これが1個ずつだと，Bは5個買ったことになり，具と米の組合せが同じおにぎりが必ずあることになってしまう（玄米は2個だけなので，白米で同じ種類のおにぎりが鮭以外で2個以上存在する。Aは鮭のおにぎりを買うので残り1個しか買わないとすると，重複するおにぎりが残ってしまう）。つまり，Aは鮭ともう1種類を2個ずつ買っている。Aが買ったもう1種類が明太子だとすると，Bは梅を3個買ったことになるが，この場合も具と米の組合せが同じ（白米で鮭）おにぎりが必ずあることになってしまう。したがって，Aが買ったもう1種類（2個）は梅である。そうすると，Bが買ったのは梅が1個，明太子が2個であるが，米と具の組合せがすべて異なるので，明太子が白米と玄米ということになる。

	梅			鮭		明太子	
	白米	白米	白米	白米	玄米	白米	玄米
A	○	○	×	○	○	×	×
B	×	×	○	×	×	○	○

よって，正答は3である。

正答　3

問題研究

Aが買った個数は，2種類を1個ずつまたは2個ずつのどちらかである。この点は，Bに関する条件を満たすように検討していくことになる。

　図1のような，正方形のタイルを2枚つなげた長方形のタイルがある。正方形のタイルには，それぞれ4種類の模様のうちのいずれかが描かれている。この長方形のタイルを，図2のように順次8枚並べて正方形を作った。その際，直前に並べたタイルの少なくとも一方の模様と同一の模様があるタイルを並べることとし，その同一の模様のタイルどうしが辺で接するようにした。

　1番目に並べたタイルおよび6，7番目に並べたタイルが図のようにわかっているとき，ア，イに該当する模様の組合せとして，正しいのはどれか。

図1

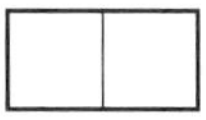

図2

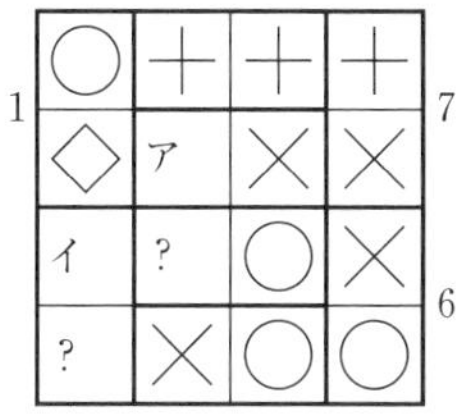

	ア	イ
1	○	×
2	◇	○
3	+	×
4	◇	◇
5	+	○

解説

　「直前に並べたタイルの少なくとも一方の模様と同一の模様があるタイルを並べることとし，その同一の模様のタイルどうしが辺で接する」という条件を満たすように並べると，その順は図Ⅰのようになる。この場合，1→2→3→4と連続させるには，ア，イ（および3番目のタイルの？も）の模様はいずれも◇でなければならない。すべての模様の配置は図Ⅱのようになり，正答は**4**である。

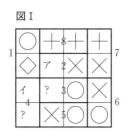

図Ⅰ

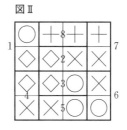

図Ⅱ

正答　**4**

問題研究

　8枚を順次並べていく，という条件を見落とさないことである。8枚目に並べたタイルが最初に確定できるので，そこから2枚目に並べたタイルも確定する。

1辺の長さが1の正三角形が，1辺の長さが2の正三角形の辺に沿って，滑ることなく図のように回転する。このとき，頂点Aが描く軌跡の長さと，頂点Bが描く軌跡の長さの比として，正しいのはどれか。

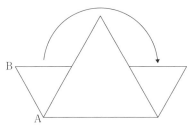

1　A：B＝1：1
2　A：B＝2：1
3　A：B＝3：2
4　A：B＝4：3
5　A：B＝6：5

解説

頂点Aが描く軌跡は図Ⅰ，頂点Bが描く軌跡は図Ⅱのようになる。軌跡となる弧の長さは中心角の大きさに比例する。したがって，頂点Aが描く軌跡の長さと，頂点Bが描く軌跡の長さの比は，(120＋240)：(120＋120)＝360：240＝3：2となり，正答は**3**である。

図Ⅰ

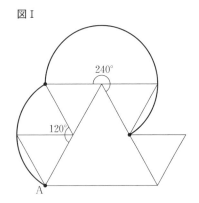

図Ⅱ

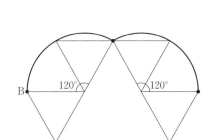

正答　3

問題研究

多角形が回転する場合の軌跡は，回転中心，回転半径，回転角度の3点を見極めるのがポイントである。

図1の展開図を組み立てた立体に，もう1個の立体を組み合わせて，図2のような，側面が3枚の合同な正方形，上面および底面が正三角形でできた三角柱を作りたい。組み合わせるべき立体の展開図として，正しいのはどれか。

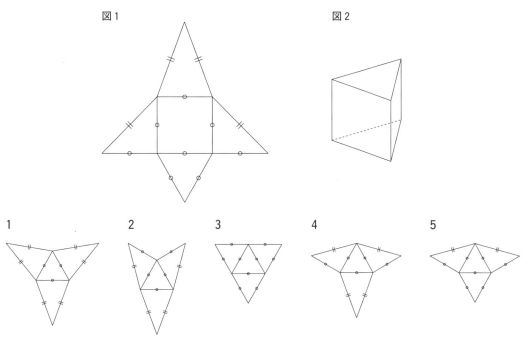

図1

図2

1
2
3
4
5

解説

展開図を組み立てて三角柱に対応させると，図Ⅰのようになる。つまり，組み立てたときに図Ⅱとなる展開図があればよい。これは，正三角形1枚，問題で与えられた展開図の側面にあるのと合同な直角二等辺三角形2枚および，同展開図の上面にある二等辺三角形と合同な二等辺三角形1枚で構成される。これと一致する展開図は2であり，図Ⅲのように，太線部分の二等辺三角形が貼り合わされて，三角柱となる。

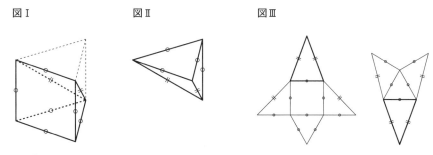

図Ⅰ
図Ⅱ
図Ⅲ

よって，正答は2である。

正答　2

問題研究

与えられている図2の見取り図を活用することである。単に完成形の立体ととらえるのではなく，図1の展開図が見取り図のどの部分に該当するかを考えていく。

　図1は，立方体の1つの頂点にボールを1個取り付けた状態を示している。この状態から，別の頂点にボールをもう1個取り付けると，その取り付け方は（　ア　）通りある。また，図2のように，面の対角に当たる2個の頂点にボールを1個ずつ取り付けた後，さらに別の頂点にボールを1個取り付けると。その取り付け方は（　イ　）通りある。

　このとき，ア，イに当てはまる数として，正しい組合せはどれか。ただし，いずれの場合も回転して同一になる場合は1通りとする。

図1

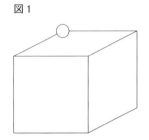

図2

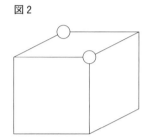

	ア	イ
1	2	3
2	3	3
3	3	4
4	4	3
5	4	4

解説

　図のように，立方体ABCD−EFGHとして考えてみる。頂点Aにボールを1個取り付け，さらに別の頂点にボールを1個取り付けると，同一辺上にある（A，B），（A，D），（A，E），面の対角に当たる位置となる（A，C），（A，F），（A，H），立体の対角に当たる位置となる（A，G），の3通りがある。頂点AおよびCの2か所にボールを取り付けた後，さらに別の頂点にボールをもう1個取り付けると，（A，B，C）と（A，C，D）が同一の配置，（A，C，E）と（A，C，G）が同一の配置，（A，C，F）と（A，C，H）が同一の配置となり，やはり3通りある。

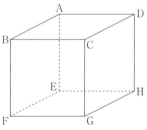

　よって，ア＝3，イ＝3であり，正答は**2**である。

正答　**2**

問題研究

　回転して同一になる場合を正確に見極めることである。辺や面をうまく活用するとよい。

ある団体が実施したハイキング大会の参加者について，次のア～ウのことがわかっているとき，確実にいえるのはどれか。

  ア　帽子をかぶっていない者は，運動靴を履いていた。
  イ　運動靴を履いていない者は，リュックサックを背負っていた。
  ウ　運動靴を履いている者は，サングラスをかけていなかった。

1　運動靴を履いている者は，帽子をかぶっておらず，リュックサックを背負っていなかった。
2　リュックサックを背負っていない者は，サングラスをかけていた。
3　サングラスをかけていない者は，運動靴を履いていた。
4　帽子をかぶっている者は，運動靴を履いておらず，リュックサックを背負っていた。
5　サングラスをかけている者は，帽子をかぶり，リュックサックを背負っていた。

解説

与えられた命題ア～ウを論理式で表すと，

  ア：$\overline{帽子}$→運動靴
  イ：$\overline{運動靴}$→リュックサック
  ウ：運動靴→$\overline{サングラス}$

のようになる。ここで，命題ア～ウの対偶をそれぞれエ～カとすると，次のようになる。

  エ：$\overline{運動靴}$→帽子
  オ：$\overline{リュックサック}$→運動靴
  カ：サングラス→$\overline{運動靴}$

このア～カから，各選択肢について三段論法が成り立つか否かを検討していけばよい。

1．ウより，「運動靴→$\overline{サングラス}$→」となるが，その先が推論できない。

2．オおよびウより，「$\overline{リュックサック}$→運動靴→$\overline{サングラス}$」となるので，「リュックサックを背負っていない者は，サングラスをかけていなかった。」である。

3．「$\overline{サングラス}$→」となる命題が存在しないので，判断できない。

4．「帽子→」となる命題が存在しないので，判断できない。

5．正しい。カより，「サングラス→$\overline{運動靴}$」であり，さらに，エより，「$\overline{運動靴}$→帽子」，イより，「$\overline{運動靴}$→リュックサック」となる。エおよびイは，「$\overline{運動靴}$→（帽子∧リュックサック）」となるので，「サングラス→$\overline{運動靴}$→（帽子∧リュックサック）」であり，「サングラスをかけている者は，帽子をかぶり，リュックサックを背負っていた。」は確実に推論できる。

よって，正答は5である。

正答　5

問題研究

対偶と三段論法は命題における基本事項である。また，命題の分割および結合にも戸惑うことのないよう取り組んでおきたい。

（A，a），（B，b），（C，c），（D，d），（E，e），（F，f）の6組の兄弟がおり，それぞれ「A～F」が兄，「a～f」が弟である。図のように，大小2つの同心円があり，兄6人は内側，弟6人は外側の円周上で，それぞれいずれか1人と向かい合って立っている（ただし，順不同）。この状態から，向かい合っている2人がペアとなってダンスをするが，外側の弟6人が時計回りに移動することで，1人ずつ相手が変わっていく。次のア～カのことがわかっているとき，CとDが最初にダンスをする相手として正しいのはどれか。

ア　Aから時計回りに3人置いた位置にCがいる。
イ　Dから時計回りに2人置いた位置にEがいる。
ウ　eが最初にダンスをする相手は，自分の兄である。
エ　aが6人目にダンスをする相手は，自分の兄である。
オ　aは，Fより先にDとダンスをする。
カ　2人目に自分の兄とダンスをするのは，cを含めて3人である。

	Cの1人目の相手	Dの1人目の相手
1	b	c
2	b	e
3	d	b
4	d	c
5	d	f

解説

　まず，条件エよりaの位置が決まり，次に条件イ，オよりD，E，Fの位置が決まる（図Ⅰ）。そうするとBの位置も決まり，条件ウからeの位置が決まる（図Ⅱ）。そして，カの「2人目に自分の兄とダンスをするのは，cを含めて3人である」という条件を満たせるのは，c以外にはbとfである。ここまでで，全員の最初の配置は図Ⅲのように決まり，CとDが最初にダンスをする相手は，Cがd，Dがfとなる。

図Ⅰ　　　　　　　　　　図Ⅱ　　　　　　　　　　図Ⅲ

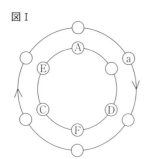
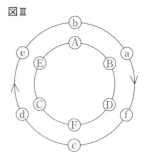

　よって，正答は5である。

正答　5

問題研究

　題材としては珍しいが，特に難しい内容ではない。各条件を丹念に吟味していけばよい。

1〜6の目が書かれたサイコロ2つを同時に振る。出た目の和が10の場合には終了し，出た目の和が10でない場合にはサイコロを2つとも振り直して，出た目の和が10になるまで繰り返す。このとき，2回目までに終了する確率はいくらか。

1　$\dfrac{1}{6}$

2　$\dfrac{1}{9}$

3　$\dfrac{5}{36}$

4　$\dfrac{23}{144}$

5　$\dfrac{25}{216}$

解説

出た目の数の和が10になるのは，（4，6）（5，5）（6，4）の3通りなので，

出た目の数の和が10になる確率：$\dfrac{3}{36} = \dfrac{1}{12}$

出た目の数の和が10にならない確率：$\dfrac{11}{12}$

となる。

2回目までに出た目の数の和が10になる確率は，余事象より，

1−（2回目までに出た目の数の和が10にならない確率）

で求めることができる。よって，

$$1 - \left(\dfrac{11}{12}\right)^2 = 1 - \dfrac{11}{12} \times \dfrac{11}{12} = 1 - \dfrac{121}{144} = \dfrac{23}{144}$$

となり，正答は4である。

正答　4

問題研究

このような問題は，（1回目に終了する確率）＋（2回目に終了する確率）でも求めることができるが，余事象を使うと速く解くことができる。数え上げの際にミスのないように気をつけよう。

PART
3
過去問を解いてみよう！

次の計算のA～Cに0～9のうちの互いに異なる整数を入れて，計算が成り立つようにする。A
～Cの組合せは複数考えられるが，A＋B＋Cの最大値はいくらか。ただし，AとCに0は入らな
いものとする。

$$\begin{array}{r} A\,B\,A \\ \times \quad A\,A \\ \hline C\,C\,C\,C \end{array}$$

1　6

2　8

3　10

4　12

5　14

解説

A＝4の場合，積は5ケタになるので，Aは3以下である。

A＝1の場合，C＝1となるので不適。

A＝2の場合，C＝4となり，2B2×22＝4444となるので，B＝0。このときA＋B＋C＝2＋0＋4
＝6である。

A＝3の場合，C＝9となり，3B3×33＝9999となるので，B＝0。このときA＋B＋C＝3＋0＋9
＝12である。

よって，正答は4である。

正答　4

問題研究

　覆面算ですべてが隠されている場合は数の特徴を使うことが多く，整数問題の要素も含んで
いる。計算の中で特徴的な部分を見つけ，場合分けをすることが重要である。

列車A，列車Bが平行な線路をそれぞれ一定の速さで走っている。同じ向きに走っているとき，Aの先端がBの後端に追いついてから，Aの後端がBの先端を追い越すまでに30秒かかった。互いに逆向きに走っているとき，AとBの先端どうしがすれ違ってから，後端どうしがすれ違うまでに，12秒かかった。Aの長さが200m，速さが秒速28mであったとすると，Bの長さはいくらか。

1　200m

2　220m

3　240m

4　260m

5　280m

解説

列車のすれ違いに関しては，追い越すときもすれ違うときも，距離を2つの列車の長さの和として考えると理解しやすい。

Bの速さを秒速 b m，Bの長さを l m とすると，

　　同じ向きに走っているとき　　　$200 + l = (28 - b) \times 30$

　　逆向きに走っているとき　　　　$200 + l = (28 + b) \times 12$

この2式から，連立方程式を解くと，$l = 280$〔m〕となる。

よって，正答は**5**である。

正答　5

問題研究

基本的な通過算，旅人算の問題である。同一方向に走っているときは速度を引き，反対方向に走っているときは速度を足すことも復習しておこう。

PART
3
過去問を解いてみよう！

平均

あるクラスで反復横跳びの測定を行った。AとBの2人は欠席したため，クラスの平均をAとBを除いた状態で計算した。翌日，Aの測定を行ったところ，その結果は60回であり，これを加えて計算すると，クラスの平均は1回増加した。さらに後日，Bの測定を行ったところ，その結果は48回であり，これを加えて計算すると，クラスの平均はAを加えた平均よりも0.5回増加した。このクラスの生徒は何人か。

1 　20人
2 　24人
3 　28人
4 　32人
5 　36人

解説

クラスのAとBを除いた人数を x 人，その時の平均を p 回とすると，次のような表になる。

	もともと	A追加	A，B追加
人　数	x人	$(x+1)$ 人	$(x+2)$ 人
平　均	p回	$(p+1)$ 回	$(p+1+0.5)$ 回
合　計	px回	$(px+60)$ 回	$(px+60+48)$ 回

ここで，人数×平均＝合計の関係から
（A追加）　　$(x+1)(p+1)=px+60$　　　　⇒　$x+p=59$
（A，B追加）　$(x+2)(p+1+0.5)=px+60+48$　⇒　$1.5x+2p=105$
この2式を連立して解くと，$x=26$ となる。
そこにAとBの2人を足すと，$26+2=28$〔人〕となる。
よって，正答は**3**である。

正答　3

問題研究

おそらく，この年度の数的推理の中で一番難しい問題であっただろう。数的推理では，「平均」と出てきたら，必ず「合計」も出すことが重要である。また，それぞれの状況を表にしっかりとまとめることを意識しよう。

図のように，正方形ABCDの中に長方形EFGHと三角形BCIがある。AH＝16，EB＝EH＝20のとき，GIの長さはいくらか。

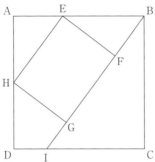

1 6
2 7
3 8
4 9
5 10

解説

EH：AH＝20：16＝5：4となっているので，△AEHは，辺の比が3：4：5の直角三角形であり，AE：16：20＝3：4：5より，AE＝12である。このことから，正方形ABCDの一辺は12＋20＝32である。

△AEHと△FBEについて，∠AHE＝90°－∠AEH，∠FEB＝90°－∠AEH，∠EAH＝∠BFE＝90°より，2組の角が等しいので，△AEH∽△FBEとなる。また，斜辺であるEH＝BE＝20より，△AEH≡△FBEとなる。よって，FB＝12，FE＝16である。

△CBIと△FEBについて，∠CIB＝90°－∠CBI，∠FBE＝90°－∠CBI，また，∠BCI＝∠EFB＝90°より，△CBI∽△FEBであり，その相似比は，CB：FE＝32：16＝2：1より，BI＝40である。

GI＝BI－FB－FGであるから，GI＝40－12－20＝8である。

よって，正答は**3**である。

正答　3

問題研究

相似比を用いた問題である。この問題の考え方は非常によく使う手段なので，確実に身につけておこう。

数の計算

　1〜4の互いに異なる数字が1つずつ書かれたカードが4枚ある。これらのうち3枚を並べて3ケタの数を作るとき，作ることのできるすべての数の和はいくらか。

1　2220

2　4440

3　5440

4　6660

5　7880

解説

　作ることのできる数のうち，百の位が4である数字を考えると，$_3P_2=3×2=6$より，6通り存在する。これは，百の位が1〜3のときも同様に6通りずつ存在する。また，十の位が1〜4のとき，一の位が1〜4のときも同様に6通りずつ存在するので，その和は，

$(4×6+3×6+2×6+1×6)×100+(4×6+3×6+2×6+1×6)×10+(4×6+3×6+2×6+1×6)×1$

$=6000+600+60$

$=6660$

となり，正答は4である。

正答　4

問題研究

　順列組合せの知識と規則性の発想が必要となる問題である。このような問題は，作ることのできる数が少ない場合が多い（今回は24通り）ので，書き出していくことも可能である。

素因数分解

3844を素因数分解すると，$3844=2^2×31^2$ となる。3844よりも81小さい値である3763は，1 よりも大きい2つの整数の積で表すことができるが，その2つの整数の和はいくらか。

1　124

2　178

3　236

4　344

5　556

解説

3763が3844−81 であることを利用する。

$3844=2^2×31^2$ より，$3763=2^2×31^2−9^2=62^2−9^2$ と表すことができる。$62^2−9^2$ を因数分解すると $(62+9)(62−9)$ となるので，2つの整数の積で表すと $71×53$ となる。

よって，その和は $71+53=124$ となり，正答は1である。

正答　1

問題研究

指数の計算と因数分解の知識が必要な問題である。81という数字を見たときに，これが 9^2 であることを見抜くとともに，3763を，2乗した数字を使って表すことができれば正答できる。整数問題は素因数分解や因数分解を使うケースが非常に多いので，今一度復習しておこう。

PART
3
過去問を解いてみよう！

仕事算

　ある水槽を空の状態から満水にするのに，ポンプAのみを使うと30分，ポンプBのみを使うと60分かかる。この水槽に空の状態からポンプA，Bを使って同時に水を注ぎ始めたが，途中でポンプAが故障したため，その後はポンプBのみを使って満水にした。空の水槽が満水になるまでにかかった時間は，ポンプAが故障しなかった場合にかかる時間よりも10分長かった。ポンプAが故障したのは水を注ぎ始めてから何分後であったか。ただし，ポンプA，Bの単位時間当たりの注水量はそれぞれ一定とする。

1　　9分後
2　　12分後
3　　15分後
4　　18分後
5　　21分後

解説

　水槽全体を1と置くと，ポンプAの1分当たりの仕事率は$\frac{1}{30}$，ポンプBの1分当たりの仕事率は$\frac{1}{60}$と表すことができる。この2台の仕事率の合計は，$\frac{1}{30}+\frac{1}{60}=\frac{1}{20}$となり，通常は$1\div\frac{1}{20}=20$〔分〕かかることになる。したがって，ポンプAが故障したことで10分長くかかったことより，満水にするのに$20+10=30$〔分〕かかったことになる。

　ポンプAが故障した時間を，注ぎ始めてからt分後とすると，

$$\frac{1}{30}\times t+\frac{1}{60}\times 30=\frac{t}{30}+\frac{1}{2}=1 \text{ より，}$$

$$\frac{t}{30}=\frac{1}{2}$$

$$2t=30$$

$$t=15$$

　よって，正答は**3**である。

正答　**3**

問題研究

　仕事算の知識が必要な問題である。全体を1と置くこと，また，問題文に通常の時間より10分長くかかったと記述があるので，仕事量÷仕事率＝かかる時間であることを利用して，通常は何分かかるのかを明確にして解き進めていこう。

ある委員会ではA～Cの3人の中から委員長を選挙で選ぶこととなった。この委員会の人数は78人であり，1人1票ずつA～Cのいずれかに投票を行った。その結果，Aの得票数はBの得票数の$\frac{9}{5}$倍よりも多く，2倍よりも少なかった。また，Cの得票数はBの得票数の$\frac{1}{5}$倍よりも多く，$\frac{1}{4}$倍よりも少なかった。このとき，AとCの得票数の差はいくらか。

1　33票
2　35票
3　37票
4　39票
5　41票

解説

Aの得票数をa，Bの得票数をb，Cの得票数をcとすると，

$$a+b+c=78\cdots\cdots①$$

$$2b>a>\frac{9}{5}b\cdots\cdots②$$

$$\frac{1}{4}b>c>\frac{1}{5}b\cdots\cdots③$$

が成り立つ。a，b，cが整数であることを考慮すると，③の条件から，$b>20$でなければならない（$b\leq20$だと，$\frac{1}{4}b>c>\frac{1}{5}b$を満たす整数の$c$が存在しない）。

また，bを最小値である21とすると，③の条件より$c=5$となることから，$c\geq5$であることがわかる。①に最小値の$c=5$を代入すると，$a+b+5=78$，$a+b=73$となる。②の$a>\frac{9}{5}b$を考慮すると，$\frac{9}{5}b+b<73$となり，$\frac{14}{5}b<73$より，$b<26.07\cdots$となる。

よって，$21\leq b\leq26$の場合を考える。

$b=21$の場合，③より$c=5$，①より$a=52$となり，②に反する。
$b=22$の場合，③より$c=5$，①より$a=51$となり，②に反する。
$b=23$の場合，③より$c=5$，①より$a=50$となり，②に反する。
$b=24$の場合，③より$c=5$，①より$a=49$となり，②に反する。
$b=25$の場合，③より$c=6$，①より$a=47$となり，②にも当てはまるので，妥当である。
$b=26$の場合，③より$c=6$，①より$a=46$となり，②に反する。

よって，AとCの得票数の差は$47-6=41$となり，正答は**5**である。

正答　5

問題研究

それぞれの投票数が整数であること，それぞれの条件からbの範囲が確定することを見抜けば正答することができる。ただ，そのために必要な不等式の知識なども難易度が高く，初見で解くことはなかなか難しい問題である。

PART 3　過去問を解いてみよう！

ある都市の住人の1%が罹患している感染症があり，感染の有無を調べる検査を行うこととなった。この検査を行った場合，感染している者のうち30%は陰性と判定され，感染していない者のうち1%は陽性と判定される。このとき，陽性と判定された者が実際に感染している確率として，正しいのはどれか。

1 15%
2 41%
3 59%
4 82%
5 99%

解説

1%が感染していて，検査の結果陽性と判定されるのは70%だから，実際に感染していて陽性と判定される確率は，

$$\frac{1}{100} \times \frac{70}{100} = \frac{70}{10000}$$

である。感染していない99%に対しても，1%の確率で陽性と判定されるので，感染していなくて陽性と判定される確率は，

$$\frac{99}{100} \times \frac{1}{100} = \frac{99}{10000}$$

である。したがって，検査の結果陽性と判定される確率は，

$$\frac{70}{10000} + \frac{99}{10000} = \frac{169}{10000}$$

である。このうち，実際に感染しているのは $\frac{70}{10000}$ だから，陽性と判定された者が実際に感染している確率は，

$$\frac{70}{10000} \div \frac{169}{10000} = \frac{70}{169} \fallingdotseq 0.4142$$

となり，41%である。

よって，正答は **2** である。

正答 　2

問題研究

本問のような条件付き確率は，対策をしていないと戸惑いそうであるが，複雑な構造ではないので，必ずチェックしておきたい。

整数問題

　向かい合う面の目の和がすべて7であり，1～6の目で構成されたサイコロがある。このサイコロを何度か振ったところ，出た目の積が60となったが，出た目と反対側にある目の積も60であった。このとき，サイコロを振った回数および出た目の和の組合せとして，正しいのはどれか。

	回数	和
1	3回	12
2	3回	13
3	4回	13
4	4回	14
5	5回	15

解　説

　出た目の積と反対側の目の積が等しくなるのだから，その目の構成が等しければよい。そうすると，出た目が（1，2，5，6）のとき，反対側の目は（6，5，2，1）となり，その積はどちらも60である。したがって，サイコロを振った回数は4回で，目の和は，1+2+5+6＝14となる。

　よって，正答は4である。

正答　4

問題研究

　「出た目と反対側にある目の積も60」がポイントである。

PART
3
過去問を解いてみよう！

濃度が不明の食塩水が500gある。この食塩水を200gと300gに分け，それぞれに同量の水を加えたところ，5％の食塩水と6％の食塩水ができた。もとの食塩水の濃度として，正しいのはどれか。

1　9%
2　10%
3　11%
4　12%
5　13%

解 説

200gの食塩水が5％に，300gの食塩水が6％の食塩水になる。もとの食塩水の濃度をx％，加える水の量をygとして天びん図を利用すると，200gの食塩水について図Ⅰ，300gの食塩水については図Ⅱのようになる。これらの図において，食塩水および水の量の比と，濃度の差の比は逆比の関係になる。つまり，図Ⅰにおいては，$(x-5):5=y:200$，図Ⅱにおいては，$(x-6):6=y:300$である。ここから，

$5y=200(x-5)$，$5y=200x-1000$，$y=40x-200$

$6y=300(x-6)$，$6y=300x-1800$，$y=50x-300$

である。そして，$50x-300=40x-200$，$10x=100$，$x=10$となる。したがって，もとの食塩水の濃度は10％である。

図Ⅰ

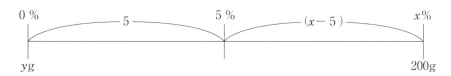

図Ⅱ

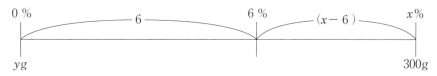

よって，正答は2である。

正答　2

問 題 研 究

濃度問題は天びん図の活用が有効である。

速さ・距離・時間

　ある鉄道の路線では，特急列車A，快速列車B，普通列車Cが並行して走っている。列車の長さは，いずれも180mである。特急列車Aが快速列車Bに追いついてから追い越し終わるまでに30秒かかる。また，快速列車Bが普通列車Cに追いついてから追い越し終わるまでに20秒かかる。このとき，特急列車Aが普通列車Cに追いついてから追い越し終わるまでにかかる時間として，正しいのはどれか。ただし，追いつくとは，追い越す車両の最前部が追い越される列車の最後部に並んだときであり，追い越し終わるとは，追い越す車両の最後部が追い越される車両の最前部に並んだときである。

1　10秒
2　12秒
3　14秒
4　16秒
5　18秒

解説

　列車の長さはいずれも180mなので，特急列車Aが快速列車Bに追いついてから追い越し終わるまでの30秒間で，特急列車Aは快速列車Bより360m（＝180×2）余計に走らなければならない。同様に，快速列車Bが普通列車Cに追いついてから追い越し終わるまでの20秒間で，快速列車Bは普通列車Cより360m余計に走らなければならない。特急列車Aの速さ（秒速）をa，快速列車Bの速さをb，普通列車Cの速さをcとすると，1秒間に特急列車Aと快速列車Bの進む距離の差が$(a-b)$で，これが30秒間続くと360mになるから，$30(a-b)=360$，$a-b=12$である。快速列車Bと普通列車Cについても，$20(b-c)=360$，$b-c=18$である。特急列車Aと普通列車Cの速さの差は，$(a-b)+(b-c)=a-c=12+18=30$だから，$360÷30=12$となり，特急列車Aが普通列車Cに追いついてから追い越し終わるまでにかかる時間は12秒である。

　よって，正答は2である。

正答　2

問題研究

　「追い越す」ことの意味を的確にとらえる。自分と相手の長さの和だけ余計に走らなければならない。

速さと三平方

点Oの真上から水が落ちてきて，点Oを中心とする円状の水たまりができており，この水たまりの半径は毎秒5cmずつ広がっている。また，2匹のアリが2点A，Bから，線分OBに対して垂直方向に毎秒3cmの速さで進んでいく。AB間の距離が60cmで，水たまりができ始めるのと同時に2匹のアリがA，Bから進み始めたとき，Bから進むアリが水に触れるのは，Aから進むアリが水に触れてから何秒後か。

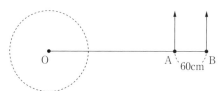

1　10秒後
2　12秒後
3　15秒後
4　20秒後
5　30秒後

解説

図のように，点Aから進むアリがx秒後に点Pで水に触れるとする。アリは毎秒3cm進むので，AP$=3x$，水たまりの半径は毎秒5cm大きくなるので，OP$=5x$である。∠OAP$=90°$だから，△OAPは3辺の長さの比が3：4：5の直角三角形である。点Bから進むアリが点Qで水に触れるとすると，点Pから線分BQに垂線PRを引けば，△OAP∽△PRQより，PR：PQ$=4$：$5=60$：75となり，PQ$=75$cmである。したがって，$75÷5=15$より，Bから進むアリが水に触れるのは，Aから進むアリが水に触れてから15秒後である。

よって，正答は**3**である。

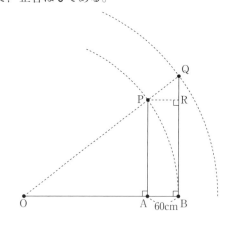

正答　3

問題研究

三角形の相似と三平方の定理に関する問題であることに気づけるかどうかにかかっている。最初に接触点を決めて図を描いてみるとよい。

1〜9までの1ケタの自然数の中から3個を選び，これをA，B，Cとする。A，B，Cから2個を選び，一方を十の位の数，他方を一の位の数として2ケタの整数を作ると，AB，AC，BA，BC，CA，CBの6通りある。この6通りある2ケタの整数がすべて素数であるとき，A＋B＋Cの値として，正しいのはどれか。

1　9
2　11
3　13
4　15
5　17

解説

　偶数のうち，素数は2だけであり，2ケタの偶数が素数であることはない。つまり，A，B，Cに偶数である2，4，6，8が含まれていることはない。また，A，B，Cに5が含まれていれば，必ず5の倍数ができてしまうので，5も含まれていない。ここから，A，B，Cは，1，3，7，9の4個の自然数のうちの3個であり，その組合せは，（A，B，C）＝（1，3，7），（1，3，9），（1，7，9），（3，7，9），のいずれかである（順不同）。このうち，1と9が含まれていれば，91＝7×13，3と9の両方が含まれていれば，39＝3×13，という素数でない整数（＝合成数）ができてしまう。したがって，（A，B，C）＝（1，3，7）だけが条件を満たしている。
　よって，A＋B＋C＝1＋3＋7＝11であるので，正答は**2**である。

正答　**2**

問題研究

　近年，多くの試験で素数の問題が出題され，内容も多様化している。この問題では，偶数と5は使えない，3と9は同時に使えない（必ず3の倍数になるため），という2点は必ず押さえたい。あとは，91が素数ではないことに気づけるかである。

PART
3
過去問を解いてみよう！

商と余り

倉庫に保管してある貨物を$8t$ずつ輸送していくと，最後に$6t$輸送して倉庫内の貨物がなくなり，輸送作業は終了する。$5t$ずつ輸送していくと，最後に$1t$輸送して倉庫内の貨物がなくなり，輸送作業は終了する。$8t$ずつ輸送する場合と$5t$ずつ輸送する場合の輸送回数の差が，5回以上10回未満であるとき，その輸送回数の差として，正しいのはどれか。

1　5回
2　6回
3　7回
4　8回
5　9回

解説

5と8の公倍数を足掛かりにして考えてみるのがよい。

5と8の最小公倍数は，5が素数，$8＝2^3$なので（共通因数がない），$5×8＝40$である。これに6を加えた46は，8で割ると6余る数であり，45が5の倍数なので，5で割ると1余る数である。ここから，貨物が$46t$あると，$8t$ずつ輸送していけば，5回輸送して6回目は$6t$，$5t$ずつ輸送していけば，9回輸送して10回目は$1t$，となり，その回数の差は4回である。これだと，輸送回数の差が5回以上10回未満という条件を満たしていない。

46の次に8で割ると6余り，5で割ると1余る整数は，46に5と8の最小公倍数40を加えた86である。つまり，貨物が$86t$あると，$8t$ずつで輸送回数が5回増え，$5t$ずつで輸送回数が8回増える。つまり，$8t$ずつでの輸送回数は，$6＋5＝11$より，11回，$5t$ずつでの輸送回数は，$10＋8＝18$より，18回となる。両者の輸送回数の差は，$18－11＝7$より，7回となる。

貨物が$126t$あると，16回と26回となり，その差が10回となるので，不適である。

よって，正答は**3**である。

正答　3

問題研究

公倍数に関する問題であるという意識が持てれば，最小公倍数40に6を加えると，問題前半の条件を満たしていることに到達できる。この後は，$40×2＋6$，$40×3＋6$，……，という作業を行えばよい。

ニュートン算

　ある貯水槽には，注水管が1本と排水管が4本取り付けられており，4本の排水管の排水能力は等しい。貯水槽が空の状態から，注水管および排水管1本を開けると，5分後に水が10L貯まる。また，貯水槽に160Lの水が入っている状態で，注水管および排水管4本を開けると，10分後には貯水槽が空になる。このとき，注水管の1分当たりの注水量として，正しいのはどれか。

1　4 L
2　6 L
3　8 L
4　10L
5　12L

解説

　注水管および排水管1本を開けると，5分後に水が10L増えているのだから，1分間に2L増えることになる。つまり，注水管が1分間に注水する量は，排水管1本が1分間に排水する量より2L多い。貯水槽に160Lの水が入っている状態で，注水管および排水管1本を開けると，10分後には貯水槽に180L（＝160＋2×10）の水が貯まっているはずである。これを残り3本の排水管がすべて排水するので，貯水槽が空になるのである。180÷3÷10＝6より，1本の排水管が1分当たりに排水する量は6Lである。したがって注水管が1分間に注水する量はこれより2L多い8Lとなる。

　よって，正答は**3**である。

正答　3

問題研究

　いわゆるニュートン算と呼ばれる問題であるが，ニュートン算としては平易な部類なので，連立方程式で解いてもよい。ただし，難度が上がると，単純に式を立てて計算，とはいかず，分析力が要求されることになる。その点はしっかりと取り組んでおきたい。

PART
3
過去問を解いてみよう！

ある洋菓子店において，ケーキ100個を販売するに当たり，予約販売を実施した。このケーキの定価は，原価の50％の利益を見込んでいるが，予約販売の場合は定価の20％引きとなっている。100個のケーキはすべて販売され，原価総額の32％の利益が得られた。予約販売したケーキの個数として，正しいのはどれか。

1　45個
2　50個
3　55個
4　60個
5　65個

解説

ここでは濃度の異なる食塩水の混合の問題などと同様に，てんびん図を利用するとよい。定価は原価の50％の利益を見込んでいるので，原価を100とすれば定価は150である。これを20％引きにすれば，$150-15\times2=120$より，予約販売は120，最終的に32％の利益が得られたので，これは132となる。これを図に表すと，下図のようになる。$(132-120):(150-132)=12:18=2:3$であり，「予約販売：定価販売」の個数比は2：3の逆比で，予約販売：定価販売＝3：2＝60：40となり，予約販売したケーキの個数は60個である。

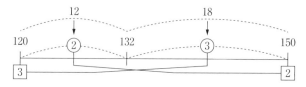

よって，正答は4である。

正答　4

問題研究

この種の問題の構造は，濃度の異なる食塩水の混合と同様であり，てんびん図の活用が合理的といえる。この点を正しくとらえられるようにしておくとよい。

本問のように，両者のつり合い（バランス）を考える問題においては，次のような，てんびんのつり合いと同様の構造が成り立っている。

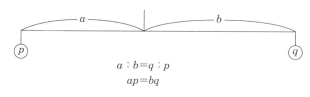

$$a:b=q:p$$
$$ap=bq$$

順列

図のように、正方形の内部に合同な長方形4枚を配置し、中央に小さな正方形ができるようにする。この小さな正方形と4枚の長方形を異なる5色で塗り分けるとき、塗り分け方は何通りあるか。ただし、回転させて同一になる場合は1通りとする。

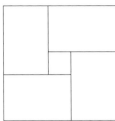

1　24通り
2　30通り
3　48通り
4　60通り
5　120通り

解説

図のように、塗り分ける各部分をA～Eとする。まず、中央のAについて5通りある。B，C，D，EをAに塗った以外の4色で塗り分けることになるが、回転させて同一になる場合は1通りとするので、B，C，D，Eの塗り方は4個の円順列である。したがって、塗り分け方は全部で、

$5×(4-1)!$
$=5×3×2×1$
$=30$

より、30通り。

よって、正答は2である。

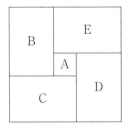

正答　2

問題研究

基本的な円順列の問題である。円順列も含めて、順列・組合せの基本事項は必ず確認しておくこと。異なるn個のものを円形状に並べる並べ方（＝円順列）は、$(n-1)!$である。

PART
3
過去問を解いてみよう！

連立方程式

2ケタの自然数AB（十の位の数字がA，一の位の数字がB）がある。ABに70を加えて5倍したところ，3ケタの自然数A7B（百の位の数字がA，十の位の数字が7，一の位の数字がB）になった。このとき，AとBの和として正しいのはどれか。ただし，A≠0である。

1　10
2　11
3　12
4　13
5　14

解説

式を立てて変形してみると，

$$(10A + B + 70) \times 5 = 100A + 70 + B$$
$$50A + 5B + 350 = 100A + 70 + B$$
$$50A - 4B = 280$$

となる。50A−4Bが280なので，4Bは一の位が0でなければならない。この条件を満たすBは5だけである。ここから，

$$50A - 4 \times 5 = 280$$
$$50A = 300$$
$$A = 6$$

となる。A＝6，B＝5だから，その和は11。

よって，正答は**2**である。

正答　2

問題研究

立式し式変形した段階で，Bの値が一意に決まる（4Bが10の倍数でなければならないから）と気づけばよい。

商と余り

ノート80冊，消しゴム90個，鉛筆100本を，全員が同じ数ずつとなるように，できるだけ多く子どもたちに配ったところ，ノートは10冊余った。鉛筆よりも消しゴムの余りのほうが多かったとき，鉛筆と消しゴムの余りの差として，正しいのはどれか。

1　1
2　2
3　3
4　4
5　5

解説

ノート80冊のうち10冊が余ったのだから，配ったのは70冊である。つまり，子どもの人数は70の約数になる。$70＝2^1×5^1×7^1$より，70の約数は，｛1，2，5，7，10，14，35，70｝であるが，ノートの余りが10冊だから，人数は11人以上ということになる（たとえば，人数が7人ならば，全員にもう1冊ずつ配って余りは3冊となる）。つまり，子どもの人数は14人，35人，70人のいずれかである。

70人の場合，ノートは1冊ずつ，消しゴムは1個ずつ，鉛筆は1本ずつ配ることになるので，消しゴムの余りは20個，鉛筆の余りは30本で，余りは鉛筆のほうが多くなる。

35人の場合，消しゴムは2個ずつ配って20個余り，鉛筆は2本ずつ配って30本余るので，やはり鉛筆の余りのほうが多い。

14人の場合，消しゴムは6個ずつ配って6個余り（＝90－6×14），鉛筆は7本ずつ配って2本余る（＝100－7×14）ので，消しゴムの余りのほうが多くなる。したがって，子どもの人数は14人で，鉛筆と消しゴムの余りの差は6－2＝4である。

よって，正答は4である。

正答　4

問題研究

いわゆる「商と余り」に関する典型的な問題である。余った数より人数のほうが多いと理解しておく。

PART
3
過去問を解いてみよう！

比・割合

A，Bの2人が参加して早押しクイズを行った。このクイズでは，1人が解答すれば，正解，不正解にかかわらず，次の問題に進む。AとBの解答数の比が，A：B＝2：3のとき，BはAより6問多く解答しており，Bの正解率はAの2倍であった。その後，Aが6問連続して正解したことにより，AとBの正解率が等しくなった。このときの2人の正解率として，正しいのはどれか。

1　$\dfrac{1}{3}$

2　$\dfrac{2}{5}$

3　$\dfrac{1}{2}$

4　$\dfrac{3}{5}$

5　$\dfrac{2}{3}$

解説

　AとBの解答数の比が，A：B＝2：3のとき，BはAより6問多く解答しているので，Aの解答数は12問，Bの解答数は18問である（2：3における2と3の差である1が6問に相当する）。この時点で，Aの正解率をnとすると，Bの正解率は$2n$である。その後，Aが6問連続して正解して，AとBの正解率が等しくなっているが，このとき，Aの解答数は18問となり，Bの解答数と等しくなる。解答数と正解率が等しいのだから，正解数も等しくなる。つまり，

$$12n+6=18\times2n$$
$$12n+6=36n$$
$$24n=6$$
$$n=\dfrac{1}{4}$$

したがって，$2n=\dfrac{1}{4}\times2=\dfrac{1}{2}$であるので，AとBの正解率が等しくなったときの正解率は$\dfrac{1}{2}$である。

　よって，正答は**3**である。

正答　3

問題研究

　比と割合の問題としては，設定が多少複雑である。まず，解答数を確実に把握することである。

P，Q間を往復するジョギングコースがある。A，Bの2人は同時にP地点を出発し，Bは一定の速さで走り，Aは常にBの2倍の速さで走った。出発後，A，Bが初めて同時にP地点に戻るまでの，AとBとの間の距離の変化を示したグラフとして，正しいのはどれか。

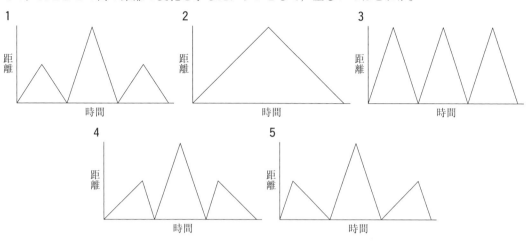

解説

AはBの2倍の速さで走るので，BがPQ間を1往復する時間でAは2往復することになる。つまり，A，Bが初めて同時にP地点に戻るのは，Aが2往復，Bが1往復したときである。これをダイヤグラムに表すと，図Iのようになる。Aの速さを$2m$，Bの速さをmとすると，2人が同一方向に進むとき，2人の間の距離は，$2m-m=m$の速さで変化し，2人が反対方向に進むとき，2人の間の距離は，$2m+m=3m$の速さで変化する。図Iのダイヤグラムで，a，fの部分は2人が同一方向に進み，$b\sim e$の部分は2人が反対方向に進んでいる。

つまり，$b\sim e$の部分でのグラフの傾きの大きさは，a，fの部分でのグラフの傾きの大きさの3倍とならなければならない。このような直線の傾きの関係を示すグラフは4だけである。

よって，正答は4である。

図Iのダイヤグラムにおける$a\sim f$の関係を4のグラフに対応させると，図IIのようになる。

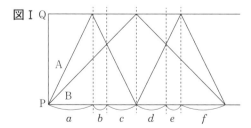

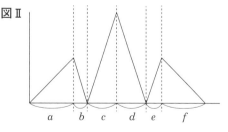

正答　4

問題研究

2者間の距離の変化を考える場合には，2者の動きをダイヤグラムに表して，これと連動させてみればよい。「同一方向＝速さの差，反対方向＝速さの和」は速さの問題での基本事項である。

グラフ

次の図は，2005年から2014年までの，小学校における児童数および教員数の推移を，それぞれ2005年を100とする指数で示したものである。次のア～エの記述のうち，この図から確実にいえるもののみを選んだ組合せとして，正しいのはどれか。

児童数・教員数の推移

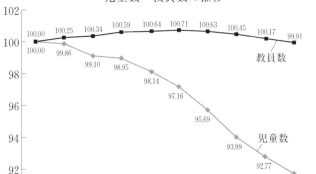

ア　2006年から2014年までの間で，前年より児童数が減少した年は，教員数も減少している。

イ　2005年から2014年までの平均で見ると，児童数は教員数の17倍以上である。

ウ　2005年における教員1人当たりの児童数を100とする指数で表すと，2014年における教員1人当たりの児童数を表す指数は90を超えている。

エ　2011年から2014年まで，教員数は毎年減少している。

1　ア，ウ
2　ア，エ
3　イ，ウ
4　イ，エ
5　ウ，エ

解説

ア：誤り。2006年から2010年まで，児童数は前年より減少しているが，教員数は前年より増加している。

イ：誤り。この資料では，実数値としての児童数，教員数を比較することはできない。

ウ：正しい。2014年における児童数の2005年に対する割合（指数）は91.70，教員数の割合は99.91であるから，91.70÷99.91×100≒92であり，90を超えている。

エ：正しい。この資料は2005年を100とする指数なので，数値が前年より小さくなれば，指数値が100を超えていても，その人数は減少していることになる。

　よって，アは誤，イは誤，ウは正，エは正であるから，正答は5である。

正答　5

問題研究

　基準を固定した増減率の資料であり，対前期増減率の資料と見誤らないことである。また，資料から判断できる内容と判断できない内容の見極めは，資料解釈での重要事項である。

次の図は，A〜E5か国における1次エネルギー供給構成を示したものである。この図から確実にいえることとして，正しいのはどれか。

A〜E5か国の1次エネルギー供給構成

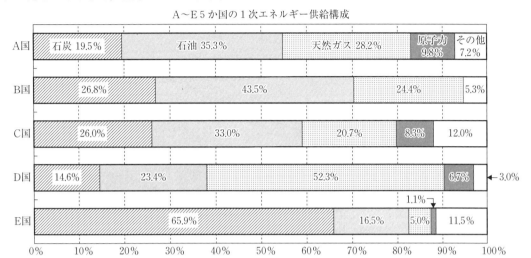

1　図中の5か国のうち，石炭による1次エネルギー供給量が最も多いのはE国である。
2　石油による1次エネルギー供給量を比較すると，A国はE国の2倍を超えている。
3　B国の場合，石炭と天然ガスによる1次エネルギー供給量の和は，石油による1次エネルギー供給量より多い。
4　原子力による1次エネルギー供給量を比較すると，D国はC国の約80％である。
5　図中の5か国のうち，石炭より石油による1次エネルギー供給量のほうが多いのは4か国であり，石炭より天然ガスによる1次エネルギー供給量のほうが多いのは3か国である。

解説

1．この資料は各国の1次エネルギー供給構成の割合を示したものであるから，異なる国の間での供給量を比較することはできない。
2．1と同様に，判断することができない。
3．正しい。B国の場合，石炭と天然ガスによる1次エネルギー供給量の和は，26.8＋24.4＝51.2より，全体の過半数なので，石油による1次エネルギー供給量（＝43.5％）より多い。
4．これも1と同様に，判断することができない。
5．石炭より石油による1次エネルギー供給量のほうが多いのは，A，B，C，Dの4か国であるが，石炭より天然ガスによる1次エネルギー供給量のほうが多いのは，A，Dの2か国である。

正答　3

問題研究

　与えられた資料から判断できる事項，判断できない事項を正しく見極めることが要求されている。その点を誤らなければ，難しい問題ではない。

PART
3
過去問を解いてみよう！

次の図は，空き家数および空き家率の推移を示したものである。次のア～エの記述のうち，妥当なものの組合せはどれか。ただし，空き家率とは住宅総数に占める空き家の割合である。

空き家数および空き家率の推移

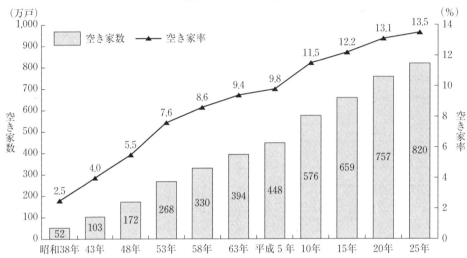

ア　平成25年の空き家数は，昭和38年の空き家数の17倍を超えている。

イ　平成 5 年における住宅総数は，4,500万戸を超えている。

ウ　図に示した昭和43年から平成25年までの各調査年で，前回調査年に対する空き家数の増加率が最も大きいのは昭和43年である。

エ　平成 5 年から平成25年にかけて，空き家数は年間平均で約93万戸増加している。

1　ア，イ　　2　ア，ウ　　3　イ，ウ　　4　イ，エ　　5　ウ，エ

解説

ア：誤り。50×17＝850であり，17倍を超えているならば，平成25年の空き家数は850万戸を超えていなければならない。

イ：正しい。4500×0.098＝441より，平成 5 年における住宅総数が4,500万戸なら，空き家数は441万戸となる。平成 5 年の空き家数は448万戸なので，住宅総数は4,500万戸を超えている。

ウ：正しい。昭和38年に対する昭和43年の空き家数増加率は，103÷52≒1.98より，約98％になる。ほかに増加率が70％を超える年はなく（昭和48年でも70％未満である），図に示した昭和43年から平成25年までの各調査年で，前回調査年に対する空き家数の増加率が最も大きいのは昭和43年である。

エ：誤り。平成 5 年から平成25年まで20年間あるので，年間平均で約93万戸増加しているならば，20年間では約1,860万戸増加していることになる。

よって，妥当なものはイとウであるから，正答は 3 である。

正答　3

問題研究

　2 種類の異なる項目が示された図表であるが，内容としては基本的，一般的である。資料が連続年ではなく 5 年間隔なので，この点に注意が必要である。

次の図は，大学と民間企業との共同研究実施件数と研究費受入額の推移を示したものである。以下のア～エの記述のうち，正しい内容の記述は2つあるが，その組合せとして正しいのはどれか。

大学と民間企業との共同研究実施件数と研究費受入額の推移

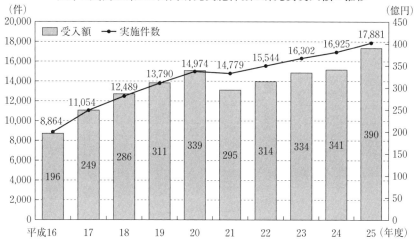

ア　平成25年度の受入額は，平成16年度の受入額の2倍を超えている。

イ　平成16年度から平成25年度までの1年度当たり平均実施件数は，15,000件未満である。

ウ　平成17年度から25年度までのうち，研究費受入額の対前年度増加率が最も大きいのは，平成25年度である。

エ　平成20年度における研究費受入額を100とする指数で表すと，平成21年度における研究費受入額の指数は90を下回っている。

1　ア，イ　　　　2　ア，ウ　　　　3　イ，ウ　　　　4　イ，エ　　　　5　ウ，エ

解説

ア：誤り。196×2＝392＞390であり，2倍に達していない。

イ：正しい。15,000件を基準にすると，15,000件を超えている平成22年度以降について，その超過件数は，544＋1302＋1925＋2881＝6652である。これに対し，15,000件未満の年度についてその不足分を考えると，平成16年度が6,136，平成17年度が3,946であり，この2年度だけで10,000超の不足となる。したがって，全体では平均15,000件未満である。

ウ：誤り。平成25年度の場合，対前年度増加額は49億円であるが，平成17年度における対前年度増加額は53億円である。平成16年度の研究費受入額は平成24年度より少ないのだから，平成17年度の対前年度増加率は平成25年度より大きい。

エ：正しい。339×0.9≒339－34＝305より，平成21年度の指数が90を上回るためには，305億円以上でなければならない。

よって，正しいものはイとエであるから，正答は4である。

正答　4

問題研究

比較的長期間における推移を示した資料ではあるが，各記述の内容はいずれも基本的である。各記述を着実に処理していけばよい。

帯グラフ

次の図は、地方における歳入決算額の推移について示したものである。この図から確実にいえることとして、正しいのはどれか。

歳入決算額構成比の推移

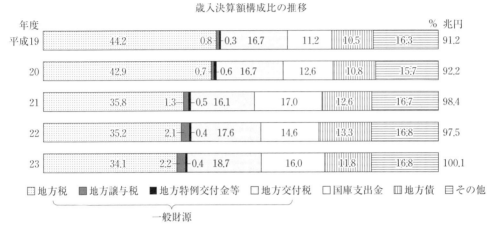

1 平成19年度から23年度までの間で、歳入決算額に占める一般財源の割合が60％を超えているのは平成19年度だけである。
2 平成19年度に対する平成23年度の増加率を見ると、地方交付税は約11％である。
3 平成23年度の地方税は、平成20年度に比べて約21％減少している。
4 平成19年度から23年度までのいずれの年度においても、地方特例交付金等の額は5,000億円未満である。
5 平成23年度における地方交付税の対前年度増加率は、全歳入決算額の対前年度増加率を上回っている。

解説

1．42.9＋0.7＋0.6＋16.7＝60.9〔％〕より、平成20年度も60％を超えている。
2．18.7÷16.7≒1.12 より、地方交付税が歳入決算額に占める構成比の数値だけで、平成23年度は19年度の約1.12倍となっている。全歳入決算額は、100.1÷91.2≒1.10 より、約1.1倍となっているので、19年度に対する23年度の地方交付税増加率は、1.12×1.10≒1.23 より、約23％である。
3．34.1÷42.9≒0.79 より、平成23年度における地方税構成比の数値は20年度の約0.79倍である。全歳入決算額は、100.1÷92.2≒1.09 より、約1.09倍となっているので、23年度の地方税を20年度と比較すると、0.79×1.09≒0.86 より、約86％であり、約14％の減少である。
4．平成20年度の場合、92.2×0.006≒0.55 より、約5,500億円で、5,000億円を超えている。
5．正しい。平成23年度の全歳入決算額は22年度に対して増加しているが、地方交付税の構成比も上昇しており、地方交付税の対前年度増加率は全歳入決算額の増加率より大きいというのは正しい。

正答　5

問題研究

内容も難易度も標準的。割合・構成比の資料に全体の実数値（総額）が与えられている場合には、総額と構成比の関係から、各項目に関する変化を的確に読み取ることが必要である。

　下のグラフは，「片親（父または母）と子」「夫婦のみ」「夫婦と子」のそれぞれの世帯数の推移を，2000年を100とする指数で示したものである（2010年以降は予測）。このグラフから確実に読み取れる内容として，次のア～ウの記述の正誤を正しく組み合わせたものはどれか。

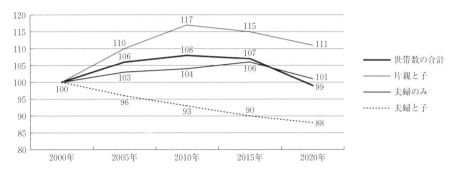

ア　「夫婦と子」の世帯数に関して，2020年における世帯数を，2005年を基準（＝100）とする指数で表すと，88より大きくなる。

イ　「片親と子」および「夫婦と子」世帯数の和が「世帯数の合計」に占める割合を，2010年と2015年で比較すると，2015年は2010年より小さくなっている。

ウ　2020年において，「片親と子」「夫婦のみ」「夫婦と子」の世帯数を比較すると，最も多いのは「片親と子」である。

	ア	イ	ウ
1	正	誤	誤
2	正	誤	正
3	正	正	誤
4	誤	正	誤
5	誤	正	正

PART
3

過去問を解いてみよう！

解説

ア：正しい。2020年における「夫婦と子」の世帯数を，2005年を基準（＝100）とする指数で表すと，$\dfrac{88}{96} \times 100 \fallingdotseq 91.7$である。

イ：正しい。2015年と2010年を比較すると，2015年は「世帯数の合計」が減少して「夫婦のみ」の世帯数は増加しているので，「夫婦のみ」の世帯数が「世帯数の合計」に占める割合は大きくなっている。したがって，2015年における「片親と子」および「夫婦と子」世帯数の和が「世帯数の合計」に占める割合は，2010年より小さくなっている。

ウ：誤り。この資料ではそれぞれの項目ごとの指数値しか示されていないので，異なる項目間での世帯数の比較をすることはできない。

　よって，アは正，イは正，ウは誤であるから，正答は3である。

正答　3

問題研究

　資料解釈の指数を扱った問題では，まず実数が出ているかどうかを確認しよう。これによって，記述ウのように，資料から読み取れない選択肢を誤りと判断することができる。

ある市において，1世帯の高齢者（65歳以上）の人員数と，それ以外の人員数についての調査を行った。その結果をまとめたものが下の表である。この表からいえることを述べた記述のア～ウのうち，a，bいずれか妥当なものを選んだ組合せはどれか。

高齢者の人数	高齢者のみの世帯数	高齢者のほかにも人員がいる世帯数
0人	———	1,093
1人	1,013	1,405
2人	1,598	2,612
3人以上	1,043	1,493
合計	3,654	6,603

○世帯人員数が2人以上いることが確実なのは，ア ¦a. 8,151 b. 6,746¦ 世帯である。

○世帯人員数が3人以上いると思われるのは少なくとも イ ¦a. 5,148 b. 6,553¦ 世帯で，その中で高齢者が2人以下と思われるのは ウ ¦a. 少なくとも2,612 b. 多くとも4,017¦ 世帯である。

	ア	イ	ウ
1	a	a	a
2	a	a	b
3	a	b	a
4	b	a	b
5	b	b	a

解説

全世帯数は，

3654＋6603＝10257〔世帯〕

で，そのうち，1人の世帯は，高齢者が1人で高齢者のみの世帯。高齢者のほかにも人員がいるが高齢者が0人の世帯については確実に2人以上の世帯とはいえないので，（ア）世帯人員数が2人以上いることが確実なのは，10257－(1013＋1093)＝8151〔世帯〕となる。

また，（イ）世帯人員数が3人以上いると思われるのは，高齢者が3人以上の世帯（1043＋1493＝2536〔世帯〕）と，高齢者が2人以上でほかにも人員がいる世帯であり，少なくとも2536＋2612＝5148〔世帯〕となる。

その中で，（ウ）高齢者が2人以下と思われるのは，高齢者が2人のみの世帯のことであり，少なくとも（確実に）2,612〔世帯〕はある。

よって，アはa，イはa，ウはaであるから，正答は1である。

正答　1

問題研究

特にテクニックを必要としておらず，数表の値を読み取るだけの問題である。思い込みやケアレスミスには注意したい。

PART 4

6年度
予想問題

過 去5年間の出題傾向をもとに，6年度試験で出題されそうな問題を掲載した。実力をチェックするとともに，実戦でのペース配分や解答順などをつかんでほしい。

【No. 1】 各国の政治制度に関する次の記述のうち，妥当なものはどれか。

1 アメリカの政治制度は，大統領と議会が均衡と抑制の関係にあるため，大統領は下院の解散権を持ち，下院も大統領に対して不信任決議をすることができる。

2 イギリスでは，下院で多数を占めた党の党首が首相に就任し，首相は国会議員を過半数とする内閣を組織する。

3 ドイツの大統領の権限は名目的，儀礼的なものにとどまり，政治上の実質的な権限は，連邦議会の多数派から選出される首相が有する。

4 フランスの大統領は国民の直接選挙で選出され，首相は大統領より任命されるため，国民議会に対して責任を負うのは，首相ではなく大統領である。

5 中国では，立法権，行政権，司法権の分権がなされておらず，国家の最高機関たる国務院に三権が集中する体制となっており，この体制は民主集中制と呼ばれる。

【No. 2】 政教分離の原則に関する次の記述のうち，妥当なものはどれか。ただし，争いがある場合は判例の見解による。

1 公金その他の公の財産は，宗教上の組織もしくは団体の使用，便益もしくは維持のため，これを支出し，またはその利用に供することができる。

2 憲法の政教分離規定は，いわゆる制度的保障の規定ではなく，個人の信教の自由そのものを直接保障するものである。

3 県が公金から玉串料を支出したことは，戦没者の慰霊およびその遺族の慰謝を直接の目的としてされたものであり，世俗的目的で行われた社会的儀礼にすぎないものであるから，憲法に違反しない。

4 市有地を神社施設の敷地として無償で使用させても，市と神社とのかかわり合いは，我が国の社会的，文化的諸条件に照らし，信教の自由の保障の確保という目的との関係で相当とされる限度を超えず，憲法の禁止する公の財産の利用提供に該当しない。

5 市が孔子廟の土地使用料を全額免除したことは，市と宗教とのかかわり合いが，我が国の社会的，文化的諸条件に照らし，信教の自由の保障の確保という目的との関係で相当とされる限度を超え，憲法の禁止する宗教的活動に該当する。

【No. 3】 我が国の裁判官の職権の独立および身分保障に関するア～オの記述のうち，妥当なもののみをすべて挙げているのはどれか。

ア　憲法は裁判官の職権の独立の原則を宣言しているが，裁判官の職権の独立は，立法権と行政権から指示・命令をも受けずに，自らの判断に基づいて裁判を行うことであり，裁判所の組織の秩序維持の観点から，司法部内の指示・命令を受けることは排除されない。

イ　裁判官の職権の独立の保障を側面から強化するものとして裁判官の身分保障が制度化されており，裁判官が罷免されるのは，全裁判官については公の弾劾による場合と，最高裁判所裁判官については国民審査によって不適格とされた場合に限られる。

ウ　裁判官が職務上の義務に違反した場合には，行政機関による懲戒処分は認められないが，裁判によって懲戒処分に付す場合には，懲戒処分の種類として免職も認められている。

エ　最高裁判所の裁判官も下級裁判所の裁判官も，すべて定期に相当額の報酬を受け，この報酬は，在任中，これを減額することができない。

オ　憲法21条1項の表現の自由の保障は裁判官にも及ぶが，裁判官が積極的政治運動をすることを禁止することは，憲法21条1項に違反するものではないとするのが判例である。

1　ア，ウ
2　ア，エ
3　イ，ウ
4　イ，オ
5　エ，オ

PART 4

6年度予想問題

【No. 4】 次の図は，ある財の市場において，生産者に従量税を課税した状態を表したものである。この図に関する次の記述中の空欄ア～ウに当てはまる語句の組合せとして，妥当なものはどれか。

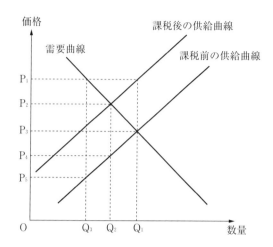

　この財の市場において，課税前の価格はP₃であるが，課税後は（　ア　）に上昇する。この場合，この財の取引量はQ₁から（　イ　）に減少する。また，課税後の価格のうち，税抜き価格は（　ウ　）である。

	ア	イ	ウ
1	P₁	Q₂	P₂
2	P₁	Q₃	P₃
3	P₂	Q₂	P₃
4	P₂	Q₂	P₄
5	P₃	Q₃	P₅

【No. 5】 財政政策および金融政策の国民所得に対する効果に関する次の記述のうち，妥当なものはどれか。

1　政府支出の拡大は，通常，貨幣市場における利子率を上昇させ，民間企業の投資意欲を減退させるが，減税はマネーサプライを増加させることで利子率が低下するので，民間投資が増加することになり，より大きく国民所得を増加させる政策である。

2　過度の金融緩和はインフレーションを誘発する懸念が強いために望ましくないとされているが，政府支出の拡大はインフレーションを抑制するため，両者を併用する政策はインフレーションを引き起こすことなく国民所得を増加させる組合せである。

3　中央銀行による公債の買入れはマネタリーベースを拡大するが，一部が市中の金融機関に還流するために，買入れ額未満のマネーストックしか増加しない。よって，政策金利を低下させる操作のほうがより緩和的であり，国民所得を増加させやすい政策である。

4　政府支出を拡大する際に，財源として増税を併せて実施する場合，政府支出の拡大による有効需要の増加は増税時の消費減少によって完全に相殺されるため，これらは国民所得をまったく増加させることのできない政策の組合せとなる。

5　変動相場制を採用する場合，たとえ利子率が下限に達しており，引下げ余地が乏しいとしても，理論上，為替レートの減価によって外需を刺激できる可能性があるため，マネーストックを増加させる金融緩和は国民所得を増加させうる政策である。

【No. 6】 エネルギーに関する次のア〜オの記述のうち，妥当なもののみをすべて挙げているのはどれか。

ア　1973年に発生した第一次オイルショック時の石油依存度を見ると，フランス約67％，イギリス約50％，ドイツ約78％，日本は約47％となっており，日本は他の主要国よりも石油依存度が低かったため，オイルショックの影響は相対的に小さかった。

イ　原油価格変動の要因としては，需給のバランス，地政学的リスク，原油開発のための資機材の価格や人材の増減などが挙げられるが，これらに加え世界経済の動向や原油先物市場への資金流入の影響なども無視できない。

ウ　各国のエネルギー政策の重要テーマとして掲げられる“エネルギー安全保障”の概念の現代的意義は，「国民生活，経済・社会活動，国防等に必要な量のエネルギーを，受容可能な価格で確保できること」である。

エ　近年の世界全体の一次エネルギー消費をエネルギー源別に見ると，最もシェアの大きい石油が全体のおよそ3分の1余りを占め，続いて天然ガス，石炭，原子力の順となっている。

オ　太陽光発電に欠かせない太陽電池の生産量を見ると，日本は2018年末現在で世界第1位であるが，近年は中国，台湾が生産量を着実に増加させており，日本企業が世界の太陽電池生産量に占める割合は低下している。

1　ア，イ，ウ
2　ア，エ，オ
3　イ，ウ
4　ウ，オ
5　エ，オ

【No. 7】 日本の教育の動向に関する次の記述のうち，妥当なものはどれか。

1　2006年に認定こども園設置法が制定・施行され，幼稚園と保育所の機能を統合した認定こども園が誕生し，順調に増加を続けてきたことから，従来の幼稚園，保育所は段階的に廃止されることが決まった。

2　2008年から毎年実施されることになった全国学力・学習状況調査は，2009年まで抽出調査および希望利用方式で実施されていたが，2010年からは悉皆（しっかい）調査に切り替えられた。

3　2017年に小・中・高等学校の学習指導要領が改訂され，小学校において外国語活動が拡充されるなど，各課程で学習内容が増加したが，授業時間数を増加させるのではなく，指導法を工夫することでこれに対応することとした。

4　大学教員の資質向上をめざす取組みであるファカルティ・ディベロップメントは，大学院課程で段階的に実施が義務づけられた後，現在は学部課程での実施も義務づけられている。

5　2023年4月1日に発足した子ども家庭庁は，内閣府の外局として設置され，長官官房，成育局，支援局，初等中等教育局によって構成される官庁である。

PART
4
6年度予想問題

【No. 8】 次のハイサーグラフに関する記述のうち，妥当なものはどれか。

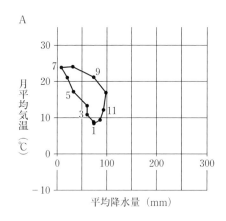 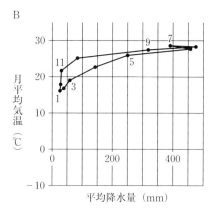

1 Aの都市は南半球に，Bの都市は北半球に位置している。
2 Aの都市と同じ気候区の都市にサンフランシスコがある。
3 Aの都市と同じ気候区には，比較的肥沃なテラローシャが分布する地域がある。
4 Bの都市付近では草原が広がり，穀物栽培や牧畜が盛んである。
5 Bの都市と同じ気候の地域では，ブナ，コナラ（オーク）などの照葉樹林が見られる。

【No. 9】 東南アジア諸国（11か国）に関する次の記述のうち，妥当なものはどれか（統計は2018年）。
1 イギリスから独立した国は，マレーシア，シンガポール（マレーシアから分離独立），ラオス，ブルネイの4か国である。
2 現在，人口が最も多い国はインドネシア，最も少ない国はカンボジアである。
3 国民の過半数以上がキリスト教を信仰している国は，フィリピン，ベトナム，東ティモールの3か国である。
4 日本の最大貿易相手国（輸出入金額の多い国）は，タイである。
5 現在，ミャンマーと東ティモールは，ASEAN（東南アジア諸国連合）に未加入である。

【No. 10】 清に関する次の記述のうち，妥当なものはどれか。
1 清は，江南を根拠地として中国を統一した初めての漢民族の王朝であるが，その後，モンゴル族に対抗するため首都を北京に移した。
2 清では，直轄地以外のチベットなどを藩部として理藩院が統轄し，清朝の派遣する監督官が現地の習慣や宗教に対して厳しく統制した。
3 イギリスによるインド産アヘンの密輸によって，大量の銀が流出するようになったのを抑えようとして，清はアヘンを没収し，廃棄したことからアヘン戦争が始まった。
4 アヘン戦争に敗れた清はイギリスと南京条約を結び，台湾を割譲し，香港・上海・寧波など5港を開港し，賠償金の支払いなどを認めた。
5 日清戦争で清が日本に敗れ，ヨーロッパ列強による中国分割が始まると，アメリカは長江流域と山東省を勢力範囲として認めさせた。

【No. 11】 19世紀後半から20世紀初頭の帝国主義国家の動向について，妥当なのはどれか。

1 イギリスでは，1873年の不況が長期化すると，グラッドストンは，1875年，スエズ運河会社の株を買収して運河の経営権を獲得し，1877年にはヴィクトリア女王を皇帝とするインド帝国を成立させて大英帝国の強化をめざした。

2 アメリカでは，1890年にフロンティアが消滅すると，海外進出をめざす帝国主義政策を求めるようになり，1898年に米西戦争で勝って，スペインからフィリピン・グアムなどを獲得するとともに，ハワイを独立させて保護国とした。

3 フランスでは，1880年代から植民地拡大政策をとり，チュニジアからジブチ・マダガスカルを結びつける横断政策をとったが，イギリスの縦断政策とファショダで衝突して，撤退した。

4 ドイツでは，ヴィルヘルム2世が親政を開始すると，宰相のメッテルニヒを罷免して，「世界政策」と言われる対外膨張政策をとってイギリス，フランスに対抗した。

5 ロシアでは，フランスなどの外国資本の導入によって1880年代から工業化が進んだが，日露戦争の戦局悪化を受けて，国内では血の日曜日事件が起き，ニコライ2世は事態を収拾するため退位し帝政は崩壊した。

【No. 12】 古代から近世までの政権に関する次の記述のうち，妥当なものはどれか。

1 平安時代，東国に根を下ろした桓武平氏の平将門は，新皇と称して政権を樹立して朝廷と対立したが，同じ東国武士の平忠常によって討たれた。

2 院政期に，後白河上皇の近臣として台頭した平清盛は，保元の乱で対立する源義朝を倒して新政権を樹立し，神戸の福原京に都を移した。

3 鎌倉時代，将軍は主従関係を結んだ御家人を荘園の地頭として任命し，荘園を御家人の所有地として支配することを保証した。

4 室町幕府の財政は，直轄地からの収入以外に，京都で高利貸しを営む酒屋・土倉に対する課税や日明貿易の利益などでもまかなわれた。

5 江戸幕府は鎖国制度により，日本に来る外国船をオランダ船だけに制限し，来航したオランダ商館長からは「オランダ風説書」を提出させた。

PART
4

6年度予想問題

【No. 13】 次のA〜Eの出来事を年代順に並べたものとして，妥当なのはどれか。

A　共産党を除く非自民8党派の連立内閣が，細川護煕を首相として発足し，55年体制が崩壊した。

B　佐藤栄作内閣は日韓基本条約を結んで，韓国政府を「朝鮮にある唯一の合法的な政府」と認め，韓国との国交を樹立した。

C　中曽根康弘内閣の下で構想された大型間接税が，竹下登内閣の下で消費税として実施された。

D　田中角栄は，内閣を組織すると直ちに訪中し，日中共同声明を発表して日中国交正常化を実現した。

E　衆議院議員総選挙で民主党が自民党に圧勝し，鳩山由紀夫を首相とする民主党政権が誕生した。

1　A—B—C—D—E
2　B—D—C—A—E
3　C—B—D—A—E
4　D—A—E—C—B
5　E—B—D—A—C

【No. 14】 次のA，B，Cの記述はハイデッガー，ヤスパース，サルトルの3人のうちのいずれかの思想であるが，該当する人物の組合せとして，妥当なものはどれか。

A　人々は日常をただなんとなく「ひと（ダス＝マン）」として過ごしていると指摘し，人間を死への存在としてとらえ，死の自覚を持って生きることにより，現存在として自らの態度を決定できるとした。

B　人間にはどうしても克服することのできない状況のことを限界状況と呼び，それに直面したとき自己の有限性を自覚し，自分を超えた包括者の存在に気づくとした。そして限界状況に直面することによってのみ，人間は実存を自覚できるとした。

C　人間はあらかじめその本質を定められているのではなく，自らの本質を自らの力でつくりあげることができる自由な存在であると主張した。そのような人間の実在について「実存は本質に先立つ」と表現している。

	A	B	C
1	ヤスパース	サルトル	ハイデッガー
2	ヤスパース	ハイデッガー	サルトル
3	サルトル	ヤスパース	ハイデッガー
4	ハイデッガー	サルトル	ヤスパース
5	ハイデッガー	ヤスパース	サルトル

【No. 15】 次の方程式A，B，Cが表す図形に関する記述の組合せのうち，妥当なものはどれか。

A $(x-4)^2+(y+3)^2=25$

B $x^2+y^2+4x-2y+6=0$

C $x^2+y^2-4x+2y+5=0$

	A	B	C
1	原点を中心とした円	点	なんの図形も表さない
2	原点を中心とした円	原点を通る円	点
3	原点を中心とした円	なんの図形も表さない	点
4	原点を通る円	なんの図形も表さない	点
5	原点を通る円	点	原点を通る円

【No. 16】 図のように，抵抗値4Ωの抵抗Rを直流電源に接続し，電流計と電圧計をつないだ。ここで，200gの水をビーカーに入れて，抵抗Rを水中に入れてから電源のスイッチを入れ，電源の電圧を20Vに設定した。電源，電流計および電圧計の内部抵抗による影響は無視できるものとする。これについて，次の記述中の空欄ア，イに入る数値の組合せとして正しいものはどれか。ただし，R〔Ω〕の抵抗を流れる電流がI〔A〕で，通電時間がt〔s〕のとき，抵抗で発生する熱量の大きさW〔J〕は，$W=RI^2t$で与えられる。また，抵抗で発生した熱は，すべて水の温度上昇に使われるとする。

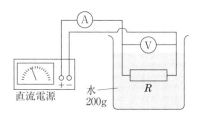

直流電源　水200g　R

この抵抗に20Vの電圧を加えたとき，1秒間に抵抗で発生する熱量は（　ア　）〔J〕である。したがって，水の比熱を4.2〔J/(g・K)〕とすると，この水の温度を10℃上げるのに必要な時間は（　イ　）〔s〕である。

	ア	イ
1	80	80
2	80	105
3	100	42
4	100	84
5	100	100

PART
4
6年度予想問題

【No. 17】 メタンCH_4とエタンC_2H_6を完全燃焼させたときの化学反応式は,

$$CH_4 + 2O_2 \longrightarrow CO_2 + 2H_2O$$

$$C_2H_6 + \frac{7}{2}O_2 \longrightarrow 2CO_2 + 3H_2O$$

となる。

今,メタンとエタンの混合気体1,000cm^3を完全燃焼させたとき,1,400cm^3の二酸化炭素を生じた。この混合気体中のメタンとエタンのモル比として妥当なものはどれか。

	メタン		エタン
1	1	:	2
2	2	:	1
3	3	:	2
4	4	:	3
5	5	:	4

【No. 18】 ヒトの血糖量の調節に関する次の記述中の空欄ア～オに当てはまる語の組合せとして,妥当なものはどれか。

食事後,血糖値が急激に増加すると,すい臓のランゲルハンス島の（ ア ）が直接これを感知し,（ イ ）の分泌が高まる。また,血糖値の上昇は,（ ウ ）でも感知され,（ エ ）を通して,すい臓のランゲルハンス島の（ ア ）を刺激する。分泌された（ イ ）は,脂肪組織や筋でのグルコースの取り込みと分解,脂肪への転換,（ オ ）や筋でのグリコーゲン合成を促進し,血糖値が減少する。

	ア	イ	ウ	エ	オ
1	A細胞	インスリン	中脳	副交感神経	腎臓
2	A細胞	アドレナリン	間脳	交感神経	肝臓
3	B細胞	インスリン	間脳	副交感神経	肝臓
4	B細胞	インスリン	中脳	交感神経	肝臓
5	B細胞	アドレナリン	間脳	副交感神経	腎臓

【No. 19】 ヒトの神経系の構造や働きに関する次のア～オの記述のうち，妥当なものをすべて挙げているのはどれか。

　　ア　ニューロンは，神経系の構成単位であり，刺激はニューロン内を伝達物質によって伝えられ，次のニューロンへは電気的刺激によって伝えられる。

　　イ　ヒトの脳は，大脳・間脳・中脳・小脳・延髄からなり，呼吸運動や心臓拍動の中枢であるのは大脳である。

　　ウ　脊髄は，脊椎骨の中央を通り，延髄とつながっており，受容器からの刺激を受け取って脳に伝え，脳から効果器への刺激の伝達通路となっている。

　　エ　反射は無意識に起こる反応で，受容器からの刺激は大脳を経由せずに処理され，延髄や脊髄などから効果器に指令が伝達される。

　　オ　自律神経系には，交感神経と副交感神経があり，交感神経は意識的に働かせることができ，副交感神経は，意識的に働かせることはできない。

1　ア，イ
2　ア，エ
3　イ，オ
4　ウ，エ
5　ウ，オ

【No. 20】 日本列島に関係するプレートに関する次の記述のうち，妥当なものはどれか。

1　北海道はユーラシアプレートと太平洋プレートが南北から衝突し，さらにその衝突が進み，石狩低地帯や日高山脈など北海道の原形が形成された。

2　中部地方の糸魚川と静岡を結ぶ糸魚川―静岡構造線は，本州を東北日本と西南日本に二分する地溝帯であるフォッサマグナの東縁である。

3　西南日本を内帯と外帯に二分するのは，中央構造線で，太平洋側が内帯である。

4　フィリピン海プレートは日本列島周辺の他のプレートであるユーラシアプレート，太平洋プレート，北アメリカプレートと接している。

5　東北から北海道はユーラシアプレート上にあり，西日本から九州は太平洋プレート上にある。

PART
4

6年度予想問題

【No. 21】 次の文章の要旨として，最も妥当なものはどれか。

　小説は〈始め〉と〈終わり〉という〈枠〉によって区切られた言説である。小説だけではなく，多くの芸術は〈枠〉を持つ。絵画の額縁，演劇の舞台，音楽のイントロとエンディングという具合である。〈枠〉によって，芸術は自らが「現実」からは相対的に自立した「表現」であることを表象している。その〈枠〉に当たるものが小説では〈始め〉と〈終わり〉なのである。

　文学という芸術が「現実」から自立するためには，〈始め〉と〈終わり〉という〈枠〉だけでは十分ではない。そこで，小説はまず〈語り手〉を抽象的な主体に仕立て上げた。表現の持つメッセージを操作する主体を，表現それ自身に組み込んだのである。したがって，〈語り手〉は「作者」とは違う。〈語り手〉は実体を持たない表現主体である。次に，小説は〈読者〉の位置を表現に組み込んだ。これも現実の読者ではなく，実体を持たない主体である。この二つの装置によって，小説は「現実」から相対的に自由になれるのである。

1　文学は，現実の読者や作者を持たないことによって，「現実」から自由になる。
2　小説に限らず，多くの芸術は，〈枠〉を持つことで，自らが「現実」からは相対的に自立した「表現」であることを表象している。
3　小説は，〈始め〉と〈終わり〉という枠によって区切られ，実体を持たない〈語り手〉と〈読者〉という主体によって，「現実」から相対的に自立できる。
4　文学が「現実」から自立するためには，〈始め〉と〈終わり〉という枠だけでは不十分である。
5　文学という芸術は，〈始め〉と〈終わり〉，〈語り手〉と〈読者〉という2つの枠によって，「現実」から相対的に自由になれる。

【No. 22】 次の文章の要旨として，最も妥当なものはどれか。

　功利主義の立場からすると，民主主義とは，社会のメンバーの多様な利益，端的にいえば，個々人が幸福になるか不幸になるかについての情報を議会に反映させ，そこでの審議や調整を通じて，社会全体の幸福の最大化を目指すというシステムである。この場合，民主的プロセスの出した結論が正しいか否かを判断するための基準は，民主的プロセスとは別に存在する。

　しかし，そうした「正解」に到達するためには，人々は，まずは自分自身の快楽や苦痛に関する声を議会に率直に反映させる必要がある。「正解」は，そうした多様な声を集計し，調整する結果として得られる。有権者が社会全体の幸福に関する「正解」が何かを前もって判断し，それにもとづいて投票をしたりすると，集計されるべきでない情報が入力されてしまい，最終的に出される結論も歪んだものになりかねない。

　功利主義の考え方からすると，有権者はもっぱら自分たちの狭い自己利益を率直に表明すべきであり，議会の議員はそうした選出母体の狭い利益を忠実に議会に伝え，そのうえで全体としての政策の調整を行うべきである。すべてのメンバーが自己利益に基づいて行動する結果が，社会全体の幸福の最大化という客観的「正解」を導く。

1　功利主義の立場からすれば，社会全体の幸福よりも，個々人の幸福のほうが重視され，それを投票行動に率直に反映させるのが，民主主義である。

2　功利主義の立場からすれば，社会全体の快苦を，各個人が考慮・予測し，それを投票行動に反映させることで，正解が得られる。

3　功利主義によれば，有権者は，自分たちの利益を議会の議員と相談のうえで決めることによって，社会全体の幸福が最大化される。

4　功利主義の考えによれば，人々は自分の利益をそのまま投票行動に反映させ，それらを全体として調整すれば，結果として社会全体の幸福の最大化が実現する。

5　功利主義によれば，議会の議員が，選出母体の人々の自己利益を，各自で調整したものを議会に伝えることによって，結果として社会全体の幸福の最大化が実現する。

PART
4

6年度予想問題

【No. 23】 次の文章の要旨として，最も妥当なものはどれか。

　ポパーによれば，科学理論が他の「憶測，ドクサ（doxa）」から区別されるのはその「反証可能性」にある。その際，彼の方法は，一方で理論仮説の論理構造がいわゆる「後件否定式」であることから，帰納論理を無用のものとし，演繹論理のみを前提としながら，他方で科学理論は経験によってテストされなければならないとする点で，明確に実証主義の立場にたつ。したがって，科学理論は積極的に検証できないが，消極的に反証でき，そのような限定された意味においてではあるが，それは実在にどこかで接し，実在について何ごとかを語りうるものであることになる。

　しかし，現在受け入れられている科学理論は，それが真であるから受け入れられているのではなく，これまでなされた反駁の試みに堪えてきたというだけのことであり，それが明日にも覆される可能性はつねに存在する。その意味で，ポパーにとって科学理論は，つねに事象の側からの反駁にさらされている「憶測」として仮説的性格を失うことはない。ちなみに，このような主張は彼の「可謬主義」という考え方によって支えられている。つまり彼によると，私たちの認識はすべて誤謬をおかしうるのであり，その限りで批判にさらされうるものである。したがって，知識を公共的な批判によって改善していくことが「科学的な説明」において方法論的な合理性を確保する唯一の手だてであることになる。それゆえ，ポパーは自分の立場を「批判的合理主義」と呼んでいるのである。

1　ポパーにとって，科学理論は，常に事象の側からの反駁にさらされ，「憶測」としての仮説的性質を失うことはなく，実在との接点を持たないものである。

2　われわれの認識はすべて誤謬をおかしうるもので，批判にさらされるものであり，実証されることが不可能である。

3　現在受け入れられている科学理論は認識として常に批判にさらされるが，それを公共的批判によって改善していくことが，その方法論的な合理性を確保する唯一の手段である。

4　現在受け入れられている科学理論は，これまでなされてきた反駁に堪えてきたから受け入れられてきたのであり，それが真だから受け入れられたのではない。

5　すべての憶測と同様，科学理論もまた，批判にさらされるという意味で，「反証可能」であり，その批判により改善されていくことによってのみ，方法論的な合理性を確保することができる。

【No. 24】 次の英文の内容と合致するものとして，最も妥当なものはどれか。

　　It is difficult for Japanese to understand the difference in meaning between freedom and liberty. The Declaration of Independence and the Constitution use the word 'Liberty' instead of the word 'Freedom'. Although both of these English words are translated into the same Japanese jiyu, there is a clear difference between the two English words. Liberty is generally considered to be a concept belonging to political philosophy, which expresses core democratic principles. Liberty means free will and emphasizes the power of choice. The words "liberalism" and "libertarians," the latter used to describe those who support the free market, come from the word liberty. It means the freedom to live as you wish and go where you want. The "Statue of Liberty" is a statue of a woman holding a lighted torch above her head and stands on Liberty Island in New York harbor. The Statue was presented to America by France to commemorate the independence of the U.S. On the other hand, the word "freedom" is a more general term. Freedom means conditions or rights of being able to do what you want without being controlled. Though these two words are sometimes exchangeable, the precise meanings are somehow different.

1　freedomとlibertyは，日本語ではどちらも「自由」と訳されるが，そのニュアンスには明確な違いがあり，それは日本人にとっても理解しやすいものである。

2　freedomは「自由」を意味する古くから存在する語であるが，libertyは合衆国独立の頃に誕生した，束縛からの自由を表すより哲学的な用語である。

3　liberty は独立宣言や合衆国憲法，「自由の女神」などに使われており，「自由」を表す改まった語であるが，freedomとの間に実質的な意味の違いはない。

4　日本語でどちらも「自由」と訳されるfreedomとlibertyは，どちらを用いても意味が変わらない場合もあるが，その厳密な意味は異なっている。

5　freedomは「自由」を意味する一般的な語である一方，libertyには「制限を受けずに自分のしたいことをする自由」という，より限定された意味がある。

【No. 25】 次の英文の要旨として，最も妥当なものはどれか。

Wolves were once common all over North America, ranging from Alaska in the north to central Mexico in the south. But centuries of hunting reduced their numbers until they were to be found only in and around Canada. In 1995 an attempt was made to reverse this decline. In an experiment, 33 Canadian wolves were reintroduced to Yellowstone National Park in Wyoming.

Already the balance of nature, known as the ecosystem, has begun to change in the 3,350-square-mile park. Experts estimate that half the coyotes in the park have been killed by the new arrivals. This has led to an increase in the number of smaller animals that coyotes eat, which in turn has increased the food supply for birds such as eagles. The overall variety of animals in the park is increasing rapidly, and the park's wolf population has now risen to almost 100. The reintroduction of wolves has been a great opportunity to answer the question of how large animals affect the ecosystem.

The wolves do not always attack coyotes, but they are in competition for the same food supply. The coyotes that are not killed are being forced to give up their land and move on. Those that survive, though, will be healthier and will live by eating the animals left by the wolves. The new balance of nature will be good for many animals. "A lot of other animals have a seat at the wolf-kill table," said John Varley, Yellowstone's chief scientist. "The wolves knock down a large deer, eat their 15-18 pounds of meat and go to sleep it off. When the sun comes up on the kill, you can see a bear, four or five crows, a coyote, a fox, and several eagles on the body all at once. It is an amazing sight." The kills left by the wolves are also benefiting the park's bear population.

1　激減したオオカミを絶滅から守るため，カナダのオオカミをイエローストーン国立公園に放った。

2　オオカミの再導入により公園内の動物の全体数は減少したが，小型の動物の種類は急増した。

3　オオカミを公園へ再導入することは，コヨーテが生態系に与える影響を知る絶好の機会となった。

4　オオカミを公園に放ったことで，公園の動物の種類が増え新しい自然のバランスが作られた。

5　生態系の上位にいるオオカミなどの大型動物は，それ以外のすべての動物の生存に対し利益をもたらしている。

【No. 26】 次の英文の要旨として，最も妥当なものはどれか。

Since the beginning of the Industrial Revolution, the amount of CO_2 in the atmosphere is said to have increased by 40%. Burning fossil fuels such as coal and petroleum is the main factor in increasing CO_2, with deforestation the second-leading cause. About 24,000 million tons of CO_2 are released per year in the world.

There are two points scientists are focusing on. One is the speed with which forests can recover their capacity to absorb CO_2. When the clearing of forests stops, they can recover in a very short time and begin to absorb CO_2 which may help stop global warming. And the other point is the increase in CO_2 brought about by human activities.

In South America, a huge area of jungle in the Amazon is being destroyed to build farms for raising cattle. This beef reaches our mouths in the form of hamburgers or steaks. Forest-clearing is going on now and it is caused by developed countries' major companies, not by domestic ones. They are causing deforestation in developing countries, not in their own countries.

Here we find the most difficult and ironic issues of our time. The worldwide movement to reduce CO_2 and the "Kyoto Protocol," an international agreement on the reduction of CO_2 emissions, urge developed countries to reduce their emission of CO_2, but they should also stop producing CO_2 in developing countries.

1　産業革命以降，大気中の二酸化炭素の量は40％増えたが，その原因は人間による化石燃料の燃焼である。

2　二酸化炭素の増加を防ぐには，人間による排出量を減らす方法と，植林によって二酸化炭素の吸収量を増やす方法がある。

3　地球温暖化の大きな原因となっているのは，先進国の大企業による世界規模での森林伐採であり，こうした行いはすぐにもやめるべきである。

4　「京都議定書」は先進国に対して二酸化炭素排出量を減らすよう求めているが，途上国の排出量も今や無視できないほどになっている。

5　先進国は自国で二酸化炭素を排出しているのみならず，途上国の森林伐採にかかわっており，単なる排出削減の取組みだけでは不十分である。

PART
4

6年度予想問題

【No. 27】 次の英文の要旨として，最も妥当なものはどれか。

It is easy to say, "global communication skills are important," right? But what are global communication skills? How do you communicate in a global way?

Let's look at an example. Here's an easy one: saying "good morning."

In Japan, you enter your office and say "good morning." You say it once, to the whole office or, at least, to those within earshot. Which is to say, you say "good morning" to no one in particular. Most likely, some people will call out "good morning" to you in reply.

However, if you do this in American or a European country, most likely no one will reply. Why is that? Surely, Europeans and Americans say "good morning," right?

Indeed, they do say "good morning." They just say it in a different way.

In Western culture, it is important to speak to a particular person. It is important to speak to people as individuals, rather than as a group. This kind of one-on-one communication is basic.

If you say "good morning" to the whole office, it is not clear—from a Western perspective—to whom you are talking. So it is likely that no one will reply. In the West, people reply only when they know you are talking directly to them. This word "directly" is key.

Instead of saying "good morning" to the whole office at once, **try saying "good morning" —directly—to everyone you see.** Say it in the elevator. Say it in the hallway. Say it to the people near your desk. Say "good morning" and say that person's name. Say: "Good morning John." And make eye contact.

In return, people will say "good morning" to you. They will smile at you. They will remember your name. They will have a more positive image of you. **Each exchange of "good morning" confirms your positive relationship with that person.**

1 グローバルコミュニケーションスキルを身につけるには，他の国の文化を知ることが大切だ。

2 日本と欧米のコミュニケーションの方法の違いが明確に表れているのが，挨拶である。

3 欧米には出社時に挨拶する習慣がないので，挨拶しても返事がないことがある。

4 日本では集団に向けて挨拶をするが，欧米では個人に向けて挨拶をする。

5 挨拶の違いを踏まえ相手に合った挨拶をすることで，好印象を持たれるようになる。

【No. 28】　ある会合の参加者に飲み物を配布するため，各人に好みを尋ねたところ，次のア〜イのことがわかった。

　　ア　緑茶が好きな者は，紅茶が好きであるかまたはウーロン茶が好きである。
　　イ　コーヒーが好きな者は，紅茶が好きでありかつ緑茶が好きである。
　　このとき，次のうちで確実にいえるものはどれか。

1　緑茶が好きな者は，コーヒーが好きである。
2　ウーロン茶が好きな者は，コーヒーが好きでない。
3　ウーロン茶が好きでない者は，緑茶が好きでない。
4　紅茶が好きでなくかつウーロン茶が好きでない者は，コーヒーが好きでない。
5　コーヒーが好きな者は，紅茶が好きでありかつウーロン茶が好きである。

【No. 29】　1〜9までの異なる数字が1つずつ書かれた9個の球があり，赤または白のどちらかの色に塗られている。この9個の球の中から，A〜Eの5人に1個ずつ配ったところ，5人に配られた球は次のようになった。

　　○赤い球を配られたのは2人である。
　　○白い球に書かれている数字は，どれも5以下である。
　　○AとBには白い球が配られている。
　　○BとCに配られた球に書かれた数字の和は11，DとEに配られた球に書かれた数字の和は9である。
　　○5人の中では，Eに配られた球に書かれた数字が最も大きく，Dに配られた球に書かれた数字が最も小さい。

　　このとき，次のア〜カの中で，確実にいえる記述の個数として，正しいものはどれか。
　　ア　Aに配られた球に書かれた数字は，Bに配られた球に書かれた数字よりも小さい。
　　イ　Bに配られた球に書かれた数字とCに配られた球に書かれた数字との差は3である。
　　ウ　5人の中では，Cに配られた球に書かれた数字が2番目に大きい。
　　エ　Cに配られた球に書かれた数字は6である。
　　オ　Dに配られたのは，白い球である。
　　カ　4と書かれた球を配られた者がいる。

1　1
2　2
3　3
4　4
5　5

【No. 30】 A〜Gの7人が横1列に並んでいる。次のア〜エのことがわかっているとき，正しいものはどれか。

　　ア　BとDとの間には，4人が並んでいる。
　　イ　Aから1人置いた左側にFが並んでいる。
　　ウ　Eの左右にAとCが並んでいる。
　　エ　BとCとの間には，1人が並んでいる。

1　Aの右隣にDが並んでいる。
2　BとFとの間には，3人が並んでいる。
3　Dは右から3人目に並んでいる。
4　CはEの左隣に並んでいる。
5　Gは左から6人目に並んでいる。

【No. 31】 1〜99の自然数が1つずつ書かれた99枚のカードがあり，一番上を1のカードとして数字順に重ねられている。このカードの山に対して，次のような操作を行っていく。

　　操作：「一番上から2枚のカードを捨て，3枚目のカードを山の一番下に移す」

　　この操作を繰り返し行っていったとき，最後に残るカードに書かれた数として，正しいものはどれか。

1　27
2　54
3　81
4　90
5　99

【No. 32】 図のような，AB＝8cm，BC＝12cmの長方形の紙がある。この長方形の紙を，まず，辺ABが辺BCと重なるように折る。次に，辺CDが辺BCと重なるように折る。このとき，紙が三重になっている部分の面積と，四重になっている部分の面積との差として，正しいものはどれか。

1　　8cm²
2　10cm²
3　12cm²
4　14cm²
5　16cm²

【No. 33】 図のような正六角形ABCDEFがある。この正六角形を，対角線ADを軸として反転させた後，対角線ADの中点を中心として時計回りに120°回転させた。その状態からもう1回，対角線ADを軸として反転させた後，対角線ADの中点を中心として時計回りに120°回転させた。このとき，最初に頂点Aがあった位置に移動した頂点として，正しいものはどれか。

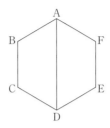

1　B
2　C
3　D
4　E
5　F

【No. 34】 図のように，2本の半直線OA，OBがあり，∠AOB＝30°である。∠AOBの内部に，OP＝12となる点Pを取り，半直線OA上に点Q，半直線OB上に点Rを取って，△PQRを作る。△PQRの3辺の和であるPQ＋QR＋RPが最も短くなるとき，PQ＋QR＋RPの値として，正しいものはどれか。

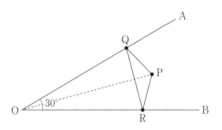

1　12
2　$12\sqrt{2}$
3　$12\sqrt{3}$
4　$12\sqrt{5}$
5　$12\sqrt{7}$

【No. 35】 図は，半径がすべて等しい球を，1段目（最上段）に1個，2段目に3個，3段目に6個，4段目に10個，……，という規則で，それぞれ正三角形状に並べて積み上げた状態を上から見たもので，現在は6段目までとなっている。この規則に従って10段目まで積み上げたとき，底面を含むどの方向から見ても，内部に隠れていて見えない球の個数として，正しいのはどれか。

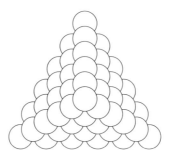

1   20個
2   35個
3   56個
4   84個
5   120個

【No. 36】 自然数Nの階乗N！は，N！＝N×（N−1）×…×2×1で定義される。10！を計算したときは，その値は3628800となり，下1ケタから連続して2個の0が並んでいる。50！を計算したとき，下1ケタから0は何個連続して並ぶことになるか。
1   8個
2   9個
3   10個
4   11個
5   12個

【No. 37】 定価で売ると1個につき600円利益の出る商品がある。この商品を1割5分引きで13個売った際の利益は，7分引きで5個売った利益と等しい。この商品の定価はいくらか。
1   2,600円
2   2,800円
3   3,000円
4   3,200円
5   3,400円

【No. 38】 川の上流のA地点と下流にあるB地点を，静水時の速さが一定の船が往復すると，A地点からB地点に下るときは6時間，B地点からA地点に上るときは14時間かかった。この船が流れに任せて上流から下流に下るとき，かかる時間はいくらか。

1　15時間
2　18時間
3　21時間
4　24時間
5　27時間

【No. 39】 1〜5の整数から重複を許して3つの数字を選び，3ケタの整数を作るとき，その数字が3の倍数になる確率はいくらか。

1　$\dfrac{29}{125}$

2　$\dfrac{37}{125}$

3　$\dfrac{41}{125}$

4　$\dfrac{47}{125}$

5　$\dfrac{53}{125}$

【No. 40】 次の図は，4か国の大麦生産量の推移を，各年におけるウクライナの大麦生産量を100とする指数で示したものである。この図から確実にいえることとして，正しいものはどれか。

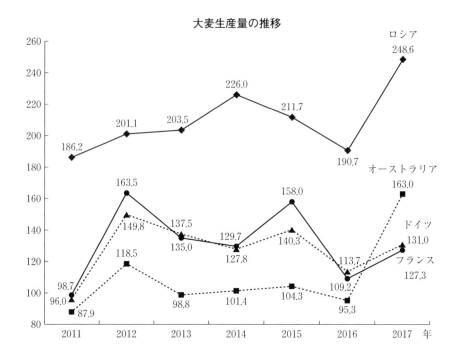

大麦生産量の推移

1　2017年におけるオーストラリアの大麦生産量は，前年より70%以上増加している。
2　2011年におけるロシアの大麦生産量は，同年におけるフランスとオーストラリアの大麦生産量の合計より多い。
3　ドイツとフランスは，2013年，2014年と2年連続して大麦生産量が前年より減少している。
4　2011年から2017年の間で，ロシアの大麦生産量が最も少ないのは2011年である。
5　2017年におけるドイツとフランスの大麦生産量の合計は，同年におけるロシアの大麦生産量より多い。

正答と解説

No. 1	3	No.11	3	No.21	3	No.31	1
No. 2	5	No.12	4	No.22	4	No.32	3
No. 3	5	No.13	2	No.23	3	No.33	4
No. 4	4	No.14	5	No.24	4	No.34	1
No. 5	5	No.15	4	No.25	4	No.35	3
No. 6	3	No.16	4	No.26	5	No.36	5
No. 7	4	No.17	3	No.27	5	No.37	3
No. 8	2	No.18	3	No.28	4	No.38	3
No. 9	4	No.19	4	No.29	2	No.39	1
No.10	3	No.20	4	No.30	5	No.40	5

【政治】

No.1〔主要国の政治制度〕

1．アメリカの政治制度は，専制を防ぐ目的から厳格な三権分立を採用し，大統領と議会が抑制と均衡（チェック・アンド・バランス）をし合う仕組みとなっている。大統領は，上下院いずれの解散権も持たず，上下院も大統領に対して不信任決議をすることはできない。解散権および不信任決議は，議院内閣制における内閣と下院の関係を示すものである。2．イギリスの国務大臣は全員国会議員でなければならない。過半数が国会議員でなければならないのは日本の国務大臣である。3．妥当である。4．国民議会は内閣不信任を決議することができるため，議会に対して責任を負うのは大統領ではなく，首相および内閣である。不信任決議がなされた場合，大統領は内閣を総辞職させ新たに首相を任命するか，首相を支持し議会を解散するかを選択する。5．三権が集中しているのは全国人民代表大会（全人代）である。国務院は内閣に相当し，全人代に対して責任を負う。

【法律】

No.2〔政教分離の原則〕

1．公金その他の公の財産は，宗教上の組織もしくは団体の使用，便益もしくは維持のため，これを支出し，またはその利用に供してはならない（憲法89条前段）。2．判例は，元来，政教分離規定は，いわゆる制度的保障の規定であって，信教の自由そのものを直接保障するものではなく，国家と宗教との分離を制度として保障することにより，間接的に信教の自由の保障を確保しようとするものであるとする（最大判昭52・7・13〈津地鎮祭事件〉）。3．判例は，本件玉串料等の奉納は，たとえそれが戦没者の慰霊およびその遺族の慰謝を直接の目的としてされたものであったとしても，世俗的目的で行われた社会的儀礼にすぎないものとして憲法に違反しないということはできないとする（最大判平9・4・2〈愛媛玉串料事件〉）。4．判例は，本件利用提供行為は，市と本件神社ないし神道とのかかわり合いが，我が国の社会的，文化的諸条件に照らし，信教の自由の保障の確保

PART
4
6年度予想問題

という制度の根本目的との関係で相当とされる限度を超えるものとして，憲法20条3項の禁止する宗教的活動に該当すると解するのが相当であるとする（最大判平22・1・20〈砂川政教分離事件〉）。5．妥当である。那覇孔子廟事件の違憲判決である（最大判令3・2・24）。

No.3〔裁判官の職権の独立・身分保障〕

ア：憲法76条3項は「すべて裁判官は，その良心に従ひ独立してその職権を行ひ」と定め，裁判官の職権の独立の原則を宣言しているが，「独立してその職権を行ひ」とは，他の何者の指示・命令をも受けずに，自らの判断に基づいて裁判を行うことであり，立法権・行政権はもとより，司法部内の指示・命令もまた排除されると解されている。イ：裁判官が罷免されるのは，本記述にある全裁判官について公の弾劾による場合と，最高裁判所裁判官については国民審査によって不適格とされた場合のほかに，全裁判官について心身の故障により職務を行うことができなくなった場合がある（憲法78条前段，同79条2項・3項）。ウ：裁判官が職務上の義務に違反した場合には，行政機関による懲戒処分は認められない（憲法78条後段）が，裁判によって懲戒処分に付すことは認められる。もっとも，裁判による懲戒処分の種類は，戒告または1万円以下の過料に限定されている（裁判官分限法2条）。エ：妥当である（憲法79条6項，80条2項）。オ：妥当である（最大決平10・12・1）。

以上より，妥当なものはエ，オであるので，正答は5である。

【経済】
No.4〔従量税〕

従量税は，縦軸方向に税額分だけ供給曲線を上方シフトさせる。したがって，課税後の均衡点は需要曲線と課税後の供給曲線の交点となり，この場合の価格と数量は，おのおのP_2，Q_2になる（アとイの答え）。従量税が縦軸方向に税額分だけ供給曲線を上方シフトさせるのであるから，課税前後の供給曲線のシフト幅が課税額に当たることになり，税込み

価格P_2のうち税額分を差し引いた税抜き価格はP_4になる（ウの答え）。なお，課税後価格を課税前価格P_3に税額を加えたP_1とすると，超過供給が生じて均衡しない。この場合，価格がP_2まで低下すれば，需要と供給が一致して均衡する。

よって，正答は4である。

No.5〔財政政策・金融政策の国民所得に対する効果〕

1．前半は正しい（クラウディングアウトとして知られる）が，減税は新たな貨幣が増発されるわけではないからマネーサプライを増加させない。むしろ，減税により需要が刺激されると利子率は上昇する。また，減税額はすべてが消費などの需要に当てられるとは限らないので，一般には政府支出の拡大より国民所得の増加は小さい。2．前半は正しいが，政府支出の拡大も需要を刺激してインフレーションを誘発しうる。したがって，両者を併用する政策は，国民所得を増加させるがインフレーションの懸念も大きい。3．前半は正しい。しかし，預金を受け入れた金融機関はそれを再度貸出しに回し，これが繰り返されるため，結果的に買入れ額を上回るマネーストック（マネーサプライ）が増加する。これを信用創造という。したがって，政策金利の引下げのほうが緩和的であるとは必ずしもいえない。4．通常，増税は増税額未満の消費減少しか引き起こさない。したがって，政府支出の拡大と同額の増税が国民所得をまったく増加させないわけではない。5．妥当である。変動相場制下での金融緩和は，マネーサプライの増加によって為替レートを減価（我が国なら円安）させるので，外需を刺激して国民所得を増加させうる。

【社会】
No.6〔エネルギー問題〕

ア：1973年における日本の石油依存度は約78％で，他の主要国より高かった（当時のドイツの石油依存度が約47％である。フランス，イギリスの数値は正しい）。そのうえ，日本は石油の多くを中東から輸入していたため，オイルショックの影響は大きかった。

イ：妥当である。原油価格変動の一例として，2008年の原油価格高騰の例が挙げられる。株式市場の低迷，債券の利回りの低下により，原油先物市場に大量の資金が流入したことが，このときの価格高騰の大きな要因であった。ウ：妥当である。エ：石油の割合については31.6%であり，おおむね正しいが，次いで多いのが石炭（約26.7%），3番目が天然ガス（約23.5%）である。原子力は約4.4%である（2022年）。オ：日本は2007年まで太陽電池の生産量が世界トップであったが，2018年現在，中国が世界第1位であり，マレーシア，韓国と続く。

　以上より，妥当なものはイ，ウであるので，正答は3である。

No.7〔日本の教育の動向〕

　1．本肢のとおり，認定こども園の整備は進みつつあるが，従来の幼稚園，保育所が廃止される動きはない。なお，文部科学省によると，2018年4月1日現在，認定こども園の認定件数は全国で6,160件となっている。2．いわゆる「全国学力テスト」は，2008・2009年は，調査対象となる学年の全児童・生徒を対象に実施される悉皆調査方式であったが，2010年からは抽出調査および希望利用方式で実施されるようになった。2013年からは，経年変化分析や家庭状況も把握するなどの「きめ細かい調査」，2014年からは悉皆調査を実施している。3．小学校では，外国語活動を3年生から前倒しするとともに，5・6年生では「外国語」が正式教科となることなどを反映し，6年間で140コマ増加した。なお，中学校の総コマ数の変動はない。4．妥当である。大学教員の資質向上をめざす取組みであるファカルティ・ディベロップメントは，専門職大学院，大学院，学部の順に実施の義務づけが進んだ。具体的な取組みとして，学生による授業アンケートや，研修会・講演会などを実施している学校が多い。5．初等中等教育局は文部科学省内の部局である。それ以外の記述については正しい。

【地理】

No.8〔ハイサーグラフ〕

　A・Bとも最寒月の月平均気温が18℃未満，−3℃以上なので，温帯である。

　1．A・Bとも7月が高温になっているので，北半球に位置する都市である。2．妥当である。Aの都市（ローマ）は，7月（夏）に高温乾燥，11月〜1月（冬）に比較的降水量が多いので，地中海性気候（Cs）である。サンフランシスコも地中海性気候の都市である。3．地中海性気候の代表的地域である地中海地方に見られる土壌は，石灰岩の風化土「テラロッサ」である。「テラローシャ」は，ブラジル高原に分布する玄武岩・輝緑岩の風化土で，コーヒー栽培に適している。サバナ気候（Aw）である。4．Bの都市（ホンコン）は，夏は高温多雨，冬は温暖乾燥なので，温暖冬季少雨気候（Cw）である。なお，Bのホンコン付近では，集約的稲作が盛んである。草原が広がり，穀物栽培や牧畜が盛んなのは，温暖湿潤気候（Cfa）のパンパである。5．温暖冬季少雨気候で見られるのは，しい，かし，くすなどの照葉樹である。ブナ，コナラ（オーク）は，西岸海洋性気候（Cfb）で見られる。

No.9〔東南アジア諸国〕

　東南アジア諸国は，インドネシア，カンボジア，シンガポール，タイ，東ティモール，フィリピン，ブルネイ，ベトナム，マレーシア，ミャンマー，ラオスの11か国である。

　1．イギリスから独立した国は，マレーシア，シンガポール（マレーシアから分離独立），ブルネイ，ミャンマーの4か国。ラオスはフランスから独立。2．人口の最多国は，インドネシア（2億7,550万人），最少国は，ブルネイ（45万人）である。カンボジアは1,677万人である。3．国民の過半数以上がキリスト教を信仰している国は，フィリピン92.7%，東ティモール99%の2か国。ベトナムは無宗教が81.8%，仏教7.9%である。4．妥当である。日本からの輸出は，全輸出額の4.3%（6位），輸入額は3.0%（8位）である。5．東ティモールだけがASEANに未加入であるが，2011年に加盟申請している。

【世界史】

No.10 〔清〕

1．明に関する記述である。清はツングース系の女真族が立てた王朝で，1616年にヌルハチ（太祖，1616〜26年）によって建国され，国号はアイシン（後金）である。1636年に2代目のホンタイジ（太宗，1626〜43年）が中国風に清と改め，3代目のフリン（順治帝，1643〜61年）が，1644年，明が滅亡したのに乗じて，盛京（現在の瀋陽）から北京に遷都した。2．清の直轄地は現在の省に当たり，藩部であったところは自治区に当たる。藩部は理藩院が統括し監督官が派遣されたのは正しいが，清朝は，現地の支配者を存続させ，風習や宗教にはほとんど干渉しなかった。3．妥当である。1839年，第8代皇帝の道光帝は林則徐を派遣してアヘンの没収・処分を行わせた。4．南京条約（1842年）によって割譲したのは香港島である。台湾は日清戦争に敗れて下関条約で日本に割譲したのである（1895年）。5港とは，上海・寧波・福州・厦門・広州である。5．日清戦争後の中国分割にアメリカは参加できなかった。そのため，国務長官のジョン・ヘイが，中国の「門戸開放」「機会均等」「領土保全」を提唱して，中国市場への進出を図ろうとした。長江流域はイギリスの，山東省はドイツの勢力範囲とされた。

No.11 〔帝国主義国家の動向〕

1．グラッドストンではなく保守党のディズレーリである。1873年の不況（大不況）はイギリスに大きな打撃を与え，第2次ディズレーリ内閣（1874〜80年）は，ヴィクトリア女王の同意の下でエジプト，インド，キプロスなどで帝国主義的外交を展開した。グラッドストンは自由党の政治家。ディズレーリと交互に政権を担当した。2．米西戦争（1898年）で，アメリカがフィリピンやプエルトルコなどスペインの植民地を獲得したのは正しいが，保護国としたのはハワイではなくキューバで，財政や外交を制限するプラット条項を押しつけて保護国とした。3．妥当である。4．メッテルニヒではなくビスマルクである。ビスマルクはドイツ統一を達成して，ドイツ帝国初代宰相（在任1871〜90年）となってフランスの孤立化を進めた（ビスマルク外交）。メッテルニヒはオーストリアの外相としてウィーン会議を主催し，のちに宰相に就任してウィーン体制を支えたが，1848年の三月革命で失脚した。5．血の日曜日事件（1905年）は，第1次ロシア革命のきっかけとなった事件である。ニコライ2世（在位1894〜1917年）は事態を収拾するため，立憲政治の実施を約束し（十月宣言），立法権を持つ国会（ドゥーマ）の開設を承認した。退位したのは三月革命（二月革命）後である。

【日本史】

No.12 〔古代から近世までの政権〕

1．平将門の乱（承平の乱，939〜40年）である。鎮圧したのは平貞盛，藤原秀郷である。将門は一族と争ううちに国司とも対立して反乱を起こし，常陸・下野・上野の国府を占拠して自立したが，鎮圧された。なお，平忠常は下総の在庁官人で，安房の国司を殺害して反乱を起こしたが源頼信によって鎮圧された（平忠常の乱，1028〜31年）。2．平清盛が源義朝を倒したのは平治の乱（1159年）である。また，清盛が福原京に都を移したのは，1179年に後白河法皇を鳥羽殿に幽閉して院政を停止させた翌年であるが，わずか半年で京都に戻った。3．将軍が主従関係を結んだ御家人に御恩として荘園の地頭に任命したのは正しいが，荘園を所有地として認めたのではない。地頭は現地の管理者で，農作業を指導したり，年貢を徴収して荘園領主に納めたりしたのである。ただ，これまでと違うのは，地頭の任免権は幕府にあり，荘園領主が勝手に地頭を解任することが出来なくなったことである。4．妥当である。5．鎖国制度で日本への来航が禁止されたのはスペイン船とポルトガル船だけである。実際に来港したのはオランダ船と中国船（明・清）だけで，オランダは1641年に長崎の出島に平戸から商館を移転し，来航した商館長にオランダ風説書を提出させたのは正しい。

No.13 〔戦後の政治史〕

A：1993（平成5）年の出来事である。

1993年7月の衆議院議員総選挙で自民党が過半数割れを起こすと，日本新党代表の細川護熙を首相とする非自民・非共産8党派の連立内閣が成立し，1955年から続いた自民党単独政権は終わった。B：1965（昭和40）年の出来事である。日韓国交正常化交渉は，1961年に朴正熙政権が成立してから進展し，1962年に請求権問題が決着したことから，佐藤栄作内閣（1964〜75年）は日韓基本条約に調印し，韓国との国交を樹立した。C：1989（平成元）年の出来事である。中曽根内閣は「戦後政治の総決算」を唱えて行財政改革を推進したが，財政再建のための大型間接税を導入しようとして失敗した。その後をうけた竹下登内閣の下で，税率3％の消費税として成立した。D：1972（昭和47）年の出来事である。田中角栄は内閣が成立すると，直ちに訪中し，「日中共同声明」を発表して，中華人民共和国を「中国で唯一の合法政府」と認め，日中国交正常化を実現した。E：2009（平成21）年の出来事である。2006年に小泉純一郎首相（在任2001〜06年）が任期満了で辞任した後，短命な総理大臣が続き，2009年の衆議院議員総選挙で民主党が圧勝したのを受けて，鳩山由紀夫を首相とする民主党政権が誕生した。

よって，B−D−C−A−Eの順であり，正答は2である。

【思想】
No.14〔実存主義〕

A：ドイツの実存哲学者ハイデッガーの思想についての説明である。ハイデッガーは，人は死への不安から逃避しようと没個性的な「ひと（ダス＝マン）」という状態に堕ちてしまうが，「死への存在」であることに向き合い，その不安を進んで受け入れることで，自己のあり方を自らの意思で決定する「現存在」として生きていくことを説いた。B：ドイツの実存哲学者ヤスパースの思想についての説明である。ヤスパースは，人間は死・苦・闘争・罪のような人間の乗り越えられない「限界状況」に直面したとき，自己を超えた「包括者（超越者）」の存在を感じ，真の実存に目覚めるとした。C：フランスの哲学者サルトルの思想についての説明である。サルトルは人間の本質は神により先天的に定められたものではなく，まず，実存として世界に存在し，後天的に自己の本質を自らの力でつくり出していく自由な存在としてとらえ（「実存は本質に先立つ」），自由であるがゆえにその責任を負わねばならないが，その責任の重さから逃れることは，自由であることを放棄して「自己欺瞞」に陥ることを意味するので，アンガージュマン（社会参加）を通じて，社会的な責任を負うことで，真の実存として生きていかねばならないとした。

よって，正答は5である。

【数学】
No.15〔方程式が表す図形〕

A：$(x-4)^2+(y+3)^2=25$

中心$(4, -3)$，半径5であるから，原点を通る円である。

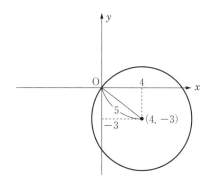

なお，$x=0$，$y=0$が式を満たすので，このことからも原点を通ることがわかる。

B：$x^2+y^2+4x-2y+6=0$

$(x+2)^2-4+(y-1)^2-1+6=0$

$(x+2)^2+(y-1)^2=-1$

よって，半径が存在しないので，なんの図形も表さない。

C：$x^2+y^2-4x+2y+5=0$

$(x-2)^2-4+(y+1)^2-1+5=0$

$(x-2)^2+(y+1)^2=0$

中心$(2, -1)$，半径0の円，すなわち点$(2, -1)$を表す。

よって，正答は4である。

【物理】

No.16 〔直流回路〕

抵抗に電流が流れると，ジュール熱が生じる。ジュール熱を求める式は，問題文中に与えられているが，この式を使うには抵抗を流れる電流I〔A〕を求めておく必要がある。一般に，R〔Ω〕の抵抗にV〔V〕の電圧を加えると，オームの法則より，VとIは比例し，$V=IR$が成り立つ。本問では，$V=20$〔V〕，$R=4$〔Ω〕なので，

$$I=\frac{V}{R}=\frac{20}{4}=5 〔A〕$$

となる。

ア：1秒間に発生する熱量は，$W=RI^2t$の式で，$I=5$〔A〕，$t=1$〔s〕として，

$$W=4×5^2×1=100 〔J〕$$

となる。

イ：一般に，比熱とはその物質1gの温度を1℃（＝1K）上昇させるのに必要な熱量であるから，比熱がc〔J/(g・K)〕の物質でできた質量m〔g〕の物体の温度を1℃上げるには，mc〔J/K〕の熱量が必要である。よって，この物体の温度を$\varDelta T$〔℃〕上昇させるのに必要な熱量Q〔J〕は，$Q=mc\varDelta T$で与えられる。本問では，$m=200$〔g〕，$c=4.2$〔J/(g・K)〕，$\varDelta T=10$〔℃〕（これは10Kと同じ）なので，

$$Q=200×4.2×10=8400 〔J〕$$

となる。熱量保存の法則より，この熱量Qが抵抗で発生したジュール熱に等しいから，求める時間をt〔s〕とすると，アの結果より，

$$100t=8400$$
$$∴ \quad t=84 〔s〕$$

よって，正答は**4**である。

【化学】

No.17 〔メタンとエタン〕

本問は，メタンCH_4とエタンC_2H_6という炭化水素の代表的な物質の燃焼に関する問題である。それぞれの化学反応式が与えられているので，初めにメタンとエタンの体積を求める。メタンの体積をa〔cm³〕とすると，エタンの体積は$1000-a$〔cm³〕となる。気体反応の法則（「気体の反応では，同温，同圧のも

とで，各気体の体積比は簡単な整数比になる」）から，各気体の体積比＝反応式の係数の比が成り立つと考えてよいので，それぞれが完全燃焼して生じる二酸化炭素の体積は，メタンの燃焼でa〔cm³〕，エタンの燃焼で$2(1000-a)$〔cm³〕となる。その和が1,400〔cm³〕となればよいから，

$$a+2(1000-a)=1400$$
$$a=600 〔cm³〕$$

したがって，混合気体中のメタンの体積は600cm³，エタンの体積は400cm³とわかる。

次に，アボガドロの法則（「同温，同圧において，すべての気体は，その種類にかかわらず，同体積中に同数の分子を含む」）から，気体の体積比＝物質量の比（モル比）が成り立つので，求めるモル比は，$CH_4：C_2H_6=600：400＝3：2$となる。

よって，正答は**3**である。

【生物】

No.18 〔血糖量の調節〕

ヒトの血液中には，通常100cm³について約100mgのグルコースが含まれている。血糖値は，通常の状態では血糖を下げるホルモンであるインスリンと血糖を上げるホルモンであるグルカゴン，アドレナリンの作用によって調節されている。

食事などによって血糖値が急激に増加すると，すい臓のランゲルハンス島のB細胞（ア）が直接これを感知し，インスリン（イ）が分泌され，また，血糖値の上昇は，間脳（ウ）の視床下部でも感知され，副交感神経（エ）を通して，すい臓のランゲルハンス島のB細胞を刺激する。インスリンは，脂肪組織や筋でのグルコースの取り込みと分解，脂肪への転換，肝臓（オ）や筋でのグリコーゲン合成を促進するため，血糖値が減少する。

運動などにより血糖値が下がると，今度はすい臓のランゲルハンス島のA細胞が直接これを感知し，グルカゴンの分泌が高まる。血糖値の減少は，間脳の視床下部でも感知され，交感神経を通して，すい臓のランゲルハンス島のA細胞を刺激し，グルカゴンが分泌される。グルカゴンは，肝臓でのグルコース生産を促す。

さらに，交感神経により副腎髄質はアドレナリンを分泌する。アドレナリンも，肝臓，筋肉でのグルコース生成を促す。

よって，正答は3である。

No.19〔ヒトの神経系〕

ア：ニューロンは，神経細胞のことである。刺激はニューロン内を電気的信号によって伝えられ，これを伝導という。ニューロンから別のニューロンへは，アセチルコリンやノルアドレナリンなどの神経伝達物質によって伝えられる。これを伝達という。イ：ヒトの脳には，複雑な精神構造や感覚，本能などにかかわる大脳，自律神経系の中枢である間脳，姿勢保持や眼球運動，瞳孔の大きさを調節する中枢である中脳，運動の調節や姿勢保持の中枢である小脳，呼吸運動や心臓の拍動などの中枢である延髄がある。ウ：妥当である。脊髄は，外側が白質，内側が灰白質で，神経細胞体は内側の灰白質部分に存在している。体の各部分と脳を結ぶとともに，脊髄反射の中枢ともなっている。エ：妥当である。反射とは，大脳を経ずに情報処理が行われる反応で，膝下をたたくと足が跳ね上がる膝蓋腱反射や指先が熱い物に触れると思わず手を引っ込める屈筋反射の中枢は脊髄である。瞳孔反射は中脳が，くしゃみなどの反射は延髄が中枢である。オ：自律神経系は，内臓などに分布して，自律的に働く神経である。交感神経と副交感神経があり，各器官にそれぞれ分布し，拮抗的に調節を行う。交感神経は活動的な方向に働き，副交感神経は休息的な方向に働く。両神経とも意識的に働かせることはできないが，意識と完全に無関係ではなく，強い恐怖によって，大脳からの指令により，交感神経が働き，心臓の拍動が増え，手に汗をかいたりする。

以上より，妥当なものはウ，エであるので，正答は4である。

【地学】

No.20〔プレートテクトニクス〕

1．北海道は，ユーラシアプレートと北アメリカプレートの接近・衝突により形成された。太平洋プレートではない。2．糸魚川—静岡構造線は，フォッサマグナの西縁である。3．中央構造線の太平洋側は外帯，内側（北側）が内帯である。4．妥当である。日本列島周辺の4つのプレートは確認しておくこと。5．東北から北海道は北アメリカプレート上にあり，西日本から九州はユーラシアプレート上にある。

【文章理解】

No.21〔現代文（要旨把握）〕

出典は，石原千秋『漱石の記号学』。小説は，〈始め〉と〈終わり〉という枠，実体を持たない〈語り手〉と〈読者〉という主体という2つの装置によって，現実から相対的に自立できる，という趣旨の文章。

1．文学が，「現実」から自由になるのは，現実の読者や作者を持たないことによるのではないし，そもそも文学が現実の読者や作者を持たないとは書かれていない。2．本文の内容に合致しているが，これが要旨とはいえない。芸術ではなく，小説が文章全体のテーマであることに注意してほしい。3．妥当である。〈始め〉と〈終わり〉という枠，および実体を持たない〈語り手〉と〈読者〉という主体，という2つの装置によって小説は現実から相対的に自由になれる，と本文の最後にあり，これが要旨である。4．本文の内容に合致しているが，要旨とはいえない。この枠に加えて，実体を持たない〈語り手〉と〈読者〉という主体が，文学が現実から相対的に自由になるために必要である，というのが本文の要旨である。5．〈語り手〉と〈読者〉という装置が文学の枠であるとは，本文のどこにも書かれていない。

No.22〔現代文（要旨把握）〕

出典は，長谷部恭男『憲法と平和を問いなおす』。功利主義の考える民主主義においては，個々人が自己利益を率直に投票行動に反映させ，選出母体の議員が，それらをそのまま議会に伝えて，全体として調整することで，社会全体の幸福の最大化が実現する，という趣旨の文章。

1．個々人の利益を率直に伝えることこそ，結果として社会全体の幸福の最大化につ

ながるのである。どちらが重視されるべきか，という話ではない。2．個々人が，社会全体の快苦を考慮・予測したうえで投票すると，かえって正確な社会全体の利益が測られなくなる。よって，本肢は本文とは逆の内容である。3．本文には，有権者は，自分たちの利益を議会の議員と相談のうえで決めるのではなく，率直に投票に反映させる，とある。4．妥当である。5．本文には，議会の議員が忠実に議会に「選出母体の人々の自己利益」を伝える，とある。

このように，選択肢の細部まで，丁寧・正確に読むことが必要である。たった1つの文言でも，本文と食い違っていたら，誤りの選択肢になる。

No.23〔現代文（要旨把握）〕

出典は，城塚登，片山洋之介，星野勉『現代哲学への招待』。現在受け入れられている科学理論は認識として誤謬をおかしうるもので，常に批判にさらされるが，それを公共的批判によって改善していくことが，その方法論的な合理性を確保する唯一の手段である，という趣旨の文章。

1．第1段落最後にある，「それ（科学理論）は実在にどこかで接し，実在について何ごとかを語りうるものである」という部分に反する。2．われわれの認識が実証されることが不可能である，とは書かれていない。3．妥当である。第2段落全体の内容を要約した文であり，これが要旨である。4．本文の内容に合致しているが，要旨ではない。むしろ，この文を受けての「したがって」以降の文が要旨である。5．前半部分が誤り。本文1行目に，「科学理論が他の『憶測，ドクサ（doxa）』から区別されるのはその『反証可能性』にある」とあるため，すべての憶測が反証可能であるとするのは誤り。

No.24〔英文（内容把握）〕

出典は，中岡望『Introduction to American Politics』。

全訳〈日本人にとって，freedomとlibertyの意味の違いを理解するのは難しい。独立宣言と（アメリカ合衆国）憲法では，Freedomという語ではなくLibertyという語を使っている。この2つの英単語はどちらも日本語で「自由」と訳されているが，2つの英単語には明確な違いがある。libertyは一般に政治哲学に属する概念と考えられており，民主主義の核となる諸原理を表す。libertyは自由意志を表し，選択できる力を強調する。「リベラリズム」や自由市場を支持する人たちを表すのに使われる「リバタリアン」いう語は，libertyという語に由来している。libertyが意味することは，望むとおりに生き，行きたいところへ行く自由ということだ。「自由の女神（Statue of Liberty）」は，明かりを灯したたいまつを頭上に掲げた女性の像で，ニューヨーク港にあるリバティー島に立っている。この像はアメリカ合衆国の独立を記念してフランスから贈られたものだ。一方，freedomという語はより一般的な用語である。freedomは，制限されることなく自分がしたいことをできる状態または権利を意味する。この2つの語は場合によって置き換えることが可能であるが，厳密な意味はいくぶん異なっている〉

1．freedomとlibertyには明確な違いがあるが，日本人にとってその意味の違いを理解するのは困難だと述べられている。2．2つの語がいつ頃から使われているかに触れた記述はない。3．libertyが「改まった」語であることを示す記述はない。また，freedomとの間には明確な違いがあると述べている。4．妥当である。5．前半部分については正しいが，後半の「制限を受けずに自分のしたいことをする自由」という部分については，freedomの意味の説明に用いられている内容なので，誤り。

No.25〔英文（要旨把握）〕

出典は，鳥飼慎一郎『20日間集中ジム　英文スピードリーディング　初級編』。

全訳〈オオカミはかつて，北はアラスカから南は中央メキシコにいたるまで，北アメリカ全土に生息していた。しかし，何世紀かにわたる狩猟の結果，カナダとその周辺だけに見られるほどにまでオオカミの数は減少した。1995年，この減少（したオオカミの数）

を回復するためにある試みが行われた。実験では，33頭のカナダのオオカミがワイオミング州のイエローストーン国立公園に再導入された。

すでに，生態系として知られている自然のバランスは，3,350平方マイルの公園内で変わり始めている。専門家は，公園内のコヨーテの半数がこの新参者によって殺されたと推定している。これがコヨーテが捕食する，より小型の動物の数の増加につながり，そのことが次にワシなどの鳥の食料を増加させた。公園における動物の全体としての種類（数）は急速に増加しつつあり，公園のオオカミの個体数は約100匹まで増加している。オオカミの再導入は，大型の動物がどのように生態系に影響を与えるかという問題に答える絶好の機会となっている。

オオカミは必ずしもコヨーテを襲うわけではないが，両者は同じ食料に対して競合関係にある。殺されなかったコヨーテは，彼らの土地を捨て移動することを余儀なくされている。しかし，生き延びたコヨーテはより頑健で，オオカミが食べ残した動物を食べることで生きていくだろう。自然の新しいバランスは多くの動物にとって最適なものであろう。「ほかの多くの動物がオオカミの食べ残した獲物の分け前をもらう食卓に着いているのです」と，イエローストーンの主任研究員ジョン・ヴァーリイは述べた。「オオカミは大きなシカを倒し，15～18ポンドの肉を食べ，そのまま寝てしまいます。獲物の上に太陽の日が射す頃，クマ，4，5羽のカラス，コヨーテ，キツネ，ワシ数羽が（シカの）死骸に一斉に群がっているのを目にするでしょう。驚くべき光景です」。オオカミが残した獲物は，公園のクマの個体数にも利益をもたらしているのである〉

1．第1段落に書かれている内容だが，本文の全体の要旨としては，オオカミが公園に放たれた後，公園内の生態系がどのように変化したかについて言及する必要がある。2．公園内のコヨーテの半数が殺されたとはあるが，動物の全体数については本文中で述べられていない。なお，動物の種類は，小型の動物に限らず動物全体として急速に増加した，

とある。3．第2段落に書かれている内容だが，生態系に生じた具体的な変化について書かれていないので，要旨としては不十分である。4．妥当である。5．オオカミの食べ残した獲物を食べることで他の動物に利益をもたらしているとは述べられているが，オオカミに襲われてコヨーテが半数に減少したとあることから，「それ以外のすべての動物の生存に対し利益をもたらしている」とまでは言えない。

No.26〔英文（要旨把握）〕

出典は，石井正仁『Global Warming』。

全訳〈産業革命の初期以来，大気中の二酸化炭素の量は40％増えたといわれている。石炭や石油のような化石燃料の燃焼が二酸化炭素の増加の主要因で，森林破壊がそれに続く2番目の原因である。世界で年間約240億トンの二酸化炭素が放出されている。

科学者が注目している2つの事柄がある。一つは森林が二酸化炭素の吸収能力を回復できるスピードである。森林の伐採が止まれば，森林はごく短期間のうちに回復して二酸化炭素の吸収を始めることができ，それが地球温暖化の抑止に役立つかもしれないのだ。そしてもう一つのポイントは，人間の活動によってもたらされた二酸化炭素の増加である。

南アメリカでは，アマゾンの広大なジャングルが牛を育てる牧場を作るために破壊されつつある。この牛はハンバーガーやステーキの形でわれわれの口に入る。森林伐採は今も続いているが，それはその国内の企業ではなく先進国の大手企業が原因で起こっている。そうした企業は自国内ではなく途上国で森林破壊を引き起こしているのである。

ここにわれわれの時代の最も困難で皮肉な問題がある。二酸化炭素を減らそうという世界的な運動や，二酸化炭素排出量の削減についての国際合意である「京都議定書」は，先進国に対して二酸化炭素排出量を減らすよう促しているが，先進国は途上国において二酸化炭素を出すこともやめるべきなのだ〉

1．化石燃料の燃焼は「主な原因」と述べているにすぎず，ほかに森林伐採も原因に挙

げられている。また，本文全体の要旨として
は不十分な内容である。**2**．植林については
述べられていない。森林伐採をやめれば森林
の二酸化炭素吸収能力が短期に回復すると述
べている。**3**．先進国の大企業の主導で途上
国でも森林伐採が行われていることは述べら
れているが，それと地球温暖化を直接結びつ
けた記述はなく，要旨としても偏った内容で
ある。**4**．前半部分については本文と一致し
ており，途上国での二酸化炭素の排出につい
て言及しているものの，「途上国での排出量
が今や無視できないほどになっている」とは
述べていない。**5**．妥当である。

No.27〔英文（要旨把握）〕

　出典は，ジョン・ギレスピー『日本人がグ
ローバルビジネスで成功するためのヒント』。
　全訳〈「グローバルコミュニケーションス
キルは重要です」と言うのは簡単だ。しか
し，グローバルコミュニケーションスキルと
はなんだろう。どのようにしてグローバルな
方法でコミュニケーションを行うのか。
　例を見てみよう。簡単な例を挙げる。「グ
ッド・モーニング（おはようございます）」
という挨拶だ。
　日本では，オフィスに入るとき「おはよう
ございます」と言う。オフィス全体に向け
て，あるいは少なくとも声が届く範囲の人た
ちに向けて，一度「おはようございます」と
言う。つまり，誰か特定の人に対して「おは
ようございます」と言っているわけではな
い。たいていは，誰かが「おはようございま
す」と返事をするだろう。
　しかし，アメリカやヨーロッパ諸国ではこ
のようなことをしたら，ほとんど間違いなく
誰も返事をしない。なぜだろうか。もちろ
ん，ヨーロッパ人もアメリカ人も「グッド・
モーニング」と言う，そうだろう？　事実，
欧米人は「グッド・モーニング」と言う。た
だ，日本人とは違ったやり方で言うのだ。
　欧米の文化では，特定の人に対して話しか
けるということが重要だ。集団としての人よ
りも，個人としての人に話しかけることが重
要なのである。この種の一対一のコミュニケ
ーションが基本なのである。

オフィス全体に向けて「グッド・モーニン
グ」と言うと，欧米人の視点からは，誰に対
して話しかけているのかが明確ではない。だ
から，おそらく誰も返事をしない。欧米で
は，直接話しかけられていることがわかると
きだけ，返事をする。この「直接」という言
葉がカギである。
　オフィス全体に向けて一度に「グッド・モ
ーニング」と言うのではなく，会う人すべて
に対して，直接「グッド・モーニング」と言
ってみよう。エレベーターの中でも，廊下で
も，近くの机の人にも言ってみよう。「グッ
ド・モーニング」と言ったら，続けてその人
の名前を言ってみよう。「グッド・モーニン
グ，ジョン」というように。そして相手の目
を見よう。
　彼らはあなたに「グッド・モーニング」と
返してくれるだろう。微笑みかけ，あなたの
名前を覚え，あなたにより良い印象を持って
くれるだろう。「グッド・モーニング」とい
う挨拶をかわすごとに，その人との良好な関
係が強まっていくのだ〉
　1．挨拶の仕方の違いを知り対応すること
はグローバルコミュニケーションスキルの簡
単な例として挙げられているが，挨拶を「他
の国の文化」としてまとめるのは，本文の内
容を超えており，要旨としても飛躍してい
る。**2**．第1・第2段落に書かれている内容
で，グローバルなやり方でコミュニケーショ
ンを行う例として，「グッド・モーニング
（おはようございます）」という挨拶が取り上
げられているが，本文全体では，違いを踏ま
えたうえでどのようにふるまうのがよいかに
重点が置かれた内容になっている。**3**．第
4・第5段落には欧米でも出社時に「グッ
ド・モーニング」と挨拶をする，と書かれて
いる。**4**．第3・第6段落に書かれている内
容だが，要旨としては欧米と日本の挨拶の仕
方の違いを踏まえたうえで，どのようにふる
まうのがよいかについて言及する必要があ
る。**5**．妥当である。最後の2つの段落に書
かれている内容である。

【判断推理】

No.28〔命題〕

　与えられた2つの命題ア，イに関して，たとえば，紅茶が好きであることを「紅茶」，コーヒーが好きでないことを「コーヒー」として論理式に表してみる。そうすると，

　　ア：緑茶→（紅茶∨ウーロン茶）
　　イ：コーヒー→（紅茶∧緑茶）

となる。ここで，命題アは分割できないが，イは，

　　イ₁：コーヒー→紅茶
　　イ₂：コーヒー→緑茶

と分割できる。次に，これら命題の対偶を考えると，

　　ウ：（紅茶∧ウーロン茶）→緑茶
　　エ：（紅茶∨緑茶）→コーヒー
　　エ₁：紅茶→コーヒー
　　エ₂：緑茶→コーヒー

となる（ウ，エに関してはド・モルガンの法則）。

　以上を前提に，各選択肢を検討してみる。

　1．アより，緑茶→（紅茶∨ウーロン茶）となるが，その先は推論できない。2．ウーロン茶となる命題が与えられていないので，判断できない。3．ウーロン茶→　となる命題が与えられていないので，判断できない。4．ウおよびエ₂より，（紅茶∧ウーロン茶）→緑茶→コーヒーとなるので，「紅茶が好きでなくかつウーロン茶が好きでない者は，コーヒーが好きでない」というのは確実に推論できる。5．イ₂およびアより，コーヒー→緑茶→（紅茶∨ウーロン茶）となるが，これは，「コーヒーが好きな者は，紅茶が好きであるかまたはウーロン茶が好きである」であって，「コーヒーが好きな者は，紅茶が好きでありかつウーロン茶が好きである」ではない。また，イ₁よりコーヒーが好きな者は紅茶が好きであることは確実だが，ウーロン茶が好きであると確実に推論できる命題は与えられていない。

　よって，正答は4である。

No.29〔対応関係〕

　DとEに配られた球に書かれた数字の和は9であり，Eに配られた球に書かれた数字が最も大きく，Dに配られた球に書かれた数字が最も小さい。このとき，Eに配られた球に書かれた数字と，Dに配られた球に書かれた数字との間にA，B，Cに配られた球に書かれた数字が入らなければならないから，（D，E）＝（1，8），（2，7）という2通りの組合せが考えられる。（D，E）＝（1，8）のとき，（B，C）＝（4，7），（5，6）の2通りがあり，（D，E）＝（2，7）のときは，（B，C）＝（5，6）となる。そして，白い球を配られたのは3人で（赤い球を配られたのは2人），白い球に書かれている数字は5以下であるから，C＝6or7，E＝7or8より，C，Eに配られたのは赤い球，したがって，Dに配られたのは白い球である。ここまでで表Ⅰ～表Ⅲの3通りが考えられる（Aに配られたのは表の灰色部分のいずれかである）。

表Ⅰ

	1	2	3	4	5	6	7	8	9
白	D				B	/	/	/	/
赤						C		E	

表Ⅱ

	1	2	3	4	5	6	7	8	9
白	D			B		/	/	/	/
赤							C	E	

表Ⅲ

	1	2	3	4	5	6	7	8	9
白		D			B	/	/	/	/
赤							C	E	

　ア：表Ⅱで，A＝5，B＝4となる可能性がある。イ：表Ⅰおよび表Ⅲでは，Bに配られた球に書かれた数字とCに配られた球に書かれた数字との差は1になる。ウ：正しい。表Ⅰ～表Ⅲのいずれの場合でも，Cに配られた球に書かれた数字はEに次いで2番目に大きい。エ：表Ⅱの場合，C＝7である。オ：正しい。赤い球を配られたのは2人で，CとEに配られた球が赤であるのは確実なので，Dに配られた球は白である。カ：表Ⅰおよび表Ⅲで，Aに配られた球に書かれた数字が4以外である可能性がある。

　以上より，確実にいえる記述はウ，オの2つであるので，正答は2である。

No.30 〔位置関係〕

条件ウより，表Ⅰ，表Ⅱの２通りが考えられる。しかし，表Ⅱでは条件イを満たすことができない。そこで，表Ⅰに条件イを加えると表Ⅲとなり，表Ⅲに条件エを加えると表Ⅳとなる（表Ⅲからは B は C から１人置いた右側にしかならない）。この表Ⅳに条件アを加えると，残った B の左隣には G が並んでいることになり，表Ⅴとなる。

表Ⅰ

左	A	E	C

表Ⅱ

左	C	E	A

表Ⅲ

左	F		A	E	C

表Ⅳ

左	F		A	E	C		B

表Ⅴ

左	F	D	A	E	C	G	B

よって，正答は **5** である。

No.31 〔操作の手順〕

「一番上から２枚のカードを捨て，３枚目のカードを山の一番下に移す」という操作を33回行うと，上から順に「3，6，9，……，99」という３の倍数の書かれたカード（33枚ある）だけが残る。さらにこの操作を11回行うと，上から順に「9，18，27，36，45，54，63，72，81，90，99」という９の倍数の書かれたカードだけが残る。ここから３回の操作を行うと，「90，99，27，54，81」となり，次の操作で「54，81，27」となる。ここから54，81が捨てられるので，最後に残る１枚は27が書かれたカードとなる。

よって，正答は **1** である。

No.32 〔平面構成〕

まず，辺 AB が辺 BC と重なるように折ると図Ⅰのようになり，頂点 A は点 F に移り（BE が折り目となる），△BEF は直角二等辺三角形で，この部分は紙が二重になる。また，BF＝EF＝8〔cm〕，CF＝4〔cm〕である。次に，辺 CD が辺 BC と重なるように折ると，図Ⅱにおける CG が折り目となる。この

CG で折った状態が図Ⅲで，四角形 IJFH の部分で紙が三重，△GHI の部分で四重になっている。△BIJ，△CHF は合同な直角二等辺三角形で，BJ＝IJ＝CF＝HF＝4〔cm〕である。したがって，四角形 IJFH は１辺４cm の正方形で，その面積は16 cm² となる。また，△GHI は△EIH を２つに折ったもので，△EIH≡△BIJ≡△CHF だから，

$$\triangle EIH = 4 \times 4 \times \frac{1}{2} = 8$$

△GHI の面積は△EIH の$\frac{1}{2}$

なので，4 cm² となる。

以上から，紙が三重になっている部分の面積と，四重になっている部分の面積との差は，16－4＝12〔cm²〕である。

図Ⅰ

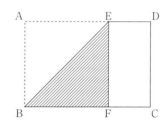

図Ⅱ

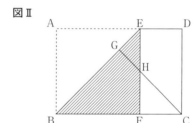

図Ⅲ

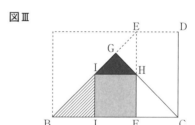

よって，正答は **3** である。

No.33 〔図形の反転と回転〕

条件どおりに反転と回転を行ってみればよい。最初の状態から対角線 AD を軸として反転させると図Ⅰとなる。この図Ⅰを時計回りに120°回転させると図Ⅱとなる。この図Ⅱを，対角線 AD を軸として反転させると図

Ⅲ，図Ⅲを時計回りに120°回転させると図Ⅳとなる。この図Ⅳにおいて，最初に頂点Aがあった位置に移動した頂点はEである。

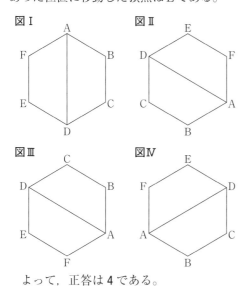

よって，正答は**4**である。

No.34〔最短距離〕

まず，PQ＋QRが最短となることを考えると，半直線OAを対称軸として点Pと対称な点Sを取り，線分SRと半直線OAの交点をQとすればよい。このとき，PQ＝SQである（△QPSは二等辺三角形）。QR＋RPが最短となる場合も同様で，半直線OBを対称軸として点Pと対称な点Tを取り，線分QTと半直線OBの交点をRとすればよい。このとき，PR＝TRである。つまり，△PQRの3辺の和である，PQ＋QR＋RPが最短となるのは，図におけるSQ＋QR＋RT，すなわち，線分STと一致する場合である。

図において，△OSQは半直線OAを軸とする△OPQの対称図形であるから，△OPQ≡△OSQである。また，△OPR≡△OTRである。∠POQ＝∠SOQ＝a，∠POR＝∠TOR＝bとすると，$a+b$＝∠AOB＝30°なので，∠SOT＝$2a+2b$＝60°である。OP＝OS＝OTだから，△OSTは頂角SOT＝60°の二等辺三角形，つまり，正三角形である。

したがって，PQ＋QR＋RPが最短となるのは，PQ＋QR＋RP＝ST＝OS＝OPのときであり，OP＝12であるから，PQ＋QR＋RPが最短となるとき，その長さは12である。

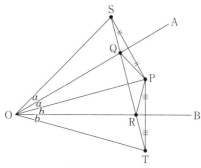

よって，正答は**1**である。

No.35〔立体構成〕

積まれている球の個数は，1段目が1，2段目が1＋2＝3，3段目が1＋2＋3＝6，となっており，10段目までの各段の個数は表のとおりである。1段目の1個，2段目の3個，3段目の6個はすべて外側に出ているので，上から3段目までに見えない球はない。4段目になると，内部に隠れていて見えない球が1個存在し，5段目には3個，6段目には6個，それぞれ見えない球が存在する。

これを考えると，4段目にある見えない球の個数は1段目の球の個数と同一で，5段目にある見えない球は2段目の球の個数と，6段目にある見えない個数は3段目の球の個数と同一である。10段目（最下段）の球は底面の方向からすべて見えるので，内部に隠れていて見えない球が存在するのは，4段目～9段目である。

したがって，見えない球の個数は，1段目～6段目までの球の個数と同一，ということになる。1段目～6段目までの球の個数は，

1＋3＋6＋10＋15＋21＝56

より，56個である。

	1段目	2段目	3段目	4段目	5段目	6段目	7段目	8段目	9段目	10段目
個数	1	3	6	10	15	21	28	36	45	55

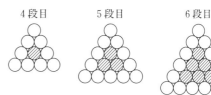

よって，正答は**3**である。

PART 4

6年度予想問題

【数的推理】

No.36 〔倍数・約数〕

　下1ケタが0になるのは2の倍数と5を掛けたときである。

　たとえば，$10!（＝1×2×3×\cdots×10）$では，この中に2の倍数が5個あり（×2，×4，×6，×8，×10），5の倍数が2個ある（×5，×10）。したがって，2の倍数と5のペアは2組できるので，0が2つ並ぶことになる。

　設問の$50!$においては2の倍数が25個あり，5の倍数は10個ある。

　しかし，×25は×5×5，×50は×5×5×2であるので，それぞれ×5を2個含んでいる。

　したがって，全体では5は12個になる。ゆえに，2の倍数と5のペアは12個できるので0は下1ケタから12個並ぶことになる。

　よって，正答は **5** である。

No.37 〔割合・利益算〕

　定価をx円とすると，定価の1割5分引きは$x×（1-0.15）＝0.85x$〔円〕となり，また，定価の7分引きは$x×（1-0.07）＝0.93x$〔円〕となる。また，定価で売ると1個につき600円の利益が出るので，原価は$（x-600）$円である。

　1割5分引きで13個売ったときと，7分引きで5個売ったときの利益が等しいので，以下の方程式が成り立つ。

$$\{0.85x-（x-600）\}×13$$
$$＝\{0.93x-（x-600）\}×5$$
$$-1.95x+7800＝-0.35x+3000$$
$$-1.6x＝-4800$$
$$x＝3000〔円〕$$

　よって，正答は **3** である。

No.38 〔流水算〕

　A地点からB地点に下るときと，B地点からA地点に上るときにかかる時間の比は$6：14＝3：7$なので，速さの比はその逆比の$7：3$となる。

　また，流速は$\dfrac{下りの速さ＋上りの速さ}{2}$より，同じ比で$（7-3）÷2＝2$となる。下りの

速さ：流速＝$7：2$となるので，かかる時間はその逆比となり，$2：7$となる。

　以上より，流れに任せて流速で下るときにかかる時間は下りの時間の$\dfrac{7}{2}$倍になるので，

$$6×\dfrac{7}{2}＝21〔時間〕$$

となる。

　よって，正答は **3** である。

　[注意] 流れの速さが一定のとき，次の公式で求めることができる。

　静水時の速さ＝

$$（下りの速さ＋上りの速さ）×\dfrac{1}{2}$$

　流速＝

$$（下りの速さ-上りの速さ）×\dfrac{1}{2}$$

No.39 〔順列組合せ確率〕

　まず，1～5から重複を許して3ケタの数を作るとき，できる整数は$5^3＝125$〔通り〕である。

　また，3の倍数を作るには，

　　1と4 ⇒ $3n+1$
　　2と5 ⇒ $3n-1$
　　3　　 ⇒ $3n$

と分類し，

Ⅰ：$3n+1$，$3n-1$，$3n$ から1つずつ選ぶ。
Ⅱ：$3n+1$，$3n-1$，$3n$ の中からすべて同じ種類で3ケタを作る。

のいずれかの必要がある。

Ⅰの場合：

（1，2，3），（1，5，3），（4，2，3），（4，5，3）の4パターンが存在し，それぞれ$3!＝6$通りずつ存在するので，$4×6＝24$〔通り〕。

Ⅱの場合：

（1，1，1）$\cdots$（5，5，5）までの5パターンが存在するので，5通り。

　以上より，求める確率は$\dfrac{24+5}{125}＝\dfrac{29}{125}$となる。

　よって，正答は **1** である。

No.40〔指数値〕

 1．この資料は，各年におけるウクライナの大麦生産量を100とする指数で示したものであり，各年におけるウクライナの大麦生産量が示されていないので，図中の4か国の生産量の増減率は判断できない。2．2011年におけるフランスとオーストラリアの大麦生産量指数の和は，98.7＋87.9＝186.6であり，ロシアの指数186.2より大きい。したがって，2011年におけるロシアの大麦生産量は，同年におけるフランスとオーストラリアの大麦生産量の合計より少ない。3．1と同様で，判断できない。4．1と同様で，判断できない。5．正しい。2017年におけるドイツとフランスの大麦生産量指数の和は，131.0＋127.3＝258.3であり，ロシアの指数248.6より大きい。したがって，2017年におけるドイツとフランスの大麦生産量の合計は，同年におけるロシアの大麦生産量より多い。

★試験情報を募集します

　6年度国立大学法人等職員採用試験（統一試験）の一次試験および採用機関別の二次試験の情報を募集しています。なるべくGoogleフォーム（アンケート形式）をご利用ください。下の二次元コードを読み込んでいただくと，試験情報提供用のGoogleフォームが開きます（一次試験情報用と二次試験情報用があります）。試験情報を入力してそのままご送信いただけます。情報をお寄せくださった方には，当社規定により謝礼を進呈いたします。E-mail，郵送でも受け付けています。詳しくは巻末の試験情報用紙をご参照ください。

一次試験情報用 　　　二次試験情報用

★合格体験記を募集します

　6年度国立大学法人等職員採用試験の合格体験記を募集します。執筆をご希望の方は編集部までご連絡ください。折返し執筆要領を送付いたします。ご執筆くださった方には，原稿料をお支払いします。

E-mail／juken-j@jitsumu.co.jp　（件名を「合格体験記執筆希望」としてください）
TEL／03-3355-1813

★受験ジャーナルの購入方法

　『受験ジャーナル』定期号（年間6冊），特別企画および別冊は，全国の主要書店（特約店）で販売しておりますが，書店でのお求めが難しい場合は，直接当社へご注文ください（詳細は巻末の出版案内のページをご覧ください）。

小社ホームページのご案内　実務教育出版ホームページ：https://www.jitsumu.co.jp/

別冊受験ジャーナル
6年度 国立大学法人等職員採用試験攻略ブック

2023年12月15日　初版第1刷発行

編集人／加藤幸彦
発行人／小山隆之
発行所／株式会社　実務教育出版
　　　　〒163-8671　東京都新宿区新宿1-1-12
印刷・製本／図書印刷
©JITSUMUKYOIKU-SHUPPAN 2023
　Printed in Japan

【編集】川辺知里／田村初穂／倉岡まき／笹原奈津子
　　　　谷本優子
【編集協力】ウララコミュニケーションズ／明昌堂
　　　　　　ME TIME
【表紙デザイン】アルビレオ
【表紙イラスト】ユア（yua）

本誌掲載記事等は無断転載および複製を禁じます。

問合せ先
●編集（記事内容について）
FAX：03-5369-2237　TEL：03-3355-1813
E-mail：juken-j@jitsumu.co.jp
※原則として，E-mail，FAX，郵送でお願いします。

●販売（当社出版物について）
TEL：03-3355-1951
万一，落丁，乱丁などの不良品がございましたら，当社にて良品とお取り替えいたします。

大卒程度公務員試験［一次試験情報］をお寄せください！

　弊社では，次の要領で大卒・短大卒程度公務員試験の一次試験情報，二次試験情報（面接試験などの情報）を募集しています。
受験後ご記憶の範囲でけっこうですので，事務系・技術系問わず，ぜひとも情報提供にご協力ください。

☆**募集内容**　地方上・中級，市役所上・中級，大卒・短大卒警察官，その他各種公務員試験，国立大学法人等職員採用試験の実際
　　問題・科目別出題内訳等

※問題の持ち帰りができる試験については，情報をお寄せいただく必要はありません。ただし，地方公務員試験のうち，東京都，
　特別区，警視庁，東京消防庁以外の試験問題が持ち帰れた場合には，現物またはコピーをお送りください。

☆**ご謝礼**　情報内容の程度により，ご謝礼を進呈いたします。

☆**送り先**　なるべく Google フォーム（アンケート形式）をご利用ください。右の二次元コードを読み込んで
　いただくと，一次試験情報提供用の Google フォームが開きます。下記とほぼ同じ内容を入力してそのまま
　ご送信いただけます。E-mail，郵送でも受け付けています。［E-mail の場合］juken-j@jitsumu.co.jp

　［郵送の場合］〒163-8671　新宿区新宿1-1-12　（株）実務教育出版　「試験情報係」

〒＿＿＿＿＿＿＿＿　住所＿＿＿＿＿＿＿＿＿＿＿＿＿＿＿＿＿＿＿＿＿＿＿＿＿＿

氏名＿＿＿＿＿＿＿＿＿＿＿＿　TEL または E-mail アドレス＿＿＿＿＿＿＿＿＿＿＿＿

●**受験した試験名・試験区分**（県・市および上・中級の別も記入してください。例：○○県上級・行政）

＿＿＿＿＿＿＿＿＿＿＿＿＿＿＿＿＿＿＿＿＿＿＿

●**一次試験日**　＿＿＿年＿＿＿月＿＿＿日

●**試験構成・試験時間・出題数**

　・教養＿＿＿＿分＿＿＿＿問（うち必須＿＿＿＿問，選択＿＿＿＿問のうち＿＿＿＿問解答）

　・専門（択一式）＿＿＿＿分＿＿＿＿問（うち必須＿＿＿＿問，選択＿＿＿＿問のうち＿＿＿＿問解答）

　・適性試験（事務適性）＿＿＿＿分＿＿＿＿形式＿＿＿＿題

　　内容（各形式についてご自由にお書きください）

　・適性検査（性格検査）（クレペリン・Y-G 式・そのほか〔　　　　　　　　〕）＿＿＿＿分＿＿＿＿題

　・論文＿＿＿＿分＿＿＿＿題（うち＿＿＿＿題解答）＿＿＿＿字→＿＿＿＿次試験で実施

　　課題

　・その他（SPI3，SCOA など）

　　内容（試験の名称と試験内容について，わかる範囲でお書きください。例：○○分，○○問。テストセンター方式等）

●**受験した試験名・試験区分**（県・市および上・中級の別も記入してください。例：○○県上級・行政）

●**教養試験の試験時間・出題数**

_____分_____問（うち必須：No._____ 〜 No._____, 選択：No._____ 〜 No._____のうち_____問解答）

●**教養試験科目別出題数** ※表中にない科目名は空欄に書き入れてください。

科 目 名	出 題 数	科 目 名	出 題 数	科 目 名	出 題 数	科 目 名	出 題 数
政　　治	問	世 界 史	問	物　　理	問	判断推理	問
法　　律	問	日 本 史	問	化　　学	問	数的推理	問
経　　済	問	文学・芸術	問	生　　物	問	資料解釈	問
社　　会	問	思　　想	問	地　　学	問		問
地　　理	問	数　　学	問	文章理解	問		問

●**専門試験（択一式）の試験時間・出題数**

_____分_____問（うち必須：No._____ 〜 No._____, 選択：No._____ 〜 No._____のうち_____問解答）

●**専門試験科目別出題数** ※表中にない科目名は空欄に書き入れてください。

科 目 名	出 題 数	科 目 名	出 題 数	科 目 名	出 題 数	科 目 名	出 題 数	科 目 名	出 題 数
政 治 学	問	憲　　法	問	労 働 法	問	経済事情	問		問
行 政 学	問	行 政 法	問	経済原論	問	経 営 学	問		問
社会政策	問	民　　法	問	財 政 学	問		問		問
国際関係	問	商　　法	問	経済政策	問		問		問
社 会 学	問	刑　　法	問	経 済 史	問		問		問

問題文（教養・専門，科目名　　　　　　　　　　　）

選択肢１

２

３

４

５

●**受験した試験名・試験区分**（県・市および上・中級の別も記入してください。例：○○県上級・行政）

_____

問題文（教養・専門，科目名　　　　　　　）

選択肢 1

2

3

4

5

問題文（教養・専門，科目名　　　　　　　）

選択肢 1

2

3

4

5

大卒程度公務員試験［二次試験情報］をお寄せください！

☆**募集内容** 国家総合職・一般職・専門職，地方上・中級，市役所上・中級，大卒・短大卒警察官，その他各種公務員試験，国立大学法人等採用試験の論文試験・記述式試験・面接等
（※問題が公開されている試験の場合は，面接試験〈官庁訪問含む〉の情報のみお書きください）

☆**送り先** なるべく Google フォーム（アンケート形式）をご利用ください。右の二次元コードを読み込んでいただくと，二次試験情報提供用の Google フォームが開きます（一次試験情報とは別のフォームです）。E-mail，郵送でも受け付けています。送り先，ご謝礼については一次試験情報と同様です。

〒＿＿＿＿＿＿＿＿＿＿　住所＿＿＿＿＿＿＿＿＿＿＿＿＿＿＿＿＿＿＿＿＿＿＿＿＿＿

氏名＿＿＿＿＿＿＿＿＿＿＿＿＿　TEL または E-mail アドレス＿＿＿＿＿＿＿＿＿＿＿＿

●**受験した試験名・試験区分**（県・市および上・中級の別も記入してください。例：○○県上級・行政）

＿＿＿＿＿＿＿＿＿＿＿＿＿＿＿＿＿＿　**結果：**合格・不合格・未定

●**二次試験日** ＿＿＿年＿＿＿月＿＿＿日

●**試験内容**（課された試験には ✓ 印を）

□論文＿＿＿分＿＿＿題＿＿＿字 課題＿＿＿＿＿＿＿＿＿＿＿＿＿＿＿＿＿＿＿＿＿

□人物試験 □個別面接（試験官＿＿＿人，時間＿＿＿分）

　　　　　□集団面接（受験者＿＿＿人，試験官＿＿＿人，時間＿＿＿分）

□集団討論（受験者＿＿＿人，試験官＿＿＿人，時間＿＿＿分，面接会場＿＿＿＿＿＿＿＿＿）

□その他＿＿＿＿＿＿＿＿＿＿＿＿＿＿＿＿＿＿＿＿＿＿＿＿＿＿＿＿＿＿＿＿＿＿＿＿

（以下は官庁訪問の場合）

●**官庁訪問先** ＿＿＿＿＿＿＿＿＿　●**官庁訪問の回数** ＿＿＿回

●**官庁訪問1回目**

面接（訪問）日＿＿＿月＿＿＿日，面接会場＿＿＿，面接形態：個別・集団＿＿＿人

面接官＿＿＿＿＿＿＿＿＿人（例：大学 OB・1人），面接時間＿＿＿分

●**官庁訪問2回目**

面接（訪問）日＿＿＿月＿＿＿日，面接会場＿＿＿，面接形態：個別・集団＿＿＿人

面接官＿＿＿＿＿＿＿＿＿人（例：人事担当・2人），面接時間＿＿＿分　※第3回以降がある場合は同様に

●**人物試験・官庁訪問の内容**（個別面接・集団面接・集団討論・グループワーク・プレゼンテーション）

●**人物試験・官庁訪問の感想など**

「公務員合格講座」の特徴

６７年の伝統と実績

実務教育出版は、67年間におよび公務員試験の問題集・参考書・情報誌の発行や模擬試験の実施、全国の大学・専門学校などと連携した教室運営などの指導を行っています。その積み重ねをもとに作られた、確かな教材と個人学習を支える指導システムが「公務員合格講座」です。公務員として活躍する数多くの先輩たちも活用した伝統ある「公務員合格講座」です。

時間を有効活用

「公務員合格講座」なら、時間と場所に制約がある通学制のスクールとは違い、生活スタイルに合わせて、限られた時間を有効に活用できます。通勤時間や通学時間、授業の空き時間、会社の休憩時間など、今まで利用していなかったスキマ時間を有効に活用できる学習ツールです。

取り組みやすい教材

「公務員合格講座」の教材は、まずテキストで、テーマ別に整理された頻出事項を理解し、次にワークで、テキストと連動した問題を解くことで、解法のテクニックを確実に身につけていきます。初めて学ぶ科目も、基礎知識から詳しく丁寧に解説しているので、スムーズに理解することができます。

実戦力がつく学習システム

「公務員合格講座」では、習得した知識が実戦で役立つ「合格力」になるよう、数多くの演習問題で重要事項を何度も繰り返し学習できるシステムになっています。特に、eラーニング[Jトレプラス]は、実戦力養成のカギになる豊富な演習問題の中から学習進度に合わせ、テーマや難易度をチョイスしながら学習できるので、効率的に「解ける力」が身につきます。

eラーニング

[Jトレプラス]

豊富な試験情報

公務員試験を攻略するには、まず公務員試験のことをよく知ることが必要不可欠です。受講生専用の［Jトレプラス］では、各試験の概要一覧や出題内訳など、試験の全体像を把握でき、ベストな学習プランが立てられます。また、実務教育出版の情報収集力を結集し、最新試験情報や学習対策コンテンツなどを随時アップ！　さらに直前期には、最新の時事を詳しく解説した「直前対策ブック」もお届けします。

※ＫＣＶのみ

親切丁寧なサポート体制

受験に関する疑問や、学習の進め方や学科内容についての質問には、専門の指導スタッフが一人ひとりに親身になって丁寧にお答えします。模擬試験や添削課題では、客観的な視点からアドバイスをします。そして、受講生専用サイトやメルマガでの受講生限定の情報提供など、あらゆるサポートシステムであなたの学習を強力にバックアップしていきます。

受講生専用サイト

受講生専用サイトでは、公務員試験ガイドや最新の試験情報など公務員合格に必要な情報を利用しやすくまとめていますので、ぜひご活用ください。また、お問い合わせフォームからは、質問や書籍の割引購入などの手続きができるので、各種サービスを安心してご利用いただけます。

受講生専用メルマガも配信中！！

志望職種別　講座対応表

各コースの教材構成をご確認ください。下の表で志望する試験区分に対応したコースを確認しましょう。

	教材構成			
	教養試験対策	専門試験対策	論文対策	面接対策
K 大卒程度 公務員総合コース［教養＋専門行政系］	●	●行政系	●	●
C 大卒程度 公務員総合コース［教養のみ］	●		●	●
L 大卒程度 公務員択一攻略セット［教養＋専門行政系］	●	●行政系	●	
D 大卒程度 公務員択一攻略セット［教養のみ］	●			
M 経験者採用試験コース	●		●	●
N 経験者採用試験［論文・面接試験対策］コース			●	●
R 市役所教養トレーニングセット［大卒程度］	●		●	●

	試験名［試験区分］		対応コース
国家公務員試験	国家一般職 ［大卒程度］	行政	教養＊3＋専門対策 → **K L**　教養＊3対策 → **C D**
		技術系区分	教養＊3対策 → **C D**
	国家専門職 ［大卒程度］	国税専門官／財務専門官	教養＊3＋専門対策 → **K L**＊4　教養＊3対策 → **C D**
		皇宮護衛官［大卒］／法務省専門職員（人間科学）／食品衛生監視員／労働基準監督官／航空管制官／海上保安官／外務省専門職員	教養＊3対策 → **C D**
	国家特別職 ［大卒程度］	防衛省 専門職員／裁判所 総合職・一般職［大卒］／国会図書館 総合職・一般職［大卒］／衆議院 総合職［大卒］・一般職［大卒］／参議院 総合職	教養＊3対策 → **C D**
	国立大学法人等職員		教養対策 → **C D**
地方公務員試験	都道府県 特別区（東京23区） 政令指定都市＊2 市役所 ［大卒程度］	事務（教養＋専門）	教養＋専門対策 → **K L**
		事務（教養のみ）	教養対策 → **C D R**
		技術系区分、獣医師 薬剤師 保健師など資格免許職	教養対策 → **C D R**
		経験者	教養＋論文＋面接対策 → **M**　論文＋面接対策 → **N**
	都道府県 政令指定都市＊2 市役所 ［短大卒程度］	事務（教養＋専門）	教養＋専門対策 → **K L**
		事務（教養のみ）	教養対策 → **C D**
	警察官	大卒程度	教養＋論文対策 → ＊5
	消防官（士）	大卒程度	教養＋論文対策 → ＊5

＊1 地方公務員試験の場合、自治体によっては試験の内容が対応表と異なる場合があります。

＊2 政令指定都市…札幌市、仙台市、さいたま市、千葉市、横浜市、川崎市、相模原市、新潟市、静岡市、浜松市、名古屋市、京都市、大阪市、堺市、神戸市、岡山市、広島市、北九州市、福岡市、熊本市。

＊3 国家公務員試験では、教養試験のことを基礎能力試験としている場合があります。

＊4 国税専門官、財務専門官は **K**「大卒程度 公務員総合コース［教養＋専門行政系］」、**L**「大卒程度 公務員択一攻略セット［教養＋専門行政系］」に「新スーパー過去問ゼミ 会計学」（有料）をプラスすると試験対策ができます（ただし、商法は対応しません）。

＊5 警察官・消防官の教養＋論文対策は、「警察官 スーパー過去問セット［大卒程度］」「消防官 スーパー過去問セット［大卒程度］」をご利用ください（巻末広告参照）。

大卒程度 公務員総合コース

K ［教養＋専門行政系］

膨大な出題範囲の合格ポイントを的確にマスター！

※表紙デザインは変更する場合があります

教材一覧

- ●受講ガイド（PDF）
- ●学習プラン作成シート
- ●テキスト＆ワーク［教養試験編］知能分野（4冊）
  判断推理、数的推理、資料解釈、文章理解
- ●テキストブック［教養試験編］知識分野（3冊）
  社会科学［政治、法律、経済、社会］
  人文科学［日本史、世界史、地理、文学・芸術、思想］
  自然科学［数学、物理、化学、生物、地学］
- ●ワークブック［教養試験編］知識分野
- ●数学の基礎確認ドリル
- ●［知識分野］要点チェック
- ●テキストブック［専門試験編］（13冊）
  政治学、行政学、社会政策、社会学、国際関係、法学・憲法、
  行政法、民法、刑法、労働法、経済原論（経済学）・国際
  経済学、財政学、経済政策・経済学史・経営学
- ●ワークブック［専門試験編］（3冊）
  行政分野、法律分野、経済・商学分野
- ●テキストブック［論文・専門記述式試験編］
- ●面接試験対策ブック
- ●実力判定テスト ★（試験別 各1回）
  地方上級［教養試験、専門試験、論文・専門記述式試験（添削2回）］
  国家一般職大卒［基礎能力試験、専門試験、論文試験（添削2回）］
  市役所上級［教養試験、専門試験、論・作文試験（添削2回）］
  ＊教養、専門は自己採点 ＊論文・専門記述式・作文は計6回添削
- ●［添削課題］面接カード（2回）
- ●自己分析ワークシート
- ●［時事・事情対策］学習ポイント＆重要テーマのまとめ（PDF）
- ●公開模擬試験 ★（試験別 各1回）※マークシート提出
  地方上級［教養試験、専門試験］
  国家一般職大卒［基礎能力試験、専門試験］
  市役所上級［教養試験、専門試験］
- ●本試験問題例集（試験別過去問1年分 全4冊）
  令和5年度 地方上級［教養試験編］★
  令和5年度 地方上級［専門試験編］★
  令和5年度 国家一般職大卒［基礎能力試験編］★
  令和5年度 国家一般職大卒［専門試験編］★
  ※平成20年度～令和5年度分は［Jトレプラス］に収録
- ●6年度 直前対策ブック★
- ●eラーニング［Jトレプラス］

★印の教材は、発行時期に合わせて送付（詳細は受講後にお知らせします）。

教養・専門・論文・面接まで対応

行政系の大卒程度公務員試験に出題されるすべての教養科目と専門科目、さらに、論文・面接対策教材までを揃え、最終合格するために必要な知識とノウハウをモレなく身につけることができます。また、汎用性の高い教材構成ですから、複数試験の併願対策もスムーズに行うことができます。

出題傾向に沿った効率学習が可能

出題範囲をすべて学ぼうとすると、どれだけ時間があっても足りません。本コースでは過去数十年にわたる過去問研究の成果から、公務員試験で狙われるポイントだけをピックアップ。要点解説と問題演習をバランスよく構成した学習プログラムにより初学者でも着実に合格力を身につけることができます。

受講対象	大卒程度 一般行政系・事務系の教養試験（基礎能力試験）および専門試験対策 ［都道府県、特別区（東京23区）、政令指定都市、市役所、国家一般職大卒など］	申込受付期間	2023年4月1日～2024年3月31日	
		学習期間のめやす	6か月	学習期間のめやすです。個人のスケジュールに合わせて、長くも短くも調整することが可能です。試験本番までの期間を考慮し、ご自分に合った学習計画を立ててください。
受講料	91,300円 （本体83,000円＋税 教材費・指導費等を含む総額） ※受講料は2023年4月1日現在のものです。	受講生有効期間	2025年10月31日まで	

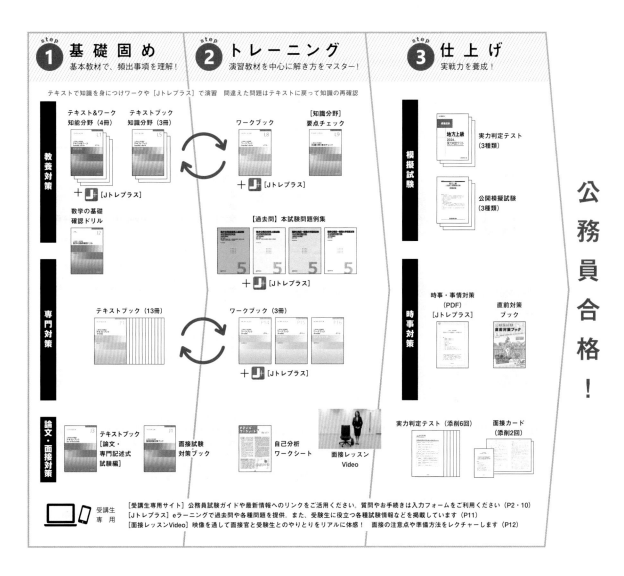

success voice!!

試験情報が充実していて面接対策もできる点から実務教育出版の通信講座を選びました

安藤 佳乃 さん
東京学芸大学卒業

特別区Ⅰ類【一般方式】事務 合格

私が公務員を目指し始めたのは、大学3年生の10月でした。筆記試験まで7か月しか時間がなかったため、アルバイトや授業の空き時間に効率よく勉強ができる通信講座で対策することに決めました。その中でも、試験情報が充実している点や面接対策もできる点から実務教育出版の通信講座を選びました。

通信講座を始めるまでは何から勉強すればよいかわからず不安でした。しかし［Jトレプラス］に学習モデルプランが掲載されており、それを参考にスケジュールを立てることができたため、安心して勉強を進めることができました。得意科目は問題演習から始める、苦手科目や未履修科目はテキストをじっくり読むなど、教材の使い方を工夫できるのは、通信講座ならではのよさだと思います。授業の空き時間にテキストを1テーマ分読んだり、通学時間に電車で「Jトレプラス」で穴埋めチェックをしたりと、スキマ時間を活用し勉強しました。また、実力判定テストや公開模試は自分の今の実力を確認できるとてもよい機会でした。

なかなか実力が伸びなかったり、友人が早い時期に民間企業に合格したりとあせる場面もたくさんありました。しかし、実務教育出版の教材と自分を信じて最後まで努力し続けた結果、合格することができました。皆さんも最後まであきらめずに頑張ってください。応援しています。

C 大卒程度 公務員総合コース

[教養のみ]

「教養」が得意になる、得点源にするための攻略コース！

受講対象	大卒程度 教養試験（基礎能力試験）対策 [一般行政系（事務系）、技術系、資格免許職を問わず、都道府県、特別区（東京23区）、政令指定都市、市役所、国家一般職大卒など]	申込受付期間	2023年4月1日～2024年3月31日
		学習期間のめやす	6か月 学習期間のめやすです。個人のスケジュールに合わせて、長くも短くも調整することが可能です。試験本番までの期間を考慮し、ご自分に合った学習計画を立ててください。
受講料	66,000円 (本体60,000円＋税 教材費・指導費等を含む総額) ※受講料は、2023年4月1日現在のものです。	受講生有効期間	2025年10月31日まで

※表紙デザインは変更する場合があります

教材一覧

- ●受講ガイド（PDF）
- ●学習プラン作成シート
- ●テキスト＆ワーク［教養試験編］知能分野（4冊）
  判断推理、数的推理、資料解釈、文章理解
- ●テキストブック［教養試験編］知識分野（3冊）
  社会科学［政治、法律、経済、社会］
  人文科学［日本史、世界史、地理、文学・芸術、思想］
  自然科学［数学、物理、化学、生物、地学］
- ●ワークブック［教養試験編］知識分野
- ●数学の基礎確認ドリル
- ●［知識分野］要点チェック
- ●テキストブック［論文・専門記述式試験編］
- ●面接試験対策ブック
- ●実力判定テスト ★（試験別 各1回）
  地方上級［教養試験、論文試験（添削2回）］
  国家一般職大卒［基礎能力試験、論文試験（添削2回）］
  市役所上級［教養試験、論・作文試験（添削2回）］
  ※教養は自己採点 ※論文・作文は計6回添削
- ●［添削課題］面接カード（2回）
- ●自己分析ワークシート
- ●［時事・事情対策］学習ポイント＆重要テーマのまとめ（PDF）
- ●公開模擬試験 ★（試験別 各1回）＊マークシート提出
  地方上級［教養試験］
  国家一般職大卒［基礎能力試験］
  市役所上級［教養試験］
- ●本試験問題例集（試験別過去問1年分 全2冊）
  令和5年度 地方上級［教養試験編］★
  令和5年度 国家一般職大卒［基礎能力試験編］★
  ※平成20年度～令和5年度分は、「Jトレプラス」に収録
- ●6年度 直前対策ブック★
- ●eラーニング［Jトレプラス］

★印の教材は、発行時期に合わせて送付します（詳細は受講後にお知らせします）

success voice!!

「Jトレプラス」では「面接レッスンVideo」と、直前期に「動画で学ぶ時事対策」を利用しました

伊藤 拓生さん
信州大学卒業

長野県 技術系 合格

私が試験勉強を始めたのは大学院の修士1年の5月からでした。研究で忙しい中でも自分のペースで勉強ができることと、受講料が安価のため通信講座を選びました。

まずは判断推理と数的推理から始め、テキスト&ワークで解法を確認しました。知識分野は得点になりそうな分野を選んでワークを繰り返し解き、頻出項目を覚えるようにしました。秋頃から市販の過去問を解き始め、実際の問題に慣れるようにしました。また直前期に「動画で学ぶ時事対策」を最も利用しました。食事の時間などに、繰り返し視聴していました。

2次試験対策は、「Jトレプラス」の「面接レッスンVideo」と、大学のキャリアセンターの模擬面接を利用

し受け答えを改良していきました。

また、受講生専用サイトから質問ができることも大変助けになりました。私の周りには公務員試験を受けている人がほとんどいなかったため、試験の形式など気になったことを聞くことができてとてもよかったです。

公務員試験は対策に時間がかかるため、継続的に進めることが大切です。何にどれくらいの時間をかけるのか計画を立てながら、必要なことをコツコツと行っていくのが必要だと感じました。そして1次試験だけでなく、2次試験対策も早い段階から少しずつ始めていくのがよいと思います。またずっと勉強をしていると気が滅入ってくるので、定期的に気分転換するのがおすすめです。

L 大卒程度 公務員択一攻略セット

[教養＋専門行政系]

教養＋専門が効率よく攻略できる

受講対象	大卒程度 一般行政系・事務系の教養試験（基礎能力試験）および専門試験対策 [都道府県、政令指定都市、特別区（東京23区）、市役所、国家一般職大卒など]
受講料	**60,500円** （本体55,000円＋税　教材費・指導費等を含む総額） ※受講料は2023年4月1日現在のものです。
申込受付期間	**2023年4月1日〜2024年3月31日**
学習期間のめやす	**6か月** 学習期間のめやすです。個人のスケジュールに合わせて、長くも短くも調整することが可能です。試験本番までの期間を考慮し、ご自分に合った学習計画を立ててください。
受講生有効期間	2025年10月31日まで

教材一覧

- ●受講ガイド
- ●テキスト＆ワーク［教養試験編］知能分野（4冊）
  判断推理、数的推理、資料解釈、文章理解
- ●テキストブック［教養試験編］知識分野（3冊）
  社会科学［政治、法律、経済、社会］
  人文科学［日本史、世界史、地理、文学・芸術、思想］
  自然科学［数学、物理、化学、生物、地学］
- ●ワークブック［教養試験編］知識分野
- ●数学の基礎確認ドリル
- ●［知識分野］要点チェック
- ●テキストブック［専門試験編］（13冊）
  政治学、行政学、社会政策、社会学、国際関係、法学・憲法、行政法、民法、刑法、労働法、経済原論（経済学）・国際経済学、財政学、経済政策・経済学史・経営学
- ●ワークブック［専門試験編］（3冊）
  行政分野、法律分野、経済・商学分野
- ●［時事・事情対策］学習ポイント＆重要テーマのまとめ（PDF）
- ●過去問 ※平成20年度〜令和5年度　［Jトレプラス］に収録
- ●eラーニング［Jトレプラス］

教材は **K** コースと同じもので、
面接・論文対策、模試がついていません。

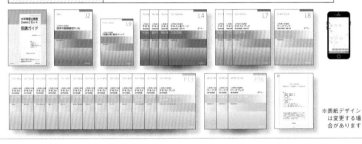

※表紙デザインは変更する場合があります

D 大卒程度 公務員択一攻略セット

[教養のみ]

教養のみ効率よく攻略できる

受講対象	大卒程度 教養試験（基礎能力試験）対策 [一般行政系（事務系）、技術系、資格免許職を問わず、都道府県、政令指定都市、特別区（東京23区）、市役所、国家一般職大卒など]
受講対象	大卒程度 教養試験（基礎能力試験）対策 [一般行政系（事務系）、技術系、資格免許職を問わず、都道府県、政令指定都市、特別区（東京23区）、市役所、国家一般職大卒など]
受講料	**44,000円** （本体40,000円＋税　教材費・指導費等を含む総額） ※受講料は2023年4月1日現在のものです。
申込受付期間	**2023年4月1日〜2024年3月31日**
学習期間のめやす	**6か月** 学習期間のめやすです。個人のスケジュールに合わせて、長くも短くも調整することが可能です。試験本番までの期間を考慮し、ご自分に合った学習計画を立ててください。
受講生有効期間	2025年10月31日まで

教材一覧

- ●受講ガイド
- ●テキスト＆ワーク［教養試験編］知能分野（4冊）
  判断推理、数的推理、資料解釈、文章理解
- ●テキストブック［教養試験編］知識分野（3冊）
  社会科学［政治、法律、経済、社会］
  人文科学［日本史、世界史、地理、文学・芸術、思想］
  自然科学［数学、物理、化学、生物、地学］
- ●ワークブック［教養試験編］知識分野
- ●数学の基礎確認ドリル
- ●［知識分野］要点チェック
- ●［時事・事情対策］学習ポイント＆重要テーマのまとめ（PDF）
- ●過去問 ※平成20年度〜令和5年度　［Jトレプラス］に収録
- ●eラーニング［Jトレプラス］

教材は **C** コースと同じもので、
面接・論文対策、模試がついていません。

※表紙デザインは変更する場合があります

経験者採用試験コース

職務経験を活かして公務員転職を狙う教養・論文・面接対策コース！

受講対象	民間企業等職務経験者・社会人採用試験対策
受講料	**77,000円** （本体 70,000円＋税　教材費・指導費等を含む総額）※受講料は、2023年4月1日現在のものです。
申込受付期間	**2023年4月1日～2024年3月31日**
学習期間のめやす	**6か月** 学習期間のめやすです。個人のスケジュールに合わせて、長くも短くも調整することが可能です。試験本番までの期間を考慮し、ご自分に合った学習計画を立ててください。
受講生有効期間	2025年10月31日まで

※表紙デザインは変更する場合があります

教材一覧

- ●受講ガイド（PDF）
- ●学習プラン作成シート
- ●論文試験 実際出題例
- ●テキスト＆ワーク［論文試験編］
- ●テキスト＆ワーク［教養試験編］知能分野（4冊）
  判断推理、数的推理、資料解釈、文章理解
- ●テキストブック［教養試験編］知識分野（3冊）
  社会科学［政治、法律、経済、社会］
  人文科学［日本史、世界史、地理、文学・芸術、思想］
  自然科学［数学、物理、化学、生物、地学］
- ●ワークブック［教養試験編］知識分野
- ●数学の基礎確認ドリル
- ●［知識分野］要点チェック
- ●面接試験対策ブック
- ●提出課題1（全4回）
  ［添削課題］論文スキルアップ No.1（職務経験論文）
  ［添削課題］論文スキルアップ No.2,No.3,No.4（一般課題論文）
- ●提出課題2（以下は初回答案提出後発送　全4回）
  再トライ用［添削課題］論文スキルアップ No.1（職務経験論文）
  再トライ用[添削課題]論文スキルアップ No.2,No.3,No.4（一般課題論文）
- ●実力判定テスト［教養試験］★（1回）※自己採点
- ●［添削課題］面接カード（2回）
- ●[時事・事情対策]学習ポイント＆重要テーマのまとめ（PDF）
- ●本試験問題例集（試験別過去問 全1冊）
  令和5年度 地方上級［教養試験編］★
  ※平成20年度～令和5年度は、[Jトレプラス]に収録
- ●6年度 直前対策ブック★
- ●eラーニング[Jトレプラス]

★印の教材は、発行時期に合わせて送付します（詳細は受講後にお知らせします）。

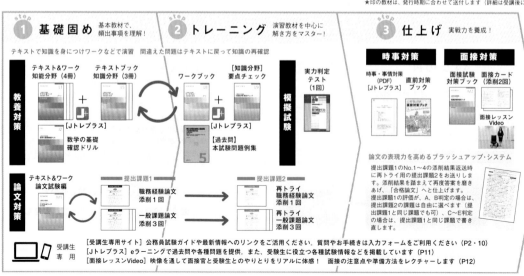

経験者採用試験
［論文・面接試験対策］コース

経験者採用試験の論文・面接対策に絞って攻略！

POINT

8回の添削指導で
論文力をレベルアップ！

面接試験は、回答例を参考に
本番を想定した準備が可能！
面接レッスン Video も活用しよう！

受講対象	民間企業等職務経験者・社会人採用試験対策
受講料	**38,500円** （本体 35,000 円＋税　教材費・指導費等を含む総額）※受講料は、2023 年 4 月 1 日現在のものです。
申込受付期間	2023 年 4 月 1 日～ 2024 年 3 月 31 日
学習期間のめやす	4 か月　学習期間のめやすです。個人のスケジュールに合わせて、長くも短くも調整することが可能です。試験本番までの期間を考慮し、ご自分に合った学習計画を立ててください。
受講生有効期間	2025 年 10 月 31 日まで

教材一覧

- ●受講のてびき
- ●論文試験 実際出題例
- ●テキスト＆ワーク［論文試験編］
- ●面接試験対策ブック
- ●提出課題 1（全 4 回）
    - ［添削課題］論文スキルアップ No.1（職務経験論文）
    - ［添削課題］論文スキルアップ No.2, No.3, No.4（一般課題論文）
- ●提出課題 2（以下は初回答案提出後発送　全 4 回）
    - 再トライ用［添削課題］論文スキルアップ No.1（職務経験論文）
    - 再トライ用［添削課題］論文スキルアップ No.2, No.3, No.4（一般課題論文）
- ●［添削課題］面接カード（2 回）
- ●［時事・事情対策］学習ポイント＆重要テーマのまとめ（PDF）
- ●e ラーニング［J トレプラス］

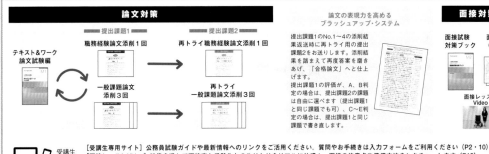

公務員合格！

論文対策

■提出課題1■
テキスト＆ワーク
論文試験編
M1

職務経験論文添削 1 回

一般課題論文
添削 3 回

■提出課題2■
再トライ職務経験論文添削 1 回

再トライ
一般課題論文添削 3 回

論文の表現力を高める
ブラッシュアップ・システム

提出課題1のNo.1～4の添削結果返送時に再トライ用の提出課題2をお送りします。添削結果を踏まえて再度答案を磨きあげ、「合格論文」へと仕上げます。
提出課題1の評価が、A、B判定の場合は、提出課題2の課題は自由に選べます（提出課題1と同じ課題でも可）。C～E判定の場合は、提出課題1と同じ課題で書き直します。

面接対策

面接試験対策ブック　面接カード（添削2回）

面接レッスン Video

受講生専用
- ［受講生専用サイト］公務員試験ガイドや最新情報へのリンクをご活用ください．質問やお手続きは入力フォームをご利用ください（P2・10）
- ［面接レッスンVideo］映像を通して面接官と受講生とのやりとりをリアルに体感！　面接の注意点や準備方法をレクチャーします（P12）
- ［Jトレプラス］［時事］重要テーマのまとめ（PDF）、eラーニング「時事問題の穴埋めチェック」、試験情報などが利用できます

※『経験者採用試験コース』と『経験者採用試験［論文・面接試験対策］コース』の論文・面接対策教材は同じものです。
　両方のコースを申し込む必要はありません。どちらか一方をご受講ください。

success voice!!

やるべきことの優先順位がつけやすかった教材のおかげで合格することができました

朝岡 紀匠 さん
名古屋工業大学大学院卒業

名古屋市役所職務経験者（行政 A）合格

私は警察官としてやりがいを感じていましたが、行政職員として市民の生活を支援したいと思い、2 度目の公務員試験に挑戦しました。

私が通信講座を選んだのは、自宅で自分のペースで取り組めるからです。妻は仕事と子育ての中、サポートしてくれましたが、働きながら予備校に通うことは難しいと感じ、警察官試験の時も利用し、使いやすかった実務教育出版の通信講座を選びました。

受験勉強を始めたのは 6 月頃で、第一志望の一次試験は 9 月下旬。とにかく時間がありませんでした。私は通勤時間に［知識分野］要点チェックを活用し、知識を増やすことにしました。時間がなかったため、頻出分野のみ取り組みました。ある程度暗記ができた後に、J トレプラスで問題を解きました。知識分野は自宅で学習しましたが、頻出度が高い問題のみ取り組みました。

また、並行して論文対策と面接対策にも取り組みました。論文試験は前職の経験に関する課題が出題される傾向にあったため、まずは自分を振り返るために面接試験対策ブックを使って自分自身のことを整理しました。その後、テキスト＆ワーク［論文試験編］に取り組み、さらに添削課題も提出しました。私が受験した試験は面接試験が 2 回あり、その点数配分が最も大きく、次に大きいのが論文試験でした。そのため、これらの対策ができたことが合格につながったのだと思います。

継続して取り組むのは自分自身との戦いになります。私は「1 日にこれだけの問題数は必ずやる」という無理のない目標を決め習慣づけました。学習に取り組んでいる間は「これでいいのだろうか」という不安な気持ちがあると思います。しかし、頑張って取り組めばそれだけ合格は近づいてきます。自分自身を信じて頑張ってください。

9

市役所教養トレーニングセット

［大卒程度］

大卒程度の市役所試験を徹底攻略！

受講対象	**大卒程度 市役所 教養試験対策** 一般行政系（事務系）、技術系、資格免許職を問わず、大卒程度 市役所
受講料	**29,700円** （本体 27,000 円＋税 教材費・指導費等を含む総額） ※受講料は 2023 年 8 月 1 日現在のものです。
申込受付期間	**2023 年 8 月 1 日〜 2024 年 7 月 31 日**
学習期間のめやす	**3 か月** 学習期間のめやすです。個人のスケジュールに合わせて、長くも短くも調整することが可能です。試験本番までの期間を考慮し、ご自分に合った学習計画を立ててください。
受講生有効期間	2025 年 10 月 31 日まで

教材一覧

- ●受講ガイド（PDF）
- ●学習のモデルプラン
- ●テキスト＆ワーク［教養試験編］知能分野（4 冊）
  - 判断推理、数的推理、資料解釈、文章理解
- ●テキストブック［教養試験編］知識分野（3 冊）
  - 社会科学［政治、法律、経済、社会］
  - 人文科学［日本史、世界史、地理、文学・芸術、思想］
  - 自然科学［数学、物理、化学、生物、地学］
- ●ワークブック［教養試験編］知識分野
- ●数学の基礎確認ドリル
- ●［知識分野］要点チェック
- ●面接試験対策ブック
- ●実力判定テスト★　＊教養は自己採点
  - 市役所上級［教養試験・論文・作文試験（添削 2 回）]
- ●過去問（5 年分）
  - ［J トレプラス］に収録
- ●e ラーニング［J トレプラス］

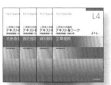

※表紙デザインは変更する場合があります

質問回答

学習上の疑問は、指導スタッフが解決！

マイペースで学習が進められる自宅学習ですが、疑問の解決に不安を感じる方も多いはず。でも「公務員合格講座」なら、学習途上で生じた疑問に、指導スタッフがわかりやすく丁寧に回答します。手軽で便利な質問回答システムが、通信学習を強力にバックアップします！

質問の種類	**学科質問** 通信講座教材内容について わからないこと	**一般質問** 志望先や学習計画に 関することなど
回数制限	**10 回まで無料** 11 回目以降は有料となります。 詳細は下記参照	**回数制限なし** 何度でも質問できます。
質問方法	受講生専用サイト　郵便　FAX 受講生専用サイト、郵便、FAX で受け付けます。	受講生専用サイト　電話　郵便　FAX 受講生専用サイト、電話、郵便、 FAX で受け付けます。

受講生特典

受講後、実務教育出版の書籍を当社に
直接ご注文いただくとすべて 10%割引になります！！

公務員合格講座受講生の方は、当社へ直接ご注文いただく場合に限り、
実務教育出版発行の本すべてを 10% OFF でご購入いただけます。
書籍の注文方法は、受講生専用サイトでお知らせします。

いつでもどこでも学べる学習環境を提供！

eラーニング

Jトレ+
［ J ト レ プ ラ ス ］

Jトレプラスの活用法がご覧いただけます

時間や場所を選ばず学べます！

スマホで「いつでも・どこでも」学習できるツールを提供しています。本番形式の「五肢択一式」のほか、手軽な短答式で重要ポイントの確認・習得が効率的にできる「穴埋めチェック」や短時間でトライできる「ミニテスト」など、さまざまなシチュエーションで活用できるコンテンツをご用意しています。外出先などでも気軽に問題に触れることができ、習熟度がUPします。

ホーム	五肢択一式	穴埋めチェック	ミニテスト

スキマ時間で、問題を解く！　テキストで確認！

＼ 利用者の声 ／

［Jトレプラス］をスマートフォンで利用し、ゲーム感覚で問題を解くことができたので、飽きることなく進められて良かったと思います。

ちょっとした合間に手軽に取り組める［Jトレプラス］でより多くの問題に触れるようにしていました。

通学時間に利用した［Jトレプラス］は時間が取りにくい理系学生にも強い味方となりました。

テキスト自体が初心者でもわかりやすい内容になっていたのでモチベーションを落とさず勉強が続けられました。

テキスト全冊をひととおり読み終えるのに苦労しましたが、一度読んでしまえば、再読するのにも時間はかからず、読み返すほどに理解が深まり、やりがいを感じました。勉強は苦痛ではなかったです。

面接のポイントが動画や添削でわかる！

面接レッスン Video

面接試験をリアルに体感！

実際の面接試験がどのように行われるのか、自分のアピール点や志望動機をどう伝えたらよいのか？
面接レッスン Video では、映像を通して面接試験の緊張感や面接官とのやりとりを実感することができます。面接試験で大きなポイントとなる「第一印象」も、ベテラン指導者が実地で指南。対策が立てにくい集団討論やグループワークなども含め、準備方法や注意点をレクチャーしていきます。
また、動画内の面接官からの質問に対し声に出して回答し、その内容をさらにブラッシュアップする「実践編」では、「質問の意図」「回答の適切な長さ」などを理解し、本番をイメージしながらじっくり練習することができます。
[Jトレプラス] サイト内で動画を配信していますので、何度も見て、自分なりの面接対策を進めましょう。

面接レッスン Video の紹介動画公開中！

面接レッスン Video の紹介動画を公開しています。
実務教育出版 web サイト各コースページからもご覧いただけます。

（1）個人面接編
（2）集団討論編
（3）実践編
の3つを見ることができます！
実務教育出版

指導者 Profile

坪田まり子先生

有限会社コーディアル代表取締役、東京学芸大学特命教授、プロフェッショナル・キャリア・カウンセラー®。
自己分析、面接対策などの著書を多数執筆し、就職シーズンの講演実績多数。

森下一成先生

東京未来大学モチベーション行動科学部コミュニティ・デザイン研究室 教授。
特別区をはじめとする自治体と協働し、まちづくりの実践に学生を参画させながら、公務員や教員など、公共を担うキャリア開発に携わっている。

面接試験対策テキスト / 面接カード添削

テキストと添削で自己アピール力を磨く！

面接試験対策テキストでは、面接試験の形式や評価のポイントを解説しています。テキストの「質問例＆回答のポイント」では、代表的な質問に対する回答のポイントをおさえ、事前に自分の言葉で的確な回答をまとめることができます。面接の基本を学習した後は「面接カード」による添削指導で、問題点を確認し、具体的な対策につなげます。2回分の提出用紙を、「1回目の添削結果を踏まえて2回目を提出」もしくは「2回目は1回目と異なる受験先用として提出」などニーズに応じて利用できます。

▲面接試験対策教材

▲面接カード・添削指導

対応コースを記号で明記しています。

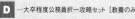

K …大卒程度公務員総合コース[教養＋専門行政系]　**C** …大卒程度公務員総合コース[教養のみ]　**L** …大卒程度公務員択一攻略セット[教養＋専門行政系]
D …大卒程度公務員択一攻略セット[教養のみ]　**M** …経験者採用試験コース　**N** …経験者採用試験[論文・面接試験対策]コース　**R** …市役所教養トレーニングセット

お申し込み方法・受講料一覧

インターネット

実務教育出版ウェブサイトの「公務員合格講座 受講申込」ページへ進んでください。

- ●受講申込についての説明をよくお読みになり【申込フォーム】に必要事項を入力の上［送信］してください。
- ●【申込フォーム】送信後、当社から［確認メール］を自動送信しますので、必ずメールアドレスを入力してください。

■お支払方法

コンビニ・郵便局で支払う

教材と同送の「払込取扱票」でお支払いください。お支払い回数は「1回払い」のみです。

クレジットカードで支払う

インターネット上で決済できます。ご利用いただけるクレジットカードは、VISA、Master、JCB、AMEXです。お支払い回数は「1回払い」のみです。

※クレジット決済の詳細は、各カード会社にお問い合わせください。

■複数コース受講特典

コンビニ・郵便局で支払いの場合

以前、公務員合格講座の受講生だった方（現在受講中含む）、または今回複数コースを同時に申し込まれる場合は、受講料から3,000円を差し引いた金額を印字した「払込取扱票」をお送りします。
以前、受講生だった方は、以前の受講生番号を【申込フォーム】の該当欄に入力してください（ご本人様限定）。

クレジットカードで支払いの場合

以前、公務員合格講座の受講生だった方（現在受講中含む）、または今回複数コースを同時に申し込まれる場合は、後日当社より直接ご本人様宛にQUOカード3,000円分を進呈いたします。
以前、受講生だった方は、以前の受講生番号を【申込フォーム】の該当欄に入力してください（ご本人様限定）。

詳しくは、実務教育出版ウェブサイトをご覧ください。
「公務員合格講座 受講申込」

https://www.jitsumu.co.jp/contact/

教材のお届け

あなたからのお申し込みデータにもとづき受講生登録が完了したら、教材の発送手配をいたします。

＊教材一式、受講生証などを発送します。　＊通常は当社受付日の翌日に発送します。
＊お申し込み内容に虚偽があった際は、教材の送付を中止させていただく場合があります。

受講料一覧 ［インターネットの場合］

コース記号	コース名	受講料	申込受付期間
K	大卒程度 公務員総合コース［教養＋専門行政系］	91,300円（本体83,000円＋税）	2023年4月1日〜2024年3月31日
C	大卒程度 公務員総合コース［教養のみ］	66,000円（本体60,000円＋税）	
L	大卒程度 公務員択一攻略セット［教養＋専門行政系］	60,500円（本体55,000円＋税）	
D	大卒程度 公務員択一攻略セット［教養のみ］	44,000円（本体40,000円＋税）	
M	経験者採用試験コース	77,000円（本体70,000円＋税）	
N	経験者採用試験［論文・面接試験対策］コース	38,500円（本体35,000円＋税）	
R	市役所教養トレーニングセット［大卒程度］	29,700円（本体27,000円＋税）	2023年8月1日〜2024年7月31日

＊受講料には、教材費・指導費などが含まれております。　＊お支払い方法は、一括払いのみです。　＊受講料は、2023年8月1日現在の税込価格です。

［返品・解約について］

◇教材到着後、未使用の場合のみ2週間以内であれば、返品・解約ができます。
◇返品・解約される場合は、必ず事前に当社へ電話でご連絡ください（電話以外は不可）。
TEL：03-3355-1822（土日祝日を除く9：00〜17：00）
◇返品・解約の際、お受け取りになった教材一式は、必ず実務教育出版あてにご返送ください。教材の返送料は、お客様のご負担となります。
◇2週間を過ぎてからの返品・解約はできません。また、2週間以内でも、お客様による折り目や書き込み、破損、汚れ、紛失等がある場合は、返品・解約ができませんのでご了承ください。
◇全国の取扱い店（大学生協・書店）にてお申し込みになった場合の返品・解約のご相談は、直接、生協窓口・書店へお願いいたします。

個人情報取扱原則 実務教育出版では、個人情報保護法など関連法規に基づいて個人情報を取り扱います。

1. 利用目的　実務教育出版の商品（通信講座など）にご契約、ならびにお問い合わせいただいたお客様に対して、教材発送、案内資料の送付、お問い合わせやご相談の返答、その他関連サービスの提供やご案内、また、社内での調査・研究（アンケート等）などに利用させていただきます。
2. 個人情報の管理　(1) 関係する法令等を順守いたします。(2) 利用目的の範囲を超えて個人情報を利用することはありません。(3) 業務上、外部の協力会社等にデータ処理を委託する場合は、適切な指導・監督を行うとともに、委託業務に関して契約を取り交わし、機密保持に努めます。
3. 個人情報の第三者への供与制限　お客様の個人情報は、以下のいずれかに該当する場合を除き、第三者に提供することはありません。(1) お客様への契約の履行、商品提供や各種サービスを実施するため、社外の協力会社へデータ処理を委託する場合。(2) お客様の同意がある場合。(3) 法令に基づき司法機関、行政機関から法的義務を伴う要請を受けた場合。
4. 個人情報の訂正・利用停止の手続き　お客様ご本人より、個人情報の誤りについての訂正や利用停止のご連絡をいただいた場合は、お手続きの間に合う時点から速やかに処理を行います。
5. お問い合わせ窓口　個人情報についての苦情・お問い合わせは、下記にて受け付けいたします。
公務員指導部　TEL.03-3355-1822（土日祝日を除く9：00〜17：00）

警察官・消防官 [大卒程度]
一次試験対策セット！

大卒程度の警察官・消防官の一次試験合格に必要な書籍、教材、模試をセット販売します。問題集をフル活用することで合格力を身につけることができます。模試は自己採点でいつでも実施することができ、論文試験は対策に欠かせない添削指導を受けることができます。

警察官 スーパー過去問セット [大卒程度]

教材一覧

●大卒程度 警察官・消防官 スーパー過去問ゼミ[改訂第3版]
社会科学、人文科学、自然科学、判断推理、数的推理、文章理解・資料解釈

●数学の基礎確認ドリル

●[知識分野] 要点チェック

●2024年度版 大卒警察官 教養試験 過去問350

●警察官・消防官[大卒程度] 公開模擬試験
＊問題、正答と解説（自己採点）、論文（添削付き）

セット価格	18,150円（税込）
申込受付期間	2023年1月13日〜

消防官 スーパー過去問セット [大卒程度]

教材一覧

●大卒程度 警察官・消防官 スーパー過去問ゼミ[改訂第3版]
社会科学、人文科学、自然科学、判断推理、数的推理、文章理解・資料解釈

●数学の基礎確認ドリル

●[知識分野] 要点チェック

●2024年度版 大卒・高卒消防官 教養試験 過去問350

●警察官・消防官[大卒程度] 公開模擬試験
＊問題、正答と解説（自己採点）、論文（添削付き）

セット価格	18,150円（税込）
申込受付期間	2023年1月13日〜

動画で学ぶ【公務員合格】シリーズ

実務教育出版では、全国の大学等で長年公務員受験指導を
している確かな講師陣による動画講義を販売いたします。
『動画で学ぶ【公務員合格】SPI（非言語）』は、民間就職
や地方公務員試験で教養試験の代わりに「SPI」を実施す
る自治体が増加傾向にあるので対策は必須。また出題数の
多い数的推理・判断推理の基礎や解き方は『動画で学ぶ【公
務員合格】数的推理・判断推理』でマスターできます。
『動画で学ぶ【公務員合格】憲法』は、教養試験と専門試

験の両方の「憲法」の知識が身につきます。
『動画で学ぶ【公務員合格】民法』では、出題数が多く早
めに準備したい「民法」を効率よく学べます。
『動画で学ぶ【公務員合格】時事対策』は、直前期に最新
の時事対策をすることで、得点がグッと UP します。
　動画で学ぶ【公務員合格】シリーズは、厳選されたポイン
トを何度も見直すことができ、「独学」合格のための確か
なスタートダッシュが可能です。

動画で学ぶ【公務員合格】SPI（非言語）

- ◆講 義 数：SPI（非言語）2
- ◆動画時間：各90分
- ◆価　　格：各2,200円　※全2講義をまとめて購入すると2,200円（税込）

◆講師：山本和男（やまもと かずお）
学習院大学法学部法学科在学中より、大手進学塾・専門学校にて公務員試験合格指導に携
わる。現在は、フリーランスとして全国の大学・短大で指導している。その丁寧な解説から、非言語、
数的推理、判断推理が苦手な受講生からも「わかりやすい」「やる気がでた」と高い評価を得て
いる。また、SPIをはじめとする民間企業採用試験や公務員試験の解説執筆にも多く携わっている。

動画で学ぶ【公務員合格】数的推理・判断推理

- ◆講 義 数：数的推理4・判断推理4
- ◆動画時間：各90分
- ◆価　　格：各2,200円　※全8講義をまとめて購入すると8,800円（税込）

動画で学ぶ【公務員合格】憲法

- ◆講 義 数：憲法 10
- ◆動画時間：各90分
- ◆価　　格：各2,200円　※全10講義をまとめて購入すると11,000円（税込）

◆講師：九条正臣（くじょう まさおみ）
中央大学法学部法律学科卒業。国家Ⅰ種試験（法律）上位合格。「新スーパー過去問ゼミ
憲法」、「法律5科目まるごとエッセンス」等、執筆多数。長年にわたり、大学で公務員試験
対策の学内講師を務める。難解な法律科目を非常にわかりやすく、かつ、本試験問題の出
題予想の的中率の高さから、受験生の圧倒的支持を得ている。

動画で学ぶ【公務員合格】民法

- ◆講 義 数：民法 15
- ◆動画時間：各90分
- ◆価　　格：各2,200円　※全15講義をまとめて購入すると16,500円（税込）

動画で学ぶ【公務員合格】時事対策

- ◆講 義 数：時事対策 3
- ◆動画時間：各90分
- ◆価　　格：各2,200円　※全3講義をまとめて購入すると4,950円（税込）

◆講師：近 裕一（こん ゆういち）
早稲田大学大学院政治学研究科博士後期課程・単位取得満期退学。1984年度より公務員
試験の受験指導に従事。資格試験研究会スタッフとして「新スーパー過去問ゼミ」シリーズの
『政治学』『行政学』、「集中講義! 政治学・行政学」執筆のほか、公務員合格講座の教材執筆
等にも携わる。また、長年にわたり、大学・短期大学などでの「公務員試験対策」学内講座の講
師を務め、その情熱的な講義は多くの受講生から強い支持を受けている。

年間15,000人の受験者数を誇る全国レベルの公開模擬試験！

産経公務員模擬テスト

個人受験案内

※ 実務教育出版の公開模試とは異なりますのでご注意ください ※

●会場受験・自宅受験に分けて全国規模で実施。●本試験に準拠した試験形式を採用。●問題は出題傾向を徹底的に分析した本試験予想問題。●答案はマークシートを使用、コンピュータで採点。●全国レベルでの実力判定を実施。●信頼性の高い合格可能度を提供。●全問にポイントを押さえた解説付き。●「論文試験」添削指導（別途有料）が受験可能。

第2回	第3回	第4回
国家一般職大卒（行政）	地方上級／市役所上級大卒警察官・消防官	国家一般職大卒（行政）
本試験重要テーマ攻略	本試験予想	本試験予想
2024年2月11日（日）会場試験実施	2024年2月25日（日）会場試験実施	2024年3月17日（日）会場試験実施

各回ともに自宅受験と会場受験の申込締切日が異なっています。お申込みの際には十分ご注意ください。

回	試験の種類	自宅受験				受験科		会場受験			受験科		会場
		申込締切日	問題発送日	返送締切日	結果発送日	教養+専門	教養のみ	実施日	申込締切日	結果発送日	教養+専門	教養のみ	
2	国家一般職大卒（本試験重要テーマ攻略）	1/19（金）	1/26（金）	2/8（木）	3/4（月）	6,900円	4,600円	2/11（日）	1/26（金）	3/4（月）	6,400円	4,100円	札幌・仙台 新潟・東京 名古屋・大阪 福岡 （全7会場）
3	地方上級/市役所上級大卒警察官・消防官（本試験予想）	2/2（金）	2/9（金）	2/22（木）	3/15（金）	6,900円	4,600円	2/25（日）	2/9（金）	3/15（金）	6,400円	4,100円	
4	国家一般職大卒（本試験予想）	2/22（木）	3/1（金）	3/14（木）	4/8（月）	6,900円	4,600円	3/17（日）	3/1（金）	4/8（月）	6,400円	4,100円	
5	地方上級/市役所上級大卒消防官（本試験直前予想）	3/8（金）	3/15（金）	3/28（木）	4/19（金）	6,900円	4,600円	3/31（日）	3/15（金）	4/19（金）	6,400円	4,100円	

○問題・結果発送日は発送予定日です。到着はこの日以降となります。〔受験料は消費税込み〕
※第2回、第4回の教養は「基礎能力試験」です。

お問い合わせ先・事務局

産経公務員テスト機構　www.sankei-koumuin.jp

〒100-8079　東京都千代田区大手町1-7-2　産經新聞社　コンベンション事業部内
電話：03-3241-4977（土日祝日を除く 10:00〜17:30）E-mail：koumuin@sankei.co.jp

主催＝ 産経新聞社・実務教育出版

試験の特色

- 全国主要7都市で「会場受験」を実施。遠隔地の方や当日会場に来られない方には「自宅受験」をご用意しております。
- 実際の公務員採用試験に準拠して実施します。特に地方上級試験は、各自治体の出題内容に対応した型別出題システムで実施します。
- 元試験専門委員などのスタッフが過去の問題を徹底分析、それに今後予想される出題傾向をプラスして精度の高い問題を作成します。
- 解答方法の練習に役立つようマークシートの答案用紙を使用し、コンピュータで迅速に採点します。
- 客観的かつ全国レベルでの実力が分かります。また、細かく分析された成績表により、弱点分野の克服に役立ちます。
- 豊富なデータに基づく信頼性の高い合格可能度を判定します。
- 「正答と解説」には全問にポイントを押さえた解説付き。解法のポイントやテクニックが盛り込まれており、弱点補強に役立ちます。
- 「論文試験」添削指導（別途有料）が受けられます。

受験会場

※会場受験は、全国7会場（札幌・仙台・新潟・東京・名古屋・大阪・福岡）で実施します。
　下記の会場以外は、弊社ホームページでご確認いただくか、事務局まで直接お問い合わせください。（TEL 03-3241-4977）

| 札幌会場 | ：札幌公務員受験学院 | 〒060-0809 | 北海道札幌市北区北9条西4-7-4 エルムビル6F | TEL 0120-561-276 |
| 福岡会場 | ：麻生公務員専門学校／福岡校 | 〒812-0016 | 福岡県福岡市博多区博多駅南1-14-7 | TEL 092-473-6051 |

☆都合により各会場の具体的な実施場所は変更になる場合があります。
　事前に各受験者宛にお送りする「受験票」には、各会場への簡単な地図を掲載します。

試験の内容　（※出題される問題は各実施回ごとに異なります。）

●第3・5回　地方上級（行政系）
地方上級（各都道府県・政令指定都市・特別区）の行政系に照準を合わせた問題です。**東京都・横浜市・相模原市・静岡市・神戸市**および技術職を志望される方は「教養試験」のみを受験してください。なお、北海道（札幌市を除く）・大阪府・和歌山県・大阪市・堺市を志望される方、および、京都府・広島県・広島市の「法律」「経済」区分を志望される方は、本模擬テストの対象外となります。

●第3・5回　市役所上級・大卒消防官
主に6月試験実施の、一部の比較的大きな市を対象として実施します。該当する自治体は右下の一覧表をご参照ください。それ以外の自治体を志望される方は、試験の内容・レベルが異なりますので、あくまでも力試しとして受験してください。なお、市役所上級の合格可能度判定は、各市役所ごとではなく、「市役所上級」として一本化した判定となります。

●第3回　大卒警察官
警視庁・道府県警察の大卒程度警察官（男性・女性）を対象として実施します。必ず「教養試験」のみを受験してください。

●第2・4回　国家一般職大卒（行政）
国家一般職大卒の行政に照準を合わせた問題です。**技術職**を志望される方は「教養試験（基礎能力試験）」のみを受験してください。

◎試験時間
（第3・5回）　教養試験：9時30分～12時（150分）
　　　　　　　専門試験：13時～15時（120分）

（第2・4回）　教養試験：9時30分～11時20分（110分）
　　　　　　　専門試験：12時30分～15時30分（180分）

◎出題科目
実際の採用試験に準じた科目で実施します。詳しい出題科目に関しましては、弊社ホームページをご覧ください。

◎成績資料
教養・専門試験の得点、判定、換算点、平均点、序列、問題別解答状況、分野別解答状況、合格可能度、昨年度本試験の実施結果、合格ラインの総合点

> ご注意　「教養試験のみ」の受験者については、成績判定の総合に関するもの、および合格可能度は判定されません。
> ただし、地方上級の東京都・横浜市・相模原市・静岡市・神戸市、および市役所上級、大卒警察官・消防官の志望者は例外となります。
> なお、詳しい出題内容等につきましては、弊社ホームページをご覧ください。　http://www.sankei-koumuin.jp/about/detail/

試験の種別について（必ずお読みください。）

地方上級（第1・3・5回）
「専門試験」は〈行政系〉対応です。
技術職志望者は「教養のみ」を受験してください。
ただし、〈行政系〉志望であっても、東京都・横浜市・相模原市・静岡市・神戸市の志望者は「教養のみ」を受験してください。
また、北海道（札幌市を除く）・大阪府・和歌山県・大阪市・堺市を志望される方、および、京都府・広島県・広島市の「法律」「経済」区分を志望される方は、本模擬テストの対象外となります。

国家一般職大卒（第2・4回）
「専門試験」は〈行政〉対応です。
技術職志望者は「教養のみ」を受験してください。

大卒警察官（第1・3回）
必ず「教養のみ」を受験してください。

市役所上級・大卒消防官（第1・3・5回）
志望自治体によって「教養＋専門」「教養のみ」の別が決まりますので、必ず下記の一覧表を参照の上、お申込みください。なお、市役所上級の「専門試験」は〈事務系〉対応です。技術職および大卒消防官のうち下記一覧にない自治体の志望者は「教養のみ」を受験してください。
また、札幌市・消防官、堺市・消防官を志望される方は、本模擬テストの対象外となります。
（ご注意）市役所上級の問題構成・採点は下記自治体別ではなく、一本化して実施します。

	教養＋専門	教養のみ
市役所上級	青森市、弘前市、八戸市、山形市、福島市、郡山市、いわき市、白河市、須賀川市、喜多方市、伊達市、船橋市、松戸市、柏市、流山市、飯山市、千曲市、安曇野市、岐阜市、富山市、金沢市、姫路市、和歌山市、呉市、丸亀市、東かがわ市	盛岡市、会津若松市、伊勢崎市、三郷市、東村山市、海老名市、須坂市、五泉市、高山市、黒部市、七尾市、小松市、坂井市、鳥取市、出雲市、安来市、雲南市、廿日市市、高知市
大卒消防官	広島市	仙台市、さいたま市、千葉市、東京消防庁、横浜市、川崎市、相模原市、新潟市、静岡市、浜松市、名古屋市、京都市、大阪市、神戸市、岡山市、北九州市、福岡市、熊本市、その他の市

※上記以外の自治体の志望者は、試験の内容・レベルが異なりますので、あくまでも力試しとして受験してください。
その場合、択一式の専門試験の有無等、各自治体発表の採用試験情報をご自分でお調べの上、お申込みください。

お申込み方法

インターネットでお申込み

●弊社ホームページからお申込みができます。　（www.sankei-koumuin.jp）
●お支払い方法は、クレジットカード決済または各種コンビニ決済のどちらかをお選びください。
●コンビニ決済をお選びいただいた場合、お支払い期限はネット上でのお申込み手続き完了から二日以内（翌々日の23時59分59秒まで）となります。この期限を過ぎますと、お申込み自体が無効となりますので、十分ご注意ください。
●郵便局や銀行等、各種金融機関の口座振込はご利用になれません。

書店・大学生協にてお申込み

●全国の有名書店・大学生協にて、店頭受付をしている場合があります。
●取扱書店名・大学生協名につきましては、このページ裏面のリストをご覧ください。
●受付をしている各店舗には、専用の申込用紙をご用意しております。
●書店・大学生協でのお申込みの場合、申込締切日は当日各店舗の営業時間内です。

お申込み・模擬試験の詳しい内容についてなど、弊社ホームページをご覧ください。

www.sankei-koumuin.jp

※右のQRコードをご利用いただくか、インターネットで《公務員テスト》を検索！

会場受験・自宅受験についてのご注意

会場

●全国7会場（札幌・仙台・新潟・東京・名古屋・大阪・福岡）で実施します。なお、各会場の具体的な実施場所に関しては、弊社ホームページをご覧いただくか、事務局まで直接お問い合わせください。(TEL:03-3241-4977)
●都合により各会場の具体的な実施場所は変更になる場合があります。
●各会場ともに定員オーバーとなった場合、または諸般の事情により中止となった場合など、自宅受験に振り替えていただくこともあります。
●「正答と解説」は、試験終了後、会場退出時にお渡しします。
●会場受験の方へは、試験日の1週間ほど前までに受験票をお送りします。受験票は申込締切日より約1週間後に一斉に発送しますが、郵便事情等により到着が前後することがあります。試験日の3日前になっても受験票が届かない場合、必ず事前に事務局(03-3241-4977)までご一報ください。なお、ご連絡なき場合は到着したものとみなしますので、十分ご注意ください。また、受験票が未着のまま、試験当日、直接受験会場に来られても受験できない場合がありますので、特にご注意ください。

自宅

●自宅受験の方へは、最初のページの実施日程表に記載された期日に、自宅受験のセットを一斉に発送します。郵便事情等により到着が前後することがありますが、発送日より5日経っても問題が届かない場合、必ず事務局(03-3241-4977)までご一報ください。なお、ご連絡なき場合は到着したものとみなしますので、十分ご注意ください。
●自宅受験のセットには「受験時の注意事項」「問題冊子」「正答と解説」「マークシート」「答案提出用封筒」「結果返送用封筒」を同封します。
●答案用紙（マークシート）の提出の際には「答案提出用封筒」に切手を貼って投函してください。なお、返送締切日は消印有効です。

論文試験について

●付録として毎回「論文試験」が付いています。各回とも公務員試験合格のためのポイントを押さえた添削指導を行います。(別途有料：税込み2,300円)
●「論文試験」に関しては、事前のお申込み、および論文添削のみのお申込みは受け付けておりません。詳しくは問題冊子に添付の「添削のご案内」をご覧ください。

受験内容の変更・キャンセルについて

●お申込み後の受験内容の変更・キャンセル等、受験料の返金を伴うご要望には一切応じることができません。その場合、別の実施回に振り替えていただくか、テキスト等資料の送付で対応します。事前に十分ご注意ください。

（お問い合わせ先・事務局）

産経公務員テスト機構

〒100-8079　東京都千代田区大手町1-7-2　産經新聞社　コンベンション事業部内
電話：03-3241-4977（土日祝日を除く 10:00〜17:30）
E-mail：koumuin@sankei.co.jp

【北海道】

紀伊國屋書店	札幌本店	札幌市中央区
小樽商科大学	生協	小樽市
帯広畜産大学	生協	帯広市
北見工業大学	生協	北見市
札幌公務員受験学院（札幌会場）		札幌市北区
札幌大学	生協	札幌市豊平区
北星学園大学	生協 大学店	札幌市厚別区
北海学園大学	生協 会館店	札幌市豊平区
北海学園大学	生協 工学部店	札幌市中央区
北海道教育大学	旭川生協	旭川市
北海道教育大学	岩見沢生協	岩見沢市
北海道教育大学	釧路生協	釧路市
北海道教育大学	札幌生協	札幌市北区
北海道教育大学	函館生協	函館市
北海道大学	生協 キャリアサポート店	札幌市北区
北海道大学	生協 水産学部店	函館市
北海道大学	生協 北部店	札幌市北区
室蘭工業大学	生協	室蘭市
酪農学園大学	生協	江別市

【東 北】

店名	店舗	所在地
紀伊國屋書店	仙台店	仙台市太白区
紀伊國屋書店	弘前店	弘前市
さわや書店	本店	盛岡市
東山堂書店	本店	盛岡市
成田本店	しんまち店	青森市
八文字屋		山形市
秋田大学	生協 手形店	秋田市
岩手県立大学	生協	岩手郡
岩手大学	生協	盛岡市
東北学院大学	生協 五橋ブックセンター	仙台市若林区
東北学院大学	生協 土樋店	仙台市青葉区
東北生活文化大学	生協	仙台市泉区
東北大学	生協 川内店	仙台市青葉区
東北大学	生協 工学部店	仙台市青葉区
東北大学	生協 文系店	仙台市青葉区
東北大学	生協 みどりショップ	仙台市青葉区
東北大学	生協 理薬店	仙台市青葉区
東北福祉大学	BOOKセンター国見堂	仙台市青葉区
弘前大学	生協 文京店	弘前市
福島大学	生協	福島市
宮城学院	生協	仙台市青葉区
宮城教育大学	生協	仙台市青葉区
山形大学	生協 小白川店	山形市
山形大学	生協 鶴岡店	鶴岡市
山形大学	生協 米沢店	米沢市

【関 東】

店名	店舗	所在地
旭屋書店	池袋店	豊島区
池上書店	大東文化大学店	板橋区
紀伊國屋書店	新宿店	新宿区
くまざわ書店	八王子店	八王子市
須原屋		さいたま市
Books・ルーエ		武蔵野市
青山学院大学	購買会	渋谷区
麻布大学	生協	相模原市
足利大学	生協	足利市
跡見学園女子大学	生協 新座店	新座市
跡見学園女子大学	生協 文京店	文京区
茨城キリスト教学園		日立市
茨城大学	生協 阿見購買書籍店	稲敷郡
茨城大学	生協 日立購買書籍店	日立市
茨城大学	生協 水戸店	水戸市
宇都宮大学	生協 工学部店	宇都宮市
宇都宮大学	生協 峰店	宇都宮市
桜美林学園	生協	町田市
お茶の水女子大学	生協	文京区
神奈川大学	生協	横浜市神奈川区
群馬大学	生協 荒牧店	前橋市
群馬大学	生協 桐生店	桐生市
慶應義塾大学	生協 日吉店	横浜市港北区
慶應義塾大学	生協 藤沢店	藤沢市
慶應義塾大学	生協 三田店	港区
慶應義塾大学	生協 矢上店	横浜市港北区
工学院大学	生協 八王子店	八王子市
國學院大学	生協 渋谷店	渋谷区
埼玉大学	生協	さいたま市
芝浦工業大学	生協 大宮店	さいたま市
芝浦工業大学	生協 豊洲店	江東区
十文字学園	生協	新座市
専修大学	購買会	千代田区
大東文化学園	生協 板橋店	板橋区
大東文化学園	生協 東松山店	東松山市
高崎経済大学	生協	高崎市
拓殖大学	八王子購買会	八王子市
拓殖大学	文京購買会	文京区
千葉商科大学	生協	市川市
千葉大学	生協 園芸学部店	松戸市
千葉大学	生協 ブックセンター	千葉市稲毛区
中央大学	Via購買部	我孫子市
中央大学	生協 多摩店	八王子市
中央大学	生協 理工店	文京区
筑波大学	大学会館	つくば市
津田塾大学	生協	小平市
電気通信大学	生協	調布市
東京医科歯科大学	生協	文京区
東京外国語大学	生協	府中市
東京海洋大学	生協 越中島店	江東区
東京海洋大学	生協 品川店	港区
東京学芸大学	生協	小金井市
東京経済大学	生協	国分寺市
東京工業大学	生協 大岡山店	目黒区
東京工業大学	生協 すずかけ台店	横浜市緑区
東京大学	生協 駒場店	目黒区
東京大学	生協 本郷店	文京区
東京電機大学	生協 東京千住キャンパス店	足立区
東京都立大学	生協 南大沢店	八王子市
東京農業大学	生協	世田谷区
東京農工大学	生協 工学部店	小金井市
東京農工大学	生協 農学部店	府中市
東京理科大学	生協	八王子市
東京理科大学	生協 野田店	野田市
東京理科大学	生協 赤羽台店	北区
東洋大学	生協 川越店	川越市
東洋大学	生協 白山店	文京区
日本社会事業大学	生協	清瀬市
日本獣医生命科学大学	生協	武蔵野市
日本女子大学	生協 目白店	文京区
一橋大学	生協 西SHOP	国立市
法政大学	生協 市ヶ谷店	千代田区
法政大学	生協 小金井店	小金井市
法政大学	生協 多摩店	町田市
星薬科大学	生協	品川区
前橋工科大学	生協	前橋市
武蔵学園	生協	練馬区
明治学院大学	生協 白金店	港区
明治学院大学	生協 横浜店	横浜市戸塚区
山梨県立大学	生協 飯田キャンパスSB店	甲府市
山梨大学	生協	甲府市
横浜国立大学	生協 工学部店	横浜市保土ケ谷区
横浜国立大学	生協 大学会館店	横浜市保土ケ谷区
横浜市立大学	生協 本部店	横浜市金沢区
立教大学	丸善キャンパスショップ 池袋店	豊島区
立教大学	丸善キャンパスショップ 新座店	新座市
和光学園	生協	町田市
早稲田大学	生協 コーププラザ	新宿区
早稲田大学	生協 所沢店	所沢市
早稲田大学	生協 戸山店	新宿区
早稲田大学	生協 理工店	新宿区

【信 越】

店名	店舗	所在地
紀伊國屋書店	新潟店	新潟市
平安堂		長野市
信州大学	生協 繊維学部店	上田市
信州大学	長野生協 教育学部店	長野市
信州大学	長野生協 工学部店	長野市
信州大学	生協	松本市
信州大学	松本生協 農学部店	上伊那郡
長野県看護大学	生協	駒ヶ根市
長野県立大学	生協	長野市
長野大学	生協	上田市
新潟青陵大学	生協	新潟市
新潟大学	生協	新潟市

【北 陸】

うつのみや	金沢香林坊店	金沢市
紀伊國屋書店	金沢大和店	金沢市
金沢大学	生協 角間店	金沢市
金沢大学	生協 自然研	金沢市
富山大学	生協 工学部店	富山市
富山大学	生協 五福店	富山市
福井大学	生協	福井市

【東 海】

店名	店舗	所在地
別所書店	津駅店	津市
愛知教育大学	生協	刈谷市
愛知県立大学	生協	愛知県
愛知大学	豊橋生協 トリニテ	豊橋市
愛知大学	名古屋生協 Wiz	名古屋市中村区
愛知大学	名古屋生協 車道店	名古屋市東区
岐阜大学	生協 医学部店	岐阜市
岐阜大学	生協 中央店	岐阜市
静岡大学	生協 静岡店	静岡市
静岡大学	生協 浜松店	浜松市
中京大学	生協 プラザ・ドゥ	豊田市
中京大学	生協 プラザ・リーブル	名古屋市昭和区
名古屋工業大学	生協	名古屋市昭和区
名古屋市立大学	生協 山の畑店	名古屋市瑞穂区
名古屋大学	生協 南部店	名古屋市千種区
名古屋大学	生協 Booksフロンテ	名古屋市千種区
日本福祉大学	生協 美浜店	知多郡
三重大学	生協 翠陵店	津市
名城大学	生協 T・Court	名古屋市天白区
名城大学	生協 スクエア	名古屋市天白区

【近 畿】

紀伊國屋書店	梅田本店	大阪市北区
紀伊國屋書店	川西店	川西市
紀伊國屋書店	泉北店	堺市
ジュンク堂書店	大阪本店	大阪市北区
ジュンク堂書店	三宮店	神戸市中央区
ジュンク堂書店	姫路店	姫路市
MARUZEN & ジュンク堂書店	梅田店	大阪市北区
大阪教育大学	生協 柏原店	柏原市
大阪教育大学	生協 天王寺店	大阪市天王寺区
大阪経済大学	生協	大阪市東淀川区
大阪公立大学	生協 杉本店	大阪市住吉区
大阪公立大学	生協 中百舌鳥店	堺市
関西大学	生協	吹田市
関西学院大学	生協 神戸三田キャンパス店	三田市
関西学院大学	生協 宮上ヶ原キャンパス店	西宮市
京都工芸繊維大学	生協	京都市左京区
京都大学	生協 ショップルネ	京都市左京区
京都大学	生協 吉田ショップ	京都市左京区
京都橘女子学園	生協	京都市山科区
京都府立大学	生協	京都市左京区
近畿大学	生協	東大阪市
甲南大学	生協	神戸市東灘区
神戸市外国語大学	生協	神戸市西区
神戸大学	生協 発達科学部店	神戸市灘区
神戸大学	生協 BEL BOX店	神戸市灘区
神戸大学	生協 LANS BOX店	神戸市灘区
神戸薬科大学	生協	神戸市東灘区
滋賀県立大学	生協	彦根市
滋賀大学	生協 大津地区店	大津市
滋賀大学	生協 彦根地区店	彦根市
同志社女子大学	生協	京田辺市
同志社大学	生協 今出川店	京都市上京区
同志社大学	生協 京田辺店	京田辺市
奈良教育大学	生協	奈良市
奈良女子大学	生協	奈良市
兵庫県立大学	生協 神戸商科キャンパス店	神戸市西区
兵庫県立大学	生協 姫路工学キャンパス店	姫路市
立命館大学	生協 OICショップ	茨木市
立命館大学	生協 ブックセンターふらっと	京都市北区
立命館大学	生協 リンクスクエアショップ	草津市
龍谷大学	生協 大宮店	京都市下京区
龍谷大学	生協 学館ショップR-Uni	京都市伏見区
龍谷大学	生協 瀬田店	大津市
和歌山大学	生協	和歌山市

【中 国】

店名	店舗	所在地
紀伊國屋書店	広島店	広島市中区
ジュンク堂書店	広島駅前店	広島市南区
文榮堂	本店	山口市
文榮堂	山口大学前店	山口市
岡山大学	生協	岡山市
下関市立大学	生協	下関市
水産大学校	生協	下関市
広島修道大学	生協	広島市安佐南区
広島大学	生協 霞コープショップ	広島市南区
広島大学	生協 北1コープショップ	東広島市
広島大学	生協 千田コープショップ	広島市中区
山口大学	生協 工学部ショップ	宇部市
山口大学	生協 中央ショップ	山口市

【四 国】

店名	店舗	所在地
紀伊國屋書店	徳島店	徳島市
金高堂	本店	高知市
小山助学館	本店	徳島市
明屋書店	石井店	松山市
宮脇書店	本店	高松市
宮脇書店	南本店	高松市
愛媛大学	生協 城北ショップ	松山市
愛媛大学	生協 農学部店	松山市
香川大学	生協 学館ショップ	高松市
香川大学	生協 工学部ショップ	木田郡
高知大学	生協 永国寺ショップ	高知市
高知大学	生協 農学部店	南国市
徳島大学	生協 蔵本店	徳島市
徳島大学	生協 常三島店	徳島市
松山大学	生協	松山市

【九 州】

店名	店舗	所在地
晃星堂	本町店	大分市
ブックセンター クエスト	小倉本店	北九州市小倉北
大分大学	生協	大分市
鹿児島大学	生協 スタディサポート	鹿児島市
北九州市立大学	生協 北方キャンパス店	北九州市小倉南
北九州市立大学	生協 ひびきのキャンパス店	北九州市若松
九州工業大学	生協 飯塚店	飯塚市
九州工業大学	生協 戸畑店	北九州市戸畑
九州国際大学	丸善マイプラザ	北九州市八幡東
九州産業大学	生協 中央図書館店	福岡市東区
九州大学	丸善雄松堂 福岡支店	福岡市西区
熊本県立大学	生協 学生会館ショップ	熊本市
熊本大学	生協 大学会館店	熊本市
佐賀大学	生協	佐賀市
西南学院大学	生協	福岡市早良区
長崎県立大学	生協	佐世保市
長崎大学	生協 経済店	長崎市
長崎大学	生協 文教店	長崎市
福岡県立大学	生協	田川市
福岡大学	福岡金文堂	福岡市城南区
宮崎大学	生協	宮崎市

【沖 縄】

店名	店舗	所在地
沖縄大学	生協	那覇市
琉球大学	生協 中央店	中頭郡

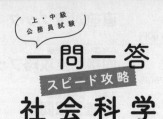
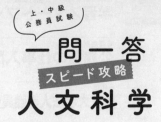

公務員受験 BOOKS 取扱い書店一覧

公務員受験BOOKSは、掲載書店以外の書店・大学生協でも取扱っております。
書店で品切れの場合は、店頭での注文により、取り寄せることができます。

●北海道　紀伊國屋書店（札幌本店・厚別店）／MARUZEN＆ジュンク堂書店札幌店／三省堂書店札幌店／コーチャンフォー（美しが丘店・ミュンヘン大橋店・新川通り店・釧路店・旭川店・北見店）／喜久屋書店ザ・本屋さん／宮脇書店帯広店／函館蔦屋書店／ジュンク堂書店旭川店／リリィアブルブックス運動公園通り店／くまざわ書店アリオ札幌店／江別 蔦屋書店

●青森県　ジュンク堂書店弘前中三店／宮脇書店青森本店／成田本店しんまち店

●秋田県　ジュンク堂書店秋田店／未来屋書店秋田店／宮脇書店秋田本店／スーパーブックス八橋店

●岩手県　さわや書店フェザン店／ジュンク堂書店盛岡店／エムズ エクスポ盛岡店／東山堂イオンモール盛岡南店／MORIOKA TSUTAYA

●山形県　八文字屋（本店・北店・鶴岡店）／こまつ書店（寿町本店・堀川町店）／戸田書店（三川店・山形店）／TENDO八文字屋

●宮城県　八文字屋（泉店・セルバ店）／三省堂書店仙台店／丸善書店仙台アエル店／あゆみBOOKS仙台一番町店／ヤマト屋書店（仙台八幡店・仙台三越店・東仙台店）／未来屋書店名取店／蔦屋書店仙台泉店／くまざわ書店（エスパル仙台店・アリオ仙台泉店）

●福島県　岩瀬書店（福島駅西口店・冨久山店）／鹿島ブックセンター／ヤマニ書房本店／みどり書房（イオンタウン店・桑野店・福島南店）／ジュンク堂書店郡山店／くまざわ書店（福島エスパル店・会津若松店）

●茨城県　ACADEMIAイーアスつくば店／コーチャンフォーつくば店／川又書店（県庁店・エクセル店）／WonderGOOつくば店／未来屋書店（水戸内原店・土浦店）／蔦屋書店（ひたちなか店・龍ケ崎店）／ブックエース茨大前店／くまざわ書店取手店／TSUTAYA LALAガーデンつくば

●栃木県　喜久屋書店宇都宮店／落合書店（イトーヨーカドー店・宝木店・トナリエ店）／うさぎや（自治医大店・栃木城内店）／くまざわ書店（宇都宮インターパーク店・宇都宮店）／TSUTAYA小山ロブレ店／ビッグワンTSUTAYA（佐野店）

●群馬県　戸田書店高崎店／ブックマンズアカデミー（高崎店・前橋店・太田店）／喜久屋書店太田店／紀伊國屋書店前橋店／くまざわ書店高崎店／蔦屋書店前橋みなみモール店／未来屋書店高崎店

●埼玉県　須原屋（本店・コルソ店・武蔵浦和店・川口前川店）／三省堂書店大宮店／ジュンク堂書店大宮高島屋店／紀伊國屋書店（川越店・さいたま新都心店・浦和パルコ店）／東京旭屋書店（新越谷店・志木店・イオンモール浦和美園店）／ブックファーストルミネ川越店／ブックデポ書楽／くまざわ書店（アズセカンド店・宮原店）／蔦屋書店フォレオ菖蒲店／ACADEMIA菖蒲店／文教堂書店川口駅店／未来屋書店レイクタウン店／明文堂書店TSUTAYA戸田／TSUTAYAレイクタウン／ジュンク堂書店桶川店／リブロ（ららぽーと富士見店・ラガーデン春日部店）／ツタヤブックストアグランエミオ所沢

●千葉県　三省堂書店（千葉そごう店・カルチャーステーション千葉店）／東京旭屋書店船橋店／丸善書店津田沼店／堀江良文堂書店松戸店／くまざわ書店（松戸店・津田沼店・ペリエ千葉本店・柏高島屋店）／紀伊國屋書店（流山おおたかの森店・セブンパークアリオ柏店）／喜久屋書店（千葉ニュータウン店・松戸店）／未来屋書店イオン成田店／精文館書店（木更津店・市原五井店）／蔦屋書店（幕張新都心店・茂原店）／丸善ユニモちはら台店／ツタヤブックストアテラスモール松戸／有隣堂ニッケコルトンプラザ

●神奈川県　有隣堂（横浜駅西口店・ルミネ横浜店・戸塚モディ店・本店・藤沢店・厚木店・たまプラーザテラス店・新百合ヶ丘エルミロード店・ミウィ橋本店・テラスモール湘南店・ららぽーと海老名店・ららぽーと湘南平塚店）／三省堂書店（海老名店・新横浜店）／文教堂書店（溝ノ口本店・横須賀MORE'S店）／八重洲B.C京急上大岡店／ブックファースト（青葉台店・ボーノ相模大野店）／くまざわ書店（横浜店・ららぽーと横浜店・武蔵小杉店）／丸善書店ラゾーナ川崎店／丸善日吉東急アベニュー店／ジュンク堂書店藤沢店／くまざわ書店（相模大野店・本厚木店・横須賀店）／ACADEMIAくまざわ書店橋本店／ACADEMIA港北店

●東京都　くまざわ書店（八王子店・錦糸町店・桜ケ丘店・武蔵小金井北口店・調布店・アリオ北砂店）／丸善書店（丸の内本店・日本橋店・お茶の水店・多摩センター店）／オリオン書房（ルミネ店・ノルテ店・イオンモールむさし村山店）／有隣堂（町田モディ店・アトレ目黒店・アトレ恵比寿店・グランデュオ蒲田店）／久美堂本店／三省堂書店（神保町本店・池袋本店・有楽町店・成城店・東京ソラマチ店・経堂店）／紀伊國屋書店（新宿本店・玉川高島屋店・国分寺店・小田急町田店・アリオ亀有店）／東京旭屋書店池袋店／書泉芳林堂書店高田馬場店／啓文堂書店（府中本店・多摩センター店・渋谷店）／文教堂書店（二子玉川店・赤羽店・市ヶ谷店）／ジュンク堂書店（池袋本店・吉祥寺店・大泉学園店・立川高島屋店）／ブックファースト（新宿店・アトレ大森店・レミィ五反田店・ルミネ北千住店・中野店）／コーチャンフォー若葉台店／喜久屋書店府中店

●新潟県　紀伊國屋書店新潟店／ジュンク堂書店新潟店／戸田書店長岡店／知遊堂（三条店・亀貝店・上越国府店）／蔦屋書店（新通店・新発田店）

●富山県　文苑堂（福田本店・富山豊田店・藤の木店）／BOOKSなかだ本店／喜久屋書店高岡店／明文堂書店富山新庄経堂店／紀伊國屋書店富山店／くまざわ書店富山マルート店

●石川県　うつのみや金沢香林坊店／金沢ビーンズ明文堂書店／明文堂書店TSUTAYA（野々市店・KOMATSU店）／未来屋書店杜の里店

●長野県　平安堂（新長野店・上田店・東和田店）／宮脇書店松本店／Super KaBoS（新二の宮店・大和田店・敦賀店）

●福井県　紀伊國屋書店福井店

●山梨県　朗月堂本店／ブックセンターよむよむフレスポ甲府東店／BOOKS KATOH都留店／くまざわ書店双葉店／未来屋書店甲府昭和店

●静岡県　谷島屋（新流通店・浜松本店・イオンモール浜松志都呂店・ららぽーと磐田店・マークイズ静岡店）／未来屋書店浜松市野店／マルサン書店仲見世店／戸田書店（江尻台店・藤枝東店）／MARUZEN＆ジュンク堂書店新静岡店

●岐阜県　丸善書店岐阜店／カルコス（本店・穂積店）／未来屋書店各務原店／

●三重県　ACADEMIA大垣店／三省堂書店岐阜店／三洋堂書店アクロスプラザ恵那店／宮脇書店四日市本店／本の王国文化センター前店／MARUZEN四日市店／コメリ書房鈴鹿店／TSUTAYAミタス伊勢店

●愛知県　三洋堂書店いいなか店／三省堂書店名古屋本店／星野書店近鉄パッセ店／精文館書店（本店・新豊田店）／ジュンク堂書店（名古屋店・名古屋栄店）／らくだ書店本店／MARUZEN名古屋本店／丸善書店（ヒルズウォーク徳重店・イオンタウン千種店）／未来屋書店（ナゴヤドーム店・大高店）／夢屋書店長久手店／TSUTAYA（春日井店・瀬戸店・ウィングタウン岡崎店・ららぽーと愛知東郷／則武新町店）／紀伊國屋書店（名古屋空港店・mozoワンダーシティ店）／カルコス小牧店

●滋賀県　ジュンク堂書店滋賀草津店／ブックハウスひらがきAスクエア店／大垣書店フォレオ大津一里山店／喜久屋書店草津店／サンミュージック（ハイパーブックス彦根店・ハイパーブックスかがやき通り店）

●京都府　丸善書店京都本店／アバンティブックセンター京都店／大垣書店（烏丸三条店・イオンモールKYOTO店・イオンモール京都桂川店・京都ヨドバシ店・イオンモール北大路店・二条店）／丸善書店京都高の原店

●奈良県　啓林堂書店奈良店／喜久屋書店（大和郡山店・橿原店）／三洋堂書店香芝店／ジュンク堂書店奈良店／WAY書店TSUTAYA天理店

●和歌山県　TSUTAYA WAY（ガーデンパーク和歌山店・岩出店・田辺東山店）／くまざわ書店和歌山ミオ店／宮脇書店ロイネット和歌山店／未来屋書店和歌山店

●兵庫県　喜久屋書店（北神戸店・須磨パティオ店）／ジュンク堂書店（三宮店・三宮駅前店・西宮店・姫路店・神戸住吉店・明石店）／紀伊國屋書店（加古川店・川西店）／ブックファースト阪急西宮ガーデンズ店／大垣書店神戸ハーバーランドumie店／未来屋書店伊丹店／メトロ書店神戸御影店／旭屋書店らら・ぽーと甲子園店

●大阪府　旭屋書店なんばCity店／紀伊國屋書店（梅田本店・グランフロント大阪店・泉北店・堺北花田店・京橋店・高槻阪急店・天王寺ミオ店・アリオ鳳店）／ジュンク堂書店（大阪本店・難波店・天満橋店・近鉄あべのハルカス店・松坂屋高槻店）／喜久屋書店阿倍野店／田村書店千里中央店／大垣書店高槻店／MARUZEN＆ジュンク堂書店梅田店／未来屋書店（大日店・りんくう泉南店・茨木店）／TSUTAYAえびすEXPOCITY／梅田蔦屋書店／丸善（八尾アリオ店・セブンパーク天美店）／水嶋書店くずはモール店／枚方蔦屋書店

●鳥取県　本の学校 今井ブックセンター／今井書店（湖山店・吉成店・錦町店）／宮脇書店鳥取店

●島根県　ブックセンタージャスト浜田店／今井書店（グループセンター店・学園通り店・出雲店・AERA店）／宮脇書店イオンモール出雲店

●岡山県　丸善（岡山シンフォニービル店・さんすて岡山店）／紀伊國屋書店（クレド岡山店・エブリィ津高店）／宮脇書店岡山本店／喜久屋書店倉敷店／TSUTAYA津島モール店／啓文社岡山本店／未来屋書店岡山店／TSUTAYA BOOKSTORE岡山駅前店

●広島県　紀伊國屋書店（広島店・ゆめタウン広島店・ゆめタウン廿日市店）／廣文館広島駅ビル店／フタバ図書（TERA広島府中店・東広島店・MEGA・アルティアパーク北棟店・アルティ福山本店）／啓文社ポートプラザ店／ジュンク堂書店広島駅前店／MARUZEN広島店／TSUTAYA（東広島店・フジグラン緑井店）／広島蔦屋書店／エディオン蔦屋家電

●山口県　文榮堂（本店・山大前店）／宮脇書店（宇部店・徳山店）／明屋書店（南岩国店・MEGA大内店・MEGA新下関店）／くまざわ書店下関店／幸太郎本舗TSUTAYA宇部店／紀伊國屋書店ゆめタウン下松店

●香川県　宮脇書店（本店・南本店・総本店・高松天満屋店・丸亀店）／くまざわ書店高松店／ジュンク堂書店高松店

●徳島県　紀伊國屋書店（徳島店・ゆめタウン徳島店）／附家書店（松茂店・国府店）／宮脇書店徳島本店／BookCity平惣徳島店／未来屋書店徳島店

●愛媛県　明屋書店（中央通店・MEGA平田店・石井店）／ジュンク堂書店松山三越店／TSUTAYA（エミフルMASAKI店・BOOKSTORE 重信・フジグラン松山店）／紀伊國屋書店いよてつ高島屋店

●高知県　TSUTAYA中万々店／宮脇書店高知店／金高堂／金高堂朝倉ブックセンター／高知 蔦屋書店／未来屋書店高知店

●福岡県　ジュンク堂書店福岡店／紀伊國屋書店（福岡本店・ゆめタウン博多店・久留米店）／福岡金文堂姪浜店／ブックセンタークエスト（小倉本店・エマックス久留米店）／丸善書店博多店／喜久屋書店小倉店／フタバ図書（TERA福岡店・GIGA春日店）／くまざわ書店（小倉店・福岡西新店・ららぽーと福岡店）／蔦屋書店イオンモール筑紫野／黒木書店七隈店／未来屋書店（福津店・直方店）／六本松蔦屋書店／TSUTAYA和白店／ツタヤブックストアマークイズ福岡ももち店

●佐賀県　積文館書店佐大通り店／くまざわ書店佐賀店／紀伊國屋書店佐賀店／TSUTAYA鳥栖店

●長崎県　紀伊國屋書店長崎店／メトロ書店本店／くまざわ書店佐世保店／ツタヤブックストアさせぼ五番街店／TSUTAYA長崎COCOWALK

●熊本県　金龍堂まるぶん店／紀伊國屋書店（熊本光の森店・熊本はません店・あらおシティモール店）／蔦屋書店（熊本三年坂店・嘉島店・小川町店）／明林堂書店（長嶺店・白山店）／メトロ書店熊本本店

●大分県　明林堂書店（別府本店・大分本店）／リブロ大分わさだ店／紀伊國屋書店アミュプラザおおいた店／くまざわ書店大分明野店

●宮崎県　田中書店妻ヶ丘本店／蔦屋書店宮崎高千穂通り店／くまざわ書店延岡ニューシティ店／未来屋書店イオンモール宮崎店／紀伊國屋書店アミュプラザみやざき店／ツタヤブックストア宮交シティ

●鹿児島県　ブックスミスミ（オプシア店・鹿屋店）／ジュンク堂書店鹿児島店／紀伊國屋書店鹿児島店／未来屋書店鹿児島店／MARUZEN天文館店／TSUTAYA BOOKSTORE霧島

●沖縄県　宮脇書店（太陽書房宜野湾店・太陽書房美里店・南風原店・うるま店・大山店・イオン南風原店・経塚シティ店）／TSUTAYA那覇新都心店／球陽堂書房（那覇メインプレイス店・西原店）／くまざわ書店那覇店／リウボウブックセンター店／ジュンク堂書店那覇店／未来屋書店ライカム店／HMV&BOOKS OKINAWA

（2023年8月現在）

公務員 公開模擬試験

2024年度試験対応

web限定申込

主催:実務教育出版

自宅で受けられる模擬試験！
直前期の最終チェックにぜひ
ご活用ください！

▼日程・受験料

試験名	申込締切日 ※	問題発送日 当社発送日	答案締切日 当日消印有効	結果発送日 当社発送日	受験料（税込）	受験料[教養のみ]（税込）
地方上級 公務員	2/26	3/13	3/26	4/16	5,390 円 教養+専門	3,960 円 教養のみ
国家一般職大卒	2/26	3/13	3/26	4/16	5,390 円 基礎能力+専門	3,960 円 基礎能力のみ
[大卒程度] 警察官・消防官	2/26	3/13	3/26	4/16	4,840 円 教養+論文添削	
市役所上級 公務員	4/4	4/19	5/7	5/24	4,840 円 教養+専門	3,960 円 教養のみ
高卒・短大卒程度 公務員	6/6	6/24	7/12	8/1	3,850 円 教養+適性+作文添削	
[高卒・短大卒程度] 警察官・消防官	6/6	6/24	7/12	8/1	3,850 円 教養+作文添削	

※申込締切日後は【自己採点セット】を販売予定。詳細は4月上旬以降に実務教育出版webサイトをご覧ください。　　　＊自宅受験のみになります。

▼試験構成・対象

試験名	試験時間・問題数	対象
地方上級 公務員 ＊問題は2種類から選択	教養 [択一式/2時間30分/全問:50題 or 選択:55題中45題] 専門(行政系) [択一式/2時間/全問:40題 or 選択:50題中40題]	都道府県・政令指定都市・特別区(東京23区)の大卒程度一般行政系
国家一般職大卒	基礎能力試験 [択一式/1時間50分/30題] 専門(行政系) [択一式/3時間/16科目 (80題) 中 8科目 (40題)]	行政
[大卒程度] 警察官・消防官	教養 [択一式/2時間/50題] 論文 [記述式/60分/警察官 or 消防官 いずれか1題] ＊添削付き	大卒程度 警察官・消防官 (男性・女性)
市役所上級 公務員	教養 [択一式/2時間/40題] 専門(行政系) [択一式/2時間/40題]	政令指定都市以外の市役所の大卒程度一般行政系 (事務系)
高卒・短大卒程度 公務員	教養 [択一式/1時間40分/45題]　適性 [択一式/15分/120題] 作文 [記述式/50分/1題] ＊添削付き	都道府県・市区町村、国家一般職(高卒者、社会人)事務、国家専門職(高卒程度、社会人)、国家特別職(高卒程度)など高卒・短大卒程度試験
[高卒・短大卒程度] 警察官・消防官	教養 [択一式/2時間/50題] 作文 [記述式/60分/警察官 or 消防官 いずれか1題] ＊添削付き	高卒・短大卒程度 警察官・消防官(男性・女性)

実務教育出版webサイトからお申し込みください
https://www.jitsumu.co.jp/

■模擬試験の特徴

●2024年度（令和6年度）試験対応の予想問題を用いた、実戦形式の試験です！

試験構成、出題数、試験時間など実際の試験と同形式です。マークシートの解答方法はもちろん時間配分に慣れることができ、本試験直前期に的確な最終チェックが可能です。

●自宅で本番さながらの実戦練習ができます！

全国規模の実施ですので、実力を客観的に把握できます。「正答と解説」には、詳しい説明が記述されていますので、周辺知識までが身につき、一層の実力アップがはかれます。

●全国レベルの実力がわかる、客観的な判定資料をお届けします！

マークシートご提出後に、個人成績表をお送りいたします。精度の高い合格可能度判定をはじめ、得点、偏差値、正答率などの成績データにより、学習の成果を確認できます。

▼ 個人成績表

▼ マークシート

▼ 教養試験・専門試験

▼ 正答と解説

■申込方法

公開模擬試験は、実務教育出版webサイトの公開模擬試験申込フォームからお申し込みください。

1. 受験料のお支払いは、クレジット決済、コンビニ決済の2つの方法から選べます。

2. コンビニ決済の場合、ご利用のコンビニを選択すると、お申込情報（金額や払込票番号など）とお支払い方法が表示されます。その指示に従い指定期日（ネット上でのお申込み手続き完了日から6日目の23時59分59秒）までにコンビニのカウンターにて受験料をお支払いください。この期限を過ぎますと、お申込み自体が無効となりますので、十分ご注意ください。

スマホから
簡単アクセス

〔ご注意〕決済後の受験内容の変更・キャンセル等、受験料の返金を伴うご要望には一切応じることができませんのでご了承ください。
　　　　　氏名は、必ず受験者ご本人様のお名前で、入力をお願いいたします。

◆公開模擬試験についてのお問い合わせ先

問題発送日より1週間経っても問題が届かない場合、下記「公開模擬試験」係までお問い合わせください。

実務教育出版　「公開模擬試験」係　TEL：03-3355-1822（土日祝日を除く9：00～17：00）

当社 2024 年度 通信講座受講生 は下記の該当試験を無料で受験できます。

申込手続きは不要です。問題発送日になりましたら、自動的に問題、正答と解説をご自宅に発送します。
＊無料受験対象以外の試験をご希望の方は、当サイトの公開模擬試験申込フォームからお申し込みください。

▼各コースの無料受験できる公開模擬試験は下記のとおりです。

あなたが受講している通信講座のコース名	無料受験できる公開模擬試験
大卒程度公務員総合コース [教養＋専門行政系]	地方上級（教養＋専門）　国家一般職大卒（基礎能力＋専門） 市役所上級（教養＋専門）
大卒程度公務員総合コース [教養のみ]	地方上級（教養のみ）　国家一般職大卒（基礎能力のみ） 市役所上級（教養のみ）

【実力判定テスト】もあります！

詳細は、実務教育出版webサイトをご覧ください。